Andreas Brenner · Jörg Zirfas | Lexikon der Lebenskunst

»Sehr viele Arten der Lebensführung erscheinen lächerlich, denen geheime, sehr weise und sehr überlegte Ursachen zugrunde liegen.«
François La Rochefoucauld

Die Philosophie der Lebenskunst erlebt eine Renaissance. Themen der Lebensführung werfen Fragen auf, die nach zeitgemäßen Antworten verlangen. Zur Debatte steht heute nicht mehr nur die klassische Frage der Ethik, was wir tun sollen, sondern die Frage, wie wir leben können. Die Sehnsucht nach einem gelingenden, erfüllten Leben ist eng verbunden mit dem Willen nach einer selbstbestimmten, sinnvollen Lebensführung. In dieser Situation ist die lebensgestalterische Dimension der Philosophie gefordert.

Andreas Brenner, geboren 1963, Lehrbeauftragter am Philosophischen Seminar in Basel. Bei Reclam Leipzig erschien zuletzt: *Ökologie-Ethik*, 1996.
Jörg Zirfas, geboren 1961, Privatdozent am Fachbereich Erziehungswissenschaft und Psychologie der Freien Universität Berlin. Letzte Veröffentlichung: *Die Lehre der Ethik*, 1999.

Andreas Brenner

Jörg Zirfas

Lexikon der Lebenskunst

RECLAM
LEIPZIG

Besuchen Sie uns im Internet:
www.reclam.de

Reclam Bibliothek Leipzig, Band 20015
1. Auflage, 2002
Reihen- und Umschlaggestaltung:
Gabriele Burde | Kurt Blank-Markard
Gesetzt aus ITC Slimbach
Satz: Peter Conrad, Brandis
Druck und Bindung: Ebner Ulm
Printed in Germany
ISBN 3-379-20015-8

Für Yonatan, Martin, Gregor, Constantin

Inhalt

Vorwort

Warum sollte man ein *Lexikon der Lebenskunst* lesen? Das Leben ist doch ohnehin viel zu kurz, um alles erleben zu können. Warum sollte man sich Gedanken über den Alltag, das Danken, den Nachbarn oder das Verschwenden und vieles andere mehr machen? Wir sind doch immer schon dabei, den Alltag zu bewältigen, irgend jemandem zu danken, über den Nachbarn zu lästern und unser Geld zu verschwenden. Kann man etwa das Leben lernen, und was hat die Kunst mit diesem Lernprozeß zu tun?

Ein *Lexikon der Lebenskunst* ist zunächst ein Entschleunigungsunternehmen. Es hält den Schnellzug der Zeit an, um dem gehetzten Zeitgenossen die Muße zu gönnen, die er braucht, um sich über das zu informieren, was ihn unmittelbar betrifft: sein eigenes Leben. Gerade weil das Leben sich auf den Moment zu verkürzen droht, gilt es dieser kurzen Spanne zwischen Geburt und Tod diesseits aller Jenseitserwartungen Sinn zu verleihen. Ein *Lexikon der Lebenskunst* bedeutet in diesem Sinne keine Zeitverschwendung, sondern eine Zeitinvestition. Es macht einem deutlich, daß unser Leben genau die Zeit hat, die wir ihm geben. Das Leben, dieser flüchtige Augenblick, will also gelebt sein. Dazu bedarf es der Bildung und der Phantasie, kurz der Lebenskunst.

Der Leser eines Buches zur Lebenskunst folgt daher nicht unbedingt einer philosophierenden Neigung, sondern primär einem aufgeklärten Selbstinteresse. Er vergnügt sich mit den Philosophien über den Haß und die Prostitution, findet Stoff zum Debattieren über Lust und Liebe, stößt sich an Überlegungen zum Ärgern und Töten und staunt über die Bedeutung des Ekels oder des Grüßens für das menschliche Leben. Er erkennt, daß er immer schon ein Lebenskünstler gewesen ist, weil er immer schon versucht, sein Leben zu gestalten und in Form zu bringen. Wer glaubt, daß er dergestalt immer schon in Form gewesen ist, der braucht nicht(s) zu lesen, es sei denn, er interessiert sich nicht allein für sein eigenes Leben, sondern auch für das der anderen. Dann sucht er vielleicht nach Verständnis für die Launen der Menschen, die »alle Sachen von einer etwas sonderbaren Seite« angehen, worin sich das Tor zur »geheimen Philosophie des Menschen« einen Spalt weit öffnet (Garve). Die Philosophie der Lebenskunst ist die eines launischen Zeitgenossen, der die Welt mit etwas schrägem Blick beobachtet. In seinen Launen und Stimmungen vollführt der einzelne einen »Akt der Wahl« (Schmid) seines Lebens, mit dem seine individuelle, unverwechselbare Einstellung zu diesem deutlich wird. Das Leben aber besteht nicht nur aus den großen Wahlentscheidungen, die für immer halten sollen und häufig genug nur kurze Zeit währen, sondern zusätzlich aus den ungezählt vielen kleinen Entscheidungsmöglichkeiten. Sie alle müssen getroffen werden, und wir alle hoffen, daß wir sie gut treffen.

Die Lage für die, die leben, ist also ernst. Dennoch sollte man nicht aus Furcht vor einem Scheitern verzagen, ist es doch nie zu spät, neu und anders anzufangen. Dies lehrt uns die ironische Distanz, die wir gelegentlich zu unserem Leben einnehmen. Nur im Abstand der Ironie vermag man den Frieden mit dem eigenen Scheitern zu machen; hier findet man für wiederholte Neuanfänge Mut und kann Selbstvertrauen schöpfen. Der Ironiker ist der, der zugleich redet und schweigt (Nehamas), und vielleicht sieht ja so die Kunst des Lebens aus, welche uns endlich zu denen macht, die wir bereits sind – lebenslange Lebenskünstler.

Für ein *Lexikon der Lebenskunst* gilt daher, daß es zugleich reden und schweigen soll. Daher hat dieses Buch auch kein letztes Wort.

Literatur: *Garve*, Christian: Einige Gedanken über das Interessierende. In: Sammlung einiger Abhandlungen aus der Neuen Bibliothek der schönen Wissenschaften und der freyen Künste. Leipzig 1799 (Popularphilosophische Schriften. Bd. 1. Stuttgart 1974, S. 211, 209 f.). *Nehamas*, Alexander: The Art of Living. Socratic Reflections from Plato to Foucault. Berkeley 1998 (dt. Die Kunst zu leben. Sokratische Reflexionen von Platon bis Foucault. Hamburg 2000, S. 29). *Schmid*, Wilhelm: Philosophie der Lebenskunst. Eine Grundlegung. Frankfurt a. M. ^{5}1999, S. 73.

Alltag

(engl.: *everyday life*; frz.: *le quotidien*)

Grau ist der Alltag – und nicht selten auch seine Theorie. Daß der Alltag aber eine moralische Theorie nötig hat und daß diese durchaus einen bunten, lebenspraktischen Sinn hat, wußten schon die alten Griechen. Wie hätte man sich anders schon vor zweitausend Jahren Gedanken über einen gelingenden Alltag machen können, einen Alltag, der sich nicht nur dadurch auszeichnet, daß er in irgendeiner Form glückt, sondern daß er in einem moralischen, tugendhaften Sinne gut ist. Was also ist ein guter Alltag?

Die Beantwortung dieser Frage führt uns zunächst zu den Begriffen Ethik und Moral. Das Wort Moral leitet sich vom lateinischen *mos* (pl. *mores*) ab, das den Willen, die Vorschrift, das Gesetz, den Brauch oder die Sitte bedeutet. Ethik geht dagegen auf das griechische *ethos* zurück, was zwar ebenfalls die Sitte und den Brauch, aber abweichend von *mos* eben auch die Gewohnheit bedeutet: und zwar eine Gewohnheit im doppelten Sinne, als Tradierung von fraglosen Handlungsmaßregeln und Wertmaßstäben durch Erziehung oder aber als Einsicht in ein Handeln, das das jeweils erforderliche Gute betrifft. Der mit Aristoteles verbundene Titel der Ethik umfaßt so zwei Bedeutungen, die der Gewohnheit (*ethos* mit kurzem e) und den des *ethos* (mit langem e) als Charakter, als Tugend. Während das *ethos* (langes e) eines Menschen dessen Charakter und sittliche Gesinnung betrifft, hat *mos* einen eindeutig vorschreibenden Charakter. Bringt man es holzschnittartig auf einen Punkt, so könnte man sagen: Die Griechen stellen die Dialektik von sittlichem Sein und moralischem Sollen in den Mittelpunkt, die Römer dann das moralische Sollen: Diese lehren uns Einsichten, jene *mores*.

Der Alltag ist gekennzeichnet durch Moral in Form von Werten und Normen, die sich wiederum in Form von Gewohnheiten oder Anforderungen ausdrücken. Er ist durchdrungen von Rechten und Pflichten, von einem praktischen Wissen, wie man sich benimmt, wie man andere nicht verletzt oder wie man ihnen die ihnen zustehende Anerkennung zukommen läßt. Zahlreiche moralische Maßstäbe sind so in den kleinsten alltäglichen Szenen präsent: Anforderungen an das Mitleid, Ansprüche der Gerechtigkeit, eingegangene Versprechen und Wahrheitsnormen. Im Alltag leben wir in einer moralischen Welt. So betrachtet, erscheinen moralische Lebenspraktiken und Ansprüche als immer schon präsent in Regeln, Handlungen, Empfindungen, Traditionen und Übereinkünften, denn der Alltag ist moralischer und die Moral alltäglicher, als man glaubt. Doch stellt sich dann nicht die Frage, welcher Moral der Alltag folgt?

Zunächst gilt in moralischer Hinsicht, daß der Alltag seine guten wie seine schlechten Seiten hat. Seine guten Seiten hat er zunächst darin, daß er im wörtlichen Sinne Sinn macht, nämlich den sogenannten Gemeinsinn *(sensus communis, common sense)*. Dieser vermittelt den Menschen die für ihre moralischen Entscheidungen relevante Orientierung. Der Vorteil des Gemeinsinns liegt fast unsichtbar in der hohlen Hand, da er in der pragmatischen Herangehensweise an die Alltagsprobleme besteht. Dieser dominante Sinn für das konkret Machbare kommt jedoch nicht aus dem Nichts, sondern schöpft viel aus der Tradition und lernt noch mehr von der Konvention. Somit bildet der Gemeinsinn eine spezifische Form der Klugheit, deren Urteil sich dem gelebten Leben verdankt und die auf das praktische Wissen bezogen ist, wie man sein eigenes Glück oder das anderer fördern zu können glaubt.

Das heißt, man weiß, wie es geht und wie es gut und richtig ist, und man will darüber auch nicht mehr wissen. Alltag ist nicht nur eine moralische Handlungs-, sondern auch eine Wissensform, die den Einzelnen durch ihre Unhinterfragbarkeit Entlastung von den Mühen dauernden Grübelns nimmt, die Halt und Ordnung in unübersichtlicher Situation garantiert und die Stabilisierung einer *bienfaisante certitude* (Gehlen) gewährleistet. Alltagsmoral hält sozialen und moralischen Erosionen stand, sie bietet Verbindlichkeiten und Orientierungen auch in der Unübersichtlichkeit moderner Gesellschaften. Der Alltag macht gemeinhin Sinn, weil er Wissen und Handeln verknüpft.

Denn Alltag, das sind Gewohnheiten, Rituale, eingeübte und bewährte Verhaltensweisen, die Lust am Traditionellen, die das, was ihr bekannt vorkommt, immer schon als erkannt voraussetzt. Der Alltag ist gut, weil er nicht in Frage gestellt werden kann. Und die Moral dieses Alltagswissens lautet: Bleibe im Lande und nähre dich redlich! Das meint nicht nur, dem alltäglichen Sittengesetz zu gehorchen und nicht darüber zu grübeln, warum es da ist, sondern zu akzeptieren, daß der eigentliche Beweis für seine Gültigkeit eben darin besteht, *daß* es da ist.

Und weil das Alltagsgesetz der Moral da ist, verstehen sich die Menschen, und sie verstehen sich gerne, weil es alles einfacher macht. Denn den gleichen moralischen Wertvorstellungen zu folgen reduziert bekanntlich Mißverständnisse. Deshalb ist die Genugtuung auch so groß, wenn die Verständigung automatisch läuft und Handlungen also erst gar nicht koordiniert werden müssen, weil sich alle über die moralische Gültigkeit im herrschenden Handlungskosmos immer schon einig sind. Ganz so einfach geht es aber auch wieder nicht, denn damit der Alltag wirklich so reibungslos verläuft, wie es sich hier die Theorie ausmalt, müssen die ungeschriebenen moralischen Gesetze »einverleibt« werden. Das kann ein schmerzlicher Prozeß sein, sieht man sich an, was da alles erst verdaut werden muß. Jedenfalls ist diese Einverleibung wichtiger als die geltungstheoretische Legitimation oder reflexive Herleitung der Normen durch die Theorien der Moralphilosophen. Der moralische Alltag drückt sich mit seinen Regeln und Normen denn auch nirgendwo so gut aus wie im leiblichen Verhalten. Der Körper

»weiß«, wie er sich zu benehmen hat, was erlaubt und verboten ist und wie man bei Nichtbeachtung reagiert - nämlich durch ein schlechtes Gewissen, das sich in Schweißausbrüchen und Schamröte zeigt. So müssen die Menschen im Alltag den Expander aufspannen, der sowohl das moralische Gesetz zur Geltung bringt wie zugleich dessen immer schon vorangegangene unbezweifelte Anerkennung voraussetzt. Und so leben wir - in der Regel - ein mehr oder weniger moralisches Leben und sind uns häufig darüber ebensowenig im klaren wie über die Tatsache, daß schon das bloße Leben von Normen, moralischen Einstellungen, Tugenden und Werten geprägt ist.

Der Alltag scheint damit jene Fähigkeit und Auszeichnung des Menschen zu negieren, die mit Spontanität und Freiheit bezeichnet ist. Denn die List der alltäglichen Vernunft der Moral besteht darin, durch die Beachtung von Formen und durch die Formen der Achtung die Individuen auch zu einem entsprechenden körperlichen Verhalten zu erziehen, das wiederum als natürlich und unveränderbar erscheint. Der Alltag ist die normale Moralität, ergo ist er auch die moralische Normalität.

Aber die besten Seiten des Alltags bestehen wohl darin, daß es in ihm »nicht so darauf ankommt«. Der Alltag ist nicht nur grau, er hat auch seine diesbezüglichen Zonen. In ihnen bewegen wir uns in der Regel mit begrenzten moralischen Haltungen und Ansprüchen. Moralität scheint hier immer durchschnittliche Moralität zu bedeuten, und die Moralität des Alltags scheint darin zu bestehen, immer auch einmal von den hehren moralischen Werten und Normen abweichen zu können. Gut ist der Alltag mithin deshalb, weil er die moralischen Üblichkeiten gegen die Tugendkataloge und kategorischen Imperative der Ethik ausspielt - die Praxis erweist sich hier als harter Brocken, an dem sich der Spaten der Theorie zurückbiegt. Im Alltag braucht man sich nicht um die Moral zu kümmern, das besorgt der Alltag von ganz alleine. Allerdings besteht dabei die Gefahr, daß das alltägliche Leben bald kein moralisches mehr ist, wenn denn unter Moralität verstanden wird, daß der Mensch die moralischen Ansprüche auch erfüllen *möchte*. Denn oft genug geht es nicht darum, den sittlichen Werten und Normen gerecht zu werden, sondern viel eher darum, anderen zu demonstrieren, wir *hätten* sie erfüllt. Und so vergißt man während der Demonstration die Sache selbst, denn nichts verhindert so sehr, alltäglich zu sein, wie die Absicht, es zu scheinen. Der Alltag birgt daher die Gefahr der moralischen Bigotterie. Das moralische Sein verkommt zum Design des Moralischen. Man *verkauft* sich damit gut.

Gleichwohl bietet das Nicht-so-darauf-Ankommen des Moralischen eine doppelte Grenze. Zum einen gibt es die Grenze gegenüber einer Moral von Grenzsituationen: Der durchschnittlich Alltagsmoralische ist kein Held! – zum anderen aber – und vor allem – findet sich die Abneigung gegenüber einer Moral des Abnormen: Unser Nicht-Held ist vor allem kein Irrer! So wird man sich umgekehrt als nietzscheanisch geprägter Moralpsychologe weniger irren, wenn man die extremen Handlungen auf die Eitelkeit, die mittelmäßigen auf die alltägliche Gewöhnung und die kleinlichen auf die Angst zurückführt. Der Alltag bietet hier einen kritischen Maßstab, der sich *diesseits* von Gut und Böse immer auf der richtigen Seite weiß. Dabei machen Alltagsmenschen naturgemäß mehrere Annahmen. Sie glauben erstens, daß so etwas wie eine alltägliche allgemeingültige Moral überhaupt existiert (was sich ja durchaus bezweifeln läßt), von der aus sich dann eine spezielle, nämlich abnorme Moral unterscheiden lasse; zweitens scheinen sie der Ansicht zu sein, daß mit dieser »abnormen« Klientel in einer bestimmten Weise umgegangen werden muß. Diese Moral fällt vor allem durch die Schlichtheit des »Aus« auf, nämlich durch Ausblenden, Ausbeuten, Ausbooten, Ausbürgern, Auslöschen, Ausmerzen, Ausliefern, Aussperren. Insofern glaubt die Alltagsmoral – drittens – vor allem an sich selbst, sie ist eine totale Moral, die keine anderen neben sich gelten läßt. Das macht Alltagsmoral so »exklusiv«.

Nichtsdestoweniger bleibt der Alltag aber auch aus lebenspraktischen wie moralischen Gründen zweifelhaft, denn leiden wir nicht auch unter dem Alltag, unter der Langweile seiner stumpfsinnigen Routine und der Wiederholung des ewig Gleichen? Ist Alltag nicht auch ein Schimpfwort für die schlimmste Zeit des Lebens, versinken wir nicht in ihm als einem Sumpf von Trivialitäten und Klischees? Alltag, das wird hier deutlich, meint auch eine bestimmte Erfahrung und einen bestimmten Umgang mit der Zeit, der eigenen und der fremden. Wie diesbezüglich unser Alltag aussieht, erkennt man am besten im Blick zurück, wenn man sich nämlich vor Augen hält, daß der Alltag vor 1760 als Begriff nicht existiert hat. Das Wort Alltag signalisiert seither eine neue Zeiterfahrung und eine Zeitumgangsmoral: Von nun an muß man pünktlich sein, darf seine Zeit nicht verschwenden, hält Arbeitszeit und Freizeit strikt auseinander, mißt seinen Tag mit der Uhr und paßt auf, daß auch die anderen dem Diktat der Uhrzeit nicht entschlüpfen. Mit einem Schlag gibt es ebenso nur eine einzige Zeit für alle Menschen, wie es auch nur eine einzige Zeit für alle Handlungen eines Menschen gibt. Die »protestantische Ethik« (Weber) entwickelt sich nach der Maßgabe, daß Zeit (himmlisches) Geld darstellt, das auf Erden erworben werden kann. Im 18. Jahrhundert beginnt das, was sich moralisch als Selbstkontrolle, als Zwang zur Selbstbeobachtung und als permanentes Sicherheitsdenken, als Kultur des Aufschubs, systematische Lebensführung und Zeitfixierung am Ende des 20. Jahrhunderts ausgeprägt hat: Lebe dein Leben pünktlich!

Ziel der neuen (moralischen) Zeitökonomie ist eine intensive Zeitnutzung, die die Einteilung in immer kleiner werdende Zeitsegmente dazu benutzt, ständig größere Fähigkeiten zu produzieren, zu kumulieren und zu organisieren, um an der Vervollkommnung des Menschengeschlechts ebenso zu arbeiten wie an der Vervollkommnung des Individuellen. Eine »Mikrojustiz der Zeit« (Foucault) wacht nun darüber, daß Verspätungen, Abwesenheiten und Unterbrechungen mit Blick auf eine maximale Zeitökonomie minutiös sanktioniert werden. Wer zu spät kommt, den bestraft der Alltag, weil dieser jetzt jene Form angenommen hat, die der Grieche Anaximander ihm schon vor zweitausend Jahren zutraute: Nun endlich erstatten sich die Lebewesen Ausgleich und Genugtuung für ihre Übertretungen gemäß der Ordnung der Zeit. Die Zeit wird zu *dem* moralischen Maßstab des Alltags, was der zeitpedantische Kant auf die Formel brachte, man solle *jederzeit* die Maxime des kategorischen Imperativs erfüllen. Der kategorische Imperativ soll *so* zum moralischen Alltag werden, daß die Moral alltäglich wird. Nur dann kann jegliche Beliebigkeit im Denken und Handeln und die Angst vor dem Chaos letztlich besiegt werden.

Problematisch wird es aber dann, wenn wir die Erfahrung machen, daß unser Alltag zerbricht oder zerrinnt. Aus medizinischer Sicht lautet dann die Diagnose: Der Mensch ist krank. Solange wir uns im Netz der moralischen Üblichkeiten bewegen – und darin bewegen wir uns ja zunächst und zumeist –, stellen sich in der Routine des moralischen Verhaltens keine Fragen. Und wer die Frage nach dem moralischen Sinn des Alltags dennoch stellte, den könnte man – analog zu medizinischen Einsichten – als moralisch Gescheiterten betrachten. Denn sobald sich solche Fragen einstellen, stellen sie den moralischen Alltag, und damit das Selbst- und Weltverhältnis, in Frage. Einmal in Frage gestellt, erscheinen aber moralische Fragen als kaum lösbar, ja bodenlos, weil sie ihrerseits immer wieder in Frage gestellt werden *können*. Indem wir die Frage nach der Moral an uns und andere richten, fragen wir solchermaßen nach unserem Selbst- und Weltverständnis, so daß das Selbstverständliche zur Preisgabe genötigt wird und sich der Boden lockert, der bislang eine fraglose Gültigkeit besaß. In einem pragmatischen Sinne verstanden, kommt eine moralische Reflexion des Alltags immer zu spät, reagiert sie doch auf einen Dissens im Selbst- oder Weltverständnis. Ist der moralische Riß im Alltag präsent, so stellen sich die Fragen, die im Prinzip unentscheidbar sind und die doch von Menschen entschieden werden müssen.

Erschwerend kommt der schlichte Sachverhalt hinzu, daß das Denken den Alltag unterbricht, anhält, ja lähmt, wenn man denn unter Alltag Alltagshandeln versteht. Denken aber ist nicht nur gefährlich, weil es alle etablierten Werte in Frage stellen kann oder Lähmungserscheinungen produziert, sondern vor allem deshalb, weil wir uns denkend in eine andere Welt hineinbegeben. So meinte Paul Valéry einmal kurz und trocken: »Bald bin ich, bald denke ich.« Denn wer denkt, weilt nicht mehr unter den Lebenden, jedenfalls nicht unter den alltäglichen. Dennoch bildet die Infragestellung des Üblichen den Anfang der Philosophie als Staunen darüber, was die Welt »im Innersten zusammenhält«. Und die Bedeutung von »Theorie« liegt nicht so sehr in einer Weise geistiger Tätigkeit, sondern vielmehr in einer bestimmten Weise geistigen Seins. Diesem geht es um das bloße Beiwohnen, das Sich-auf-die-Sache-Einlassen, auf eine Sache, die es wert ist, bedacht zu werden. Theorie, das ist die Anwesenheit beim göttlichen Fest des Lebens. Das ist die antike Bedeutung von Theorie, die neuzeitlich gelegentlich an Farbe verloren hat und grau geworden ist – und der man dem Alltag zuliebe wieder buntes moralisches Leben einhauchen sollte.

Literatur: *Bourdieu*, Pierre: Le sens pratique. Paris 1980 (dt. Sozialer Sinn. Kritik der theoretischen Vernunft. Frankfurt a.M. 1993). *Gehlen*, Arnold: Moral und Hypermoral. Eine pluralistische Ethik. Wiesbaden 51986. *Kant*, Immanuel: Grundlegung zur Metaphysik der Sitten. Riga 1785 (Werkausgabe Bd. VII. Frankfurt a.M. 1982, S. 7–102). *Laermann*, Klaus: Alltags-Zeit. Bemerkungen über die unauffälligste Form sozialen Zwangs. In: Zoll, Rainer (Hrsg.): Zerstörung und Wiederaneignung von Zeit. Frankfurt a. M. 1988, S. 321–343. *Pieper*, Annemarie: Einführung in die Ethik. Tübingen/Basel 31994. *Weber*, Max: Gesammelte Aufsätze zur Religionssoziologie. Tübingen 1920 (Die protestantische Ethik. Gütersloh 1991).

Zum Weiterlesen: *Goffman*, Erving: Relations in Public. Microstudies of the Public Order. New York 1971 (dt. Das Individuum im öffentlichen Austausch. Frankfurt a.M. 1982). *Leyvraz*, Jean-Pierre/*Saner*, Hans (Hrsg.): Alltag und Philosophie. Le quotidien et la philosophie. Studia Philosophica Vol. 40. Bern/Stuttgart 1980.

Video: *Haanstra*, Bert: Alleman. Niederlande 1963 (dt. Zwölf Millionen).

Audio: *Piaf*, Edith: Non, je ne regrette rien (1960).

→Leben →Leiblich sein →Verschwenden und Vermehren: Zeit und Geld

Älter werden

(engl.: *getting older*; frz.: *vieillir*)

Ob man will oder nicht, wir werden immer älter. Jedenfalls statistisch gesehen. In der Mitte des 19. Jahrhunderts betrug die durchschnittliche Lebenserwartung 37,2 Jahre, am Ende des letzten Jahrhunderts war sie mit 74,6 Jahren schlicht doppelt so hoch. Noch zu Zeiten der Gründung des Deutschen Reiches waren nur etwa 7,5 Prozent aller Frauen und 6,5 Prozent aller Männer fünfundsechzig Jahre oder älter. Heute hat man in den westlichen Industrienationen eine Lebenserwartung von mindestens siebzig Jahren als Mann und von fast achtzig Jahren als Frau. Konkret bedeuten diese Zahlen, daß die über 65jährigen in Deutschland zur Zeit etwa 15 Prozent der Bevölkerung bilden und daß die Prognosen sagen, daß dieser Prozentsatz bis zum Jahre 2035 auf 25 bis 30 Prozent steigen wird. Diese Sicherheit der biologischen Existenz führt immerhin dazu, daß wir von einem *Lebenslauf* sprechen können, eine Rede, die in bezug auf die hohe Säuglings- und Kindersterblichkeit von heutigen Entwicklungsländern immer noch schwerfällt. In diesen regiert die »große Trias«: mangelhafte oder falsche Ernährung, Durchfälle und Atemwegsinfektionen – gefolgt vom Rest der »Top ten«: Eingeweideparasiten, Keuchhusten, Tuberkulose, Unfällen, Blutarmut, Malaria und Masern.

Worüber die Statistik uns keine Auskunft gibt, ist die Frage, ab wann und inwiefern man als alt gilt - auch wenn sich der Sprachgebrauch eingebürgert hat, die 60- bis 75jährigen als die »jungen Alten« oder die »Jungsenioren«, die über 75jährigen als die »alten Alten« oder die »Hochbetagten« zu bezeichnen. Die Ethnologie lehrt uns, daß Alter durchaus verschieden definiert werden kann: wenn die Zeugungsfähigkeit nachläßt, wenn man in Rente geht - sprich: einer bestimmten Alterskohorte angehört -, wenn man verheiratet oder geschieden ist; in bestimmten Kulturen können Unverheiratete nicht alt werden, in wieder anderen schon schnell alt sein. Als alt kann man aber auch gelten, wenn man einen gewissen Macht-, Kapital- bzw. Weisheitsstatus in seiner Gesellschaft erlangt hat. In manchen Kulturen werden die Alten als Träger des kulturellen Erbes hoch verehrt, in andern wurden sie kurzerhand verspeist, um den kulturellen Fortschritt nicht zu blockieren. In modernen Zeiten werden sie, weil Anthropophagie aus der kulinarischen Mode gekommen ist, eher in Akademien und Altersheimen paralysiert. Und die Statistik gibt uns auch keine Auskunft über die Frage, was wir tun sollen in einer Situation, in der man ständig älter wird - und in der es keine kulturell eingelebten oder vorgeprägten Muster und Vorbilder für ein Leben im Alter gibt.

Sollten wir ein langes Leben sinnvoll planen, indem wir ihm mit einem langfristigen Konzept einen festen mentalen Rahmen geben, den wir dann allmählich über die Jahre hin ausfüllen können? Sollten wir also unser Leben vom Ende her leben? Müssen wir unser Leben in dieser Form planen, damit wir im Alter nicht in Lethargie und Apathie versinken, sondern die Reife des Lebens genießen können, so daß wir - wie Hiob - »hochbetagt und satt an Lebenstagen« sterben können (Hiob 42,17)? Inwiefern erscheinen solche Maximen sinnvoll, wenn die Zahl der Jahre, die der Einzelne sinnvollerweise noch überschauen kann, ständig abnimmt, weil in die Zukunft blicken mittlerweile bedeutet, mit Lebensverhältnissen rechnen zu müssen, die mit den gegenwärtigen kaum mehr verglichen werden können? Oder läßt sich Altern, das ja ein irreversibler Vorgang ist, besser als eine

Bewegung von kleinen Absterbeprozessen verstehen? Denn der alte Mensch wird langsam, doch seine Langsamkeit ist dabei keine der Feierlichkeit, der Würde oder der Pietät, seine Langsamkeit ist eine der Peinlichkeit, die nur nachsichtiges Mitleid hervorruft. Der Alte ist auf dem unmerklichen Weg die Treppe hinunter, und er wird keine Stufe mehr für den Aufstieg nehmen können. Unaufhaltsam wird er mit den eigenen Grenzen konfrontiert, vor allem auch mit der Tatsache, daß die Fragen nach Gut und Böse immer noch nicht beantwortet sind und zu guter Letzt: Die Zeit drängt.

Diese Zusammenhänge werfen die Frage auf, wie alte Menschen angesichts des bevorstehenden Endes mit ihrer Zeit umgehen. Elias Canetti schlägt uns hier ein Denkmodell vor: Gehen wir einmal von Menschen aus, die zwar nicht ihren Geburtstermin kennen, aber ihr Alter, das sie am Ende ihres Leben haben werden, d. h. von sogenannten »Befristeten«. Diese tragen Geburts- und Todestag in einer versiegelten Kapsel um den Hals. In dieser Situation durchzieht die Herrschaft über die verbleibende Zeit und damit über das Leben alle Gespräche; ständig kommt die Begeisterung über die Planbarkeit, Rationalität und Verwaltung eines solchen Lebens zum Ausdruck, und dieses prospektive Wissen um den ultimativen Augenblick überwiegt die Momente der Melancholie und der Wehmut, die mit dem Wissen um einen frühen Todeszeitpunkt einhergehen. Es gilt die Maxime: Lieber fünfzig sichere Jahre als eine unbestimmte Anzahl unsicherer. Nun kann man sein Leben führen wie ein Bankkonto mit eingebauter Stornierung. Denn in diesen Jahren kann man alles riskieren, ohne vom Tod bedroht zu sein, denn bis zu dem gewissen Tag der existentiellen Kündigung genießt man eine vitale Narrenfreiheit. Wenn man allerdings weiß, wie alt man werden wird, wann einen der Tod ereilt, gerät das Leben gänzlich in den Blickwinkel des Todes und der ablaufenden Zeit. Hier fließt der Strom der Zeit beständig von der Zukunft in die Gegenwart; die dem Lebendigen innewohnende wachsende Zeitlichkeit, die von der Vergangenheit in die Zukunft reicht,

wird durch die feststehende Todeszeit zur bloßen Zeit, die vergeht, zur Zeit, die auf den Menschen zurücksinkt.
Der Pessimist Schopenhauer bewertet diese Tendenz jedoch durchaus positiv, faßt er doch den Vorzug des hohen Alters in der Enttäuschungssicherheit, denn nun sind die Masken des Lebens gefallen, die Eitelkeit und Nichtigkeit menschlichen Daseins ist offenbar, das Leben kann als eine Sache gelten, die man hinter sich hat, die abgetan ist (Schopenhauer). So kann man denn dem Alter eine gewisse Heiterkeit nicht absprechen. Alte Menschen gewinnen dann ihr Glück mit Blick auf die Vergangenheit aus einer Geistesruhe, während die Jugend von Melancholie und Traurigkeit erfüllt ist, da sich ihre grenzenlosen Hoffnungen in bezug auf die Zukunft als unerfüllbar erweisen. Kurz: Die Jugend ist Sehnsucht nach dem Glück – und somit unglücklich –, das Alter Einsicht ins Unglück – und somit, relativ, glücklich.
Und wie immer kann man mit der »Fröhlichen Wissenschaft« der Geriatrie selbst den aphoristischen Pessimisten von Lebensweisheiten noch den Spaß verderben. Denn man soll bekanntlich den Tag vor dem Abend loben und den Abend wohlweislich nicht über den Tag urteilen lassen. Zumal der Abend und das Alter gelegentlich geradezu vor Moralität triefen. Wer kennt nicht die Figur des alten *laudator temporis acti*, der einem ständig weismachen will, daß früher alles besser war? Und nicht selten verführt das philosophische Altern dazu, sich wegen physischer und psychischer Ermüdungserscheinungen auf dem sanften Ruhekissen des eingebildeten Genies auszuruhen. Nun, am Ende angekommen, baut man am Tempel seiner Ehre, um seinem Lebenswerk eine feste Institution zu geben; man wird nun als der große Alte »göttlicher und schöner«, und man versammelt »entschlossene Parteigänger, unbedenkliche Kameraden, Hülfstruppen, Herolde, ein pomphaftes Gefolge« (Nietzsche) um den Thron seiner Gelehrsamkeit. Der philosophierende Alte wird, mit einem Wort, religiös, er braucht eine Gemeinde, zu der er predigen kann. Er ist nun der Fels, auf dem seine Kirche steht, fest den Stürmen der Zeit trotzend. Nach ihm kommt noch nicht

einmal die Sintflut, sondern überhaupt nichts mehr. Die Weltzeit der Philosophie schrumpft zusammen auf die Eigenzeit des alten Philosophen in seinem ephemeren Dasein. Wer könnte sich eine schönere Selbstüberschätzung denken?

Hier zeigt sich, daß das Bild vom Alter wesentlich abhängig ist von einem übergreifenden Zeitmodell. Alter ist in unserer modernen Welt die Erfahrung, daß die Zeit vergangen ist und immer schneller vergeht. Insofern hat man keine Zeit zu verlieren. Jedenfalls dann nicht, wenn man nicht an ein ewiges Leben nach dem Tode glaubt. Erst in der Moderne fallen die Alten aus dem Zeitrahmen und stehen nunmehr alleine vor einem Tod, der, *horribile dictu*, auch noch als unwiderrufliches Ende des Lebens gilt. Hier wird der Mangel an Lebenszeit deutlich, indem die Kluft zwischen Lebenszeit und Weltzeit aufreißt, deren Zynismus darin besteht, an alt gewordenen Einzelschicksalen nicht interessiert zu sein.

So wird es in einer Zeit der ständigen Beschleunigung, der wachsenden Flexibilitätsansprüche und der schwindenden generationellen Differenzen, so viel steht fest, zunehmend schwerer, Lebenserfahrungen und moralische Einstellungen des Alters zu vermitteln. Resultat ist eine nicht mehr genau definierbare Grenze zwischen den Generationen zugunsten von Brüchen und Unregelmäßigkeiten: So gibt es alte Junge und junge Alte. So oder so, beim Thema Alter kreist alles um dessen Gegenteil, die Jugendlichkeit. Will man diesem Diktat der Jugendlichkeit entgegentreten, so kann man das auf zwei Wegen tun. Zum einen kann man sich die Frage stellen, was geschieht, wenn der menschliche Lebenslauf nicht mehr über (sieben) Stufen, Übergänge, Rituale und Differenzen in eine Lebensphase des Alters führt. Bekommt man in der Infantilisierung des Lebens das Ganze des Daseins überhaupt noch in den Blick – wenn man denn suggeriert bekommt, immer noch unendlich viel Zeit zu besitzen, diesen Mangel noch beheben zu können? Und inwieweit reißt nicht gerade der allgemeine Prozeß der Verkindlichung das Band der Generationen entzwei? Kann die Einebnung

des traditionellen Machtgefälles gar zur Legitimierung der Gewalt gegen Kinder beitragen, denn man befindet sich ja unter »seinesgleichen«? Und inwieweit finden hier Verkehrungsprozesse der traditionellen Rollenbilder statt, wenn sich z. B. Eltern von ihren minderjährigen Kindern pflegen lassen oder Mütter dem Jugendlichkeitswahn ihrer Töchter nacheifern? Und wenn sowieso alles kinderleicht geht, ändert sich auch die pädagogische Richtung, dann führt der Sohn den Vater in die neue Computertechnologie ein.
Die andere Möglichkeit besteht darin, eine *Kunst des Alterns* zu entwickeln, die das Altern selbst bejahen kann. In diesem Zusammenhang sollte man noch einmal Canetti, aber jetzt die *Fliegenpein*, lesen, denn hier finden wir ein »Lob des Alterns«. Die Kunst des Alterns ist individuell, getragen von den Gedanken der Mehrdimensionalität des Anderen, der Reflexivität der Moral und einer anamnetischen Solidarität. Erst durch das Alter haben wir die Möglichkeit, einen Menschen immer wieder neu und anders kennenzulernen, ihn zu vervielfachen, weil es uns gelungen ist, uns *nicht* an ihn zu gewöhnen; erst im Alter haben wir die Chance, die inkorporierten Moralgesetze wirklich zu reflektieren und gegebenenfalls zu verändern, erfordert doch ihre leibliche Verfaßtheit einen längeren Prozeß der Auseinandersetzung. Erst das Alter ist die Bedingung dafür, als Überlebender die Erinnerung an die Toten aufrechtzuerhalten und eine erinnernde Solidarität ausbilden zu können, indem man die Toten durch ihre Darstellung ins Leben »zurückholt«. Somit gilt: »Das Alter ist eine Reduktion nur für den, der es nicht verdient« (Canetti). Es ist gekennzeichnet durch die Kostbarkeit der Erlebnisse – weil es so viele nicht mehr geben wird –; durch die Vergeblichkeit des Lernens – weil es zu seiner Anwendung nicht mehr unbedingt kommen wird –; durch die Bedeutungslosigkeit des Nützlichen – weil die Dinge ihre Eigenbedeutung gewinnen –; und durch die individuelle Unentbehrlichkeit des Wissens – weil es etwas gibt, was kein anderer Mensch weiß und erzählen kann.
Hierin besteht denn auch die philosophische Nobilitierung des

Alters. Der Lebensraum des/der Alten ist die Vergangenheit, der alte Mensch lebt in der Erinnerung. Hier findet er sich und seine Welt wieder. Während die Zukunft das Warten auf das Nichts repräsentiert, fungiert die Vergangenheit als Suchprogramm von Erinnerungsspuren der Fülle. Mit einer heiteren Melancholie führt der Alte sich den Reichtum der Welt in ihrer immer unerreichbar bleibenden Form vor Augen. So besteht das Glück des Alters in dem unausschöpflichen Brunnen des Gedächtnisses, der die Zeit mit ihren Menschen, ihren Erlebnissen, Gefühlen und Atmosphären wieder sprudeln läßt. Die Erinnerung läßt die Alten überleben - ein Satz, der auch nach ihrem Tod seine Gültigkeit besitzt.

Literatur: *Bobbio*, Norberto: De senectute. Turin 1996 (dt. Vom Alter. De senectute. Berlin 1997). *Canetti*, Elias: Die Befristeten (1956). Frankfurt a. M. [2]1981, S. 185-252. *Canetti*, Elias: Die Fliegenpein. Aufzeichnungen. München 1992, S. 103-107. *Hoppe*, Birgit/*Wulf*, Christoph (Hrsg.): Altern braucht Zukunft. Anthropologie, Perspektiven, Orientierung. Hamburg 1986. *Imhof*, Arthur E.: Die Lebenszeit. Vom aufgeschobenen Tod und von der Kunst des Lebens. München 1988. *Nietzsche*, Friedrich: Der Philosoph und das Alter. In: Morgenröthe. Gedanken über die moralischen Vorurtheile. Chemnitz 1881, Nr. 542 (Kritische Studienausgabe Bd. 3. München 1980, S. 309-313). *Schopenhauer*, Arthur: Aphorismen zur Lebensweisheit. Frankfurt a. M. 1851 (Werke in fünf Bänden. Bd. IV. Zürich 1988, S. 469 f.).

Zum Weiterlesen: *Baltes*, Paul B./*Mittelstraß*, Jürgen (Hrsg.): Zukunft des Alterns und gesellschaftliche Entwicklung. Berlin/New York 1992. *Bundesministerium für Senioren und Familie* (Hrsg.): Erster Altenbericht - Die Lebenssituation älterer Menschen in Deutschland. Bonn 1994. *Cicero*: Cato maior de senectute. Cato der Ältere über das Alter. Stuttgart 2000. *Lehr*, Ursula: Psychologie des Alterns. Heidelberg [7]1991.

→Geboren werden →Glücklich sein oder Glück haben →Siechen und Sterben

Audio: *Jürgens*, Udo: Mit 66 Jahren (1977).

Angst haben

(engl: *to be afraid*; frz.: *avoir peur*)

Nett ist es nicht, jemanden als Angsthasen zu bezeichnen, der Furcht bei einer rasanten Schlittenfahrt oder beim Gedanken an einen Konkurrenten in seiner Beziehung oder im Betrieb hat. Nicht selten ist es darüber hinaus auch schlichtweg falsch. Wenn das Tier schon dafür herhalten muß, so rede man doch besser von Furchthase, denn darum geht es ja in den meisten Fällen: Man hat eine ganz konkrete Furcht vor etwas. Und erst in der Furcht sind wir dem Tiere gleich: So wie es fliehen auch wir unsere Feinde und andere Gefahren und finden die Ruhe wieder. Wenn dann der Grund der Furcht vorüber ist, dann verschnauft das Tier, und der Mensch atmet auf. Anders verhält es sich bei der Angst. Die Angst ist der Abgrund, der, selbst wenn man über die endlose Ebene wandert, ängstigt. Die Angst kennt keine Grenzen, selbst in seinen eigenen vier Wänden nicht, und die Angst läßt sich nicht vertreiben wie der Feind in der Nacht, und sie kommt eben nicht nur in der Nacht. Die Angst ist ein »Phänomen«, sie erscheint, besonders in der Moderne, allerorten oder ist sogar häufig schon da, wenn wir erst kommen, und hat doch, anders als die Furcht, kein Gesicht. Mit der Angst leben zu lernen wird daher notwendig, obgleich diese Lektion, auch hier im Gegensatz zur Furcht, keinen Meister macht. Zwar erkannte der, der auszog, das Fürchten zu lernen, nach einer Reihe mißglückter Versuche endlich noch, was es heißt, Furcht zu haben (Grimm), doch verbleibt die Angst als Lebensgrundgefühl unbegreifbar: Zwar ist sie immer präsent, aber nie läßt sich konkret sagen, worin, wovor und warum man Angst hat.

Wie so vieles uns Plagende ist auch die Angst mit der Vertreibung aus dem Paradies in die Menschen gekommen und hängt folglich mit Schuld und Sünde zusammen. Eine Rettung aus der Angst tut sich darin gleichwohl nicht auf, denn schuldig werden wir schließlich alle, ist doch die Voraussetzung der Schuld die Unschuld, und die besteht in »Unwissenheit«. Unwissenheit weiß gar nichts, auch nichts von Gut und Böse, und sie ist in ihrem schrankenlosen »Un-« so total, daß dort nur noch nichts ist. Das »Nichts« aber »gebiert Angst« (Kierkegaard). Aber wie wollte man sie anders überwinden als durch Wissen - beispielsweise indem man es vom Baum der Erkenntnis pflückt? Mit dem Wissen, oder dem Geist, nimmt das Leiden aber seinen Lauf, denn der Friede von Seele und Leib duldet den Geist nicht, der sich als gekränkte Macht zurückzieht und als Angst in Lauerstellung geht. Von dort aber umgreift die Angst schließlich alle beide, die Seele, die in Angst versetzt wird, und den Leib, der in »Spannung und Schwellung« gerät (Schmitz). Der Schwindel, in den uns die Angst zu versetzen vermag, ist der »Schwindel der Freiheit«, der die Angst sowohl liebt wie auch vor ihr flieht (Kierkegaard). Nun bringt die Freiheit, vom Baum der Erkenntnis zu essen, zwar Wahrheit, jedoch haben nur die wenigsten den Mut zu dieser Wahrheit, es überkommt sie viel eher die Angst davor (Kierkegaard). Bringt man jedoch den Mut auf, so wird man die Angst überwinden können. Die Angst wird so zum eigentlichen Lehrer des Lebens. Ein Leben ohne Angst aber ist entweder das eines Tieres oder das eines Engels (Kierkegaard), für uns Menschen also nicht zu haben. Sich in die Angst zu schicken ist also unser Schicksal.

Sind wir aber der Angst ausgeliefert und haben uns ihr zu ergeben? »In der Welt habt ihr Angst«, heißt es bei Johannes (16,33), und die »Angst ist eine Voraussetzung des Christentums« (Schulz) oder viel eher die Antwort auf die Angst, womit sich erklärt, daß sie im vorchristlichen Denken kaum eine Rolle spielt. Jesu Trost, die Welt und damit die Angst überwunden zu haben, war indes je länger, je weniger Balsam, denn die Angst ist nicht nur in der Welt, sie macht als Weltangst die Welt sogar zu ihrem eigenen Gegenstand: »Das Wovor der Angst ist das In-der-Welt-Sein als solches« (Heidegger). Die Angst, die eben nicht Furcht ist, reagiert somit nicht auf irgend etwas in der Welt, etwa den Feind, den man fliehen oder beseitigen kann, sondern auf das In-der-Welt-Sein. Das macht die Flucht ausweglos.

Gleichwohl ist die Angst unterschiedlich wahrnehmbar. Das eine Mal ist sie da, das andere Mal schwindet sie wieder. Dann pflegen wir, gefragt, was denn gewesen sei, zu sagen: »Nichts.« Wie tiefgründig wahr dieses lapidare, scheinbar unbedachte Nichts ist, beweist eben der Unterschied von Angst und Furcht. In der Angst haben wir gefühlt und gespürt, was nicht ist, zumindest nicht in dem konkreten Sinne der Furcht. Denn die Angst ängstigt sich nicht vor der Welt - das wäre keine Weltangst, sondern Weltfurcht -, sondern ängstigt sich anläßlich des In-der-Welt-Seins, das immer ein einsames Sein ist. Obwohl für das sich ängstigende Gemüt der Andere nicht mehr vorkommt, ist die Angst zwar ein einsames Gefühl, das gleichwohl keine Angst vor der Einsamkeit ist. Einer entsprechenden Furcht ist die Angst immer schon vorausgegangen, denn zum einen ist der Mensch immer einsam, und zum anderen ist nicht die Einsamkeit der Grund zur Sorge, sondern das Erleben, daß »das Dasein im Grunde seines Seins sich ängstet« (Heidegger).

Die Angst, die uns in Kopenhagen noch in Schwindel versetzt, manifestiert sich in Paris bei Sartre als »Angst vor der Freiheit«. Denn Freiheit ist in erster Linie ja nicht der allseits ersehnte Kontinent freier Möglichkeiten, sondern das unentrinnbare Urteil, dem wir immer schon ausgeliefert sind und dem entrinnen zu wollen zwecklos ist (Sartre). In der Angst wird die Verantwortung des Menschen ebenso sichtbar wie seine Einzelheit. Vor ihr fliehen zu wollen ist nachvollziehbar, aber sinnlos (Sartre). Daß wir vereinzelt sind, ist also weder zu bestreiten, noch ist dies eigentlich das Problem, dieses liegt nämlich an anderer Stelle: dort wo wir auf die anderen treffen, ohne doch unsere Vereinzelung und die mit ihr einhergehende Angst wirklich überwinden zu können. Wie gehen wir damit um? Diese Frage ist um so drängender, als wir nicht alleine leben können und dies oft auch gar nicht wollen.

Erschwerend kommt hierbei hinzu, daß wir in jeder auch noch so wenig gesuchten Begegnung mit anderen in Verantwortungen eintreten, die, recht bedacht, ihrerseits wiederum angst machen können. Noch mehr gilt dies für die gesuchten Begegnungen, bei denen es nicht ohne den Anderen geht und es uns deshalb um ihn gehen sollte. Die erotische Beziehung, die vielleicht die brenzligste Begegnung mit dem oder den Anderen darstellt, kann Angst einjagen, weil hier, wie Kierkegaard feststellt, der Geist nicht mehr mitkommt, gleichsam das Handtuch wirft und sagt: »Hier kann ich der Dritte nicht sein, darum will ich mich so lange verstecken« (Kierkegaard). Dieses Versteckspiel geht natürlich nicht ab ohne Scham, welche »die Erfassung meiner selbst als Natur« bedeutet, denn nun muß ich »mich als gesehen ergreifen« (Sartre) und erkennen: »Ich schäme mich meiner vor Anderen« (Sartre). Das macht Angst, die neurotisch werden (Freud) und nicht nur den erotischen Genuß ganz erheblich beeinträchtigen kann.

Aber nicht nur im Reich der Erotik werden wir mit dem Anderen konfrontiert, denn das ungewisse Andere ist immer da. So steigert sich in den regelmäßig wiederkehrenden Ängsten vor Zeitenwenden sowohl die Angst vor dem In-der-Welt-Sein, wie sich dazu auch eine reale Furcht gesellt, beispielsweise vor dem absoluten Weltenende oder zumindest dem Zusammenbrechen des weltweiten Computersystems. Und die Furcht vor ziviler und militärischer Nutzung der Atomenergie geht einher mit Vorstellungen vom absoluten Ende des In-der-Welt-Seins. Damit verbunden sind natürlich die ungezählten Ängste und Befürchtungen, die mit dem eigenen Tod zu tun haben. Beides geht im Totentanz Hand in Hand. So läßt sich die Todesfurcht, also die Furcht vor dem Ableben, als eine »›schwache‹ Stimmung des Einzelnen« bezeichnen, und alleine die »Angst ›vor‹ dem eigensten, unbezüglichen und unüberholbaren Seinkönnen« kann als eigentliche »Angst vor dem Tode« (Heidegger) gelten. Doch es fragt sich nicht nur, ob der Einzelne damit in seiner letzten Stunde seine letzte Überforderung erfahren soll, sondern auch, ob die Furcht des Menschen vor dem Verlassen dieser Welt nicht auch eine Angst eigener Art ist: Für den Gläubigen ist es die Angst des In-die-Welt-Kommens, für den Atheisten die

Angst des Nicht-mehr-in-der-Welt-Seins. Solche Ängste haben es schwer, zu ihrem Recht zu kommen: Sie werden unter allerlei Deckmäntelchen (Kierkegaard) oder aber geschickt und hinterlistig in ein kleines Wort, das »man«, gesteckt: »Man stirbt.« »Das Man besorgt dergestalt eine ständige Beruhigung über den Tod« (Heidegger) und dressiert die Angst vor dem Tod zu allgemeiner Willfährigkeit: Besser, sie ist gar nicht, und wennschon, dann soll sie klein sein.

Mit dieser Einstellung läßt sich Politik machen: Weltriskante Abenteuer kann man gut verkaufen, wenn der Preis des Lebens verschwiegen und der Gewinn von Arbeitsplätzen großgeschrieben wird. Angesichts dieser Bedenkenlosigkeiten leben wir »Analphabeten der Angst« im »Zeitalter der Unfähigkeit zur Angst« (Anders). Parallel dazu erfährt aber die Angst vor dem Tod nicht zuletzt durch die Politik medizintechnischer Kreise eine Anheizung bislang ungekannten Ausmaßes. Denn welthistorisch absolut neuartig, wird der Tod als des Menschen weltlichen Daseins Ende immer häufiger als etwas so Ungeheuerliches und ihn zutiefst Beschämendes betrachtet, daß alles zu unternehmen gefordert erscheint, was den Tod möglichst lange hinauszögert. Unsterblichkeit heißt das Fernziel. Auf eine solch weite Reise aber begibt man sich nicht ohne Not. Und die Angst vor dem Tod, den aufzuschieben oder am besten abzuschaffen die meisten Forschungsgelder investiert werden, ist vielleicht eine Angst vor dem bis anhin gelebten Leben und damit letztlich eine Angst vor sich selbst. Nun gilt auch sich selbst gegenüber die »Versöhnungsvermutung«, die Hoffnung also, daß man, wenn die Zeit nur lange genug währt, schon seinen Frieden mit sich selbst machen werde, und daher erscheint es erfolgversprechender und angstmindernder, sich schon heute dem Leben zuzuwenden, als aus Angst vor diesem Leben alles an seine unendliche Verlängerung zu setzen.

Literatur: *Anders*, Günther: Die Antiquiertheit des Menschen. München 1956 (Bd. 1. München 1987, S. 265). *Freud*, Sigmund: Über die Berechtigung, von der Neurasthenie einen bestimmten Symptomenkomplex als »Angst-Neurose« abzutrennen. Wien 1895 (Gesammelte Werke. Bd. 1. Frankfurt a. M. 1977, S. 334). *Grimm*, Brüder: Märchen von einem, der auszog, das Fürchten zu lernen. In: Kinder- und Hausmärchen. München 1857 (München 1984, S. 33–40). *Heidegger*, Martin: Sein und Zeit. Tübingen 1927 ([13]1979, S. 186f., 190, 251, 253). *Kierkegaard*, Sören: Begrebet Angest. Kopenhagen 1844 (dt. Der Begriff der Angst. Gütersloh 1995, S. 39, 60, 42, 144, 161, 72, 125). *Sartre*, Jean-Paul: L'être et le néant. Paris 1943 (dt. Das Sein und das Nichts. Reinbek 1987, S. 560f., 700, 350f., 382). *Schmitz*, Hermann: System der Philosophie. Zweiter Band. Der Leib. Bonn 1965, S. 122. *Schulz*, Walter: Das Problem der Angst in der neueren Philosophie. In: Ditfurth, Hoimar (Hrsg.): Aspekte der Angst. Stuttgart 1965, S. 3.

Zum Weiterlesen: *Angehrn*, Emil: Die Angst der Philosophie. In: Merkur 11. 1992, S. 1014–1025. *Bilz*, Rudolf: Studien über Angst und Schmerz. Frankfurt a. M. 1974. *Duby*, Georges: An 1000 An 2000. Sur les traces de nos peurs. Paris 1995 (dt. Unseren Ängsten auf der Spur: vom Mittelalter zum Jahr 2000. Köln 1996). *Hoffmann*, Ernst Theodor Amadeus: Die Elixiere des Teufels. Berlin 1815/16 (Zürich 1983).

→Einsam und allein bleiben →Glauben →Siechen und Sterben

Anständig bleiben

(engl.: *to remain decent*; frz.: *être décent*)

Kinder werden wie selbstverständlich dazu aufgerufen, anständig zu bleiben. Erwachsene empfehlen sich dergleichen ungleich zurückhaltender, würde es doch schlicht als unanständig betrachtet, gäbe die Abteilungsleiterin im Ernst ihrem handlungsreisenden Mitarbeiter den Rat mit auf den Weg, anständig zu bleiben. Dem anderen ein »Bleib gesund« mit auf den Weg zu geben gilt hingegen als freundlich, obwohl dies in den meisten Fällen ein frommer Wunsch ist, der sich außerhalb der

Möglichkeiten des Adressaten bewegt. Was macht es also so prekär mit dem Anstand? Warum steht es uns in den meisten Fällen nicht an, unseren Mitmenschen Anstand zu empfehlen? Wortgeschichtlich liegt das daran, daß wir Anstand nicht mehr in seiner alten Bedeutung verwenden, welche noch eine durchaus positive, fast möchte man sagen, anständige, war. Mittelhochdeutsch hieß *Anstant* Anstellung, Amt, und es war wohl alles andere als unanständig, wenn man jemandem *anstant* wünschte, d. h. in Amt und Würden zu bleiben. Aber auch in der Bedeutung, auf die die Gebrüder Grimm hinweisen, daß ein Krieg durch Waffenstillstand zum »Anstehen« kommt, liegt etwas durchaus Wünschenswertes. Derlei Bedeutungen haben sich zugunsten des lateinischen *decorum* und der *honestas* zurückgezogen, die heute den Begriff prägen und sagen, was einem ansteht. Was einem aber ansteht, ist nie so ganz einfach zu sagen, und auch hier fällt wieder die Negation leichter, die einem dann oft sogar ins Auge springt, beispielsweise wenn man zum Wiener Opernball im Pyjama erscheint. Wo wir das äußere Erscheinungsbild von Menschen zum Grad ihrer Anständigkeit machen, reden wir vom Anstand als Dekor. Deshalb geht jemand gutdekoriert in der Abendgarderobe zum Opernball, aber nicht im Nachthemd.

Gut stehen einem des weiteren Benimmformen an, die schon der Philosoph Adolph Freiherr von Knigge empfahl: Falls eine unglückliche Zahnstellung oder eine sonstige physiognomische Unregelmäßigkeit es einem nicht erlaubt, auch lächelnd noch gut auszusehen, sollte man strikt ernst bleiben. Des weiteren sollte man, obgleich das Eigentum ein schützenswertes Gut ist, »einen Zahnstocher, womit uns ein anderer ausgeholfen, ihm nicht, wenn wir ihn gebraucht haben, wiedergeben«. Derlei Ratschläge sind zweifellos zu beherzigen, will man nicht als unfein und ungehobelt gescholten werden. Aber ist man damit auch anständig? Im auf den Begriff des *decorum* verengten Sinne des 18. Jahrhunderts ist der Anständige nicht unbedingt auch honorig. Wer in diesem Sinne anständig bleiben will, muß sich anders geben. Wäre solche Art von Anstand zu lehren wie die dekorative Anständigkeit, so wäre dem mit Anstandskatalogen leicht beizukommen. Indes verhält sich die Sache zum einen viel komplizierter und zum anderen anders.

Ist nämlich die Frage, wann jemand anständig *ißt*, gleichsam schematisch zu beantworten, so vermag man die Frage, wann jemand anständig *ist*, meist nur in einer konkreten Situation zu beantworten. Zwar hat Otto Friedrich Bollnow recht, wenn er behauptet, daß die meisten Menschen »ein sehr feines Urteil« darüber haben, ob jemand sich anständig verhalten hat, aber was genau das Anständige am anständigen Verhalten ist, das ist gar nicht so leicht zu sagen. Blicken wir zum Vergleich nochmals auf den Herrn, der sich auf dem Opernball anständig im Sinne von *decorum* benimmt. Das fängt bereits mit der passenden Wahl seines Kleidungsstückes an, setzt sich darin fort, seiner Begleiterin die Wagentüre zu öffnen, und endet nach unzähligen weiteren Tests vielleicht mit derselben Geste des Anstands. Und die Decorum-Anständigkeit geht in diesen Weisen voll auf, ontologisch gesprochen, kann man sogar sagen, sie *ist* sie.

Die honorige Anständigkeit ist aber nicht mit den als honorig betrachteten Handlungen identisch. So war es zweifellos anständig von Möros, sich weder durch einen Sturzbach noch einen Raubüberfall und auch nicht durch die Gluthitze von seinem Versuch abbringen zu lassen, seinen Freund, der an seiner Statt der Hinrichtung ins Auge blickte, von seiner Bürgschaft zu befreien (Schiller). Was aber Anständigkeit ist, erhellt selbst diese Heldentat nicht unmittelbar, zumal wir ja auch in wesentlich weniger dramatischen Momenten behaupten, jemand sei anständig gewesen. Gerade in solchen Fällen offenbart sich die »Pathoslosigkeit und nüchterne Sachlichkeit« der Anständigkeit, deren Sache die großen Worte und Gesten gerade nicht sind. Ob also Treue bei drohender Vernichtung oder die Ehrlichkeit, überzähliges Wechselgeld zurückzugeben, in beiden Fällen drückt sich eine »gegenseitige Bezeigung von Achtung«

(Garve) oder eine »Solidarität des Menschlichen« (Bollnow) aus.

Das ist schön und gut, erlaubt gleichwohl die Nachfrage, warum wir anständig sein sollen, denn Solidarität ist schließlich geschenkt und kann nicht eingefordert werden. Bollnow glaubt in der Anständigkeit das Urgestein des menschlichen Ethos und der vielen Ethiken zu erkennen, das immer dann sichtbar wird, wenn alles andere daniederliegt. In der geistig-moralischen Trümmerlandschaft biete die Anständigkeit den letzten Halt. Thomas Mann spricht gar vom »Urgegebenen und menschlich Ewigen«.

Eine Gesellschaft zu bauen, die halbwegs »anständig« funktioniert, bleibt gleichwohl eine schwierige Aufgabe, zumal man zwar von anderen Anstand verlangen darf, sie aber nicht auf Anständigkeit verpflichten kann. Es wäre daher schon viel gewonnen, wenn unsere Gesellschaften in dem Sinne anständige wären, daß »ihre Institutionen die Menschen nicht demütigen« (Margalit). Das darf man, das soll man von einer Gesellschaft erwarten. Die geforderte »Politik der Würde« (Margalit) würde somit die Achtung des Menschen zum Maßstab erheben. Das ist in modernen Gesellschaften zu einem erschütternd geringen Maße der Fall. Der Befund Margalits läßt für unsere Sache also nichts Gutes vermuten. Denn wenn es schon schwer genug ist, unsere Institutionen so zu gestalten, daß sie dem Menschen angemessen sind, darf man dann noch hoffen, daß wir im beinahe institutionenfreien Raum, im Privaten, tun, was selbst unter den Augen des Öffentlichen kaum gelingen will? Im öffentlichen Raum gibt es immerhin zaghafte Schranken gegen die Un-Anständigkeit, wie beispielsweise die Nichtigkeitserklärung von Verträgen, welche gegen »die guten Sitten« verstoßen (BGB, § 138, Abs. 1). Zwar weisen uns auch im Privaten Sanktionsmaßnahmen in die Schranken, doch mögen sie kaum zur Förderung der Anständigkeit beitragen; oder ist der, der nur aus Furcht vor anderer Empörung nicht un-anständig ist, etwa anständig? Was kann Menschen bewegen, anständig zu sein, also jene Haltung einzunehmen, die in den meisten Fällen so unspektakulär, ja geradezu liebenswürdig klein daherkommt, oft sogar gänzlich unauffällig bleibt und nur dort erkannt wird, wo sie vermißt wird?

Wer anständig bleibt, der erkennt im anderen den, der er selber ist: einen Menschen. Diesen mit Anstand zu beachten rührt also letztlich aus einer Selbstachtung. Selbstachtung aber ist die primäre Form der Anerkennung, mit der alle Ethik beginnt. Wer sich selber achtet, weiß um den Wert des Menschen, welchen er, ohne seine Selbstachtung zu verlieren, nicht anderen vorenthalten kann. Was ihn, gleichfalls um der Bewahrung eigener Achtung willen, zu Engagement für den anderen motivieren sollte. Der Mut zum ungebetenen Wort, die gegen körperliche Gewalt eingreifende Hand, kurz die Zivilcourage ist also eine Frage des Anstands.

Wer aus Selbstachtung vor sich selbst Anstand wahrt, denkt dabei nicht im Stile krämerischen Selbstinteresses von »was du nicht willst, das man dir tu, das füg auch keinem anderen zu«, sondern schöpft aus der Vorstellung dessen, was wir selbst sein wollen. Aber sollen wir das auch wollen, sollen wir uns also selber achten, damit wir infolgedessen anderen anständig begegnen können? Das ist eine Frage, die anständigerweise jeder für sich selbst beantworten muß, wie auch die Nachfrage: Warum sollten wir es nicht?

Literatur: *Bollnow*, Otto Friedrich: Einfache Sittlichkeit. Kleine philosophische Aufsätze. Göttingen 1957, S. 61–73. *Garve*, Christian: Über die Maxime Rochefoucaulds: das bürgerliche Air verleiht sich zuweilen bey der Armee, niemahls bei Hofe. Breslau 1792 (Popularphilosophische Schriften. Stuttgart 1974, S. 621). *Knigge*, Adolph Freiherr von: Ueber den Umgang mit Menschen. Hannover 1796 (Stuttgart 1999, S. 62). *Mann*, Thomas: Die Wiedergeburt der Anständigkeit. Berlin 1931 (Gesammelte Werke Bd. 12. Frankfurt a. M. 1960, S. 675). *Margalit*, Avishai: The Decent Society. Oxford 1996 (dt. Politik der Würde. Über Achtung und Verachtung. Berlin 1997, S. 15). *Schiller*, Friedrich: Die Bürgschaft.

1799 (In: Schillers Werke. Nationalausgabe. Bd. 1. Weimar 1992, S. 421-425).

Zum Weiterlesen: *Adorno,* Theodor W.: Zur Dialektik des Takts. In: Minima Moralia. Frankfurt a. M. 1951, S. 36–39. *Durkheim,* Emile: L'Education morale. Paris 1934 (dt. Erziehung, Moral und Gesellschaft. Vorlesung an der Sorbonne 1902/03. Frankfurt a. M. 1984). *Montaigne,* Michel de: Essais. Paris 1580 (dt. Die Essais. Stuttgart 1996, S. 279–285).

→Essen und Trinken →Müssen →Paßt das?

Arbeiten, an sich selbst und für andere

(engl.: *working on oneself and for others*; frz.: *travailler sur soi-même et pour les autres*)

Arbeit ist unsere Lieblingsbeschäftigung. Wir arbeiten am Schreibtisch, am Fließband und an unzählig vielen anderen Orten, die wir als unsere Arbeitsplätze bezeichnen. Haben wir diese endlich verlassen, geht es via Handy oder einfach in selbstversunkener Grübelei in der U-Bahn oder auf dem Fahrrad weiter mit der Beziehungsarbeit und der Trauerarbeit, also mit der Arbeit am eigenen Glück oder Unglück. Und wenn wir so den Tag arbeitend verbracht haben, geht es anderentags frisch und munter weiter mit Ernährungsarbeit, Erziehungsarbeit, Lohnarbeit, Freizeitarbeit, Nachbarschaftsarbeit, Erholungsarbeit und Bildungsarbeit.

Man könnte sich, wenn einen dies nicht unnötigerweise von der Arbeit abhielte, sehr wundern, warum es der Mensch zur Ameise unter den Zweibeinern gebracht hat. Wie so oft hob auch in diesem Falle das Übel mit dem Verlassen aus dem Paradies an. »Im Schweiße deines Angesichts sollst du dein Brot essen, bis du zurückkehrst zum Ackerboden« (1 Mose 3,19). Paulus, der auch ansonsten wenig Mühen scheute, hat seinen Zuhörern die Arbeit geradezu als Bedingung einer Minimalmoral gepredigt: »Wer nicht arbeiten will, der soll auch nicht essen« (2 Thess 3,10). Dabei ist es dann auch weitgehend geblieben: Wer nicht arbeiten will oder aber nicht bereit ist, andere für sich arbeiten zu lassen, der wird auch nicht essen, zumindest nicht sehr üppig. Dennoch wäre es zu einfach, im immer wiederkehrenden Essenswunsch den Impuls zur Arbeit zu sehen. Denn wem »Arbeit das halbe Leben« oder - dem Workaholic - sogar das ganze Leben ist, der hat weder Zeit noch physische Kapazitäten frei, so viel zu essen, wie er erarbeitet hat. Warum aber arbeiten wir dann überhaupt?

Diese Frage klingt deshalb so fremd, weil sich der moderne Mensch Gottes Fluch, unter dem er heulend und zähneknirschend hätte leiden sollen, zum Lebenselixier gemacht hat. Soviel Hinterlist war den Menschen der Antike noch fremd. Es mußte ihnen niemand sagen, daß Arbeit Gottesstrafe und Höllenpein sein kann. Sie kannten sich aus und überließen das Arbeiten jenen, die ohnehin keine andere Wahl mehr hatten, ihren Sklaven. Was den Herren jenseits der betriebsamen Arbeit blieb, war das Engagement im Politischen. Lange bevor Politik zum Beruf und zur bezahlten Arbeit, d. h. zum Broterwerb wurde, sorgten sich die, die andere für sich arbeiten ließen, um die Belange des Öffentlichen. Dafür wie für das Philosophieren (Platon) kein Geld zu nehmen war Ehrensache; beides hat sich bekanntlich mittlerweile geändert. Ebenso ist heute die Vorstellung schwer nachvollziehbar, daß ein Wohlhabender, der statt für gemeinnützige Projekte seine Energie darauf verwendet, seinen eigenen Reichtum zu mehren, eben darin auf seine eigene Freiheit verzichtet und »ein Knecht der Notwendigkeit« wird (Arendt). Das sehen wir heute anders: Arbeit, sofern sie nicht zu dreckig oder zu schlecht bezahlt ist, ist der einzige dem Menschen notwendige »Stoffwechsel zwischen Mensch und Natur« (Marx), dessen wir uns in der Öffentlichkeit nicht schämen (Arendt). Unter bestimmten Verschiebungen in der Schwerpunktbildung ist das auch ganz recht so. Hat man nämlich erstens das Privateigentum erfunden, dann will man zweitens mehr davon haben und wird drittens soviel es geht dafür arbeiten oder, gehört man zu den Glücklichen, andere dafür arbeiten lassen.

So verkehrt der Mensch nach der Arbeit auch noch das Eigentum. Denn so wie die Arbeit als Gottes Strafe in die Welt kam, so gab es auch den Besitz, mit Ausnahme jenes verhängnisreichen Baumes im Paradies, nur als allgemeinen. Entsprechend waren die Früchte der Natur Gegenstand der Labung, aber wohl kaum des Glücks. Denkt man aber einmal den Gedanken des Eigentums, so erkennt man, daß man nicht nur Eigentum an Feldern, Wäldern oder Menschen haben kann, sondern immer schon Eigentum hat oder eigentlich Eigentum ist; nämlich dadurch, daß man seinen eigenen Körper besitzt (Locke). Wenn sich aber die Eigentumsmehrung nicht darauf beschränkt, sich einen runden Bauch anzuessen, sondern nach der Sammlung weiterer Besitztitel strebt, muß auch die Arbeit intensiviert werden. Das ist selten Arbeit an sich, sondern für sich, beispielsweise für sein Bankkonto. Und so wandelt sich das *zoon politikon* als Kapitalakkumulator zum *animal laborans* und zieht sich aus dem öffentlichen Leben in die Enge der Privatheit zurück (Arendt).

Die viele Arbeit aber bleibt nicht ohne Folgen: Sie führt sowohl zu Ausbeutungs- und Unrechtsverhältnissen wie auch zu Freizeit. Während die Ausbeutung dem Arbeitenden den gerechten Lohn vorenthält, wobei es keinen generellen Unterschied macht, ob man sich selbst oder einen anderen ausbeutet, so wird die Freizeit allgemein als etwas Positives begrüßt und sogar erstritten. Die Hochschätzung der Freizeit entlarvt dann auch die Arbeitseuphorie als zumindest fahlen Schein, der Streit um eine Mehrung der Freizeit schließlich wird nicht selten mit einer Energie geführt, als ginge es um die zeitweise Befreiung von Höllenqualen. Wenn die Arbeit also doch so schrecklich ist, was darf man dann von und in der Zeit, in der man wieder frei ist, wie einstmals der Polisbürger, erwarten? Man ahnt schon, daß man das Hobby nicht erwarten sollte, und weiß doch, daß man nicht viel anderes erwarten kann. Denn so wie die Erwerbsarbeit als Massenphänomen die Menschen in die Privatheit gedrängt hat, so frißt die Massenkultur die Kultur auf (Arendt). Neben vielem anderen ist so auch der Verlust an Lust zu beklagen, der einst das Salz der Erde ausmachte. »Diese Lust, mit der das irdische Leben immer gesegnet war, hat die Neuzeit in das ›Glück der größten Zahl‹ verallgemeinert und vulgarisiert« (Arendt). Der inhärente Widerspruch aber, Glück verallgemeinern zu wollen, gebiert Fadheit. Durch Arbeitsteilung und die Fixierung auf die Freizeit schrumpft der Sinn der Arbeit auf ihre eigene Überbietung zusammen. Wenn aber die Lohnarbeit fast nichts mehr erbringt, kann man dann immerhin noch etwas von der Arbeit an sich erwarten?

Zumindest sollte man sich die völlige Abwesenheit jeglicher Arbeit nicht gleich als Paradies auf Erden vorstellen. Denn die Langeweile eines arbeitsfreien Lebens könnte, wie Kant mutmaßt, sogar Adam und Eva zur Marter geworden sein. Weswegen er denn auch empfiehlt, bereits frühzeitig Kinder das Arbeiten zu lehren (Kant). Diese rein erzieherische Maßnahme zum Wohle der allgemeinen Tüchtigkeit und Wohlfahrt bleibt indes ein nachgeordnetes Ziel. Wichtiger und nachhaltiger wirkt dagegen die Veränderung seiner selbst und die der anderen mittels Arbeit. Denn »die Arbeit des Individuums für seine Bedürfnisse ist ebensosehr eine Befriedigung der Bedürfnisse der anderen als seiner eigenen, und die Befriedigung der seinigen erreicht es nur durch die Arbeit der anderen« (Hegel). Darunter ist nun nicht ein Verfahren arbeitsteilender Wertschöpfung zu verstehen, sondern das einer wechselseitigen Anerkennung. Wer aus diesem Grund arbeitet, arbeitet sowohl an sich wie auch für sich und damit auch für andere und könnte, hat er das Bewußtsein dieser Tätigkeit erlangt, die »Arbeit« bereits hinter sich lassen und zum Spiel wechseln.

Das Spiel gleicht in Wesentlichem der Arbeit und unterscheidet sich zugleich in Wesentlichem von dieser. Wie jene ist auch das Spiel eine notwendige Tätigkeit, was uns jedes Kind beweist, anders als diese bedeutet das Spiel aber trotz aller Anstrengung keine Mühsal. Das Spiel kann uns, anders als viele Weisen zu arbeiten, zum Schwitzen bringen, obwohl es uns kaum einfiele, die Redewendung »im Schweiße deines Angesichtes« auf das Spiel zu beziehen. Und auch eine andere Gemeinsamkeit gibt es zwischen den beiden Formen der Anerkennung unserer Selbst und der Anderen. Es ist eine moralische Einstellung gefordert, damit gelingen kann, was wir uns vorgenommen haben. Dabei geht es nicht um die Gleichsetzung von Arbeitsethos und Fair play, sondern um die Anerkennung der Anerkennungswürdigkeit und -bedürftigkeit des Anderen wie meiner Selbst. Die Tugend, die dieses Ethos verlangt, heißt Ernst. Denn der Mensch »ist nur da ganz Mensch, wo er spielt« (Schiller). In diesem Satz und im Spiel und nicht in der Arbeit offenbart sich nach Auffassung Schillers die Aufgabe und die Möglichkeit der »Lebenskunst«, welche den Griechen noch auf so vortreffliche Weise gelang und welche wir wiederzuerlangen uns bemühen sollten, wenn wir uns denn das Joch der Arbeit erleichtern wollen. Spiel braucht Zeit; Zeit, die aber nicht bereits als arbeitsfreie Zeit zur Spielzeit wird. So bleibt uns wohl auch hier nur der Weg der Einübung, denn so wie wir die Disziplin der Arbeit uns angeeignet haben, so müssen wir die Muße des Spiels wieder erlernen. Je ferner uns diese geworden ist, um so schwerer wird uns die entsprechende Bildungsarbeit an uns selbst fallen und die Einsicht ernüchtern, daß man eigentlich niemanden für sich die Arbeit machen lassen kann. Auf diese Sisyphossche Einsicht kann man zermürbt oder aber heiter reagieren. Sisyphos jedenfalls war nicht nur heiter, sondern sogar glücklich (Camus).

Literatur: *Arendt*, Hannah: The Human Condition. Chicago 1958 (dt. Vita Activa. München 1981, S. 80, 130, 139, 157, 127). *Camus*, Albert: Le Mythe de Sisyphe. Paris 1942 (dt. Der Mythos von Sisyphos. Ein Versuch über das Absurde. Reinbek 1997, S. 128). *Hegel*, Georg Wilhelm Friedrich: Phänomenologie des Geistes. Bamberg 1807 (Frankfurt a. M.

1970, S. 265). *Kant*, Immanuel: Über Pädagogik. Königsberg 1803, A 75 (Werkausgabe Bd. XII. Frankfurt a. M. 1977, S. 730). *Locke*, John: Second Treatise on Civil Government. London 1690 (dt. Zwei Abhandlungen über die Regierung. Frankfurt a. M. 1977, S. 216). *Marx*, Karl: Das Kapital. Kritik der politischen Ökonomie. Erster Band. Hamburg 1867 (Berlin 1977, S. 57). *Platon:* Sophistes, 223a–224a (dt. Sämtliche Werke 4. Reinbek 1984, S. 193 f.). *Schiller*, Friedrich: Über die ästhetische Erziehung des Menschen. Tübingen 1795, 15. Brief (Schillers Werke. Nationalausgabe. 20. Bd. Philosophische Schriften. 1. Teil. Weimar 1962, S. 359).

Zum Weiterlesen: *Castel*, Robert: Les métamorphoses de la question sociale. Une chronique du salariat. Paris 1995 (dt. Die Metamorphosen der sozialen Frage. Eine Chronik der Lohnarbeit. Konstanz 2000). *Sennett*, Richard: The Corrosion of Character. New York 1998 (dt. Der flexible Mensch. Die Kultur des neuen Kapitalismus. Berlin 1998). *Smith*, Adam: An Inquiry into the Nature and Causes of the Wealth of Nations. London 1776 (dt. Der Wohlstand der Nationen. München 1978).

→Glücklich sein oder Glück haben →Verschwenden und Vermehren: Zeit und Geld →Vorteile verschaffen

Ärgern

(engl.: *to feel vexed at*; frz.: *se mettre en colère*)

Das Spiel »Mensch ärgere dich nicht«, ein Klassiker der modernen Spielkultur, bezeichnet eine Maxime, die durch die Struktur des Spiels selbst unterlaufen wird, womit sich natürlich die Frage stellt, warum dieses Spiel so beliebt ist. Weil es am Ende Sieger und Verlierer gibt und weil das Ziel des Spieles darin besteht, den anderen zum Verlierer zu machen, ist dieses Spiel ein typisches Nullsummenspiel, denn der Gewinn des einen bedeutet den Ärger des anderen. »Mensch ärgere dich nicht« bildet somit implizit die Aufforderung, so zu spielen, daß man gewinnt, koste es, was es wolle. Denn für den, der verliert, wird die Aufforderung zu ihrer Negation. Da helfen dann auch keine Ratschläge wie: »Beim nächsten Mal wird alles besser«, oder auch: »Es ist noch kein Meister vom Himmel gefallen«, geschweige denn Lebensweisheiten vom Schlage des: »Verlieren ist doch auch schön«. Im Gegenteil, gießen sie erst Öl in die Wunde des Geärgerten, wird diesem dann zusätzlich klar, daß er ein Versager ist.

Nun kann diese Übung in der Realität des Spiels eine gute Übung für die grausame Wirklichkeit darstellen, gleichsam eine kompensatorische Trockenübung für die rauhe See des Alltäglichen, in der es eine Reihe guter Gelegenheiten gibt, baden zu gehen oder seinen Gefühlen freien Lauf zu lassen. Daß es mit dem Ärger brenzlig wird, zeigt schon die Tatsache, daß er meist mit Metaphern aus dem Bereich des Feuers beschrieben wird. Man ärgert sich, ist »wutentbrannt«, indem einem die »Zornesröte zu Gesicht steigt«, oder so, daß es in einem »kocht« oder daß man »Dampf ablassen« muß. Etwas spekulativ vielleicht, doch nicht ohne Pointe, ließe sich hier eine Verbindung zum Feuer als dem Kulturgut schlechthin und zu Prometheus als dem Feuerbringer ziehen. Der Mythos beginnt aus der Perspektive von Platon damit, daß die Götter nach der Erschaffung der Menschen Prometheus und Epimetheus die Aufgabe übertrugen, »sie auszustatten und die Kräfte unter sie, wie es jedem zukomme, zu verteilen« (Platon). Epimetheus, eifriger als sein Bruder, erbat sich von diesem, die Verteilung vornehmen zu dürfen, Prometheus solle diese dann besichtigen. Ein wenig zu freigebig, verschenkt Epimetheus alle Eigenschaften und Kräfte an die Tiere, so daß Prometheus bei seiner Besichtigung den Menschen »nackt, unbeschuht, unbedeckt, unbewaffnet« vorfindet. Die Menschheit erscheint als Gattung der Mängelwesen. Was dann geschieht, ist bekannt: Prometheus entwendet Hephaistos und Athene das Feuer und die technischen Fertigkeiten und schenkt sie dem Menschen. Fazit des Mythos: »Die zum Leben nötige Wissenschaft also erhielt der Mensch auf diese

Weise, die bürgerliche aber hatte er nicht« (Platon). Fortan führten die Menschen als moralische Mängelwesen zwar ein behagliches Leben, aber getrennt voneinander, da sie die Kunst des Zusammenlebens noch nicht kannten; Prometheus aber wurde für seinen Diebstahl von den Göttern hart bestraft.

Der Mythos erzählt weiter, daß die Menschen ohne die Kunst des Zusammenlebens entweder von wilden Tieren ausgerottet wurden, waren sie doch »in jeder Art« schwächer als diese; oder aber ein zeitweiliges Zusammenleben führte zu Beleidigungen der Menschen untereinander und damit wiederum zur Zerstreuung. Der sich um den Erhalt des Menschengeschlechts sorgende Zeus sandte daraufhin Hermes, den Götterboten, mit dem Auftrag, »Scham und Recht«, die bürgerlichen Tugenden der Besonnenheit und Gerechtigkeit, unter die Menschen zu verteilen, und zwar so, daß alle in den Besitz der Tugenden gelangen sollten und nicht nur – wie im Falle der Technik – einige Spezialisten oder »Kundige«.

Am Feuer kam also der Ärger in die Welt, der sich in Streit, Rachsucht, Neid und Eifersucht und, individuell betrachtet, in einem cholerischen Säfteverhältnis ausdrückt. Weil der Ärger vom Feuer kommt – oder genauer daher, daß nicht jeder bei seinem Feuer sitzen blieb und sein eigenes Süppchen kochte, sondern sich auf den Weg machte und den anderen an seinem Feuer ärgerte –, macht er uns immer noch »heiß«, werden wir von ihm immer noch »ergriffen«, »entzündet«, »verzehrt« und »aufgefressen« und »verglühen« nicht selten an seiner magischen Kraft, indem wir nicht mehr wir selbst sind und »aus der Haut fahren«. Ärger ist die Kehrseite der »Coolness«, der Gleichgültigkeit und des Desinteresses. Daher macht es uns gelegentlich eine boshafte Freude, den andern zu ärgern. Denn den anderen zu ärgern bedeutet, immer noch metaphorisch, daß man ihn von seinem Feuer wegzieht, und sozio-moralisch bedeutet das, daß man ihn damit bloßstellt und seine Schwächen offenlegt. Wer jemand anderen dazu bringt, sich zu ärgern, befriedigt damit nicht nur seine gegebenenfalls vorhandenen sadistischen

Neigungen, sondern nötigt dem anderen ein peinliches Geständnis ab.

Und so kann man sich natürlich grundsätzlich als so Geärgerter darüber ärgern, daß einen die anderen nicht in Ruhe lassen oder einem nicht die nötige Beachtung schenken. Betrachtet man noch einmal den Platonischen Mythos, so scheint der fundamentale Mangel des Menschen in seiner fehlenden Sozialität, dem Nicht-zusammenleben-Können zu bestehen. Dem Menschen mangelt es in dieser Perspektive nicht an Macht, Kraft oder Gier und auch nicht an Gleichgesinnten, sondern an der Anerkennung durch die anderen, deren Ausbleiben dann mit Ärger quittiert wird.

Der Ärger läßt sich aber auch als aktive, ja als produktive Seite der Scham verstehen. Die Scham stellt nämlich, wie das Schuldgefühl, das schlechte Gewissen oder die Reue, als eine innere Sanktion lediglich die subjektive Konsequenz aus der Nichterfüllung einer von allen geteilten normativen Basis dar. Die Scham betrifft insofern den Menschen als ganzen, weil dieser mit seiner Mißachtung der Normativität das gesellschaftliche Fundament in Frage gestellt hat, mit der er sich als Mensch *wesentlich* identifiziert. Wenn jemand »sich schämt«, so bedeutet dies, daß er sich nicht in der Lage sieht, die moralischen Bedingungen wechselseitiger moralischer Anforderungen für sich selbst und gegenüber anderen zu erfüllen. Wenn jemand sich dagegen ärgert, so betrifft dies gleichfalls den ganzen Menschen. Zusätzlich sucht er einen Verursacher für sein Ungenügen. Während also die Scham die Schuld bei sich selbst sucht, weiß der Ärger, daß der andere – und das kann auch der innere Schweinehund sein – der Aggressor ist. Man selbst, das richtige Selbst, ist unschuldig und damit Opfer einer Handlung, Situation oder Norm, deren Verursacher die gezielten Haßobjekte des Ärgers sind. Während die Scham eher das passive Ausgeliefertsein an eine moralische Meßlatte signalisiert, verweist der Ärger auf die Unfähigkeit, eine Niederlage hinzunehmen; diese ergibt sich aus einem Verlust, der eben aus denjenigen Ansprüchen resultiert, die man an sich und die anderen richtet. Mit einem Wort: Der Ärger ist das Medium der Differenzkonstitution, und wenn er produktiv gewendet wird, dient er der Bearbeitung der ausgemachten Differenz.

Grund für das Ärgernkönnen ist die reflexive Verfaßtheit des Menschen, der zu sich, zur Welt und zu anderen Menschen ein Verhältnis entwickelt und entwickeln muß. In der sprachlichen Fassung des »Sich« im Sichärgern wird deutlich, daß der Ärger den Selbstbezug impliziert und zugleich auf eine harte Probe stellt. Selbstbezug heißt vor allem, sich praktisch zur eigenen Existenz zu verhalten, meint praktisches Sichanerkennen und praktische Autoformation. Denn das Wesen des menschlichen Daseins besteht darin, »daß es je sein Sein als seiniges zu sein hat« (Heidegger). Menschen verhalten sich demnach in ihrer Existenz immer in irgendeiner spezifisch gefärbten kulturellen Form – so, daß das Sich-zu-sich-Verhalten auf die Zukunft der eigenen Existenz bezogen bleibt. Insofern dieses Sein dem Menschen vorgegeben ist als ein solches, das er *zu sein* hat, d. h., insofern er in dieses Sein »geworfen« wurde als ein Sein, um das es prinzipiell für ihn geht, bleibt sein Sich-zu-sich-Verhalten immer ein praktisches, ein voluntativ-affektives.

Und hier kommt dann der Ärger ins Spiel, und zwar mit aller Macht, betrifft er doch im Selbstbezug das Ganze meiner Existenz. Der Ärger macht mir klar, was mich wirklich betrifft und was mir für mich in meinem Leben wirklich wichtig ist. Und zugleich zeigt er mir, daß sich dieses noch Ausstehende noch nicht für mich realisiert hat und trotz aller Bemühungen vielleicht auch nicht realisieren kann. Man ärgert sich über die anderen, Gott und die Welt und nicht zuletzt über sich selbst, weil einem der uneingelöste Anspruch an das eigene Leben in vergeblichen Anstrengungen deutlich wird – was gerade Kinder immer wieder dazu bringt, ihrem Ärger freien Lauf zu lassen. Wer sich ärgert, ist noch nicht derjenige, der er sein möchte, und er kann noch nicht, wie er will oder sollte. Und dieser Möglichkeitsspielraum, der für alle Handlungssituationen gilt, gilt insbesondere für das Sich-zu-sich-Verhalten im Sinne der Grundsituation aller Handlungssituationen, nämlich der Faktizität des Zu-Seins (Heidegger), d. h. der Tatsache, daß ich immer irgend jemand werden muß. Das bedeutet, daß Ärgern auf einen noch ausstehenden Modus dieses Seins anspielt. Weit entfernt von Autonomie und Souveränität, um Längen hinter Unerschütterlichkeit und Ausgeglichenheit zurück, wird dem Selbst bewußt, daß es den Gipfel seiner menschlichen und moralischen Möglichkeiten noch nicht erklommen hat.

Im Ärgern steht somit das Sich im Mittelpunkt als ein Verhältnis, das zu einem Selbst- und Weltverhältnis Stellung bezieht. Und dieses Stellungbeziehen macht ein Mißverhältnis von Wollen, Können und Sollen offenbar, woraus sich zwei Strategien ableiten lassen: Man kann das Wollen, oder auch das Sollen, zurückschrauben und/oder das Können steigern. Nun läßt sich darüber spekulieren, inwiefern derjenige einen Fehler begeht, der versucht, zu einer Deckung dieses Verhältnisses zu kommen, oder inwieweit derjenige zu verurteilen ist, der dieses gar nicht erst versucht. Und so kann das Ärgern, aber auch das Sich-Ärgern über das Ärgern, durchaus als Motivation für soziales und moralisches Verhalten dienen, während der Verlust der Fähigkeit des Sich-Ärgerns zur Affirmierung des Bestehenden und zur kritiklosen Übernahme des immer schon Dagewesenen führt. Das Feuer in uns bleibt ein Kulturgut, dessen man sich auch in nachprometheischen Zeiten nicht zu schämen braucht, denn solange Hermes bei der Überbringung von sittlichen und politischen Tugenden den Weg zu allen Menschen noch nicht gefunden zu haben scheint, könnte uns auch der Ärger auf die Sprünge zur Brüderlichkeit und Schwesterlichkeit verhelfen.

Literatur: *Heidegger,* Martin: Sein und Zeit. Tübingen 1927 ([13]1979, S. 12). *Platon:* Protagoras, 320d, 321d (dt. Sämtliche Werke 1. Reinbek 1984, S. 61 f.).

Zum Weiterlesen: *Salisch*, Maria von: Wenn Kinder sich ärgern: Entwicklungsregulierung in der Entwicklung. Göttingen u. a. 2000.

→Einsam und allein bleiben →Gefühle aufbringen →Paßt das?

Behindert sein

(engl.: *to be disabled*; frz.: *être handicapé*)

Behinderte, so stellte das Oberlandesgericht Köln Ende 1997 fest, sind Menschen, die für Nachbarn gelegentlich »unzumutbar« sind (Az.: 7 U 83/96). Der Richter begründete sein Urteil damit, daß das »unartikulierte Schreien, Rufen, Gurgeln, Stöhnen, Lachen und ›Lallen‹« von einer Gruppe von Menschen mit einer geistigen Behinderung einen »Lästigkeitsfaktor« darstellt, der in der Art und Weise der Geräusche besteht, die sowohl für das Gehör eines verständigen Bürgers als auch für das eines toleranten Nachbarn eine empfindliche Störung bedeuten. Die Verordnung im Namen des Volkes lautete auf festgelegte Ruhezeiten für die Gruppe.

Ein allzu bekanntes Bild, möchte man meinen. Schon immer schickte man Irre, Krüppel, Alte, gelegentlich auch Kinder und Frauen an den Rand der Zivilisation oder gleich per Schiff ans Ende der vorstellbaren Welt, sperrte sie also aus und später dann, man ist ja seit der Aufklärung kein Unmensch mehr, mitten in der Gesellschaft ein. Hieß die Devise früher Einsperren durch Aussperren, so lautet sie heute Aussperren durch Einsperren. Glaubt man Anthropologen oder Ethnologen, so scheint die Behindertenfeindlichkeit eine der wenigen verläßlichen Konstanten der *conditio humana* zu sein. Weil die Verkrüppelten das Auge, die geistig Verwirrten das Ohr, Taubstumme die Sprache und alle gemeinsam den Geschmack und die Moral beleidigen, ist es mehr billig als recht, alle Gesunden und Normalen vor diesen zu schützen, gilt doch mit einer universellen Gültigkeit der Satz: *mens sana in corpore sano.* Der kranke Körper kann daher weder schön noch wahr, er kann vor allem nicht gut sein (hat der Teufel nicht einen Klumpfuß?), was den Ausschluß aus der Gesellschaft auch moralisch legitimiert. So folgt auf die Delegitimierung der Behinderten die Regel, daß dem Aus für die Augen auch das Aus für den Sinn folgte – jedenfalls was die Moral betraf. Solange man Behinderte nämlich nicht als Menschen wahrnimmt, die in der Lage erscheinen, ihre eigenen Interessen zu vertreten bzw. fähig zu moralischem Handeln sind, kann man sie behandeln wie Tiere oder Sachen. Tierschutz und Sachenrecht, und nicht die Moral, erscheinen so als Adressaten der auf Behinderte bezogenen Tatbestände. Denn ob und inwiefern man Behinderten überhaupt einen moralischen Status zusprechen soll, ist eine bis heute offene Frage der Moralphilosophie.

Deshalb haben »(bio-)ethische« Programme Konjunktur, die aus den Behinderten noch einen sozialen Gewinn erzielen wollen. Sarkastische Fragen wie die eines Philosophen namens Murphy: *Do the retarded have a right not to be eaten?* (in: Anstötz) oder Technologien wie Chirurgie, Präimplantations- und Transplantationsmedizin verweisen auf das wichtige »Verwertungsmaterial« der Behinderten, das durchaus zum Wohle des Großen und Ganzen eingesetzt werden kann. Wie sollte man auch die ganzen Prothesen ausprobieren, die man dann den Normalen und Gesunden verkaufen will? Daß diese Form einer Ethik für die Behinderten auf durchaus unsicheren ethischen Füßen steht, läuft sie doch in einigen Fällen auf die Eliminierung der Adressaten hinaus, läßt sich bei Peter Singer nachlesen. Denn die obigen, durchaus realistischen Sarkasmen propagieren zwar nicht mehr rassehygienisch den richtigen Menschentypus, doch leisten sie implizit einem eugenischen Körperkult Vorschub, dessen Unversehrtheitsnormen utopische Züge aufweisen. Nun werden auch Handlungen im Sinne des »größten Nutzens der größten Zahl« legitimierbar, die letztlich den Tod des zu Behandelnden zur Folge haben. »Sofern der

Tod eines geschädigten Säuglings zur Geburt eines anderen Kindes mit besseren Aussichten auf ein glückliches Leben führt, dann ist die Gesamtsumme des Glücks größer, wenn der behinderte Säugling getötet wird ... Der Kern der Sache ist freilich klar: Die Tötung eines behinderten Säuglings ist nicht moralisch gleichbedeutend mit der Tötung einer Person. Sehr oft ist sie überhaupt kein Unrecht« (Singer). Wer also wie Singer zum Ausgangspunkt moralischer Überlegungen die Idee macht, inwiefern das »legitime« Glück der Gesellschaft oder das »wahre« Interesse des Einzelnen in allen Handlungen zu berücksichtigen sei, hat keine Probleme damit, Behindertsein als »glücks-« und »interessenwidrig« zu »rationalisieren« und »abzuwickeln«. Und auch als Behinderter stellt man sich dann unwillkürlich die Frage, ob man mit seinem »Egoismus« sich selbst und der Gesellschaft im Wege stehen dürfe.

Das normative Gegenmodell für den Behinderten ist bekannt: Es ist der (weiße) Mann mit den Kriterien der Leistung, des Erfolgs, der Karriere, der Wettbewerbsfähigkeit, der Rationalität und des Machtstrebens, ein Mensch, frei von Leiden und strotzend vor Gesundheit, Aktivität und Vervollkommnungsfähigkeit, *a tough guy*. Von diesem Modell aus, vor dem selbst viele Männer erblassen, erscheint fast der Rest der Menschheit aus Mängelwesen zu bestehen: Blinde, Taube, Schwachsinnige und Altersdebile werden dann ebenso zu den Behinderten und Krüppeln gerechnet wie Asoziale, Barbaren, Ausländer, Kinder und Frauen. Nirgendwo wird deutlicher, daß man zum Behinderten erst gemacht werden muß, um behindert zu sein. Kurzum, der Mensch als *homo sapiens sapiens* gilt auch »wissenschaftlich« betrachtet als die Norm des Humanen. Betrachtet man sich einmal einen einschlägigen Kriterienkatalog für die Charakteristika des *homo sapiens*, so erscheint unmittelbar einleuchtend, daß Kriterien wie (minimale) Intelligenz, Selbstbewußtsein, Selbstkontrolle, Wissensdrang und Einmaligkeit weder zu jeder Zeit noch von allen Menschen wirklich erfüllt werden. So stellt sich aus der Sicht der Ethik die Frage, ob man ein - wenn auch wesentliches - Kriterium der Spezies, wie die Rationalität, zu *dem* ausschlaggebenden Kriterium für moralisches Handeln machen sollte; und wie geht man vor, wenn das Gegenüber es gelegentlich, vorübergehend oder dauerhaft an Vernunft mangeln läßt? Oder bildet nicht vielmehr die *Zugehörigkeit* zur menschlichen Spezies überhaupt *das* entscheidende moralisch relevante Kriterium?

Versteht man unter der »Würde des Menschen« vor allem den Titel für die Erkenntnis, daß die Menschen ob ihrer Verschiedenheit zu achten sind, so wird deutlich, was den Ethikern der Behinderung als medizinisch diagnostiziertem Defekt nicht gelingt: Sie beherrschen - so paradox dies auf den ersten Blick erscheint - die Kunst der Trennung nicht. Denn sie verwenden ihre eigene Norm, um das von ihr Abweichende als krank, ungenügend, gefährlich etc. zu klassifizieren, und messen somit andere Menschen an den eigenen Maßstäben. Diese Maßstäbe werden kondensiert zu dem *einen* Maßstab: *der Mensch*, der die ganze Problematik in sich trägt. Zunächst leidet er unter dem Legitimationsdefizit, daß er nur von einer ganz bestimmten Gesellschaft von Menschen als ein für alle Menschen, mithin universelles Paradigma in Anschlag gebracht worden ist. Dieser Maßstab setzt sich dem Vorwurf des Ethnozentrismus, des Eurozentrismus und der Maskulinität aus und wirft die Frage auf, ob der Mensch, wenn er *nur* ein Mensch ist, wirklich ein solcher ist.

Indem die Humanwissenschaften in der Moderne die Frage nach dem Menschen stellen, wird der Mensch zugleich Subjekt und Objekt dieser Unternehmung. Dazu kommt, daß wir die Frage nach dem Menschen auch selbst beantworten müssen. So kann man durchaus ein Problem mit der anthropologischen Norm des *homo sapiens sapiens* haben. Das Idealbild des modernen Menschen mit den obigen Kriterien bestimmt nämlich auch den Begriff der Behinderung, d. h., diese Momente legen zugleich das normative Personenkonzept für alle Menschen fest. Den Menschen nach Maß (van den Daele) oder die Normalisierung des behinderten Menschen zu fordern führt dann schnell dazu, Behinderung als Schädigung, Funktionsausfall und soziale Beeinträchtigung zu verstehen, und damit zu Überlegungen im Rahmen von Behindertenfeindlichkeit, Kindsmord, Sozialhygiene, Eugenik und Euthanasie. Gemeinhin ziehen solche anthropologischen Normenprogramme ganz praktische Effekte nach sich. Erstens, Menschen werden aufgrund bestimmter Merkmale analysiert, identifiziert und klassifiziert. Sie werden zweitens isoliert, aus sozialen Verhältnissen aus- und in bestimmte Institutionen eingeschlossen. Sie sehen sich dort drittens einer ständigen Beobachtung, Prüfung und Therapie ausgesetzt. Und viertens bedingt die Norm als Trennung von normal und abnormal die Legitimation derjenigen Wissenschaften, die sich dem Nicht-Normalen zuwenden in der Absicht, es auf den normalen Weg zurückzubringen. Behinderung als das andere funktioniert so als die negative Legitimation des eigenen. Und fünftens und letztens weiß man nie so genau, ob die Norm nun deskriptiv verstanden werden soll, als der Mittelwert, der Standard oder das Normale, oder doch eher normativ, als das Ideal, Regulativ oder das Muster.

Nun kennt die Geschichte der Ethik eine Form der Moral, die im Falle der Behinderten besonders angemessen erscheint, nämlich das Mitleid. Und wenn man schon den Menschen definieren muß oder will, so könnte man ihn definieren als *homo dolens*. So zielt die Definition des Menschen als schmerzensreiches Mängelwesen nicht auf eine hochintelligente superfitte Spezies, sondern auf die fundamentale Verletzlichkeit und Hilflosigkeit des Menschen. Das bedeutet: »Moralisch« lassen sich somit diejenigen Institutionen nennen, »die uns darüber informieren, wie wir uns am besten verhalten sollen, um durch Schonung und Rücksichtnahme der *extremen Verletzbarkeit* von Personen entgegenzuwirken« (Habermas). So ließe sich so etwas wie moralischer Fortschritt daran bemessen, inwieweit sich eine Solidarität unter den Menschen ausbreitet, die mit dem Blick auf die Gemeinschaft der Leidenden und Gedemütigten auch noch das Mitleid mit sich selbst zumindest nicht ausschließt.

Nun haben aber vor allem Menschen mit Behinderungen Probleme mit dem Mitleid, und dies nicht nur wegen den Motiven, die sich hinter den mitleidigen Handlungen verbergen können: vom Narzißmus des Helfers bis zum Sadismus des Voyeurs, sondern vor allem mit dem »mitleidenden« Paternalismus. Der Paternalismus des »Ich handle nur zu deinem Besten« stempelt nämlich diejenigen, für die da entschieden und gehandelt wird, zu Menschen mit beschränkter Haftung und Verantwortlichkeit, denen man auf absehbare Zeit, wenn nicht lebenslang, eigene Entscheidungen in ihrem eigenen Interesse absprechen kann. Der Paternalismus kann so anscheinend die Bedingungen der Freiheit gewähren und dem Behinderten doch seine Selbstbestimmung vorenthalten, weil er ihm die Anerkennung versagt, ein menschliches Wesen zu sein, das selbst in der Lage ist, sein Leben gemäß seinen eigenen Zwecken zu führen – die nicht immer und überall vernünftig und gut sein müssen. Von hier aus wird es verständlich, warum man sich oftmals lieber in die Tyrannei seinesgleichen begibt, sich von ihnen schlecht behandeln läßt, als sich in den durchaus größten Despotismus, den wohlwollenden Paternalismus zu begeben. Und schließlich kann eine Ethik des Mitleids sogar zu einer Frage von Leben und Tod werden, indem Mitleid als Begründung für eine aktive Euthanasie im Sinne des Betroffenen verstanden wird. Die mitfühlende Anteilnahme am Leiden von Individuen führt dann dazu, im Interesse schwerstgeschädigter Neugeborener selbst deren Leben so früh als möglich zu beenden. Ob damit immer das Interesse des Kindes im Auge bleibt, ist durchaus zweifelhaft.

Gleichwohl stellt das Leiden des Behinderten in gewisser Weise die Nagelprobe für die Moralphilosophie dar. Denn es stellt sich die Frage, ob die Welt das Leiden der Menschen braucht, um sich als gute zu rechtfertigen. Fehlt der schönen neuen Welt etwas Wesentliches, wenn in ihr alles Leiden eliminiert ist? Gibt es einen Sinn von Leiden, der gegenüber anderen legitimiert werden kann? Für eine Ethik der Behinderung stellt sich an diesem Punkt das Dilemma von Integration und Prävention. Behinderte zu integrieren bedeutet, ihre Normalität anzuerkennen. Prävention bedeutet demgegenüber die Anerkennung einer Norm von Gesundheit, von der aus Behinderung als »krank« erscheint. Die Frage, die sich aus diesem Dilemma ergibt, lautet, ob nicht Prävention eine Akzeptanz gegenwärtig behinderter Menschen ausschließt.

Ohne in Fatalismus (Es ist halt so!) oder Zynismus (Wer leidet, hat Pech gehabt!) abzugleiten, läßt sich die Frage, wie sich das menschliche Leiden moralisch rechtfertigen lasse - wenn überhaupt -, wohl nur dahingehend beantworten, daß man feststellt, menschliches Leiden *vollkommen* eliminieren zu wollen habe eine inhumane Tendenz, ist doch menschliches Leben ohne Leiden gar nicht denkbar. Der durch die Aufhebung von Leiden anvisierte Zustand ist nicht nur moralisch bedenklich, weil die Biotechnologien als universelle Norm für dieses Leben den weißen *Superman* im Blick haben, sondern auch weil die damit verbundene Frage eines genetisch-manipulationsfähigen Menschen im Raum steht. Moralisch in Frage steht vor allem, ob man dessen Möglichkeiten noch als menschlich und menschenwürdig bezeichnen kann.

Im Blickwinkel der politischen Ebene beziehen sich die Sozialutopien - von Platons *Staat* bis hin zu Huxleys *Schöne neue Welt* - immer wieder auf eine leidensfreie Gesellschaft, in der es nur noch gesunde, schöne und vernünftige Menschen gibt. Die Frage ist nur: *Wollen wir das?* Lesen wir dazu den entscheidenden Dialog in der *Schönen neuen Welt* zwischen Mustafa Mannesmann, dem Vertreter dieser »aufgeklärten« Sozialutopie zwischen aristokratischer Eugenik und alltäglichem Hedonismus, und dem Wilden, einem kulturell Unbeleckten, der als Relikt und Chiffre eines längst vergessen geglaubten Naturzustandes der Zivilisation hoffnungslos jeden Anschluß an den Fortschritt verloren hat: »›Kurzum‹, sagte Mustafa Mannesmann, ›Sie fordern das Recht auf Unglück.‹ - ›Gut denn‹, erwiderte der Wilde trotzig, ›ich fordere das Recht auf Unglück.‹ - ›Ganz zu schweigen von dem Recht auf Alter, Häßlichkeit und Impotenz, dem Recht auf Syphilis und Krebs, dem Recht auf Hunger und Läuse, dem Recht auf ständige Furcht vor dem nächsten Tag, dem Recht auf typhöses Fieber, dem Recht auf unsägliche Schmerzen jeder Art?‹ Langes Schweigen. – ›All diese Rechte fordere ich‹, stieß der Wilde endlich hervor. – Mustafa Mannesmann zuckte die Achseln und sagte: ›Wohl bekomm's!‹«

Literatur: *Anstötz*, Christoph: Ethik und Behinderung: ein Beitrag zur Ethik der Sonderpädagogik aus empirisch-rationaler Perspektive. Berlin 1990, S. 74. *Daele*, Wolfgang van den: Mensch nach Maß? Ethische Probleme der Genmanipulation. München 1985. *Eberwein*, Hans/*Sasse*, Ada (Hrsg.): Behindert sein oder behindert werden? Interdisziplinäre Analysen zum Behinderungsbegriff. Neuwied/Berlin 1998. *Foucault*, Michel: Folie et déraison. Histoire de la folie à l'âge classique. Paris 1961 (dt. Wahnsinn und Gesellschaft. Eine Geschichte des Wahns im Zeitalter der Vernunft. Frankfurt a. M. 1973). *Habermas*, Jürgen: Erläuterungen zur Diskursethik. Frankfurt a. M. 1991, S. 14. *Huxley*, Aldous: Brave New World. London 1932 (dt. Schöne neue Welt. Frankfurt a. M. 1983, S. 208). *Müller*, Klaus E.: Der Krüppel. Ethnologia passiones humanae. München 1996. *Singer*, Peter: Practical Ethics. Cambridge 1979 (dt. Praktische Ethik. Stuttgart 1984, S. 183, 188).

Zum Weiterlesen: *Kafka*, Franz: Die Verwandlung. Leipzig 1915. *MacIntyre*, Alasdair: Dependent Rational Animals. Why Human Beings need the Virtues. Chicago 1999 (dt. Die Anerkennung der Abhängigkeit. Über menschliche Tugenden. Hamburg 2001). *Mitchell*, David T./*Snyder*, Sharon L. (Eds.): The Body and Physical Difference. Discourses of Disability in the Humanities. Ann Arbor 1997.

→Ekel empfinden →Heilen →Schön sein

Danken

(engl.: *to thank*; frz.: *remercier*)

Der Welten Lohn heißt Undank, so lautet ein alter niederschmetternder Bericht aus dem Jammertal. Indes scheinen sich die Zeiten gebessert zu haben, denn gedankt wird viel, vom Morgen bis zum Abend, vom Abend bis zum Morgen. Die Telekom dankt ihren Kunden, die, statt eine Auskunft zu erhalten, auf der Endlosschleife des Wartebandes landen. Überhaupt erfährt man Dank häufig dann, wenn etwas nicht so läuft, wie es sollte. Die U-Bahn läßt auf sich warten, das Flugzeug erhält keine Landeerlaubnis, und der Internet-Provider kann die Verbindung nicht herstellen. Immer dann werden wir »um etwas Geduld« gebeten, und uns wird für unser Verständnis, selbst wenn wir absolut keines haben, gedankt. Warum geschieht das? Warum erklärt man nicht einfach den Sachverhalt und läßt die anderen sich denken, was sie wollen, warum müssen sie einen Dank einstecken? Vielleicht ist Höflichkeit mit im Spiel, sicher aber auch noch mehr.

Danken und Denken, *to thank* und *to think* liegen so nahe beieinander, daß die Verbindung beider zu bedenken ist. Was tut eigentlich der, der dankt? Er macht sich Gedanken und erinnert an »Gedanc«, in dem, wie Heidegger sagt, das »ursprüngliche Wesen des Gedächtnisses« waltet. »Der ursprüngliche Dank ist das Sichverdanken. Erst in ihm und nur aus ihm erfolgt jenes Denken, das wir als Vergelten und Lohnen im guten und bösen Sinne kennen« (Heidegger). Wir bedanken uns bekanntlich für Geschenke, die wir, anders als Gaben (Mauss), weder verdient noch gefordert haben. Ein Geschenk zu schicken und nicht persönlich zu überreichen muß deshalb nicht unhöflich sein, da es doch eine Schickung ist. Es unterscheidet sich jedoch von der gleichfalls unverlangten Schickung nach Art einer Krankheit oder eines sonstigen Übels durch die mit ihm verbundene wohlwollende Absicht. Zwar gibt es Güter, die uns durchaus mehr Freude machen können als Geschenke, gleichwohl bedanken wir uns nicht für sie, da wir sie nicht als Geschenk, sondern als Gegenleistung, beispielsweise eines Kaufvertrages, erhalten haben. Wo unsererseits keine solche Gegenleistung vorliegt, wir also unverdientermaßen zu einem Gut gelangen, da danken wir. Wer das bemerkt - Heidegger fürchtete den Akt des »bloß konventionellen Sichrevanchierens, wenn nicht gar des Geschäftes« -, zeigt sein Gespür für den feinen Unterschied von Geschenk und berechnendem Vorschuß mit einkalkulierter Gewinnmitnahme. Letztere erwartet meist mehr als einen nur in Worte gefaßten Dank. Das wahre Geschenk kommt dagegen, wie der Volksmund gleichsam zu berichten weiß, nicht vom Verstand, sondern von Herzen, und das Herz rechnet nicht. Das ist die große Chance für den Beschenkten. Er kann danken und er kann es unterlassen.

Warum aber bedankt sich der Beschenkte? Ist es Höflichkeit, ist es das Gefühl einer Pflicht? Beides schwingt in jedem Dank mit, und die Pflicht zum Danken ist auch in der Philosophie von Cicero bis Kant erkannt worden. Wer nicht dankt, verletzt demnach nicht einfach eine Anstandsregel, sondern eine Pflicht. Erklärt man sich diese Pflicht, wie die beiden Philosophen, als dem Geber geschuldet, tut man indes dem Dank keinen Gefallen. Zu danken würde dann zu einer Erfüllungspflicht, wie sie jedem Kaufvertrag innewohnt. Und noch eine weitere Parallele zum Vertrag läge darin, daß derjenige, der sich um seine Pflicht drückt, längerfristig auch den eigenen Interessen schadete. Mit dem Dank verhielte es sich dann nicht anders, und man stattete ihn ab im Sinne einer Klugheitsmaxime. Auch hier gilt, wie für die verbreitete Praxis zu schenken, wahrer Dank wie wahres Geschenk kann dies nicht sein. Dank und Geschenk verhalten sich zwar symmetrisch zueinander, aber nicht so, daß der eine dem anderen geschuldet wäre, sondern daß beide aus Freiheit stammen. Erst vor diesem Hintergrund erhält die Frage, warum Menschen danken, einen Sinn. Denn jede mögliche Antwort wird auf die Freiheit des Dankenden verweisen und damit dem Grund des Dankes erst einen Grund geben.

Nun pflegen wir zwar häufig die sprachlich kürzeste Form zu wählen und sagen einfach »Danke«, was jedoch nur verständlich ist als Kürzel für »ich danke dir/Ihnen«. Erst in dem vollständigen Satz findet der Dank seinen angemessenen Ausdruck. Hier nämlich werden Spender und Empfänger des Dankes benannt. Der Dank ist somit also eine Beziehung, die immer schon über den Einen hinaus und auf den anderen zugeht. Somit stellt der Dank eine besondere Form der Anerkennung des anderen dar: Er gilt dem Dankenden als Ursache des empfangenen Guts. Der, der dankt, anerkennt also einen Schöpfer – in der Form des Dankgebetes sogar *den* Schöpfer. Den Schenkenden im Dank als solchen anzuerkennen entspricht dabei dem Bedürfnis des Beschenkten, mit dem anderen auf gleicher Augenhöhe stehen zu kommen. Diese Ebene ist ganz deutlich dann verlorengegangen, wenn sich einer durch ein Geschenk beschämt fühlt. Die Scham drückt dabei das vermeintliche Unvermögen aus, einen dem Geschenk angemessenen Dank abzustatten. Wer so empfindet, verkennt die dankesmäßige Verwobenheit der Menschen und die schlichte Größe des Dankes. Jeder Mensch ist immer schon ein Beschenkter, so wie auch jeder Mensch immer auch ein Schenkender ist, und darin weisen sich menschliche Beziehungen aus: Denn »alle nicht entstellte Beziehung ... ist ein Schenken« (Adorno). Diese wechselweise Verflochtenheit im Schenken konstituiert die Menschheit und generiert sie, denn die Dankbeziehungen sind häufig phasenverschoben – klassisch in der in die Zukunft gerichteten Eltern-Kind-Beziehung. Nicht immer ist die Spanne zwischen Geschenk und Dank so lange wie hier, aber sie gehört doch immer dazu, damit ein richtiges Dankesverhältnis überhaupt statthaben kann. Denn wir würden uns schön bedanken, wenn wir ein Geschenk in dem Augenblick erhalten, in dem wir es selbst schenken. Wer schnell quitt sein will, ist bestimmt eines, nämlich undankbar. Und er diffamiert den anderen als einen, der einen selbst in ein Verpflichtungsverhältnis bringen wollte. Erst wo dies kultiviert wird, wie im weihnachtlichen Schnapsflaschengeschenkritus in Beyers *Spur der Steine*, wird aus dem Ärgernis ein Witz und fast schon wieder ein Geschenk.

Wird der Dank nicht durch einen Geschenkfluß weggespült und erhält statt dessen Raum, dann wird seine Größe erkennbar, die sich im Akt der Anerkennung des Schenkenden ausdrückt. Und mit ihr entfällt auch der letzte Grund, Scham über ein vermeintlich nicht zu verdankendes Geschenk zu empfinden. Scham, oder doch Verlegenheit, scheint einzig dann angebracht, wenn man danken möchte, aber nicht weiß, wem. Es ist dies beispielsweise die Lage, in der sich der Atheist befindet, der für die Rettung des Lebens eines geliebten Menschen tiefe Dankbarkeit empfindet (Henrich). Denn geben die über die unerwartete Heilung selber verwunderten Ärzte den Dank zurück und weigern sich, sich als deren Verursacher anerkennen zu lassen, so bleibt der Atheist mit seinem Dank allein. Damit verschließt sich ihm auch der andere Aspekt des Dankes, und er ist nicht in der Lage, mit dem Gegenüber in eine kommunikative Beziehung zu treten. In dieser Beziehung sagt der eine »Danke«, und der andere artikuliert die Annahme des Danks, etwa mit einem »Bitte«, was soviel heißen will wie »der Dank ist akzeptiert«. So ist Dankbarkeit das Bewußtsein davon, nicht allein zu sein, und hier erweist sich dann die Dankbarkeit vielleicht als »das moralische Gedächtnis der Menschheit« (Simmel). Wer dankt, der weiß, daß da außer ihm noch jemand ist. Die Pflicht zum Danken ist demnach keine äußere, dem anderen geschuldete, sie ist eine innere. Im Dank führen wir uns aus der vermeintlichen Einsamkeit des Beschenkten heraus und wissen uns eins mit anderen. Somit erweist sich das Danken als eine Basis des sittlichen Lebens schlechthin (Henrich). Das reicht eigentlich bereits aus, dem Danken gegenüber dankbar zu sein.

Doch auch der, dem das Danken für das Danken zuviel der schönen Geste ist, wird, wenn sein Leben gelingt, d. h., wenn er den Blick auf die schönen Seiten des Lebens sich über die Zeit hat bewahren können, Dank gegenüber dem eigenen Dasein empfinden. Und so gelangt man zu der wahrhaft dankenswerten Lebensstimmung der Dankbarkeit (Bollnow). Wer so lebt, hat keinen krummen Rücken von der unaufhörlichen Dankeshaltung, sondern hat längst eigene Formen zu danken entworfen; unter den vielen Gesichtern, die diese Dankesgesten zeigen, kommt, so darf man vermuten, die Muße nicht am seltensten vor.

Literatur: *Adorno*, Theodor W.: Minima Moralia. Frankfurt a. M. 1951, Nr. 21. *Bollnow*, Otto Friedrich: Neue Geborgenheit. Das Problem einer Überwindung des Existenzialismus. Stuttgart 1955, S. 129. *Cicero:* De officiis. Buch I. Kap. 15, Abs. 47 (lat./dt. Vom pflichtgemäßen Handeln. Stuttgart 1992). *Heidegger*, Martin: Was heißt Denken? Tübingen 1954, S. 93. *Henrich*, Dieter: Bewußtes Leben. Untersuchungen zum Verhältnis von Subjektivität und Metaphysik. Stuttgart 1999, S. 154, 178. *Kant*, Immanuel: Die Metaphysik der Sitten. Metaphysische Anfangsgründe der Tugendlehre. Königsberg 1797, §§ 31–33 (Werkausgabe Bd. VIII. Frankfurt a. M. 1977, S. 591–593). *Mauss*, Marcel: Sociologie et Anthropologie. Paris 1950 (dt. Soziologie und Anthropologie. 2 Bde. Frankfurt a. M. 1989, Bd. 2, S. 9–144). *Simmel*, Georg: Soziologie. Untersuchungen über die Formen der Vergesellschaftung. Leipzig 1908 (Gesamtausgabe Bd. 11. Frankfurt a. M. 1992, S. 662).

Zum Weiterlesen: *Godelier*, Maurice: L'enigme du don. Paris 1996 (dt. Das Rätsel der Gabe. Geld, Geschenke, heilige Objekte. München 1999). *Martens*, Ekkehard: Muß man immer dankbar und gehorsam sein? In: Zwischen Gut und Böse. Elementare Fragen angewandter Philosophie. Stuttgart 1997, S. 52–71. *Starobinski*, Jean: Largesse. Paris 1994 (dt. Gute Gaben, schlimme Gaben. Frankfurt a. M. 1994).

Video: *Beyer*, Frank: Die Spur der Steine. DDR 1966.

→Geduld haben und hoffen →Glauben →Verzeihen

Drogen nehmen

(engl.: *to take drugs*; frz.: *consommer des drogues*)

Ein Leben ohne Drogen konnte sich John Barleycorn nur noch sehr schwer vorstellen, was man sich deshalb leicht vorstellen kann, weil John bereits im zarten Alter von fünf Jahren den ersten Vollrausch hatte. Dieser machte ihm die ohnehin mühsame Erinnerung an die davorliegende Lebenszeit gänzlich unmöglich, da der Nebel des Alkohols einen undurchdringbaren Schleier der Unwissenheit bildete (London). Nun ist die Erinnerung an frühkindliches Erleben ebensowenig verpflichtend, wie die Verehrung eines Königs per se ein Sakrileg darstellt, wieso sollten also, so muß man fragen, für König Alkohol andere Gesetze gelten? Was ist eigentlich am Durst, jener Wahrheit des Leibes, die man nur unter Mißachtung existentieller Nöte geringachten kann, so verwerflich, daß, wer ihm nachgibt, gesellschaftliche Ächtung, Arbeitsplatzverlust und Erziehungsanstalt fürchten muß?

Der Durst als solcher, so mag der Verächter eines guten Tröpfchens erwidern, ist gänzlich über jeden Verdacht erhaben, allein ist Vorsicht und wenig Rücksicht angesagt, wenn jemand es nicht beim Durst beläßt und über den Durst trinkt. Geschieht das nicht einmal, sondern wird zur Regel, dann wird dem, der eigentlich nur tut, was jeder tut, nämlich trinken, dieses zum Beruf erklärt, und er wird schlicht Trinker genannt. Trinker wird man demnach, wenn man mehr als nötig und öfter als üblich trinkt – für den exzessiven Tabakkonsum hat sich keine vergleichbare Bezeichnung eingebürgert, und der Konsument härterer Ware wird nur im Schweizerdeutschen mit seiner Sucht als »Drögeler« bezeichnet. Bereits in dieser Ansammlung vager, indefiniter Angaben zu Menge und Zeit zeigt sich eine gewisse Fahrlässigkeit, vielleicht auch Willkür im Umgang mit dem Phänomen des Drogenkonsums. Diese steigert sich fast zur Überdosis in der Härte des moralischen Urteils, mit welchem bestimmte Konsumformen bedacht werden.

Aber lassen wir die Unschärfe im Urteil beiseite und fragen, wie die moralische Schärfe desselben zu rechtfertigen ist. Eifrige Diener des Königs Alkohol – Untertanen anderer Monarchen lassen wir einmal beiseite – belästigen, so ließe sich das moralische Urteil vielleicht begründen, andere Menschen durch üblen Geruch, schlechtes Benehmen, lautes Flaschengeklimper, allzu häufige Gänge zur Toilette und zur Glassammelstelle und manchmal sogar durch Gewalttätigkeit. Es leuchtet ein, daß von diesen Übeln allein letzteres schwer genug wiegt, moralischen Bann auszusprechen, zugleich kommt diese Unerfreulichkeit jedoch so selten vor, daß, wiederum aus Gründen der Genauigkeit, Vorsicht angesagt ist. Der, der das Trinken zum Beruf gemacht hat, so könnte man einen anderen moralischen Urteilsspruch zu begründen versuchen, der kann seinem eigentlichen Beruf nicht mehr nachgehen und muß daher von staatlicher Wohlfahrt oder von eigenen Ersparnissen leben, die er dann, wie es der Volksmund so vollmundig zu benennen weiß, »versäuft«. Nun ist an ersterem etwas Wahres dran, aber nur etwas, denn auf Alkohol trifft man nicht nur am Steuer, was dann ein ganz anderes Problem ist, sondern viel häufiger am Schreibtisch, der Hobelbank – was gleichfalls wieder ein anderes Problem ist – oder im Labor, also mitten im Leben. Und damit wäre nicht nur bewiesen, daß immer mehr Menschen in der Lage sind, mehrere Tätigkeiten gleichzeitig mit gewisser Gewissenhaftigkeit auszuüben, sondern daß sie mit ihrem »Laster« niemandem schaden, womit sich die besagten moralischen Verunglimpfungen auch in dieser Hinsicht als höchst fragwürdig erweisen.

Jeweils einem wird durch die Sucht aber geschadet, denn immerhin erleidet der Süchtige selbst einen (Leber-, Gehirn- oder sonstigen) Schaden, lautet ein eingängiger Einwand, der sich auch von bisherigen Einwänden nicht wirklich hat beeindrucken lassen. Es lohnt nämlich nicht zu versuchen, diesen Einwand zu widerlegen, die Fakten von Leberzirrhose und anderen Nebenwirkungen sind schlicht nicht wegzuleugnen. Allein sind solche Wirkungen zum einen nicht zwingend, sondern nur mehr oder weniger wahrscheinlich, und zum anderen gilt dies auch für andere engagierte Betätigungen wie Jogging, Kaltduschen oder Arbeiten, die sich nichtsdestotrotz allgemeiner Hochachtung erfreuen. Vor allem beim Arbeiten gibt es Nebenwirkungen, was natürlich doppelt pikant ist, insofern zum einen das Arbeiten selber zur Droge werden kann (»Workaholic«) und zum anderen, weil viele nur mit Hilfe von Drogen arbeiten können. Sind solche tüchtig Süchtigen zugleich Workaholics, so ist ihnen die arbeitsstimulierende Droge – der Alkohol, der Tabak, das Heroin – nur Ersatzdroge, mit deren Hilfe der Konsum der Hauptdroge, dem besinnungslosen Arbeiten, befriedigt wird. Vorsicht gegenüber einem schnellen Urteil über nebenwirkungsträchtige Drogen ist in puncto Arbeit auch deshalb angesagt, weil unter diesen zweifach drogenstimulierten Arbeitsergebnissen viele sind, die sich allgemeiner Wertschätzung erfreuen. Zu solchen Ergebnissen zählen beispielsweise im Bereich des alltagskulturellen Entertainments die trainerische Herkulesleistung eines Fußballehrers oder die Omnipräsenz und Allfröhlichkeit eines Showmasters. Aber nicht nur die flüchtige, sondern ebenso die hohe Kunst gebiert Drogensucht, und so wäre ein bedeutender Teil der Literatur des 20. Jahrhunderts ohne die tröstende oder stimulierende Kraft der Droge gar nicht denkbar, denn sie wäre schlicht nicht geschrieben worden. Statt des Verzichts auf das Stimulans und damit auf das Schreiben entschieden sich Autoren wie Benn (Amphetamine), Fallada (Alkohol, Morphium und Kokain), E. Jünger (Opium, LSD), K. Mann (Opium) und Trakl (Kokain und Alkohol) zur phasenweisen oder dauerhaften Unterstützung ihrer Arbeit für einen Ghostwriter. Wollte man deshalb ihre Arbeiten geringschätzen, wollte man sie gar als weniger authentisch betrachten?

»Über Anregungen läßt sich nicht streiten« (Rühmkorf), denn welche Kriterien taugen, die ein Stimulans als merkwürdige Besonderheit eines Schreibgenies durchgehen lassen – nämlich

Schillers aus seiner Schreibtischschublade hochdünstelnde Apfelfäule –, die andere, Dylan Thomas' Alkoholexzesse, dagegen nicht? Und wennschon, dann müßte man natürlich konsequent sein und nicht nur den armen walisischen Schwerenöter, sondern auch das Gros der deutschen Aufklärungsdichtung in den Orkus des Vergessens kippen. Denn bei Tage besehen erscheint einem letztere wie »ein einziger fröhlicher Weinberg und unser klassisches Bildungsgebäude wie ein von Bocksbeuteln und Bouteillen getragener Bacchustempel« (Rühmkorf). Gleichwohl käme wohl kaum jemand auf die Idee, aus diesem Grunde Goethe, Klopstock oder Lichtenberg zu meiden, noch fiele es einem im Ernst ein, ihre Werke deshalb für weniger authentisch zu halten. Denn sie sind auch mit Bacchus' Hilfe zweifellos nicht von diesem, sondern von jenen verfaßt worden, und die Frage, ob sie anders ausgefallen wären, hätten besagte Autoren beim Schreiben nicht auch ins Glas geschaut, ist schlicht müßig: Sie haben nun einmal nur das geschrieben, was sie geschrieben haben. Aber was besagt das schon über die Werke? Welche Authentizität gibt es, an der gemessen ein Mensch »wirklich« er selbst ist und seine Leistungen unstrittig die seinen sind? Ob wir berauscht vom Joint, Suff oder Ruhm oder aber einfach ganz nüchtern sind, ändert grundsätzlich nichts daran, daß wir die Welt immer in einer bestimmten subjektiven Weise wahrnehmen, die sich zwar einmal weniger, das andere Mal mehr erklären und damit vermeintlich leichter auf eine intersubjektive Ebene hieven läßt. Doch auch dort heißt unser Wahrheitskriterium nur Konvention (Nietzsche).

Authentizität taugt daher nur bedingt als moralische Forderung und schon gar nicht als Argument gegen den Konsum der Drogen. Noch dazu würden sich die ordnungshütenden Behörden ziemlich überheben, wollten sie die schwierige und fragwürdige Aufgabe der juridischen Kontrolle des Drogenkonsums mit diesem erkenntnistheoretischen Argument führen. Denn bereits der erkennungsdienstliche Aufwand solcher Kontrolle ist technisch sehr aufwendig und grundrechtsmäßig nicht immer lupenrein. Des weiteren verstricken sich die Behörden in den Widerspruch, Drogenabhängige zugleich als krank und als schuldhaft zu betrachten und dabei rechtliche Sanktionen zu verhängen, die zwar kriminalistisch geboten sein mögen, gleichwohl sachfremd sind (Holzinger). Da der Staat sich in seiner Drogenpolitik ohnehin mehrheitlich als gestrenger Vater zeigt und die paternalistische Karte spielt, leidet diese Politik sehr an Überzeugungsnot, und Antiprohibitionsplädoyers jeglicher Couleur haben viel an argumentativem Geschütz auf ihrer Seite (Rühmkorf). Muß man, darf man noch weiter gehen und behaupten, daß es ein Menschenrecht auf Rausch gibt (Schuller)? Zumindest in einem Punkt käme man mit einer solchen Forderung der anthropologischen Wirklichkeit schon etwas näher: Menschen berauschen sich viel und gerne an vielem, und darunter sind die handfesten Drogen, die man herunterschluckt, inhaliert oder injiziert, nur eine Sorte. Virtuelle Drogen machen wohl die Mehrzahl der Betäubungsmittel aus. Die bereits erwähnte Arbeitssucht, die TV-, Video- und Internetsucht sind die bekanntesten, religiöser Eifer, Putz- und Ordnungssucht runden das Spektrum noch lange nicht ab. Soll man alle diese Drogen verbieten? Kann man damit auch des »Prinzips Sehnsucht« (Schuller) Herr werden?

Das Sehnen nach einem Verlassen dieser Welt gehört so sehr zum Menschen wie seine Sehnsucht nach Transzendenz. Ihm dieses Vermögen auszutreiben wäre ein ebenso brutaler Schlag gegen die *Condition humaine*, wie die meisten Suchtweisen jeweils individuell die Türe, die man sich doch erst öffnen möchte, allmählich zuschließen. Doppelwandig sperrt diese Türe sowohl den Aufstieg in die gesehnsuchte Sphäre wie auch in die bislang geteilte Mitwirklichkeit der anderen aus. Egal welcher Droge man sich anheimgibt, die Schwierigkeit erweist sich nicht darin, sie zu nehmen oder zu lassen, sondern ihren Umgang zu kultivieren. Die Kunst besteht also darin, selber Künstler und Künstlerin des eigenen Lebens zu bleiben und nicht vom eigenen Bild erschlagen, von der eigenen Filmspule stranguliert oder dem eigenen Musikstück betäubt zu werden. Gerade in dieser Eigendynamik der Droge liegt bekanntlich ihre Gefahr, welche bei manchen Drogen größer ist. Die »Pforten der Wahrnehmung«, die zu öffnen Sehnsucht anstrebt, taten sich Meister Eckhart, vom Meskalin-Experimentator Huxley als Vorbild in Weitsichtigkeit gepriesen, ganz ohne solch materielles Rauschmittel auf (Huxley). Ohne Nebenwirkung blieb aber auch diese Erfahrung nicht.

Literatur: *Holzinger*, Michael: Sucht und ihre soziale Kontrolle durch das geltende Recht. Frankfurt a. M. 1998, S. 354f. *Huxley*, Aldous: The Doors of Perception. Heaven and Hell. London 1954/56 (dt. Die Pforten der Wahrnehmung. Himmel und Hölle. München 2000, S. 15). *Kupfer*, Alexander: Die künstlichen Paradiese. Rausch und Realität seit der Romantik. Stuttgart 1996. *London*, John: John Barleycorn or Alcoholic Memoirs. 1913 (dt. König Alkohol. Zürich 1947). *Nietzsche*, Friedrich: Die fröhliche Wissenschaft (»la gaya scienza«). Leipzig 1887, Nr. 112, 121 (Kritische Studienausgabe Bd. 3. München 1999, S. 472f., 477f.). *Rühmkorf*, Peter: Durchgangsverkehr. Über das Verhältnis von Dichtkunst und Drogengenuß. In: Marbacher Magazin Nr. 72. 1995, S. 3–11, 3f., 9. *Schuller*, Alexander/*Kleber*, Jutta Anna (Hrsg.): Gier. Zur Anthropologie der Sucht. Göttingen 1993, S. 7, 13.

Zum Weiterlesen: *Betäubungsmittelgesetz*. In: Strafgesetzbuch. München 1996. *Burroughs*, William S.: Junkie. Confessions of an Unredeemed Drug Addict. New York 1953 (dt. Junkie. Frankfurt a. M. 1978). *Kemper*, Peter/*Sonnenschein*, Ulrich (Hrsg.): Sucht und Sehnsucht. Rauschrisiken in der Erlebnisgesellschaft. Stuttgart 2000. *Papajorgis*, Kostis: Peri methis. Athen 1990 (dt. Der Rausch. Ein philosophischer Aperitif. München 1998).

→Feste feiern →Lust empfinden →Rechte haben

Egoistisch sein

(engl.: *to be selfish*; frz.: *être égoïste*)

Zu jedem menschlichen Problem, so die Verlautbarung eines klugen Mannes, gibt es eine Lösung, die einfach, sauber und *falsch* ist. Der Egoismus ist eine solche Lösung für die Moral: Sie ist einfach, denn der Egoismus gilt als das Amoralische; sie ist sauber, denn die Welt läßt sich penibel in diejenigen einteilen, die egoistisch und böse, und in diejenigen, die altruistisch und gut sind, und sie ist falsch, denn nicht der Egoismus an sich ist das Problem, sondern die Frage, warum er im moralischen Sinne so unattraktiv erscheint.

In der Regel gilt der Egoistische als derjenige, der genußsüchtig, habgierig und aggressiv ist und dem im Umkehrschluß jede Eintracht, Liebe, Sozialität und Bindung fehlt. Darüber hinaus kann man ihn direkt mit einer Bestie vergleichen, die in ihrem Streben nach Macht das Elend der Massen billigend in Kauf nimmt oder die sich als Libertin und Dandy am eigenen Wohlergehen und beim Anblick des fremden Unglücks ergötzt. Im Mittelpunkt einer Anthropologie des Egoismus steht die Asozialität jener fehlgeleiteten Psychopathen, entschlossenen Perversen und schlitzohrigen Trittbrettfahrer – oder modern: von Ästheten, Managern und Therapeuten –, gegen und für die moralbildende Maßnahmen ergriffen werden müssen. So erscheint auf der sozialen Seite das bekannte Bild des Krieges aller gegen alle, eine Gesellschaft zynischer Subjekte, die auf der Basis von utilitaristischen Kosten-Nutzen-Analysen permanent Rechte gegenüber der Gesellschaft geltend machen, während sie die sozialen und moralischen Pflichten dem Staat überantworten. Summa summarum kennzeichnen den Egoisten: Konsumorientierung, verantwortungsloser Hedonismus, Habgier und pflichtvergessenes Anspruchsdenken, Gleichgültigkeit, Kälte und moralische Anarchie. Daß diese Momente zu exzessiver Gewalt, Beliebigkeit in der Sexualität und zu Unsicherheiten in Fragen der Erziehung und Moral führen, braucht nicht eigens betont zu werden.

Nimmt man aber den Egoismus moralisch ernst, so stellt sich zunächst die Frage, von welchem Ego überhaupt die Rede ist. Gerade die modernen Philosophien haben doch immer wieder erklärt, daß der Mensch kein eigentliches Selbst habe, sondern ein »dividuum« (Nietzsche) sei, daß das Ich immer schon ein anderer ist (Rimbaud), daß also in der Vorstellung des Ich immer schon eine differente Vorstellung am Werke ist. Indem wir uns mit uns selbst identifizieren, indem wir mithin mit uns selbst identisch sind, differieren wir mit uns: Es gibt daher kein Ego ohne die Differenz mit sich selbst, und Egoismus bezeichnet somit den Sachverhalt der Ohnmacht, sich als mit seinem natürlichen Sein in einem absoluten Jetzt identisch denken zu können. Von hier ist es nicht weit zu Montaigne, der den modernen Gedanken dachte, daß das Ich ein Gegenstand sei, dem man Interesse entgegenbringen sollte, und der von sich behauptete: »Wir bestehen alle aus Stücken; und diese sind so uneinheitlich zusammengefügt, daß jeder einzelne Bestandteil zu jeder Zeit wieder anders, seine Rolle für sich spielt; zwischen dem, was wir heute sind, und dem, was wir ein andermal sind, ist der Unterschied ebenso groß wie der Unterschied zwischen uns und anderen Menschen.«
Hat man geklärt, welcher *patch* des *working*-Ich für die Moral oder die Amoral zuständig ist - vielleicht Freuds zum *Es* gewordenes *Ich*? -, so ist nun zu klären, ob nicht ein gewisser Egoismus Bedingung der Moral ist. Und nun läßt sich mit dem skeptischen Philosophenarzt Mandeville behaupten, daß die Ethik ihre Grenzen übersteigt, wenn sie den Menschen als Wesen der grenzenlosen moralischen Verbesserung betrachtet. Geht man vom Gegebenen aus, so ist der Mensch nämlich weder edel, hilfreich und gut, sondern zunächst und zumeist dem anderen ein Wolf. Und das ist auch gut so, jedenfalls wenn man einräumt, daß die Konkurrenz das Geschäft belebt. Oder anders: »So klagt denn nicht: für Tugend hat's / In großen Staaten nicht viel Platz. / ... Stolz, Luxus und Betrügerei / Muß sein, damit ein Volk gedeih'« (Mandeville). Die Dialektik des egoistischen Lasters mit

dem allgemeinen Glück wäre natürlich für diejenigen der *worst possible case*, die wirklich böse sein wollen, denn diese müßten sich dann auf die Nächstenliebe, das Mitleid und den bürgerlichen Tugendkatalog besinnen. Folgt man aber nicht unbedingt dieser Variante der Wolf-im-Schafspelz-Theorie, so stellt sich immerhin ein anderes, durchaus gewichtiges Problem: Denn wenn selbst Sokrates einem Thrasymachos nicht letztlich schlüssig begründen konnte, warum es sich als Ungerechter in einer halbwegs gerechten Gesellschaft schlechter leben läßt denn als Gerechter, so erscheint es fast aussichtslos, etwa sozial priviligierten Egoisten deutlich zu machen, warum sie sich mit den *have-nots* identifizieren bzw. solidarisieren sollten. Oder wie kann man jene sozial benachteiligten Egoisten davon überzeugen, daß auch sie ihren Beitrag zum Gemeinwohl zu leisten imstande sind, indem sie sich an Recht, Ordnung und Gesetz halten - Institutionen, die immerhin an ihrem sozialen Ausschluß nicht unerheblich beteiligt sind? Gehen wir also von einem schrankenlos egoistischen menschlichen Gen aus, so besteht der sinnvollste moralische Weg darin, dem Wettlauf um Macht, Geld und Überfluß die bestmöglichen Bedingungen zu verschaffen. Und diese bestehen nun einmal in der Forcierung von Konkurrenz, Mißtrauen, Stolz und Ruhmsucht. Dieser Weg sichert dann wenigstens insgesamt das große Glück der größten Zahl.

Selbst wenn man diesem utilitaristischen Pfad nicht folgt, so findet man das Ich auch in anderen Ethiken, denn von der Selbsterkenntnis über die Selbstachtung und die Selbstsorge bis hin zur Selbstverpflichtung - ohne das Ego geht in der Moral nichts. Es ist Garant für Verantwortung, Freiheit, Willen, Wählen, Müssen, Respekt etc., und selbst eine Ethik des anderen lebt von dem Sachverhalt, daß es ein Ich gibt. Definiert man den Egoisten nicht als skrupellosen Amoralisten, sondern als jemanden, der für sich das Beste will, so läßt sich mindestens nicht unmittelbar darauf schließen, daß er anderen prinzipiell Schlechtes wünscht. Denn, wie schon Nietzsche wußte: »Bosheit ist selten.

– Die meisten Menschen sind viel zu sehr mit sich selbst beschäftigt, um boshaft zu sein« (Nietzsche). Wenn man nun dem Egoisten die Tatsachen klarmachen könnte, daß Fremdinteressen in einem gewissen Sinne auch die eigenen sind und daß auch der Altruismus ohne eigenen Antrieb des Individuums nicht auskommt, so wäre wohl aus Saulus Paulus geworden.

Vorher muß man allerdings noch eine moralische Begründungshürde nehmen, die nicht so leicht zu überspringen ist. Um diese Hürde, die eine historische ist, deutlich zu machen, sei hier folgender Unterschied markiert: Es gibt eine entscheidende Differenz zwischen antiken und modernen Ethiken, die in einer Verschiebung der moralischen Frage besteht. Zugespitzt formuliert fragte die Antike: »Was soll ich tun, damit es mir gutgeht?« – wobei das »Gute« jeweils feststeht –, während die Moderne fragt: »Was soll ich tun, damit ich moralisch richtig handle?« – womit das Gute fragwürdig geworden ist. In der Antike soll ich das tun, was gut ist, in der Moderne wird das Gute erst durch das Wollen konstituiert. Darin steckt nun auch die moralische Hürde des Egoismus. Denn wenn die Moral letztlich am Willen des Einzelnen angebunden wird, so fragt sich, ob nicht gerade Egoisten dem Ziel am nächsten kommen, indem sie sich selbst als Selbstzweck setzen. Würden das alle tun, so wären hiermit die Prinzipien der Universalisierbarkeit und Widerspruchsfreiheit wohl nicht tangiert. Denn die Maxime: Sei ein Egoist! ist nicht nur mit einiger Plausibilität von allen Menschen realisierbar, sondern sie widerspricht auch nicht den Erfahrungen mit der menschlichen Natur, von der ja nicht wenige Philosophen glauben, daß es ihr im Grunde nur um die Lust gehe. Der Egoismus stellt also für die neuere Moralphilosophie ein fundamentales Problem dar, denn er läßt sich mit guten Gründen doch kaum widerlegen.

Auf dem Wege des Utilitarismus und des kategorischen Imperativs scheint der Egoismus moralisch nicht verwerflich. Versuchen wir noch einen dritten Weg, der über den Egoismus bzw. über dessen aufgeklärtes Selbstinteresse führt. Der Egoist ist zunächst, soviel steht fest, an sich interessiert. Amoralisch wird er dort, wo er Versprechen bricht, wissentlich lügt oder rücksichtslos mit seinen Mitmenschen umgeht. Als konsequenter Egoist kann dieser natürlich auch von seinen Mitmenschen kein anderes Verhalten erwarten. Jedenfalls kann er nicht behaupten, daß der Rest der Menschheit kein Recht hat, ihn mit ähnlichen egoistischen und stolzen Strategien zu traktieren, die er selbst an den Tag legt. Daß der Egoist sich mithin nicht fair verhält, ist nur demjenigen ein Argument, der keiner mehr ist. So betrachtet »rechnet« sich der Egoismus wohl nur richtig in einer Gesellschaft von Altruisten. Hier kann der Egoist ein parasitäres Dasein führen, weil er die Mehrheit der Fremdinteressierten zum Nutzen des Eigenen instrumentalisieren kann.

Umgekehrt scheint die Rechnung nicht so positiv auszufallen, wenn man bedenkt, daß es in einer absolut egoistischen Gesellschaft alle Egoisten schwer haben, ihre Interessen nach Macht und Genuß gegen alle durchzusetzen. Zudem gilt, daß der Egoist tendenziell alles will, und er will es sofort. Seine Tugend ist die Ungeduld, das Nicht-warten-Können, die Weigerung des Sich-Vertröstens auf später. Müßig zu sagen, daß er kein Anhänger der Transzendenz und der Idee des Jüngsten Tages ist. Daher rührt auch sein schlechtes Gewissen, ständig eine Chance zur Vorteilsnahme verpaßt zu haben. Unaufhörlich ist er im Weinberg der Intrigen damit beschäftigt, potentielle Gegner auszubooten, Strohmänner zu installieren und Gewährsleute zu funktionalisieren. Die Vorteile einer egoistischen Lebensweise scheinen also bedeutend zu schwinden, wenn man sich den enormen physischen und psychischen Aufwand an Vorsicht, Wachsamkeit, Reflexion und Grausamkeit vergegenwärtigt. Dazu kommt, daß man die Früchte seiner Lebensweise im Prinzip mit keinem Menschen teilen kann und daß eine solche Lebensform gute Aussichten hat, zu Verfolgungswahn, Depressionen und Wahnideen zu führen. Es gibt mithin, zumindest *ex negativo*, gute Gründe dafür, sich nicht nur egoistisch zu verhalten. Oder: Im Sinne des Egoismus wäre es rational, *kein* Egoist zu sein.

An dieser Stelle wird dann auch deutlich, inwiefern man im Zusammenhang mit dem Egoismus überhaupt vom moralischen Verhalten sprechen kann. Wenn es plausibel ist zu sagen, daß auch die Förderung des fremden Glücks dem eigenen zugute kommt, und wenn man des weiteren sagen kann, daß durchaus das eigene Glück auch die Bedingung für das fremde darstellt, so läßt sich folgern, daß die Menschen gelegentlich zuwenig egoistisch und oftmals zuwenig am Glück der anderen interessiert sind. Diese Tatsache hat allerdings wenig damit zu tun, daß sie überhaupt egoistische Interessen haben, sondern vielmehr damit, daß es die *falschen* sind. Denn vom Standpunkt des Egoismus aus erscheint es moralisch nicht so entscheidend, mit Kant den Sprung vom hypothetischen Partikularen und Emotionalen zum kategorischen Allgemeinen und Vernünftigen zu tun oder mit dem Utilitarismus von der Dialektik des individuellen Egoismus und dem gesellschaftlichen Moralismus der Nutzenmaximierung auszugehen. Vielmehr kommt es darauf an zu sehen, daß die eigenen Interessen gelegentlich zurückgestellt werden sollten, wenn man sich moralisch verhalten *will*. Den jeweils anderen überhaupt als solchen wahrzunehmen und sich deshalb mit ihm zu solidarisieren, weil er Hilfe braucht, ist der Beginn der Ethik.

Literatur: *Herzinger*, Richard: Die Tyrannei des Gemeinsinns. Ein Bekenntnis zur egoistischen Gesellschaft. Berlin 1997. *Mandeville*, Bernard: The Grumbling Hive or Knaves turn'd Honest. Private Vices, Public Benefits. London 1705/1714 (dt. Die Bienenfabel oder Private Laster, öffentliche Vorteile. Frankfurt a. M. 1980, S 92). *Montaigne*, Michel de: Essais. Paris 1580 (dt. Die Essais. Stuttgart 1989, S. 165). *Nietzsche*, Friedrich: Menschliches, Allzumenschliches. Ein Buch für freie Geister. Chemnitz 1878 (Kritische Studienausgabe Bd. 2. München 1999, S. 87). *Platon:* Politeia (dt. Sämtliche Werke 3. Reinbek 1983). *Savater*, Fernando: Ética para Amador. Barcelona 1991 (dt. Tu, was du willst: Ethik für die Erwachsenen von morgen. Frankfurt a. M./New York 1993). *Williams*, Bernard: Problems of the Self. Philosophical Papers 1956–1972. London 1973 (dt. Probleme des Selbst. Stuttgart 1978).

Zum Weiterlesen: *Birnbacher*, Dieter/*Hoerster*, Norbert (Hrsg.): Texte zur Ethik (6. Kap.: Der ethische Egoismus). München 1976. *Gosepath*, Stefan: Aufgeklärtes Eigeninteresse. Eine Theorie theoretischer und praktischer Rationalität. Frankfurt a. M. 1992. *Stirner*, Max: Der Einzige und sein Eigentum. Leipzig 1845. *Williams*, Bernard: Morality. An Introduction of Ethics. London 1976 (dt. Der Begriff der Moral. Eine Einführung in die Ethik. Stuttgart 1978).

→Einsam und allein bleiben →Heucheln und Schmeicheln →Vorteile verschaffen

Einsam und allein bleiben

(engl.: *to be lonely and to stay alone*; frz.: *être solitaire*)

Vielleicht haben die Alten im Grunde zur Einsamkeit schon alles gesagt. Vielleicht haben Montaigne und Pascal recht, die meinten, daß das ganze Unglück der Menschen daraus resultiere, daß der Mensch nicht ruhig in einem Zimmer bleiben könne. Denn könnte es gelingen, eine Gesellschaft von Einsamen hervorzubringen, so schiene zum mindesten das Problem des Bösen gelöst, das ja zunächst und zumeist aus dem sozialen Verkehr erwächst. Dann erschiene der Einsame als der wahre Gute, wofür dann Gott das beste Beispiel böte, denn kann man sich ein einsameres Wesen vorstellen? Aber nach wie vor scheint Montaignes Warnung zu gelten, daß die Kunst, »sich selbst zu gehören«, eine sehr schwierige sei. Und er weiß auch, wieso: »Gewöhnlich nehmen wir unsere Fesseln mit. Ganz frei sind wir dann nicht; wir sehen noch auf das zurück, was wir aufgegeben haben; wir denken immer wieder daran ...« Und so muß man sich wohl auf seinen Rat verlassen: »... man muß sich von dem Gemeinen in uns losmachen; von sich selbst muß man sich absperren und dadurch zu sich selber kommen ... Unser Leid sitzt in der Seele ... so muß man sie auf ihr Wesentliches zurückführen und darin zur Ruhe kommen lassen: das ist die wahre Einsamkeit ...« Wobei man allerdings zwischen Einsamkeit und Alleinsein unterscheiden muß: Nicht jeder, der alleine ist, ist einsam, aber alle Einsamen sind alleine. Warum? Weil Einsamkeit die Erfahrung des Alleinseins ist. Ebendeshalb will der Einsame ja oftmals nicht alleine bleiben.

Die Einsamkeit, soviel läßt sich schon den antiken Reflexionen der Stoa entnehmen, soll die Seele beruhigen *(Ataraxia)* und diejenigen Leidenschaften mildern, die durch die Gesellschaft erzeugt werden *(Apathia)*. Hier ist der Mensch Zuschauer und Richter seiner Bedürfnisse zugleich, hier gibt es keine Blicke des Neides, der Mißgunst und der Eifersucht, hier herrschen natürliche und unverfälschte Interessen. Nur wer wirklich einsam ist, wer sich selbst genug ist und außer sich keinen Menschen nötig hat, kann daher, das erscheint zwingend, auch moralisch sein. Denn in der Einsamkeit ist man vollkommen frei, keinerlei gesellschaftlichen und menschlichen Pflichten unterworfen. Und was wäre moralischer, als in absoluter Freiheit zu leben? Die Lebenskunst des Einsamen ist auf die anderen nicht angewiesen. Und das mit gutem Grund, speist sich doch der Drang zur Einsamkeit weniger aus dem Willen zu tun, was man will, sondern vielmehr aus dem, nicht das zu tun, was man nicht will. So erst läßt sich ein unschuldiges, harmonisches, authentisches, ruhiges und gleichgültiges, autonomes wie zufriedenes Leben leben. Der Einsame ist daher gütig, edel, mitleidig und großmütig. Böse und egoistisch wird nur der Mensch der Gesellschaft, der Mensch der Beziehungen und der Eigenliebe.

So weit, so harmonisch. Und diese Harmonie läßt sich noch steigern, wenn man bedenkt, daß der Einsame die Gesellschaft nötig hat, um das zu sein, was er ist. Die Eskapisten allein mögen ermessen, wie wichtig eine Sozialität ist, die ihnen eine Existenz an ihrem Rande sichert. So laßt sich die Einsamkeit nicht nur durch die Moral rechtfertigen und nicht nur durch das Glück, das sie gewährt, sondern sie rechtfertigt umgekehrt noch die Gesellschaft, die sie möglich macht. Denn die Welt der Eitelkeiten, Sehnsüchte und Ideologien wird in der Einsamkeit gegen Authentizität, Ruhe und Zufriedenheit eingetauscht, getreu der Maxime, daß erst in der Beschränkung die Fülle des Lebens zur Geltung kommen kann. Das Loblied der Einsamkeit, das hier gesungen wird, zielt natürlich darauf, daß es einem in der Einsamkeit an nichts mangelt - vor allem nicht an Gesellschaft und nicht an Moral.

Vielmehr läßt diese sich dort erst erkennen. Die Moral der Einsamkeit mag zwar eine einsame Moral sein, dafür kommt sie aber auf dem Weg nach innen zustande, der einem das große Ganze erschließt. Die weltumspannende Solidarität gewinnt man erst hier, und so wird man quasi erst richtig global, wenn man das Leben in der Einsamkeit liebt. Der Sinn von Einsamkeit ist nicht die Zweisamkeit (»Es ist nicht gut, daß der Mensch allein ist«, Genesis 2,18), sondern die Allsamkeit, was sich schon darin zeigt, daß die Einsamkeit ihre Wortbedeutung nicht vom Isolierten und Solitären, sondern von der deutschen Übersetzung der *unio mystica*, der Vereinigung mit Gott erhält. Einsiedler in der Wüste oder auf Steinen, Mönche und Nonnen hinter Klostermauern, Philosophen, die Elfenbeintürme oder Berghütten bewohnen - sie alle anerkennen, daß die Einsamkeit eine privilegierte Erkenntnissituation darstellt, in der die Idee der moralischen Ordnung des Selbst von Gott und der Welt sich endlich enthüllt. Dem Untergang im Chaos der Welt und dem Krieg jeder gegen jeden wird hier die Beschaulichkeit eines Daseins gegenübergestellt, dem es nur um die wesentlichen Dinge im Leben geht. Einsame Philosophen wandern deshalb gerne, vor allem auf Bergen. Denn aus der Sicht des einsamen Berg wanderers erscheint die Welt, so chaotisch, brutal und grausam es dort auch zugehen mag, lediglich als Miniatur des großen einsamen Geistes. Ganz in diesem Sinne äußert sich im April 1811 Arthur Schopenhauer zu Christian Martin Wieland: »Das Leben ist eine mißliche Sache, ich habe mir vorgesetzt, es damit hinzubringen, über dasselbe nachzudenken.« Aus dem Blickwinkel der alles überblickenden Philosophie mutiert die *vita ac-*

tiva zur *vita contemplativa*: Die Welt wird zum Theater und zur Bühne, dessen Treiben man auf dem einsamen Logenplatz wunderbar beobachten und kommentieren kann. Der einsame Philosoph ist insofern ein Televisor *in* der Welt, der *über* diese zu reflektieren beschlossen hat. Im *view from nowhere* sinkt die Welt zur bloßen Träumerei herab, der man sich mühelos hingeben kann, weil man den Mühen des Schauspielens enthoben ist. Das moralische Glück des Einsamen ist somit - paradox - das des »unglücklichen Bewußtseins«, der »schönen Seele«, von der Hegel sagt, daß ihr die Kraft der Entäußerung fehle, »die Kraft, sich zum Dinge zu machen und das Sein zu ertragen. Es lebt in ihr die Angst, die Herrlichkeit seines Inneren durch Handlungen und Dasein zu beflecken ...«. Und sie erleidet letztlich das Schicksal, »in sich zu verglimmen« und »als ein gestaltloser Dunst« sich in Luft aufzulösen. Von Einsamen bleibt nur noch Schall und Rauch.
Oder anders ausgedrückt: Der Einsame ist ein Träumer. Denn mit Hilfe der Einbildungskraft, die erst in der Einsamkeit ihre Möglichkeiten voll entfaltet, gelingt es, sich eine Welt zu erschaffen, die nur mit Idealen bevölkert ist. In der Einsamkeit kann sich der Mensch zum Urheber der Dinge aufschwingen und dem Zweck alles Sichtbaren und dem Ursprung aller Empfindungen nachspüren. Hier erst gelingt der Größenphantasie die Verschmelzung mit Gott und der Welt. Die Widersprüche der Gesellschaft werden auf einem immanenten Weg ausgetragen, der in seiner Immanenz zugleich transzendent ist. Nur der Einsame phantasiert, weil er hofft, nicht alleine zu sein.
In dieses ruhige Bild der Einsamkeit platzt Diderot mit der Behauptung, der böseste Mensch sei jener, der sich von der Welt absondere und dessen Herz sich dabei so zusammenziehe, daß kein Platz mehr für die Menschenliebe bleibe. Nur der Böse erträgt die Einsamkeit - eine Aussage, die die Frage aufwirft, ob der Einsame für die Moral eine Gefahr bildet. Aber: Hat man je von grausam mißhandelten Gästen asketisch lebender Einsiedler erfahren? Hat man jemals davon gehört, daß die Einsamen

ihre Keuschheit eingebüßt hätten? Ist Jungfräulichkeit, einst das Markenzeichen für eine moralisch weiße Weste, nicht geradezu das Synonym für das Alleinebleiben? Folgt man hier nicht dem gelegentlich vielleicht zutreffenden Verdacht, daß der selbstbestimmte Weg in die Wüste dem fremdbestimmten in das Gefängnis oder auf das Schafott zuvorkommt, so könnte die moralische »Anrüchigkeit« des Gesellschaftsflüchtigen für den Gesellschaftsbürger durchaus auch aus dem enervierenden Beispiel resultieren, mit der dieser der Gesellschaft ständig ihre Moral als Spiegel vorhält. Nur in der Wüste läßt sich die Moral leben, von der die Bürger dauernd predigen. Einen Sachverhalt, den die Pilger eher bestätigen denn dementieren. Und so war schon für die Menschen in der Antike derjenige, der nicht in der Gesellschaft lebte, entweder ein Tier oder ein Gott. Beide sind für bestehende Gesellschaften tendenziell gefährlich, zum einen, weil einsame humane »Bestien« ein Sinnbild dafür geben, daß ein Rückfall hinter die mühsam erworbene moralische Zivilisationsstufe immer noch möglich ist. Und zum anderen deshalb, weil die einsame humane Göttlichkeit die Frage nach der legitimen sozialen und politischen Herrschaft in der Gesellschaft aufwirft. Sind die Tiere mithin vorgesellschaftlich, so sind die Götter, wenn man so will, immer schon über die Gesellschaft hinaus, sozusagen post-sozial: A-sozial sind sie beide. Denn wenn sich auch wahre Menschlichkeit erst in der radikalen Vereinzelung zeigt, so nützt diese denn dort nichts, wo sie wirklich gebraucht würde.

Haben die Alten wirklich alles Wichtige zur Einsamkeit gesagt? Das Wesentliche der Einsamkeit ist nach Montaigne ein Selbstverhältnis, das nur durch seinen Bezug zu Gott sich moralisch rechtfertigen ließe. »Nur das Ziel der christlichen Unsterblichkeit rechtfertigt es im Ernst, daß wir auf die Schönheiten und Freuden unseres Lebens verzichten; und wessen Seele tatsächlich und für immer von dieser lebendigen Glut von Glaube und Hoffnung ergriffen ist, der baut sich in der Einsamkeit ein Leben auf von Wonne und Glück, das höher ist als jedes andere

Leben.« Wieviel Gottvertrauen bringen wir denn in der Einsamkeit heute noch auf? Fühlen wir uns vom »gestirnten Himmel über uns« und »dem Sittengesetz in uns« (Kant) immer noch an die Hand genommen?

Der Einsame, und das wußten schon die Alten, ist jemand, dem nicht mehr geholfen werden kann.

Literatur: *Diderot*, Denis: Le Fils naturel. Paris 1757. *Epiktet. Teles. Musonius:* Wege zum Glück. Hrsg. v. R. Nickel. München 1991. *Hegel*, Georg Wilhelm Friedrich: Phänomenologie des Geistes. Bamberg/Würzburg 1807 (Frankfurt a.M. 1980, S.483 f.). *Kant*, Immanuel: Critik der praktischen Vernunft. Riga 1788, A 289 (Werkausgabe Bd. VII. Frankfurt a.M. 1974, S.300). *Marquard*, Odo: Plädoyer für die Einsamkeitsfähigkeit. In: Skepsis und Zustimmung. Philosophische Studien. Stuttgart 1994, S.110–122. *Montaigne*, Michel de: Essais. Paris 1580 (dt. Die Essais. Stuttgart 1989, S.119–126). *Pascal*, Blaise: Pensées sur la religion et sur quelques autres sujets. Paris 1669 (dt. Gedanken. Stuttgart 1997, S.95, Nr.136). *Rousseau*, Jean-Jacques: Rêveries du promeneur solitaire. 1776–1778 (dt. Träumereien eines einsamen Spaziergängers. Schriften Bd.2. Frankfurt a.M. 1988). *Schopenhauer*, Arthur: Gespräche. Hrsg. von A. Hübscher. Stuttgart/Bad Cannstatt 1971, S.22.

Zum Weiterlesen: *Augé*, Marc: Non-Lieux. Introduction à une anthropologie de la surmodernité. Paris 1992 (dt. Orte und Nicht-Orte. Vorüberlegungen zu einer Ethnologie der Einsamkeit. Frankfurt a.M. 1994). *Auster*, Paul: The Invention of Solitude. New York 1982 (dt. Die Erfindung der Einsamkeit. Reinbek 1993). *Sloterdijk*, Peter: Weltfremdheit. Frankfurt a.M. 1993.

Video: *Welles*, Orson: Citizen Kane. USA 1941 (dt. Citizen Kane).

→Arbeiten, an sich selbst und für andere →Den Klüngel pflegen →Nachbar(in) sein

Ekel empfinden

(engl.: *to be disgusted*; frz.: *éprouver du dégoût*)

Warum essen wir kein Menschenfleisch, und warum empfinden wir Abscheu vor dem Inzest? Warum kommen uns manche Tiere, manche Menschen unappetitlich vor, und warum widern wir uns selbst manchmal an? Der Grund dafür ist zunächst einfach: Wir ekeln uns. Und wie immer fangen mit den einfachen und klaren Begründungen die Probleme erst an. Denn natürlich gibt es qualitative Abstufungen im Ekel, und zwischen dem Ekel vor körperlichen Ausdünstungen oder Ausscheidungen und dem Ekel als misanthropischer Haltung gibt es ebensogroße Unterschiede wie zwischen allergischen Reaktionen und der chronischen Mißbilligung alles Andersartigen. Was also hat der Ekel mit der Moral zu tun? Sind Empfindungen überhaupt zuverlässige Indikatoren für moralisches Handeln? Oder sollten wir gerade dann am moralischsten sein, wenn wir uns am meisten ekeln?

Der Ekel ist - soviel weiß man dank Anthropologie und Geschichtswissenschaft - kein natürliches, sondern ein soziales, ein erlerntes Gefühl. So läßt sich vielleicht noch erklären, woher der Ekel kommt. Von Kind auf daran gewöhnt, bestimmte Speisen nicht zu uns zu nehmen, ist uns die moralische Maxime: Iß keine Menschen! so in Fleisch und Blut übergegangen, daß wir unsere Mitmenschen nicht mehr für ein proteinhaltiges Nahrungsmittel halten. Wahrscheinlich hätten wir als Mitteleuropäer im dritten Jahrtausend auch Probleme mit beliebten Gerichten aus dem 17. Jahrhundert, wie im Speck gebratene oder als Omelette zubereitete »schöne« Hoden von Hirschen, Ebern und Hähnen; oder mit Gliedern von Fuchs, Hammel und Stier. Damals aß man die Hörner und das Gehirn von Damhirschen, aufgespaltene und auf dem Bratrost angebratene Waldschnepfenköpfe sowie über der Flamme einer Wachskerze geröstete Drosselbeine. Ein uraltes Gericht scheint auch das Vipernfleisch zu sein, sagt man ihm doch nach, es hätte die

Macht, das Leben zu verlängern, während der aztekische Bauer (haarlosen) Hund als Ragout oder mit Mais nicht verschmähte. Kurzum, die Moral im Umgang mit Nahrungsmitteln hat einiges mit unseren (ästhetischen) Wahrnehmungen zu tun: Wir mögen das nicht! Es ekelt uns an. Bestimmte Nahrungsmittel sind deshalb für uns tabu. Als emotional besetzte Eßverbote drücken sie ein kollektives moralisches Gefühl aus, das noch vor allem Bewußtsein liegt. Insofern kann man sagen, daß die symbolischen und moralischen Grundlagen einer Gesellschaft sich vor allem im Ekel – im wahrsten Sinne des Wortes – verkörpern.

So war es im Mittelalter z. B. noch völlig normal, beim Essen zu rülpsen oder unter den Tisch zu spucken, sich in die Hände zu schneuzen oder in einem »Hotel« sein Zimmer oder Bett mit Mitreisenden zu teilen. Mit diesen Praktiken hätten moderne Menschen durchaus ihre Probleme, weil sie eine »Zivilisationsstufe« erreicht haben, auf der die mit den Körpergrenzen zusammenhängenden Problematiken leicht als ekelerregend empfunden werden: Nahrungsmittel, Ausdünstungen, Ausscheidungen, Krankheiten, Tod und natürlich Sexualität sind die Bereiche, die tendenziell unter den Ekelverdacht fallen. Sie drohen mit Verwesung, Auflösung, Todesgerüchen, mit dem Gestank biologischer Vorgänge und den verdrängten natürlichen Metamorphosen.

Ekel empfinden bedeutet, wie sein Pendant, der angenehme Geschmack, zu signalisieren, daß man zu einer bestimmten sozialen Schicht, Kultur oder Zivilisation gehört. So kann beispielsweise, wie Georg Simmel feststellt, ekelerregender Geruch von der sozialen über die ethische zur bloßen Nasenfrage werden (Simmel). Gleichzeitig verweist der Ekel auf ein bestimmtes Körperschema, insofern der Ekel ausdrückt, was aufgenommen und abgestoßen, was verdaut und assimiliert wird, welchen Körper man als gesund, schön und bedeutend erlebt. Der Ekel drückt somit ein symbolisches Verhältnis zu sich, den Mitmenschen und der Welt körperlich aus. Als solcher ist er eine bestimmte Reaktion, die mit einer Einstellung verknüpft ist, die ganz spezifische Kontakte und Handlungen ausklammert: Wir möchten nicht in etwas Glibbriges fassen, halten uns bei Faulgerüchen die Nase zu, wenden uns mit Grausen, um »grausamen« Bildern zu entgehen, bekommen Würgegefühle bei der Vorstellung des »Genusses« bestimmter Speisen etc. Der Ekel schafft Distanz, er fordert uns dazu auf, mit bestimmten Dingen nicht intim zu werden. Er schützt uns - vor Gott und der Welt und vor allem vor dem Unnatürlichen als dem allzu Natürlichen, mit dem sich das Ekelhafte verschwistert. Die Empfindung des Ekels zieht die Grenze zwischen Erträglichem und Unerträglichem. Hierin betrifft er vor allem die Körpergrenzen; er bildet eine Reaktion auf die Angst des Menschen vor Auflösungs- und Entfremdungsvorstellungen. Der Ekel zeigt an: Wir haben Angst, das andere als das eigene zu integrieren; es ist uns peinlich, mit dem anderen in Berührung zu kommen.

Es zeigt sich der Ekel als tiefer Abscheu, heftiges Widerstreben, als »Lust« am Erbrechen gegenüber dem anderen Geschmack und dem Geschmack der anderen. Der Ekel als ästhetische Intoleranz kennzeichnet den Raum eines bestimmten Lebensstils. Dem stilbewußten Aristokraten läuft es kalt den Rücken herunter bei der Vorstellung, er müsse im Unterhemd an einem Tisch sitzen, an dem sich alle Anwesenden mit ihren Löffeln aus einem Topf bedienen, während es den »einfachen« Arbeiter »ankotzt«, sich zum Essen in eine zwanghafte Garderobe zu gewanden und ein Diner mit mehreren Gängen über sich ergehen lassen zu müssen - bei dem man doch nicht satt wird. Der Ekel ist ein Plädoyer für die eigene Kultur, die eigene geschmackvolle Welt. Der Ekel als Ausdruck unbewußter Phantasien und Vorstellungen schweißt so Gesellschaft und Kultur stärker, weil körperlich, zusammen, als dies Politik, Justiz, Verwaltung und Erziehung je leisten können. Im Ekel kommt eine eigene Moral zum Ausdruck. Er läßt sich nichts vorschreiben, sondern teilt selbst die Welt in Gut und Böse ein. Diesen diktatorischen Zug des Geschmacksinns Ekel konstituiert in der Abgrenzung zum Nicht-Kulturellen und zum Wider-Natürlichen eine kollektive

Identität. Insofern richtet er sich gegen die strukturell unsicheren Zonen, gegen Auflösungen, gegen das Oberflächliche, das Seichte oder Leichtfertige. Gegen das Sinn(en)- und Naturwidrige kann sich der Ekel als moralische Urteilskraft zur Wehr setzen: Man will und soll nicht so werden wie das, was einen bedroht! Man ekelt sich vor der Auflösung von Formen, vor der Negation des Schönen und Wahren und der Verwesung des Moralischen. Das moralisch Ekelhafte erzeugt in diesem Sinne den Verdacht, es sei noch am Leben, während es im Grunde schon tot ist - ethisches Aas. Moralische Trittbrettfahrer widern uns an. Sie erzeugen den Schein des Guten. Daher entspringt die Empörung, daher das abstoßende Gefühl und daher die unzähligen Schimpfwörter, die nicht selten dem Bereich des Analen zugerechnet werden können. Der Ekelhafte gehört nach »hinten«, an den Ort, den man selbst nicht gerne in den Blick nimmt. Dort wird er zum moralisch Aussätzigen. Der Ekel hebt zunächst die Distanz der Repräsentation auf, er vernichtet die Freiheit, um dann umzuschlagen in ein »Pathos der Distanz« (Nietzsche), die eine Moral fordert, um sich von diesem Gefühl nicht überwältigen zu lassen. Man wird moralisch - vor Ekel. Der Ekel bildet so die ethisch-ästhetische Grenze, auf die sich die Moral einer Gemeinschaft geeinigt hat. Wer weiß, was der andere ißt und wovor er sich ekelt, kann diesen in seinen moralischen Horizont integrieren. Der Ekel bildet den Horizont des Sozialen, und er markiert die Grenze zum anderen.

Diese Horizontwirkung wird vor allem im Bereich des Sexuellen deutlich. Der Ekel vor dem Inzest hat die Wirkung einer Grenzziehung, gilt er doch als das »natürlichste« Tabu. Tabu bedeutet nicht mehr und nicht weniger als »Verbotensein«. Es bezeichnet die Eingrenzung oder das Verbot einer Handlung oder den Gebrauch eines Wortes oder Objekts und bezieht sich zugleich auf die damit verbundene Welt der (über-)gesellschaftlichen Institutionen, die die Macht besitzen, Übertretungen des Verbots zu sanktionieren. So verweist Freud darauf, daß das Tabu auch in Zusammenhang zu bringen ist mit dem Unbewußten und der

Verdrängung von Wünschen. Ein Tabu ist dort notwendig, wo der – sexuelle oder aggressive – Wunsch keine gesellschaftliche Anerkennung erfahren kann. Das Inzesttabu ist somit das Resultat einer Gefühlsambivalenz, die auf das (männliche kindliche) Begehren zurückgeht, mit der Mutter zu schlafen und den Vater zu töten und – dies aus sozialen und moralischen Gründen – doch nicht wollen zu dürfen. Wenn dann das Kind, nach Freud im Alter von fünf oder sechs Jahren, »eingesehen« hat, daß seine Wünsche unakzeptabel sind, richtet es eine moralische Instanz, ein Über-Ich ein, das das kindliche Begehren von nun an in Zaum halten soll: Weil das Kind Angst hat, durch den gleichgeschlechtlichen Elternteil kastriert zu werden, richtet es ein Gewissen ein, in dem das Gesetz des Vaters dominiert: Du sollst nicht mit der Mutter schlafen! Im Ekel vor dem Inzest kommt der moralische Abscheu zum Ausdruck, bestimmte soziale Grenzen nicht zu über- bzw. unterschreiten, nämlich Altersgrenzen, leibliche Beziehungskonstellationen und Verwandtschaftsgrade. Der Ekel bildet die negative affektive Basis der Moral, die in ihrer Effizienz nicht unterschätzt werden darf. Denn wann überwindet man einmal ein Ekelgefühl?

Daher ist es auch so schwierig, Menschen, die von der Bestialität anderer Menschen überzeugt sind, zu überzeugen, daß Fremde keine Tiere sind. Denn wir müssen Menschen zu – beispielsweise – Insekten machen, um uns vor ihnen ekeln zu können. Die Reaktion dient hier als moralische Legitimation für unser Handeln, denn wenn wir nur Tiere vor uns haben, zumal solche, die dem Menschen nicht sehr nahestehen, so kann man deren Beseitigung letztlich als hygienische Maßnahme verstehen. Man erweist der Menschheit einen Dienst, wenn man sie von diesem Ungeziefer befreit. Und man erweist sich selbst einen – denn durch den Ekel und seine folgerichtigen Handlungen wird man selbst zum Menschen. Man zieht die Grenze im Humanen neu und errichtet sie zwischen den federlosen Zweibeinern und anderen Tieren, weil nicht alle Zweibeiner Menschen sind. Man ekelt sich vor diesen Tieren, weil diese »Menschen« nun einmal wilde Bestien sind. Die Würde des anderen »Menschen« ist antastbar, weil dieser andere kein Mensch ist - was durch den Rekurs auf den Ekel seine Würdigung findet. So kann der Ekel die sozialen Tugenden minimieren, zu Zynismus führen, Unmenschlichkeit erzeugen und das Mitleid mit den anderen ersticken. Ekelgefühle können zum Egoismus führen, der nur danach strebt, das andere zu meiden, man möchte nicht in Kontakt kommen, sich vor Ansteckungen schützen. Dabei hat der Ekel den »Vorteil«, daß er unglaublich durchdringend und erfüllend ist, denn er ergreift den ganzen Menschen. Und so erscheint nichts evidenter zu sein als die Tatsache, daß man diesen Ekel *empfindet*. Gibt es eine größere Objektivität als die eines empfundenen Ekels?

Natürlich liegt, vor allem dem psychologisch Geschulten, der Gedanke nahe, daß wir uns vor dem Fremden, Perversen, Kranken oder Toten deshalb ekeln, weil dieses Andere nicht außen, sondern innen ist. Wir kommen uns selbst oft genug fremd, pervers, krank und tot vor und stehen mit Abscheu und Verzweiflung vor dem eigenen Leben, das uns nicht als richtig gelebtes Leben erscheint. Dann pendelt man zwischen einem permanenten Aufbegehren gegen die allergischen Reaktionen, einem Sich-Abfinden mit dem Unerträglichen, mit Selbstmordgedanken, kurz: Der Ekel vor sich selbst stellt die Sinnfrage. Etwas begehrt auf gegen das Leben, eine vitale Antipathie, die nur angestrengtestes Räsonieren im Zaume zu halten vermag. Die eigene Existenz überfällt einen, und zwar so, daß man sich als überflüssig, unnötig, als deplaziert und absurd erlebt. Das Sinnlose wird zum Wesentlichen, das Zufällige zum Notwendigen, und alles wird zwecklos. Diese Art des Ekels lähmt das Handeln oder beschleunigt es, entreißt es jedenfalls der eigenen Kontrolle.

Und warum ekelt der Mensch sich oft vor sich selbst und seinem Leben? Wenn man sich widerlich findet, weil man sich selbst beim moralischen Zerfall zusieht - dafür hatte *Dorian Gray* im gleichnamigen Roman von Oscar Wilde ja immerhin ein Bild -, so doch wohl darum, weil man immer noch nicht das geworden ist, was man einmal werden wollte. Gemessen an den eigenen Ansprüchen enthüllt sich das eigene Leben als widerliches Nichts. Insofern könnte man den Ekel vor sich selbst als Zeitbewußtsein interpretieren. Der Mensch empfindet sich gleichsam als ein Zeitenpuzzle, das nicht mehr daran glaubt, seine Teile noch zu einem sinnvollen Ganzen zusammensetzen zu können. Das Leben erscheint als vergeblich und ekelhaft.

Der Ekel vor sich selbst und vor anderen, er gründet darin, daß man selbst nie so »dicht« ist, wie man gerne sein möchte.

Literatur: *Bourdieu,* Pierre: La distinction. Critique sociale du jugement. Paris 1979 (dt. Die feinen Unterschiede. Kritik der gesellschaftlichen Urteilskraft. Frankfurt a. M. 1987). *Elias,* Norbert: Über den Prozeß der Zivilisation. Soziogenetische und psychogenetische Untersuchungen. 2 Bde. Bern 1969. *Freud,* Sigmund: Drei Abhandlungen über Sexualtheorien. Wien 1905. *Nietzsche,* Friedrich: Also sprach Zarathustra. Ein Buch für Alle und Keinen. Chemnitz 1883 (Kritische Studienausgabe Bd. 4. München 1999). *Rorty,* Richard: Human Rights, Rationality, and Sentimentality. 1993 (dt. Menschenrechte, Rationalität und Gefühl). In: Shute, Stephen/Hurley, Susan (Hrsg.): Die Idee der Menschenrechte. Frankfurt a. M. 1996, S. 144–170. *Sartre,* Jean-Paul: La nausée. Paris 1938 (dt. Der Ekel. Reinbek 1998). *Simmel,* Georg: Soziologie. Untersuchung über die Formen der Vergesellschaftung. Leipzig 1908 (Gesamtausgabe Bd. 11. Frankfurt a. M. 1992, S. 734). *Wilde,* Oscar: The Picture of Dorian Gray. London 1891 (dt. Das Bildnis des Dorian Gray. Zürich 1999). *Zirfas,* Jörg: Tabu. In: Der Blaue Reiter 10: Götter. Journal für Philosophie. Stuttgart 1999, S. 76 f.

Zum Weiterlesen: *Bovenschen,* Silvia: Über-Empfindlichkeiten. Spielformen der Idiosynkrasie. Frankfurt a. M. 2000. *Menninghaus,* Winfried: Ekel. Theorie und Geschichte einer starken Empfindung. Frankfurt a. M. 1999. *Paragrana.* Internationale Zeitschrift für Historische Anthropologie. Band 8: Ideosynkrasien. Berlin 1999.

Video: *Polanski,* Roman: Repulsion. Großbritannien 1965 (dt. Ekel).

→Gefühle aufbringen →Leiblich sein →Sich prostituieren

Erinnern und Vergessen

(engl.: *to remember and to forget*; frz.: *se souvenir et oublier*)

Warum soll man sich an alles und jedes erinnern - man hat doch ohnehin schon genug zu tun? Warum sollen wir uns nicht nur an den Abwasch, den Hochzeitstag oder die verstorbene Tante Bertha erinnern, sondern auch noch eine »Fernsten-Erinnerung« ausbilden und eine anamnetische Solidarität mit den Toten der Weltkriege, den weltweiten Folter- und Aidsopfern und den im Kampf gegen politische Diktaturen Gefallenen pflegen? Dabei erscheinen die in letzter Zeit heftig geführten Debatten um eine Ethik der Erinnerung oder des Gedenkens doch auf den zweiten Blick völlig dubios, gewinnen diese angesichts der sie konstituierenden anamnestischen Unsterblichkeitsidee auf jeden Fall doch einen recht merkwürdigen Charakter. Dazu einige Beispiele: 1907 stellt Alain fest, daß der Geist der Toten in den Lebenden ruht und »daß die Toten denken, sprechen und handeln ... raten, wollen, billigen und tadeln« sowie daß sie »leben wollen«, und zwar in den Lebenden selbst. Dolf Sternberger reklamiert 1977 für die Toten im Gedächtnis ein exklusives Doppelleben, insofern diese im Gedächtnis doch zugleich leben und tot sind, und zwar nur dort. Norbert Elias bemerkt dann, daß das Überleben der Toten durch die Erinnerung diese vor dem Vergessen bewahren kann, während Micha Brumlik 1995 schließlich fordert, diese anamnetische Solidarität durch das Gedenken auf all jene auszudehnen, »die durch geschichtliches Unrecht in ihren Rechten beeinträchtigt« wurden, so daß der einzelne ein moralisches Selbstverständnis gewinnen kann, das durch »die Vorstellung der unüberholbar eigenständigen, wenn auch ›nur‹ in der Einbildungskraft begegnenden Existenz der anderen je und je herausgefordert und gestellt wird«. Die beste Art, jemanden am transmortalen Leben zu erhalten, wäre dann, wie schon Freud im Zusammenhang des Urvatermordes durch die Brüderhorde vermutete, sein ungerechter Tod. Dieser verleiht dem Toten eine Stärke, die er im Leben nie besaß.

Bedenkt man weiter, daß die Zahl der Toten die der Lebenden bei weitem übertrifft, so gewinnt der Gedanke, daß die Toten *in* den Lebenden weiterexistieren, an Brisanz. Man könnte hier durchaus von »vampiristischen Unsterblichkeitsphantasmen« (Macho) sprechen. Und auch wenn man nicht mehr nach dem Containermodell des Gedächtnisses von einer kumulativen Anhäufung der Toten in unserer Erinnerung ausgehen kann, so scheint dieser Vorstellung eines Totenkannibalismus doch der Gedanke eines Gedächtnisses zugrunde zu liegen, das Gegenwart und Zukunft durch die Vergangenheit bestimmt. Das Gedächtnis ist hier eine Art von kollektivem Kenotaph, ein Grabmal zur Erinnerung an die Toten, die als *revenants* nicht zur Ruhe kommen können und so über die Bewegungen der Zeit triumphieren. Das mortale Gedächtnis ist Chronik und Weissagung zugleich, ein Zeitspeicher, in dem die Vergangenheit Gegenwart und Zukunft bestimmt. Diese Vorstellung einer anamnetischen Repräsentation kann den Sinn einer lebenspraktischen Musealisierung der Gegenwart und Zukunft gewinnen.
Entwickelt die Moderne einen Imperativ des Sich-erinnern-Müssens und Nicht-vergessen-Dürfens, so erscheint das Vergessenkönnen zugleich als pathologisch (im Sinne des Imperativs) wie auch als notwendig bzw. normal. Wenn allerdings das Erinnern selbst die Möglichkeiten menschlichen Seins beschneidet, so wird deutlich, daß das Leben ohne Vergessen unmöglich ist, wenn denn nicht die plastische Kraft als Aneignung von Vergangenheit und Formung von Gegenwart Schaden nehmen soll. Der Handelnde muß gewissenlos und unverantwortlich, er muß wissenlos, d. h. auch vergessend handeln. Das Vergessen bleibt hier nicht als vollständige *damnatio memoriae*, wohl aber als notwendiges, nicht antinomisches Komplement des Erinnerns zu bedenken. Denn nur wer sich verabschieden kann, wer sich nicht an das Blei der Vergangenheit knüpft, hat auch Gegenwart und Zukunft. Die Moral des Vergessens zeigt sich also darin, die Dominanz der Zeit zu bewältigen. Vergessenskompetenz eröffnet so auch die Möglichkeiten des Einklammerns von Zeit und

der Eröffnung von Zeiträumen, die wir für die Zeitlichkeit einer moralischen Selbstbildung benötigen.

Das Vergessen aber ist von unvergleichlicher Komplexität, kennen wir doch keinen Willen oder auch keine Pflicht zum Vergessen. Wer etwas vergessen will und sich ständig an diese Pflicht erinnert, wird das Vergessenwollende wohl nie los: *An Art Oblivionalis: forget it!* (Eco). Wir können insofern auch das Vergessen nicht willentlich vergessen. Wo aber Vergessen ist, da ist Erinnerung nicht weit, denn das Vergessen ist eine Bedingung für die Suche nach der Erinnerung, wie auch Vergessen ein Effekt der Erinnerung ist, wenn Bilder und Ereignisse auf Kosten anderer erinnert werden. Andererseits kann auch nur das erinnert werden, was zugleich vergeßbar ist. Aber um zu wissen, ob wir etwas vergessen haben, müssen wir uns daran erinnern, daß wir es vergessen haben. Bedeutet also Vergessenheit jenen Zustand, der die Vergangenheit unangetastet läßt, oder ist Vergessenheit lediglich der Ausdruck für ein Nichts, wenn denn das Gedächtnis selbst die transzendentale Bedingung von Zeit und auch der Gegenstände der Zeit bildet?

So stellt sich denn die Frage, inwieweit man sich einer Philosophie der Tradition, der Tragik und der Trauer anheimgeben sollte. Denn alles kann man vor dem Zerfall in das Vergessen und in das Vergessen des Vergessens nicht bewahren. Einiges wird auch für das Gedächtnis der Menschheit wohl ausgelöscht werden. Gegen die Möglichkeit des Verlorengehens aber sollte die Erinnerung einige Marksteine des Humanen setzen, stiften und erhalten. Es geht darum, den anderen die Geschichte der anderen zu vermitteln. Dann kann die Erinnerung zum Versprechen wie das Versprechen zur Erinnerung werden. Von hier aus wird das Problem erst deutlich, wie wir eine anamnetische Solidarität moralisch rechtfertigen können. Es geht nämlich nicht um die Frage, wie man sich als Einzelner oder als ganzes Volk erinnern soll, wie also ein gerechtes Erinnern zu beschreiben wäre, oder um die Frage, ob die vergangenen Opfer für das moralische Selbstverständnis heutiger Menschen »instrumentalisiert« werden, bzw. darum, ob es ein reines Gedenken um der Opfer willen gibt. Sondern es geht um die Frage, warum Erinnerung aus moralischen Gründen geboten ist, warum man überhaupt der Opfer gedenken soll.

Warum sollen wir uns beispielsweise an Hurbinek erinnern? Hurbinek, von dem Primo Levi in seinem autobiographischen Roman »Atempause« berichtet, war ein drei Jahre altes Kind, das vielleicht in Auschwitz geboren wurde, ein »Kind des Todes«, das nicht sprechen konnte und seinen Namen wohl den unartikulierten Lauten verdankt, die es von sich gab. Hurbinek hatte »nie einen Baum gesehen«, und er hat »bis zum letzten Atemzug gekämpft [...], um Zutritt in die Welt der Menschen, aus der ihn eine bestialische Macht verbannt hatte, zu erhalten; Hurbinek, der Namenlose, dessen winziges Ärmchen doch mit der Tätowierung von Auschwitz gezeichnet war – Hurbinek starb in den ersten Tagen des März 1945, frei, aber unerlöst. Nichts bleibt von ihm ...« (Levi). Nichts bleibt, außer dem Zeugnis, das Primo Levi für ihn ablegt. Warum aber sollen *wir* uns an Hurbinek erinnern?

Wenn das gelingende menschliche Leben ein Leben ist, das sich im wesentlichen der Möglichkeit eines gelungenen Umgangs mit der Zeit verdankt, und wenn der Mensch ein Wesen ist, das sich vor allem durch den Entwurfscharakter von Zukunft auszeichnen läßt, so scheint es moralisch geboten, sich mit jenen Menschen zu solidarisieren, für die keine selbstbestimmte Zukunft möglich ist. Denn die Unmöglichkeit von Zukunft markiert eine Grenze des Humanen. In dieser Grenzmarkierung braucht die Erinnerung ein Gesicht, ein Antlitz, einen Namen. Gegenüber einer pauschalen Erinnerung des Kollektiven macht die singuläre Erinnerung deutlich, daß die Verhinderung von Zukunft jeden Einzelnen betrifft – gerade jemanden wie Hurbinek, dessen sprachliches Leben noch nicht einmal begonnen hat und der in gewisser Weise noch nicht einmal zur Welt gekommen ist. Da erscheint es wichtig, sich an ein Individuum zu erinnern, d. h. an einen Menschen, der eine Biographie hat, wenn sie auch noch so kryptisch ist. Denn die umgekehrte Erfahrung beschreibt Hannah Arendt anhand der Staatenlosen, der *displaced persons* und der Insassen von Konzentrations- und Internierungslagern im Zweiten Weltkrieg. Sie alle gelten als Menschen, die nichts anderes besitzen als ihr Menschsein und somit in einer »absolut einzigartigen, unveränderlichen und stummen Individualität« isoliert werden, die es ihnen nicht erlaubt, diese in die Gemeinschaft mit einzubringen: Arendt schreibt weiter: Der Insasse und Staatenlose »... ist gleichzeitig der Mensch und das Individuum überhaupt, das allergemeinsamste und das allerspeziellste, das beides gleichermaßen abstrakt ist, weil es gleichermaßen weltlos bleibt«.

Hurbineks Welt ist die Un-Welt von Auschwitz, in der dieses Kind trotz der Unterstützung eines ungarischen Jungen nicht sprechen lernen kann, weil diese Welt das verbale Zur-Welt-Kommen, das Zu-sich-selbst-Kommen und die Zukunftsentwürfe von Menschen verhindert. Und doch kann man dem Stummen eine Sprache verleihen, indem man die individuelle Namen- und Sprachlosigkeit beschreibt und so Zeugnis von einem Menschen ablegt. Das heißt nicht, das Singuläre als Alibi für das Allgemeine zu verstehen. Damit wird nicht die Frage danach beantwortet, ob es eine Versöhnung zwischen Opfern und Tätern je wird geben können. An Hurbinek zu erinnern aber bedeutet, aus moralischer Perspektive zu sehen, was es bedeutet, daß der »Zutritt in die Welt der Menschen« möglich wird, und zu begreifen, daß jeder seinen eigenen Zutritt zu dieser Welt finden muß. Ein Opfer der Geschichte ist in diesem Sinne jeder, der keine Zukunft haben konnte, weil sein Lebensentwurf und seine Einflußmöglichkeiten auf die Welt von Grund auf unterbunden wurden. Die Ethik muß sich daher an die bestimmte, individuelle, inhumane Vergangenheit erinnern, damit zukünftige Zukunft für alle möglich wird. Gerechtigkeit heißt erinnern an das, was in Zukunft noch aussteht. Und sie bedeutet, daran zu erinnern, was Zukunft unmöglich macht. Das sollten wir nicht vergessen.

Literatur: *Alain:* Propos sur le bonheur. Paris 1928 (dt. Die Pflicht, glücklich zu sein. Frankfurt a.M. 1984, S. 150 f.). *Arendt*, Hannah: The Origins of Totalitarianism. New York 1951 (dt. Elemente und Ursprünge totaler Herrschaft. München/Zürich [5]1996, S. 624). *Brumlik*, Micha: Gerechtigkeit zwischen den Generationen. Berlin 1995, S. 113, 130. *Eco*, Umberto: An Ars Oblivionalis? Forget it! In: Publications of the Modern Language Association 103. 1988, S. 254–261. *Elias*, Norbert: Über die Einsamkeit der Sterbenden in unseren Tagen. Frankfurt a.M. [6]1990, S. 100. *Levi*, Primo: La tregua. Turin 1963 (dt. Die Atempause. München [3]1999, S. 21). *Macho*, Thomas: Überlegungen zu einer Geschichte des Todes. In: Schwandt, Hans-Gerd (Hrsg.): Leben im Angesicht des Todes. Hamburg 1991, S. 41. *Sternberger*, Dolf: Über den Tod. Frankfurt a.M. 1981, S. 26.

Zum Weiterlesen: *Grass*, Günter/*Miłosz*, Czesław/*Szymborska*, Wisława/*Venclova*, Tomas: Die Zukunft der Erinnerung. Göttingen 2001. *Klüger*, Ruth: Weiterleben. Eine Jugend. Göttingen 1992. *Margalit*, Avishai: Ethik des Erinnerung. Max Horkheimer Vorlesungen. Frankfurt a.M. 2000. *Smith*, Gary/*Emrich*, Hinderik M. (Hrsg.): Vom Nutzen des Vergessens. Berlin 1994.

Audio: *Hosokawa*, Toshio: Voiceless Voice in Hiroshima (2001).

→Älter werden →Müssen →Siechen und Sterben

Erlauben, Verbieten und Versprechen

(engl.: *to allow, to forbid and to promise*; frz.: *permettre, interdire et promettre*)

Wann immer man über das Erlauben und Verbieten nachdenkt, so denkt man *prima vista* an eine manchmal pädagogische, immer aber an eine asymmetrische Situation. Denn die beteiligten Personen unterscheiden sich in theoretischem Wissen, Macht und Kontrolle, praktischen Handlungsspielräumen, Erfahrung, Autorität, Abhängigkeiten und nicht zuletzt in moralischen

Kompetenzen. Im Falle des Versprechens sind wir mit dem umgekehrten Sachverhalt konfrontiert: Hier scheint zu gelten, daß man sich wechselseitig und symmetrisch aneinander bindet. Dies geschieht über eine Institution, die für spezifische Gesellschaften eine soziale und moralische Grundlage darstellt - *pacta sunt servanda:* Verträge müssen eingehalten werden.
Nun läßt sich die gesamte Geschichte der Ethik unter vielen Aspekten betrachten, unter anderem auch unter dem, inwieweit man der Symmetrie oder der Asymmetrie einen Raum, und vor allem, *welchen* Raum man ihr gibt. Die Pädagogen, die gerne von Erlauben, Erziehen und Versprechen reden, haben es dabei allerdings nicht gerade einfach, denn die oben geschilderten Asymmetrien haben eine erzieherische Grundlage und zugleich ein fundamentales moralisches Problem. Jeder Form von Erziehung liegen Größen- oder Kraftunterschiede zugrunde, die die Bedingungen dafür bilden, daß Menschen überhaupt erst zur praktischen und theoretischen Freiheit erzogen werden können. Diese Idee, die von Kant auf die handliche Kurzformel: »Wie kultiviere ich die Freiheit bei dem Zwange?« gebracht wurde, steht quer zu einer großen Linie der Ethiktradition, die unter einer allgemeinen Ethik immer eine Ethik der Symmetrie verstanden hat. So lassen sich im Langstreckenflug über die Geschichte der Ethik folgende symmetrische Momente als *short cuts* benennen: In der Antike findet man eine Ethik der freien adligen Männer, bei Hume beschränkt sich die moralische Gemeinschaft auf Wesen, die sich durch Leidensfähigkeit und Verletzlichkeit auszeichnen; der »Alleszermalmer« Kant hebt auf die »allgemeingültigen« und »universellen« Eigenschaften von Freiheit, Autonomie und Vernunft ab, der Kontraktualismus eines Hobbes auf die Idee einer wechselseitigen Verpflichtung und Hegels Dialektik von Herrschaft und Knechtschaft auf die reziproke Anerkennung. In der Diskursethik von Habermas herrscht die Herrschaftsfreiheit aller und bei Nietzsche die Idee einer Kampfgemeinschaft von Freunden - hier ist man Freund, wenn man als *Gegner* zugelassen wird. Allerorten findet sich also Reziprozität und Symmetrie.

Wer erlaubt oder verbietet, macht sich demgemäß moralisch anrüchig, er muß nämlich sein pädagogisches Machtverhältnis legitimieren. Und pädagogisch betrachtet pendelt er zwischen der erzieherischen »Affenliebe« des Verwöhnens, Verzärtelns und Verziehens auf der einen und dem Schmerz und der Demütigung als Erziehungsmittel einer »schwarzen Pädagogik« (Rutschky) auf der anderen Seite. Was tun? Man kann, und das ist in schwierigen pädagogischen Situationen oft die einzige Rettung, moralische Autoritäten schlicht behaupten. Diese Autorität kann Gott, die Natur, die Geschichte, die Gesellschaft, das Kind oder die eigenen »vernünftigen« Interessen sein. Es gibt aber auch noch den Weg, die pädagogische Asymmetrie zu »unterlaufen«. Dann heißt es: Wir sprechen doch miteinander, wir handeln Dinge aus, wir wissen nichts Letztgültiges, wir sind durch unsere Körper aufeinander bezogen, wir sind ein Generationenteam etc. Dialog, Kommunikation, Intersubjektivität, körperliche Erfahrung, Generativität bilden hier die Basis von Erziehung. Man steht damit vor zwei Fragen: Kann Erziehung nur dann stattfinden, wenn es ein »Gefälle« (von Macht, Wissen, Moral etc.) zwischen Erzieher und Zögling gibt? Oder bedarf sie statt dessen einer Form des Gleichgewichts, einer Moral, in der es bereits zur wechselseitigen Achtung und Übereinstimmung im Guten gekommen ist? Erziehen wir *zum* Guten oder *im* Guten? In beiden Fällen haben wir es natürlich mit ganz verschiedenen Kinder- und Menschenbildern zu tun, zum einen mit den Typen der Verirrten und Verwirrten, Gefährdeten und Gefährlichen und zum andern mit den Typen der Gütigen und Göttlichen, Verständigen und Vernünftigen. Soviel ist deutlich: Die erste Variante, die Erziehung *zum* Guten, führt durch Erziehung zur Moral hin – und gleicht somit strukturell dem Verhältnis von Moral und Erziehung bis zur Neuzeit –, die zweite Variante – die Erziehung *im* Guten – setzt für die Erziehung die Moral voraus – und ist insofern spezifisch modern.

Modern ist aber auch der Verdacht, daß die sogenannten vernünftigen Gründe, mit denen erlaubt und verboten wird, letztlich nur auf Vorurteilen beruhen. Daß man für den anderen nur das Beste will, reicht manchmal selbst im besten Fall dem anderen nicht. Moralisches Denken und Handeln verkommen hier zur Simulation einer Zustimmungssituation. Aber sollte man wirklich die Gültigkeit von pädagogischen und moralischen Werten, Normen und Handlungspraxen an die Zustimmung oder Ablehnung von Noch-nicht-Mündigen, Nicht-mehr-Mündigen oder Nie-Mündigen binden? Wann sind denn die Adressaten von Erlaubnissen und Verboten soweit, die gutgemeinten pädagogischen Ratschläge wirklich »vernünftig« zu finden und praktisch umzusetzen? Man beachte, daß es selbst der hierfür zuständigen Wissenschaft, der Pädagogik, seit nunmehr zweihundert Jahren noch nicht gelungen ist zu bestimmen, wann ein Mensch nun »vernünftig« bzw. »mündig« ist. So muß man in diesem Zusammenhang die Mediziner und die Juristen bemühen, die mittlerweile davon ausgehen, daß die Zahl von achtzehn Jahren ein notwendiges und hinreichendes Kriterium ist, elterlichen Erlaubnissen und Verboten aus dem Weg zu gehen. Philosophen fassen Mündigkeit gerne unter der Idee der Symmetrie, unter der sie die Ausgangsbasis der Akteure verstehen, sich wechselseitig auf Verpflichtungen und Ansprüche einigen zu können. Diese Basis impliziert allerdings eine Reihe von Fähigkeiten und Eigenschaften, die für alle Beteiligten in gleicher Weise vorhanden sein müssen: Sie müssen erstens miteinander im Gespräch stehen, d. h., jeder muß in der Lage sein, Ansprüche zu stellen und Verpflichtungen einzufordern; sie müssen zweitens in der Lage sein, ihre Verpflichtungen wahrzunehmen, sich für sie zu entscheiden und auch praktisch zu verwirklichen, und sie müssen drittens fähig sein, überhaupt eine – wenn auch minimale – Idee des guten Lebens für sich selbst, aber auch für die anderen Beteiligten entwerfen zu können. Und noch einmal anders: Steht Symmetrie in den klassischen Anerkennungstheorien als Basis für die Geltung von Ansprüchen und Verpflichtungen einer moralischen Gemeinschaft, so erscheint sie im pädagogischen Verhältnis als dessen

Ende. Das hat Folgen: In dem Moment, in dem eine symmetrische Wechselseitigkeit zwischen Erzieher und Zögling hergestellt worden ist, verliert Erziehung ihre Notwendigkeit, und sie wird überflüssig. Daher kommen Erzieher auch so ungerne mit der Erziehung an ein Ende. Denn wer hört schon gerne auf, zu erlauben und zu verbieten, zumal dann, wenn man weiß, daß man der einzige ist, der sich je dazu autorisiert hat?

Beim Versprechen ist dem Moralphilosophen wohler - jedenfalls dann, wenn es gehalten wird, denn hier geht es um Gerechtigkeit. Damit wird die enorme Bedeutung des Versprechens für die Moralphilosophie deutlich. Machen Sie ein Experiment, geben Sie - als Mutter, Vater, Erzieher - Ihrem Kind ein Versprechen, d. h., verpflichten Sie sich, zu einem bestimmten Zeitpunkt in einer bestimmten Weise zu handeln und - brechen Sie dieses Versprechen. Was passiert? In der Regel kann man davon ausgehen, daß das Kind protestiert, weil es gelernt hat, daß man unterscheiden muß zwischen sozial geltenden Erwartungshaltungen, bloßen Wunschvorstellungen und nicht berechtigten Hoffnungen. Kinder lernen mithin aus eigenen und den Erfahrungen anderer, indem sie Vergleiche anstellen und eine Vorstellung davon ausbilden, was sie gemäß den vorherrschenden, wenn auch nicht unbedingt fest umrissenen Maßstäben erwarten dürfen. So kann man davon ausgehen, daß Kinder einen spezifischen Sinn für Gerechtigkeit im Laufe ihres Aufwachsens erwerben und daß sich dieser Sinn auf die wechselseitigen und solidarisch verbürgten Moralvorstellungen bezieht, die dem Einzelnen zeigen, daß die Vorstellung von sich symmetrisch in ihrem Autonomiestatus anerkennenden Subjekten verletzt wurde. Die Enttäuschung einer moralischen Erwartungshaltung bedeutet daher nicht nur eine Infragestellung der solidarischen Basis, sondern auch eine Kränkung der eigenen Person, die ihre Integrität wesentlich dieser Basis verdankt. Womit zwar aus moralischer Perspektive das Schreien des Kindes durchaus gerechtfertigt ist, aber nicht geschlossen werden kann, daß jedes Schreien schon einen Verlust von Gerechtigkeit signalisiert. Wird mithin die moralische Erwartungshaltung nicht erfüllt, so bedeutet dies, daß der bislang unhinterfragte Horizont moralischer Normen sich in Auflösung befindet und daß damit die Gerechtigkeit im Schwinden begriffen ist, die bislang die gleiche Beachtung aller gewährleistete.

Das Kind lernt, was ein Versprechen ist, daran, daß die Mutter (oder der Vater) ihm zu erklären versucht, daß es das Versprochene einfordern kann. Das Kind besitzt einen Kredit, eine Art moralisches Kapital für die Zukunft, Mutter und Vater eine Form von Schulden, die sie dem Kind gegenüber zu begleichen haben. Eltern und Kind gehen so ein Tauschverhältnis ein. Das Einfordern eines Versprechens ist eine Art Zügel, den die Eltern dem Kind in die Hand geben, was dem Kind nicht nur die Möglichkeit eröffnet, die Zügel zu ziehen, sondern auch, diese schleifen zu lassen und das Versprochene zu »erlassen«. Das Kind lernt somit das Spiel der Rechte und Pflichten. Jetzt muß man nur noch eine Antwort auf die Frage finden: Warum aber sollen wir ein Versprechen halten, oder allgemeiner: Warum sollen wir gerecht sein?

Fragt man sich mit Platon, welche sozialen und moralischen Konsequenzen es hat, ein Mensch zu sein, der durchgängig ungerecht handelt und sich doch den »größten Ruf der Gerechtigkeit« erworben hat, so sieht man, daß diesem theatralischen Lügner, der die moralische Verpflichtung auf die Zukunft hin nicht ernst nimmt, nur eine Lebensperspektive bleibt: Da er seine Ungerechtigkeit gegenüber anderen nicht zugeben kann, weil er somit Gefahr läuft, auch von anderen verraten und betrogen zu werden, muß er ein Leben der permanenten Täuschung führen, das die Differenz von gerechtem und ungerechtem Handeln ständig zu überdenken hat. Moralisch gewendet: Wer lügt, verpflichtet sich auf eine Zukunft und verpflichtet sich gleichzeitig nicht, er unterstellt - sprachpragmatisch ausgedrückt - eine Ehrlichkeit, deren Glaubwürdigkeit er vor sich selbst in Zweifel zieht. Nicht viel anders, aber überraschend skandalträchtig, sprach Kant in diesem Zusammenhang von dem bloß »vermeinten Recht« zu lügen, das sich selbst dann nicht rechtfertigen lasse, wenn es aus Menschenliebe geschehe. Nun kann sich die moralphilosophierende Pädagogik natürlich auch auf jene Ethiktradition berufen, die die moralische Gemeinschaft nicht auf Symmetrie und Wechselseitigkeit der Anerkennung gründet und die Moralität nicht über Symmetrie und mithin über die Ideen der Freiheit und Gleichheit, sondern über Asymmetrie und somit über Abhängigkeiten und Differenzen bestimmt. Wieso sollte man nicht die asymmetrischen Erfahrungen von Erlauben und Verbieten als Basis von Moralität reflektieren? Gibt es nicht auch eine entscheidende Differenz zwischen Eltern und Kind im Falle des Versprechens? Bricht das Kind die Regeln des Vertrags, so wird es gemeinhin sanktioniert, und es erlebt, daß der Bruch eines Versprechens eine moralisch schlechte Handlung ist. Brechen aber die Eltern ihr Versprechen, erlebt das Kind diese Handlung als Ungerechtigkeit: Es fühlt sich in seiner Selbstachtung gekränkt und sieht die gemeinsame moralische Basis in Frage gestellt. So läßt sich prinzipiell darüber streiten, ob nicht überhaupt Fragen der Geltung und des Ziels von Moral an die ihr vorausgehenden Erfahrungen zu binden sind - wenn sie sich auch nicht in ihnen erschöpfen dürfen, will man sich nicht einem erfahrungstheoretischen Fehlschluß anheimgeben. Denn die Normativität symmetrischer Beziehungen von Freien und Gleichen macht doch nur dann moralisch, das meint: präskriptiv Sinn, wenn die Erfahrungen uns andere *mores* lehren, nämlich die von Differenzen. Zunächst und zumeist sind wir im Leben nämlich nicht nur in pädagogischen Zusammenhängen mit asymmetrischen Gegebenheiten konfrontiert. Und hier stellt sich mit Blick auf die Geschichte der Ethik zwangsläufig die moralische Frage, inwiefern man in diesen Situationen der regulativen Idee einer wechselseitigen und symmetrischen Anerkennung folgen soll.

Eine Ethik der Asymmetrie besteht dagegen darauf, daß »dem unbedingten Anspruch der Anderen an mich keine gleichwertigen oder gleichberechtigten Ansprüche meiner an sie korrespondieren. Asymmetrie bedeutet in diesem Zusammenhang, daß ich die Schuld, die ich den Anderen gegenüber verspüre, nicht in gleicher Weise als ihre Schuld mir gegenüber einklagen kann, da es mir [...] unmöglich ist, mich so in ihre Situation hineinzuversetzen, daß ich sie als mir gegenüber verpflichtet verstehe und dies ihnen gegenüber auch geltend machen darf« (Brumlik). Damit wird aber auch die moralische Krux einer Ethik der Asymmetrie deutlich. Eine Ethik der Asymmetrie, des Leidens und der Schuld kennt keine absolut schlüssige, fundamentale Begründung von Moral, doch sie zeigt einen Weg, aufgrund bestimmter Erfahrungen und Überzeugungen Kriterien zu gewinnen, die uns zu entscheiden erlauben, was im moralischen Sinne als gut, gerecht und wertvoll gilt. Diese Kriterien übersteigen die Anforderungen von formaler Widerspruchsfreiheit und formaler Universalisierbarkeit in Richtung auf die Ideen des Mitleids, der Verantwortung und des Verzeihens. Symmetrische Beziehungen in der Moral, das ist die paradoxe Lehre der Ethik von Erlauben und Versprechen, sind auf asymmetrische Verhältnisse angewiesen.

Literatur: *Brumlik*, Micha: Schrift, Wort und Ikone. Wege aus dem Bilderverbot. Frankfurt a. M. 1994, S. 107. *Herzog*, Walter: Die Banalität des Guten. Zur Begründung der moralischen Erziehung. In: Zeitschrift für Pädagogik 37. 1991, S. 41–64. *Kant*, Immanuel: Über Pädagogik. Hrsg. von F. Th. Rink. Königsberg 1803, A 32 (Werkausgabe Bd. XII. Frankfurt a. M. 1982, S. 711). *Kant*, Immanuel: Über ein vermeintes Recht aus Menschenliebe zu lügen. Berlin 1797 (Werkausgabe Bd. VIII. Frankfurt a. M. 1982, S. 637–643). *Platon:* Politeia, 361a (dt. Sämtliche Werke 3. Reinbek 1982 S. 99). *Rutschky*, Katharina (Hrsg.): Schwarze Pädagogik. Quellen zur Naturgeschichte der bürgerlichen Erziehung. Frankfurt a. M./Berlin 1988. *Shklar*, Judith: Faces of Injustice. New Haven/London 1990 (dt. Über Ungerechtigkeit. Erkundungen zu einem moralischen Gefühl. Frankfurt a. M. 1997). *Tugendhat*, Ernst: Vorlesungen über Ethik. Frankfurt a. M. 1993. *Zirfas*, Jörg: Die Lehre der Ethik. Zur moralischen Begründung pädagogischen Denkens und Handelns. Weinheim 1999.

Zum Weiterlesen: *Brumlik*, Micha: Advokatorische Ethik. Zur Legitimation pädagogischer Eingriffe. Bielefeld 1992. *Meyer-Drawe*, Käte/*Peukert*, Helmut/*Ruhloff*, Jörg (Hrsg.): Pädagogik und Ethik. Beiträge zu einer zweiten Reflexion. Weinheim 1992. *Oelkers*, Jürgen: Pädagogische Ethik. Eine Einführung in Probleme, Paradoxien und Perspektiven. München/Weinheim 1992. *Thomä*, Dieter: Eltern. Kleine Philosophie einer riskanten Lebensform. München 1992.

→Anständig bleiben →Rechte haben →Zucht

Essen und Trinken

(engl.: *eating and drinking*; frz.: *manger et boire*)

Daß Essen und Trinken Leib und Seele zusammenhält, mag der Volksmund mit einem Verweis auf die physiologischen Ursachen noch gut begründen können. Schwieriger wird es für die Philosophie, wenn sie erklären möchte, worin denn Leib und Seele nun wiederum ihre Einheit haben. Man kann diesem Problem mit einer transzendenten Ideenlehre, einer kosmologischen Theodizee oder einer Ontologie der menschlichen Seele zu Leibe rücken oder schlichter daran festhalten, daß es eine große Vernunft des Leibes gibt, die diese Schwierigkeiten schon auf ihrem Wege lösen wird. Für den Vertreter einer solchen Leibphilosophie sind, selbst wenn die großen metaphysischen Probleme gelöst erscheinen, alle wirklich wichtigen menschlichen Fragen noch weiterhin offen. Und wer würde ernsthaft behaupten, daß zu den letzteren nicht auch die von Essen und Trinken gehören? Essen und Trinken, so würden dagegen die Geist-Philosophen vielleicht den Skeptikern des Körperlichen antworten, sind gar nicht so unmetaphysisch, wie dieser unterstellt, denn dabei gehe es immer auch um Ästhetik, Moral und Kosmologie, oder *vulgo*: um das Schöne, Wahre und Gute des Menschen, der Gesellschaft und nicht zuletzt der Welt. Denn Essen oder Trinken ist, wer wüßte das nicht, letztlich eine Philosophie.

Diese hätte dann auch zu klären, warum nicht nur der Einzelne, sondern auch Gemeinschaften sich durch Essen und Trinken zusammenhalten. Novalis zumindest war sich da ganz sicher: »Das gemeinschaftliche Essen ist eine sinnbildliche Handlung der Vereinigung ... Alles Genießen, Zueignen und Assimilieren ist Essen, oder Essen ist vielleicht nichts als eine Zueignung. Alles geistige Genießen kann daher durch Essen ausgedrückt werden.« Speisen werden denn auch häufig dazu genutzt, um soziale Zugehörigkeiten und Gemeinsamkeiten herzustellen, wie bei religiösen Mahlzeiten, nach Friedens- und Vertragsverhandlungen, festlichen privaten Essen – oder eben auch und vor allem: in alltäglichen familiären Mahlzeiten.

Wenn das Essen (auch) als ein gemeinschaftlicher Akt verstanden werden kann, so fällt auf, daß das Essen (und Trinken) zugleich das Allergewöhnlichste wie das Allerindividuellste darstellt. Jeder ißt für sich und doch alle gemeinsam. Aber weil alle gemeinsam essen und das darüber hinaus häufig tun, kann die »exklusive Selbstsucht des Essens« eine Form der Vergemeinschaftung erreichen, die selbst »durch höher gelegene und geistige Veranlassungen« kaum jemals erzielt wird (Simmel). Statt gemeinsam zu philosophieren, sollte man, wie schon Sokrates wußte, gemeinsam essen. Und Kant empfahl ebenso ein gemeinsames Mahl mit dem Ziel, Menschen über das Gespräch hinaus durch Schönheit, Leiblichkeit und »Munterkeit« zu verbinden; in diesem Sinne ist das einsame Essen für einen philosophierenden Gelehrten »ungesund«. Vielleicht sollte man hiernach Diskursgemeinschaften zunächst einmal zu Tische bitten, noch dazu an einen runden, symbolisiert dieser doch durch den gleichen Abstand von allen zur Mitte eine Ordnung der Gleichheit, die die zentrifugalen Kräfte des Sozialen immunisieren kann. Dem Platonischen »Gastmahl« und der Maxime Kants kann zudem noch die Bedeutung abgewonnen werden, daß, wenn man schon essen muß, es dann doch wenigstens so tun sollte, daß man sich über das Gegessene hinaus auf das Geistige bezieht. Der Geschmack eines bescheidenen Mahls läßt sich somit zum Geschmack an der Wahrheit sublimieren, und die Lust an Essen und Trinken wird durch die Lust am *esprit* einer räsonierenden Eßgemeinschaft einer philosophischen Lebensweise gerecht, die sich nur in Ausnahmefällen eine geistige Diät verordnet. Auf der anderen Seite kommt derjenige, der sich in bescheidener Einsamkeit seinem Essen zuwendet, einem »Idioten« gleich - ein Wort, das im Griechischen auf einen Menschen verweist, der, von der Gesamtheit der Bürger ausgeschlossen, nur Privatperson ist. Als ausgeschlossener Teil des Sozialen kann er keinen Anteil an der Vernunft haben, die sich ausschließlich in der sprechenden und essenden Öffentlichkeit erzeugt.

Die Herstellung von (Vernunft-)Gemeinschaften bringt zudem die mit dem Essen verbundene Ambivalenz für das Soziale auf den Tisch. Denn muß nicht der physiologische Individualismus des Essens als reale Bedrohung für das Gemeinsame verstanden werden, da das, was der Einzelne ißt, von keinem anderen mehr gegessen werden kann? Daher arbeitet gerade dort, wo der Einzelne in einem physiologischen Sinne keine Gemeinschaft nötig hat, eine universelle Kulturtechnik daran, die Einzelnen in die Gemeinschaft einzubinden. Die Parodie darauf gibt Luis Buñuels Film *Das Gespenst der Freiheit*: Während eine Gruppe von Menschen sich auf Kloschüsseln Zeitung lesend um einen Tisch versammelt, verspeist in einem einsamen verriegelten Kabuff ein Mann seine Mahlzeit.

Das gemeinschaftliche Essen wäre unter dem physiologischen Aspekt der Nahrungsaufnahme somit nicht als natürlicher Ausdruck der sozialen Verfaßtheit des Menschen zu interpretieren, sondern als ein ritualisierter Versuch der Gemeinschaft, die unverfügbaren Grenzen der Gemeinschaft zu definieren und aufrechtzuerhalten. Das gemeinschaftliche Essen wäre so die symbolische Geste *par excellence*, weil es dem Einzelnen die Gemeinschaft dort noch deutlich macht, wo er den größten Abstand zu ihr hat. Hier können Menschen lernen und erfahren, daß das Individuelle mit dem Allgemeinen konvergieren kann.

Das gemeinsame Essen arbeitet mithin an dem Paradox, das Nichtvermittelbare zu vermitteln – die Unhintergehbarkeit des physiologisch Individuellen im sozialen und philosophischen Allgemeinen aufzuheben. Daß das Mahl dermaßen in die Gesellschaft aufgehoben war, war einst selbstverständlich: »Wir essen schweigend. Wenn ich mit Fremden esse – so wie jetzt – oder großen Hunger habe – so wie jetzt –, kommt mir immer die rituelle Bedeutung der Mahlzeit in den Sinn. Dann erinnere ich mich an meine Kindheit, an das Verschmelzen des feierlichen Beisammenseins mit großen Geschmackserlebnissen. Den rosafarbenen, leicht schäumenden Walspeck, der aus einer Gemeinschaftsschüssel gegessen wurde. Das Gefühl, daß im großen und ganzen alles im Leben zum Teilen da ist« (Høeg).

Wenn aber Essen und Trinken diese enorme Bedeutung für das Soziale hat, so ist die Moral nicht weit. Wir brauchen uns hier nur an die Eßregeln und die Eßtabus zu erinnern. Jedenfalls wird es für die meisten Mitteleuropäer schwierig sein, ihr moralisches Gefühl oder ihr moralisches Empfinden nicht dabei aufs Spiel zu setzen, gemeinsam mit den Händen aus einer Schüssel zu essen oder ihr Glas mit allen Tischnachbarn zu teilen. Eßregeln sind leibliche Regeln, sie sind emotional hoch besetzt und drücken eine kollektive Moral aus, die vor allem Bewußtsein herrscht: »Man ißt nicht vom Teller des anderen!«, »Nimm das Messer nicht in die linke Hand!«, »Halte dich gerade!«. Wer würde bestreiten, Moral nicht auch bei Tische gelernt zu haben.

Und diese betrifft dann vor allem auch die Geschmacksurteile, von denen Kant behauptet, daß sie die Moralität befördern, vor allem dann, wenn es sich nicht nur um Urteile des Sinnengeschmacks, sondern des sogenannten Reflexionsgeschmacks handelt, der sich auf die Manieren *(mores)* bezieht. So läßt es sich erklären, daß die schlichte Frage: »Wie schmeckt es?« immer auch einen moralischen Beigeschmack hat. Ist nicht, wer Knoblauch in rauhen Mengen ißt, ein »anrüchiger« Mensch? Aber auch hier stößt man auf ein Paradox: Denn die mit dem Essen vor allem verbundenen sinnlichen Wahrnehmungen sind, im Gegensatz zu Hören, Sehen (und Tasten), eher unsozial, weil die mit ihnen verbundenen Gefühle und Affekte im individuellen Esser selbst verhaftet bleiben. In diesem Sinne gilt für Eßgemeinschaften: *De gustibus non est disputandum*, über Geschmack sollte man tunlichst nicht streiten. Insofern ist die Frage nach dem Geschmack auch ein Risiko, birgt sie doch die Gefahr der Teilung in unterschiedliche Geschmacksrichtungen. Gleichwohl gibt es kaum ein Thema, über das bei Tisch häufiger gesprochen wird, als das Essen selbst und den damit verbundenen Geschmack. Und andererseits erscheint keine größere Form der Vergemeinschaftung statthaben zu können als die über einen gemeinsamen - sinnlichen - Geschmack. Und so zielt die rituelle Frage: »Wie schmeckt es?« auf eine leibliche Vergemeinschaftung, auf eine Gemeinschaft im Riechen, Schmecken und Fühlen und damit auf eine natürliche Nähe und Einheit. Deshalb gilt für Gemeinschaften: *De gustibus est disputandum*, über Geschmack muß diskutiert werden.

Denn die Bindewirkung des Geschmacks als übereinstimmendes Geschmacksurteil hat eine moralische Funktion, die, wie Kant formuliert, »ein Wohlgefallen an der Übereinstimmung der Lust des Subjekts mit dem Gefühl jedes anderen, nach einem allgemeinen Gesetz«, ist, welches natürlich aus der Vernunft entspringt. Wer also vernünftig essen und trinken will - oder mit Kant: essen und trinken soll, denn die Übereinstimmung mit der kulinarischen Vernunft ist naturgemäß Pflicht -, der muß das individuelle Einswerden mit den Speisen zugunsten eines moralischen Einswerdens mit der Weltgemeinschaft der Vernünftigen in allgemeingültige ästhetische Urteile transzendieren. Man ist, was man ißt, und das äußert sich zumindest äußerlich im wohlgefälligen Betragen und Urteilen beim Essen. Essen, so läßt sich sagen, negiert und transformiert den Einzelnen an das Gegessene; Übereinstimmung im Geschmack negiert und transzendiert den Einzelnen an die moralisch-kulinarische Vernunftgemeinschaft. Die gesitteten Manieren färben hier sozusagen auf die innere Moralität ab. Der vernünftige Geschmack skizziert somit die Grenzen der Urteilskraft einer vernünftigen Weltgemeinschaft der Esser und Trinker. Denn der Begriff der Vernunft rührt vom Schmecken, Schnuppern, Schnüffeln und Wittern her, mit einem Wort: Die Vernunft ist wesentlich sinnlich. Diese vernünftigen Grenzen sind auch moralischer Natur, wie man den Debatten um das stumpfsinnige Sich-Vollfressen des niederen Pöbels sowie der überkandidelten *nouvelle cuisine* der oberen Zehntausend entnehmen kann.

Im Mittelpunkt dieser Diskussionen steht zunächst und zumeist die Frage nach der Tugend der Mäßigung, die hier zwischen Askese und Körperbeherrschung auf der einen und der Völlerei und der Herrschaft des Körpers auf der anderen Seite vermitteln soll. Diese moralische Norm muß dabei so verinnerlicht werden, daß man sie nicht jedesmal neu diskutieren muß, denn man ißt und trinkt ja nur, um den Bedarf an lebenswichtigen Kalorien zu decken und die Nahrung optimal zu verwerten - oder etwa nicht? Die moralische Diät oder auch die Diät der Moral zeigt sich an drei Stellen, in der Nahrung, dem Eßverhalten und den Tischsitten. Im Mittelpunkt einer Moral der Nahrung steht hier das Fleisch, dem man nachsagt, sein übermäßiger Genuß führe geradezu zur Triebentfaltung und Unsittlichkeit, wenn nicht gar zur Sucht. Das Eßverhalten wird moralisch reguliert durch das Bild des zu domestizierenden Wilden, dem man mit pädagogischen Maßnahmen die Gewohnheiten der Zivilisation einzubleuen versucht. Diese Idee führt dann zu moralischen Tischmanieren, an denen man kontrolliertes Verhalten ebenso ablesen können sollte wie die Orientierung an den anderen: »Ob der Philipp heute still / Wohl am Tische sitzen will?«

Moral bei Tisch, das ist mithin der Versuch, aggressive Impulse zu kanalisieren (»Das Messer ist nur zum Schneiden da!«), Autonomiebestrebungen einzudämmen (»Bleib sitzen!«) und Pazifizierungen einzuleiten (»Piep, piep, piep, wir haben uns alle lieb und wünschen einen guten Appetit.«); beim Erwachsenen kommt dann noch die Maxime hinzu, Arbeitskräfte wiederherzustellen (»Aufessen!«). Askese, Diät, Hygiene und Ökonomie gehen hier mit der Moral der Selbstbeherrschung, der Ordnung, des Fleißes und der Sparsamkeit Hand in Hand. Es geht um die Verlängerung, nicht um den Genuß des Lebens: *Sustine et abstine*, ertragen und enthaltsam sein, so wußten schon die Stoiker, bestimmen eine philosophische Lebensweise, in der die Macht der Vernunft über die des Leibes triumphiert. Dabei erscheint der »mündige« Mensch heute mehr denn je als ein »entmündigter«, werden ihm doch Nahrungsmenge, Essenszeiten, Geschmacksrichtungen und Lebensmittelzusammensetzungen durch die Essensmoral von Pädagogen und Medizinern, Diätpropheten und Fitneßmissionaren vorgeschrieben. Zuwiderhandlungen werden dagegen mit entsagungsvoller Therapie und schlechtem Gewissen sowie mit sozialer Mißachtung angesichts einer überbordenden Körperlichkeit bestraft.

Essen und Trinken: Hier treffen Leib und Geist, Natur und Kultur, Individualität und Sozialität, Ökonomie und Medizin, Nihilismus und Moral, das Böse und die Vernunft zusammen. Wer wollte da noch behaupten, daß Essen und Trinken nicht mit Gott, der Welt und der Seele philosophisch konkurrieren können?

Literatur: *Eder*, Klaus: Die Vergesellschaftung der Natur. Studien zur sozialen Evolution der praktischen Vernunft. Frankfurt a. M. 1988. *Høeg*, Peter: Frøken Smillas fornemmelse for sne. Kopenhagen 1992 (dt. Fräulein Smillas Gespür für Schnee. Reinbek 1997, S. 107). *Kant*, Immanuel: Anthropologie in pragmatischer Hinsicht. Königsberg 1798, §§ 59, 64, 66 (Werkausgabe Bd. XII. Frankfurt a. M. 1982, S. 557–559, 563–570). *Kleinspehn*, Thomas: Warum sind wir so unersättlich? Frankfurt a. M. 1987. *Mattenklott*, Gerd: Geschmackssachen. Über den Zusammenhang von sinnlicher und geistiger Ernährung. In: Kamper, Dietmar/Wulf, Christoph (Hrsg.): Das Schwinden der Sinne. Frankfurt a. M. 1984, S. 179–190. *Novalis:* Werke, Briefe, Dokumente. 2 Bde. Hrsg. v. E. Wasmuth. Heidelberg 1957, Bd. 2, S. 447, Frag. 1692. *Simmel*, Georg: Soziologie der Mahlzeit. In: Brücke und Tür. Hrsg. v. M. Landmann und M. Susmann. Stuttgart 1957.

Zum Weiterlesen: *Barlösisus*, Eva: Soziologie des Essens. Eine sozial- und kulturwissenschaftliche Einführung in die Ernährungsforschung. Weinheim/München 1999. *Bourdieu*, Pierre: La distinction. Critique sociale du jugement. Paris 1979 (dt. Die feinen Unterschiede. Kritik der gesellschaftlichen Urteilskraft. Frankfurt a. M. 1987). *Meyer*, E. Y.: Der Trubschachen Komplex. Zürich 1998. *Montanari*, Massimo: Der Hunger und der Überfluß. Kulturgeschichte der Ernährung in Europa. München 1993.

Video: *Buñuel*, Luis: Le fantôme de la liberté. Frankreich 1974 (dt. Das Phantom der Freiheit).

→Ekel empfinden →Leiblich sein →Sinnenreize

Feste feiern

(engl.: *to celebrate*; frz.: *célébrer*)

Vom Opet-Fest im alten Ägypten über Narren- und Revolutionsfeste sowie Tante Ernas Geburtstag bis hin zu Woodstock, kultischen Erlebnissen auf Bali und satanischen Orgien oder *Love-Parades* – im Fest nimmt sich der Mensch die Freiheit, mehr oder weniger zu sein, als er ist. Im Fest nähert er sich dem Göttlichen an, tritt in Kommunikation mit dem Transzendenten und verschmilzt mit dem Kosmos und den paradiesischen Zuständen. Ebensosehr aber tritt er in Verbindung mit dem Tierischen, Dionysischen, springt, tanzt mit Bemalungen, Tiermasken und Fellen und dem dazugehörigen Gebrüll hinter seinem Totem her, in dem Glauben, dem Urahn ein Stück ähnlicher zu werden. Und spezifisch modern ist die humane festliche Mutation in der Mimesis an die Technik, im Einswerden mit den Schwingungen und Rhythmen von supraharten Baßlautsprechern oder im spacigen Aufgehen in den Megaspots von Discoblitzlichtgewittern, in denen der Mensch nur noch als Momentaufnahme existiert. Das Fest ist der Ort der Ekstase, hier wird man zu einem, gegebenenfalls durch diverse Narkotika und Spirituosen unterstützten, anderen, hier ist man der Noch-nicht-mehr-Mensch, hier darf man es sein. Hier soll man es sogar.

Denn die Bedingung für ein Fest ist das Aufgeben der Individualität und der Autonomie, denn Feste faszinieren und manipulieren ja vor allem, weil die Festgemeinschaft eine neue Art von Realität erzeugt: Wenn alle im Kollektiv saufen, rauchen und grölen, dann muß dies normal und erwünscht und derjenige ein Tor sein, der sich anders verhielte. Damit ein Fest funktioniert, muß man also mit anderen zum Festgast werden und mit diesen nach spezifischen, vorab festgelegten Festregularien und spezifischen, für Feste konstitutiven Festregeln ein Fest begehen. Das Feiern mit anderen Menschen, Helden, Toten und Göttern, das wußte schon Platon, bedarf dabei einer wahrhaft göttlichen Regulierung. Und »so ordneten die Götter aus Mitleid mit dem seiner Natur nach drangsalsvollen Geschlechte der Menschen als Rast von diesen Drangsalen den bei den Festen geschehenen Wechselverkehr mit den Göttern an und verliehen ihnen zu Festgenossen die Musen, den Musenführer Apollon und Dionysos, damit sie ihn in Ordnung brächten, ferner die Erziehung, die an den Festen durch Hilfe der Götter geschieht«.

Seither haben wir im Fest diese merkwürdige Mischung aus dionysischer Heiterkeit und Freude auf der einen und apollinischem Zeremoniell und Ritualismus auf der anderen Seite. Deshalb ist es wichtig, daß Feste etwas mit einem bestimmten Raum, einer bestimmten Zeit, einem bestimmten Anlaß und einer bestimmten Menschenmenge zu tun haben. Einsam ein Fest zu feiern scheint unmöglich, während es durchaus Menschen geben soll, die das Aufgehen in der Masse als festlich erleben. Anlässe gibt es für Feste eine Fülle: Naturfeste, Übergangsfeste oder religiöse Feste – aber auch Sänger-, Turner- und Schützenfeste oder neuerdings: Stadtteil- und Straßenfeste – machen, läßt man einmal die vordergründigen Intentionen wie Erntedank, Geburtstag, Weihnachten, Wettkampf und Nachbarschaft weg, deutlich, daß es in Feiern immer um Gemeinschaft geht. Gleichwohl kann man behaupten, daß es beim Feiern eigentlich um »nichts« geht (Duvignaud): Denn die Gemeinschaft feiert die Gemeinschaft als Gemeinschaft und den Umstand, daß es sie als Gemeinschaft gibt. Nicht umsonst eröffnen manche Festreden ja so, daß sie auf die Unmöglichkeit einer anderen Sozialität abheben: »Die Tatsache, daß wir heute hier zusammengekommen sind, beweist uns, daß unser Verein nach wie vor lebt.« Feste sind also symbolische Inszenierungen, die die Erfahrung von Gemeinschaften für Gemeinschaften möglich machen. Feste vergemeinschaften, indem sie Menschen miteinander in Beziehung setzen. Undenkbar wäre ein Fest, an dem nichts Gemeinsames geschähe und an dem jeder still vor sich hin sein mitgebrachtes Essen herunterschlänge. Auch wenn es grausam zugeht, Blut fließt und Menschen geopfert werden: Ein Fest feiert man gemeinsam.

Diese Gemeinschaftlichkeit kommt im Fest als Umkehrritual zum Ausdruck, das auf das Vorurteil zielt, alle Menschen seien frei, gleich und brüderlich bzw. schwesterlich gesinnt. Im Fest kommt es zur Umkehr von Statuspositionen und Hierarchien: keine Klassenfeier, an der sich nicht auch die Lehrerin am Tanz und an Gesprächen darüber beteiligt, was sie denn »cool« findet, kein Karneval, an dem nicht die geschlechtsspezifische und sexuelle Ordnung ein wenig auf den Kopf gestellt wird, wenn Frauen das Regiment übernehmen, das Küssen wildfremder Personen keinen Anstoß erregt und Männer in Frauenkleidern daherkommen, um sich einen Mann zu angeln. »Ein Fest ist ein gestatteter, vielmehr ein gebotener Exzeß, ein feierlicher Durchbruch eines Verbotes«, wobei die »festliche Stimmung durch die Freigebung des sonst Verbotenen erzeugt wird« (Freud). Das Fest ist der große *melting pot*, hier herrscht der Taumel des Rollentauschs und das Ausleben von bislang sorgsam versteckt gehaltenen Trieben, hier darf und sollte es zeitweilig drunter und drüber gehen, hier darf und muß die soziale Ordnung auf den Kopf gestellt werden, damit man hinterher als anständiger Bürger um so besser wieder funktionieren kann: »Am Aschermittwoch ist alles vorbei« – die Fastentage beginnen.

Die Festzeit ist die heilige Zeit. Selbst Gott, dem man ja keine mangelnde Energie oder auch fehlende Fitneß vorwerfen kann, gönnte sich am siebten Tage eine Auszeit, einen Feiertag, und markierte damit das Fest als den anderen Tag des Werktags. Daß man davon durchaus einige brauchen kann, wußten die Alten und sollten die Politiker, die drauf und dran sind, das Kind der Feiertagskultur mit dem Bade des Standortvorteils auszukippen, sich bewußt sein: Rom, das ja bekanntlich als heiliges Reich einige Jahrhunderte überdauerte, kannte insgesamt 109 *dies nefasti*, denen 235 *dies fasti* gegenüberstanden (André). Hier funktionierte das Leben nicht nur *von* der Muße, sondern *für* diese; hier gab es noch ein gottgegebenes Recht auf Faulheit und Freizeit, das nicht nur zu Ausschweifungen im Rahmen saturnalistischer Veranstaltungen, peinlichen Gesellschaftspielen und pompösen Sport- und Theaterveranstaltungen oder zu finanziellen und körperlichen Verausgabungen führte, sondern außerdem Zeit für das Denken bot. Daß die Politik es heute nicht so sehr mit den Festen hält, mag allerdings weniger am Bruttosozialprodukt und der Auszehrung der Körper, sondern auch am antipolitischen Charakter des Festes selbst liegen. Das Fest bedroht die politischen Instinkte, indem es der Auflösung des Individuellen Vorschub leistet, das ja an eine bestimmte Sitte und an ein Gemeinwesen gebunden ist. »Jetzt ist der Sclave freier Mann, jetzt zerbrechen alle die starren, feindseligen Abgrenzungen, die Noth, Willkür oder ›freche Mode‹ zwischen den Menschen festgesetzt haben« (Nietzsche). In diesem »Evangelium der Weltenharmonie« (Nietzsche) vereinen sich Menschen mit Menschen, mit der Natur und letztlich mit sich selbst – was braucht man da Staat und Politik? Selbst im Fest der Politik finden wir die Tendenz seiner Transzendenz, denn man feiert oft alles mögliche, nur nicht den staatlich verordneten Anlaß. Selbst die politischen Zeremonien totalitärer Staaten waren wohl weniger gemeinschaftliche Feiern des Staates als vielmehr staatlich organisierte Rituale der Unterwerfung unter und Huldigung an die Obrigkeit. Wer hier feierte, feierte seinen Gefangenenstatus.

Wird der All- und Werktag gänzlich zum Fest, wird das Fest alltäglich und damit unfestlich, denn nichts ist ja bekanntlich schwerer zu ertragen als eine Reihe von guten Tagen (Goethe). Das Fest bezeichnet somit den Abstand zum Alltag, eine Art Moratorium (Marquard). Im Fest tritt der Mensch aus dem Alltag heraus und schafft sich in dieser Ekstase nicht nur einen neuen Raum, eine neue Gemeinschaft und ein neues Ich, sondern vor allem eine neue Zeit: Die Zeit des Festes ist die Zeit der Zeitenlosigkeit. Oft genug wird in Festen an eine mythische Zeit erinnert, in der »alles« anfing, und es wird streng darauf geachtet, daß das Fest auch richtig zu Ende geht, damit man nicht in der Ewigkeit hängenbleibt. Dem steht der moderne Trend zum Mega-Fest gegenüber: Feste zu feiern, die wie kleine Kinder kein Ende finden. *The party must go on.* In diesem Alltagseskapismus drückt sich nicht nur der Wunsch nach permanenter Unterhaltung, sondern vor allem die Angst vor der totalen Langeweile aus. In der Stimmung bis zum Abwinken entgeht man scheinbar der totalen Leere einer bedrückenden Zeit, die man nur mit sich selbst verbringen müßte.

Dabei verwandelt sich das Fest von der Feier zur Veranstaltung, in der die intendierte Ekstase als Selbst- und Weltverlust, als Implosion der alltäglichen Grenzen und dem Ineinander von innen und außen im »Rausch« einer Kulturindustrie unterzugehen droht, die nur noch sich selbst feiert. Nicht umsonst verwenden die Megafeste den Titel *Event*, was nicht nur Ereignis oder Ergebnis, sondern auch Programm oder Übung bedeutet. Der hiermit verbundenen Betonung der Einmaligkeit des Feierns der Gegenwart und der Körper, steht die programmierte, durchinszenierte Maschinerie einer Technik gegenüber, die Präsenz auf Dauer stellt und individuelle Körper in der Masse untergehen läßt. Der Unterschied zum Fest wird auch sprachlich deutlich, denn während man Feste begeht und im gemeinsamen Begehen das Fest als eine gemeinsame Zeit erlebt (Gadamer), gilt für *Events*, daß man dort »abtanzt« oder »abfeiert«, als gelte es etwas auf-, ab- oder wegzuarbeiten oder von irgendwo wegzukommen, um irgend- oder nirgendwo anzukommen: *far far away*. Herrscht dort die Idee der Erinnerung und Vergegenwärtigung in dem »So jung kommen wir nie wieder zusammen«, dann hier das Diktat einer Ethik des Authentischen im *life is live*. Hier feiert man Feste, wie sie fallen, und man ist sich bewußt, daß alles seine Zeit hat und zu seiner Zeit kommt, ja man weiß vielleicht auch, daß die Zeit ihre Zeit vom Fest her hat und somit die Wiederholung von Festen nötig ist, um den Menschen und ihrer Zeit Markierungen zu verschaffen. Events werden *performt* und schaffen sich somit eine eigene, unabhängige, damit aber kontingente Zeit, die immer auch anders sein könnte und anders sein muß, weil sie sich nicht wiederholen darf. Darum kann man ein Fest schon einmal verpassen, einen Event dagegen nicht.

Literatur: *André*, Jean-Marie: Les Loisirs en Grèce et à Rome. Paris 1984 (dt. Griechische Feste, römische Spiele. Die Freizeitkultur der Antike. Stuttgart 1994). *Duvignaud*, Jean: Le don du rien. Essai d'anthropologie de la fête. Paris 1977. *Freud*, Sigmund: Totem und Tabu. Über einige Übereinstimmungen im Seelenleben der Wilden und der Neurotiker. Wien 1912 (Studienausgabe Bd. IX. Frankfurt a. M. 1982, S. 425). *Gadamer*, Hans-Georg: Die Aktualität des Schönen. Stuttgart 1995. *Marquard*, Odo: Moratorium des Alltags. Eine kleine Philosophie des Festes. In: Skepsis und Zustimmung. Philosophische Studien. Stuttgart 1994, S. 59–69. *Nietzsche*, Friedrich: Die Geburt der Tragödie aus dem Geist der Musik. Leipzig 1872 (Kritische Studienausgabe Bd. 1. München 1999, S. 29). *Platon:* Nomoi, 653d (dt. Sämtliche Werke 6. Reinbek 1982, S. 35 f.).

Zum Weiterlesen: *Heers*, Jacques: Fêtes des fous et Carnavals. Paris 1983 (dt. Vom Mummenschanz zum Machttheater. Europäische Festkultur im Mittelalter. Frankfurt a. M. 1986). *Pieper*, Josef: Zustimmung zur Welt. Eine Theorie des Fests. München 1963. *Schultz*, Uwe (Hrsg.): Das Fest. Eine Kulturgeschichte von der Antike bis zur Gegenwart. München 1988.

Video: *Vinterberg*, Thomas: Festen. Dänemark 1997 (dt. Das Fest).

→Alltag →Essen und Trinken →Fremde und Gäste

Frau- oder Mannsein

(engl.: *to be a woman or a man*; frz.: *être femme ou homme*)

Frau oder Mann, Mädchen oder Junge ist man so gewiß, wie Gott die Menschen in zweierlei Ausführung geschaffen hat. Aber wie hat er sie geschaffen? Es heißt, nach seinem Ebenbilde habe er den Menschen geschaffen, »als Mann und Weib schuf er sie« (1 Mose 1,27), womit sich Gott, von dem ein Bild zu machen uns verboten ist, als zweigeschlechtlicher Gott offenbart – dies gilt zumindest für eine erste Lesart. Der Platonismus, der im Vergleich zum Christentum hier vielleicht die kompliziertere, aber klügere Lösung anbietet, rechnet nach und kommt auf drei Geschlechter. Denn die Zweigeschlechtlichkeit in einem Wesen ist, die einhäusigen Pflanzen liefern den Beweis, zwar zu denken möglich, jedoch liefert die Kopie, das Abbild solcher Zweigeschlechtlichkeit, allemal wiederum eine Zweigeschlechtlichkeit. Soll daraus werden, was daraus geworden ist, also Frau und Mann, so müssen wir den sympathischen, weil egalitären Eindruck der Kopie aufgeben und uns mit der Vorstellung der Spaltung anfreunden.

Nun ist von Spaltung und Trennung in bezug auf die zwei Geschlechter des Menschen häufig und schmerzlich die Rede. Doch auch hier empfiehlt sich der Blick Platons. Neben Mann und Frau, der eine von der Sonne, die andere von der Erde abstammend, gab es als dritte Menschenform die vom Monde herkommenden, die somit an beidem, Sonne wie Erde, teilhatten. Diese Menschen sind die besonderen, denn »sie zeigten gewaltige Kraft und Stärke und verwegene Gedanken« (Platon), was kaum überrascht, fügten sie sich doch wie aus zwei Menschen, aus Frau und Mann zusammen. Also mit vier Armen und Beinen, ebenso vielen Händen und Füßen, zwei Gesichtern und zweimaligen Geschlechtsteilen. In jeder Beziehung flink, konnten sich diese Kugelmenschen, wenn es schnell gehen mußte, radschlagend wie ein Kugelblitz über Hella's Erde bewegen. Kaum überraschend, fanden die Götter keinen Gefallen an diesen ihnen zu mächtigen Wesen, und Zeus beriet, was mit ihnen anzufangen sei, und entschied sich für einen radikalen Schnitt: Alle Kugelmenschen sollten entzweigeschnitten und das Gesicht sollte ihnen herumgedreht werden, damit sie ihre Schnittstelle zur Mahnung auch immer betrachten können. Noch heute zeigt der Nabel, daß hier die übergezogene Haut zu einem Knoten zusammengebunden ist. Die Wirkung war von den Göttern nicht vorhersehbar und entsprechend katastrophal: Die zerschnittenen, halben Menschen - halb im Vergleich zu ihrer früheren Fülle, ganz im Vergleich zu uns - suchten nun andere Zerschnittene, hefteten sich aneinander und erlagen so der allgemeinen Untätigkeit, bis sie Hungers starben. Zeus, von soviel Elend ergriffen, sann nach Besserung und drehte nun nach dem Gesicht auch die Geschlechtsteile nach vorne, so konnten sich die Menschen besser finden und finden sich ja noch heute als Frau und Mann, als Frau und Frau und als Mann und Mann (Platon). Der Eros, die Kraft, welche die Suche nach dem oder der anderen beflügelt, hat seine Ursache darin, daß wir einmal ganz waren und danach streben, es wieder zu werden (Platon).

Die Suche ist, besonders wenn sie dem anderen Geschlecht gilt, nicht unproblematisch. Sind die Zurüstungen und Vorbereitungen, deren erfolgreiches Ganzheitsstreben bedarf (Ovid), für den oder die einzelne zunächst einmal die Hauptsache, so wird oft vergessen, wie schwer beide Geschlechter einander doch verstehen, wie tief sie einander mißverstehen und wie sehr sie einander das Leben schwermachen. Vor allem an letzterem hat die neuzeitliche Philosophie, die sich auch hierin als christliche erweist, einen gehörigen Anteil. So kann sich sogar der philosophische Quer- und Vordenker Schopenhauer nicht von dem Eindruck des göttlichen Fluches gegenüber der Frau (1 Mose 3,16) losmachen und glaubt, daß die Geburtswehen der Frauen Schuld beweisen und den Vorrang des Mannes belegen (Schopenhauer). Aus solchem Gehölz sind dann auch die Debatten über die Frage, »ob die Weiber Menschen sind?« (Lange). Doch wie sollte man im 18. Jahrhundert, das sich auf den Gedanken des Menschenrechts so viel zugute hielt, dieses Recht anders denken als das von Frau und Mann? Die Lösung war einfach und fatal: »Man«, und dieses Wort meint in diesem Falle vor allem die in den entscheidenden philosophisch-politischen Prozessen am einflußreichsten positionierten Männer, man nutzte die Gunst der Sprache und sagte einfach: »all men are equal« und konnte auf Nachfrage versichern, daß unter »men« Menschen, sowohl Männer wie auch Frauen, zu verstehen seien. Daß dem aber nicht immer so sein sollte, zeigte sich an der Weigerung, dieser Bedeutung auch sprachlich Ausdruck zu verleihen und beispielsweise Olympe de Gouges' »Erklärung der Rechte der Frau und Bürgerin« anzuerkennen. Gouges forderte eine Selbstverständlichkeit, die selbstverständlich bis heute nicht eingelöst ist, nämlich in der Verfassung von »Frau und Mann«, von »Bürger und Bürgerin« zu reden. Der Unterschied ist keiner für Pedanten, sondern einer für Rechteinhaber, weswegen die Rechte der Frauen auch in Rechtsprechung und Lohnzahlung immer noch denen der Männer hinterherhinken. Die Philosophie, die selten eine Schuld des Denkens kennt, weiß sich für solchen Übelstand nicht verantwortlich und fährt munter fort, Menschen aus ihren Systemen auszuschließen und nicht mitzubedenken. Die mangelnde Ästhetik, die solche Gedankenbauten prägen, lassen sich jedoch nicht mit einer vorgehängten Glasfassade aufheben, sie ist Teil der Statik. Und daher kann man einen eklatanten Konstruktionsmangel auch nicht einfach durch spätere Hinzufügung von Stahlträgern beheben und in einer Theorie »nicht erst die Frauen ›vergessen‹ und anschließend diesen Mangel korrigieren, indem [man] sie dann einfach wieder ›einflickt‹« (Benhabib). Mann und Frau, Frau und Mann, Junge und Mädchen, Alte und Junge lassen sich durchaus unter den Ansprüchen der Universalisierung verteidigen, man muß nur leicht um die Ecke denken, um »den Standpunkt des oder der anderen zu verstehen« und »diese anderen nicht nur als allgemeine Andere denken«, sondern sie auch als konkrete andere wahrnehmen (Benhabib).

Diese Forderung, so widerständig ihre Formulierungen waren, sieht sich mit Blick auf ihre Realisierung indes noch größeren Herausforderungen ausgesetzt, steht doch mit ihr eine Neudefinition der »traditionellen Definition des Menschlichen« (Gilligan) an. Diese Notwendigkeit ergibt sich sowohl aus philosophischen Gründen wie auch aus jenen konkreter Lebenswirklichkeit. Denn die Entwicklung einer demokratischen Öffentlichkeit wie auch traditionsemanzipierter Lebensformen arbeitet an einer Verflüssigung der kulturell-gesellschaftlich geprägten Geschlechtsmarkierungen, welche unter den Chiffren Mann und Frau bekannt sind. Der rasante Wandel der Familie – horizontal in abnehmender Kinderzahl, vertikal in der Ausdünnung der Kinder-Eltern-Beziehungsstränge und diagonal durch den Einfluß von Neben- und Zusatzbeziehungen – stellt die Rollen von Mann und Frau zur Disposition: Fremd- und Selbsterwartungen können kaum noch erfüllt werden, Vorstellungen vom rechten Mann- und Frausein gleiten an einer glitschigen Wirklichkeit ab. An ihr geraten auch die biologischen Geschlechtsmarkierungen ins Fließen. Lustverlust, Potenzversagen und unerfüllte Befriedigung verängstigen Frauen und Männer zunehmend.

Das eigene, angeborene Geschlecht zu verlassen und das andere Geschlecht anzunehmen bietet sich daher als verlockender Ausweg aus der Malaise an. Die Möglichkeit zu solcher Wandlung demonstriert zugleich einen relativen Vorrang der kulturellen Geschlechtsbestimmung vor der biologischen. Denn die biologisch unaufhebbare Determination, wie sie genetisch als XX oder XY daherkommt, wird durch die Veränderung der Leibgestalt und ihre Anpassung an Leibbilder überformt, so daß ein Mann Frau und eine Frau Mann genannt werden kann. Das Spiel mit dem Geschlecht, die Wanderung zwischen den Geschlechtern wird dann ernst, man legt sich lieber selbst fest, als daß man für geburtliche Festlegung die Haftung übernimmt. Wenn man das Geschlecht, in das man hineingeboren ist, als Verdammnis erlebt, eröffnet die Möglichkeit, diese Fessel zu lösen, eine ungeheure Freiheit. Ob sie zum Glück führt, spielt wie immer bei der Freiheit keine Rolle, allerdings wird nicht frei zu sein immer als Unglück erlebt. Während der Transsexualismus in Transvestie und Geschlechtsumwandlung die Einhausung im anderen Geschlecht eröffnet, relativiert und erhöht sich die Bedeutung des Geschlechtlichen in einem. Für das kulturelle Geschlecht galt diese Manipulierbarkeit von jeher, ja, sie definierte sich ja erst aus dem, was kulturelle Entwicklungen zum Geschlecht machen; dort wo die Veränderbarkeit aber auch das Biologische erfaßt, erlangt das Geschlechtliche eine ganz neue Bedeutung, es wird in bisher nicht gekanntem Maß zum Thema, nämlich einer permanenten Wahl. Die Einsicht, daß man nicht einfach Frau oder Mann ist, sondern daß man dazu gemacht wird, verändert sich: Man ist einfach Frau oder Mann, indem man weiß, wie sehr man dazu gemacht wird, und hält sich zugleich die Möglichkeit offen, sich dem durch eine bewußte Wahl zu entziehen. Der Entzug stößt natürlich an Grenzen, weil man sich dem kulturellen Einfluß auf Dauer nicht entziehen kann.

Eine Rettung bietet sich indes an, wenn man einfach schneller und immer schon woanders ist: heute Mann, morgen Frau, übermorgen männlicher Hetero, dann lesbisch und so weiter. Das Geschlecht wird so zum Dauerthema; Mann- oder Frausein sogar gelegentlich zum Beruf. Damit aber schlägt der Status des Geschlechts unversehens um: Das, was immer auch anders, aber nie nicht sein kann, dem man entrinnen und das man neu gestalten kann, verliert an Gewicht. Denn mit »Frau« und »Mann« werden nicht nur Zustände, sondern Lebensformen beschrieben, manchmal ein Schicksal zur Kenntnis genommen (Böhme). Die auf Dauer gestellte geschlechtliche Wahlfreiheit bringt in die gegensätzliche Zweiheit von Mann und Frau ein Drittes: das »Geschlecht der Engel« (Runte) oder die Wiederkehr des Platonischen Kugelmenschen. Der Ausbruch aus der kulturellen Geschlechtsdetermination gelingt jedoch auch auf diesem Wege nicht. Gerade diese immer noch seltene und entsprechend voyeuristisch beäugte Reise scheint stärker noch als jede andere in die Enge vorgefaßter Rollenbilderwartungen zu führen (Hirschauer). Mann- oder Frausein bleibt also so oder so für einen jeden eine Frage der Selbstverständigung, die sich in der Frage der Geschlechtsidentität nicht erschöpft. Frau- oder Mannsein bleibt eine Frage des Menschseins als Mann oder als Frau.

Literatur: *Benhabib,* Seyla: Situating the Self. Gender, Community and Postmodernism in Contemporary Ethics. New York 1992. (dt. Selbst im Kontext. Frankfurt a. M. 1995, S. 23, 18). *Böhme,* Gernot: Geschlechtlichkeit. In: Anthropologie in pragmatischer Absicht. Frankfurt a. M. 1985, S. 92. *Gilligan,* Carol: Moral Orientation and moral Development. Totowa 1987 (dt. Moralische Orientierung und moralische Entwicklung. In: Nunner-Winkler, Gertrud (Hrsg.): Weibliche Moral. Die Kontroverse um eine geschlechtsspezifische Ethik. München 1995, S. 79–100, 98). *Gouges,* Olympe de: Déclaration des droits de la Femme et de la Citoyenne. Paris 1791 (dt. Erklärung der Rechte der Frau und Bürgerin. In: Lange, Sigrid 1992. a.a.O., S. 112–124). *Hirschauer,* Stefan: Die soziale Konstruktion der Transsexualität. Frankfurt a. M. 1993, S. 328. *Lange,* Sigrid (Hrsg.): Ob die Weiber Menschen sind. Geschlechterdebatten um 1800. Leipzig 1992. *Ovid:* Ars amatoria. 0 v./n. Chr. Erstes Buch (dt. Liebeskunst. Stuttgart 1992). *Platon:* Symposion, 189d–191d, 193a (Sämtliche Werke 2. Reinbek 1983, S. 222 f.). *Runte,* Annette: Biographische Operationen: Diskurse der Transsexualität. München 1996, S. 725. *Schopenhauer,* Arthur: Vereinzelte, jedoch systematisch geordnete Gedanken über vielerlei Gegenstände. Berlin 1851, § 363 (Werke in fünf Bänden. Bd. II. Zürich 1988, S. 527).

Zum Weiterlesen: *Butler,* Judith: Gender Trouble. New York 1990 (dt. Das Unbehagen der Geschlechter. Frankfurt a. M. 1991). *Giddens,* Anthony: Transformation of Intimacy. Cambridge 1992 (dt. Wandel der Intimität. Sexualität, Liebe und Erotik in modernen Gesellschaften. Frankfurt a. M. 1993). *Moore,* Henrietta L.: Feminism and Anthropology. London 1988 (dt. Mensch und Frau sein. Perspektiven einer feministischen Anthropologie. Gütersloh 1990).

Video: *Truffaut*, François: L'Homme qui aimait les femmes. Frankreich 1976 (dt. Der Mann, der die Frauen liebte).

→Gene haben →Eine Identität besitzen →Leiblich sein

Fremde und Gäste

(engl.: *strangers and guests*; frz.: *étrangers et invités*)

Fremde und Gäste sind eine merkwürdige Spezies. Sie stehen im Spannungsfeld von Intimität und Ferne, Vertrautheit und Unheimlichkeit, Nähe und Distanz. Sie gelten als heilig und göttlich oder als gefährlich und böse. Dabei können eigentlich alle zum Gast und zum Fremden werden. Fremdes findet man überall, jenseits territorialer Grenzen, innerhalb des eigenen Landes, der eigenen Gemeinschaft, und, *horribile dictu*, Fremdes findet man auch in sich selbst (Kristeva). Fremdheit, soviel steht fest, ist unvermeidbar, denn wir brauchen das andere bzw. den anderen, um uns selbst zu verstehen. Der andere, als Gast oder Fremder, ist für das Eigene bestimmend, insofern ich nur etwas in Abgrenzung und in bezug auf den anderen über mich selbst etwas sagen kann, denn Selbstbezug braucht Fremdbezug. Debatten über die anderen sind also immer auch und vor allem Debatten über uns selbst. Wer macht sich nicht Gedanken über sich, wenn er beabsichtigt, Gäste einzuladen? Und die Griechen machten die anderen zu Barbaren, weil jene nicht in der Lage waren, diese zu verstehen, und ihre Sprache sich lediglich in unverständlichen Geräuschen des »bla-bla« bzw. »bara-bara« äußerte. Andere Kulturen nannten ihre eigenen Angehörigen schlicht »Menschen«, um deutlich zu machen, daß eben alle anderen nicht zu dieser Klasse gehören. Der Mensch als das nicht festzustellende Tier braucht das Bild des Gastes und des Fremden, um sich einen Ort und einen Horizont in der Welt zu schaffen: Nur Gott ist dazu in der Lage, sich nicht über das andere seiner selbst verstehen zu müssen, da er diese Differenz zu einem Außen immer schon umgreift – vielleicht ist er daher der große Fremde. Für uns aber gilt: »Jede Bestimmung des Fremden ist folglich gekoppelt mit einer Fest-Stellung des Eigenen« (Wimmer). Und so kann sich ein bewußter Ausschluß des Fremden nur einem systematischen Anspruch verdanken, der lediglich sein eigenes Vergessen perfektioniert, indem er dasjenige ausschließt, was ihn selbst erst konstituiert.

Der Gast kann nicht nur Fremder oder Feind, sondern sogar ein Teufel sein, dessen diabolische Fähigkeiten in der Verunsicherung oder Zerstörung von etablierten Ordnungen bestehen. Gäste und Fremde sind Grenzgänger, Differenzwesen, die von einer Welt in die andere kommen, die Ferne zur Nähe machen und damit liebgewordene Grenzziehungen, Zugehörigkeiten und Identitäten in Frage stellen. So ist es nicht verwunderlich, daß gerade der Ortslose immer wieder Erstaunen, ja Entsetzen auslöst. Der verlorene Sohn, der Ewige Jude Ahasver, die *displaced persons* der Weltkriege und die Emigranten heutiger Tage: Sie alle irren ohne sicheren Ort durch die Weltgeschichte. Sie irritieren und provozieren, verweisen auf die Kontingenz und Beliebigkeit von Weltsichten und moralischen Standards, bringen traditionelle Vorstellungen und Idealisierungen ins Schwingen. Bin ich noch der Gleiche, wenn ich einem Gast oder Fremden gegenübertrete? Muß ich mich jetzt nicht anders geben? Und was ist hier moralisch gefordert? Gastfreundschaft ist somit ein riskantes Unternehmen, setzt man dabei sich selbst und das, was einem wert und teuer ist, aufs Spiel. So wußte beispielsweise Freiherr von Knigge, daß man in den Zeiten des zunehmenden Luxus und des trickreichen Mißbrauchs des Gastrechts Zwiesprache mit seinem Geldbeutel zu halten hat, »bevor man jedem Müßiggänger und freundlichen Schmarotzer Haus, Küche und Keller öffnet«.

Gleichwohl kennt man die Gastfreundschaft in allen Gesellschaften, und das wohl deshalb, weil sie nicht nur für das Selbstverständnis bestimmend ist, sondern auch, weil man mit ihr einem fundamentalen menschlichen Kompensationsbedarf genügen kann. Denn wer wäre nicht einmal gerne so wie der Fremde in Gestalt des edlen Wilden, und wer konstruiert sich nicht ab und an einen »Barbaren«, um diesem dann ordentlich das Fell über die Ohren oder das Geld aus der Tasche zu ziehen? Auch zur Legitimation eigener Ordnungen eignen sich Gäste und Fremde in hervorragender Form, vor allem dann, wenn sie aus Ländern stammen, wo der Pfeffer wächst. Man kann sich vor den Fremden einschließen oder diese wiederum ausschließen, eine Beziehung der Beziehungslosigkeit aufbauen oder die Trennung von ihnen durch Asymmetrie festhalten. Und so lassen sich drei Bezüge zum anderen festhalten, nämlich eine wertmäßige, in der der andere gut oder böse ist, geliebt oder gehaßt, untergeordnet oder übergeordnet etc., eine praktische, in der man die Werte des anderen übernehmen oder ablehnen, sich mit ihm identifizieren oder ihn verstoßen kann, und schließlich eine Erkenntnisebene, die den anderen kennen oder verkennen kann (Todorov). In diesen komplementären Beziehungen verkommt »die Verschiedenheit zum anderen zur Ungleichheit und die Gleichheit zur Identität« (Todorov).

Gäste und Gastgeber, Fremde und Einheimische stehen in ihrer Begegnung auf einer »Brücke über dem sozialen Niemandsland« (Stagl), auf der die Prozesse von Selbstabschottung und Selbstaufgabe, von Sklaverei und Libertinage wechselseitig ausgehandelt werden müssen. Gäste und Fremde sind nicht umsonst immer wieder als extrem verletzliche Personen wahrgenommen worden. Eben um die Spannung zwischen Gastrecht und Hausfrieden auszubalancieren, braucht diese Brücke starke normative Geländer, die aus Bräuchen und Ritualen bestehen. Gäste und Fremde können nicht einfach nur so heute kommen und morgen bleiben (Simmel), sondern durchlaufen kulturell codierte und rituell begleitete Prozesse der Abtrennung vom ursprünglichen Ort (Flucht, Schlepperbanden, Reise etc.), der Umwandlungs- oder Zwischenphase in der jetzt »neuen Heimat«

(Begrüßung, Auffanglager etc.) und einer Angliederungsphase (Geschenke, gemeinsames Essen, Begrüßungsgeld, Asylantrag etc.), in der sie auf die jeweiligen kulturellen Begriffe gebracht werden. Allerdings werden in der sich globalisierenden Weltgesellschaft die Gegenden kleiner, in der es noch vorkommt, als Gast nicht nach Name, Herkunft und Intention gefragt zu werden oder schlicht danach, ob man sterblich oder unsterblich sei. Als Gast oder Fremder durchläuft man heutzutage einen ziemlich minutiösen Gang der Erkennung, der Identitäten bestimmt, die Leerstelle des Gastes füllt, dem Gespenst des Fremden einen Sinn verleiht und ihn so polizeitechnisch verfügbar macht: Befragungen, Überprüfungen, Ausweisungen, Adressenvergleiche, Namensfeststellungen, Inhaftierungen, Einschiebungen und Abschiebungen, Dokumentierungen und Archivierungen. Das Gesetz verschließt die offenen Türen durch die bloße Anwesenheit eines Wächters, der die Bittsteller zu unerbittlichem Warten verdammt, welches die Unmöglichkeit eines individuellen Zugangs zu ihm zur Folge hat (Kafka).

Was aber unterscheidet den Gast vom Fremden? Das Eingeladensein kann es nicht sein, denn man spricht auch von »ungebetenen Gästen«, und einige Fremde genießen, wenn man so will, ein latentes Recht auf Einladungen. Auch der Grad der Bedrohung unterscheidet den Fremden nicht generell vom Gast, gibt es doch Gäste, die wesentlich bedrohlicher für das eigene Heim wirken als der fremdeste Fremde. Ebensowenig scheint der Bekanntheitsgrad einen Unterschied zu markieren, denn einige Fremde kennt man oder meint man besser zu kennen als diverse Gäste, von denen man weiß, daß sie einem so fremd sind, daß man sich im Grunde mit ihnen nicht verstehen wird und kann. Der entscheidende Unterschied zwischen Gästen und Fremden ist indes einer der Zeit. Wer Gast ist, der ist dies für eine begrenzte Dauer (»Ein Gast ist wie ein Fisch, / Er bleibt nicht lange frisch«), während der Fremde potentiell für immer fremd bleiben kann. Dem Fremden liegt also eine temporale Unendlichkeitsstruktur zugrunde, die den begrenzten eigenen Horizont immer schon überschreitet. Wenn der Fremde das andere ist, was nicht ergriffen werden kann, was uns überfällt und sich unserer bemächtigt und das uns in Frage stellt, so ist der Fremde der radikal andere, den wir wegen seiner temporalen Unverfügbarkeit nicht auf den Begriff bringen können (Lévinas). Begegnungen mit dem Fremden sind insofern Begegnungen mit einer temporalen Entfremdung: Dieser hat eine andere Zeit, die mich von meiner entfernt, weil sie andere Horizonte von Vergangenheit und Zukunft aufweist. Und das beunruhigt.

Denn wir können den Fremden nicht denken, weil dies bedeuten würde, das Unendliche vom Endlichen her verstehen zu wollen. Der unerhörte Fremde ist immer auch der unerhörbare Fremde. Ich kann nicht denken wie der Fremde, ohne der Fremde zu sein. Ich kann nur das andere denken, das Fremde, welches mein Denken selbst begrenzt, das Innerste meines Denkens, das zugleich sein Äußerstes darstellt. Und so kann man versuchen, mit dem dritten Ohr des anderen auf die eigene Stimme zu hören und auf das, was sie sagt, und darauf, wie sie spricht. So eröffnen, wenn man diese nicht von vorneherein verschließt, Fremde und Gäste (Hör-)Räume. »Wo sich uns ein Raum öffnet, sind wir zu Gast« (Bahr). Räume sind dabei in einem umfassenden Sinne verstanden als Erfahrungs-, Denk- und Sprachräume wie als territoriale, kulturelle und soziale Räume. In ihnen zeigt sich, daß auch die Gastgeber Gäste der Gäste sind und daß man bei sich selbst zu Gast sein kann. Gastverhältnisse sind Verhältnisse des Gebens und Nehmens, Prozesse der Wechselseitigkeit und des Aufeinander-angewiesen-Seins.

Auf diese Momente wird von biblischen Zeiten an: »Auch ihr sollt die Fremden lieben, denn ihr seid Fremde in Ägypten gewesen« (Deuteronomium 10,19) über Kants Idee auf weltweite Hospitalität bis hin zum modernen Sponti-Spruch: »Ich bin Ausländer – überall« regelmäßig hingewiesen. Dabei war Kant sich sicher, daß der ewige Frieden eines Staatenbundes nicht durch ein Gastrecht, sondern durch ein Besuchsrecht gewährleistet werden müsse, durch ein universales Gesetz, das das »Recht eines

Fremdlings, seiner Ankunft auf dem Boden eines andern wegen, von diesem nicht feindselig behandelt zu werden«, festschreibt. Grund dafür bildet die Endlichkeit der Erde, die allen ihren Bewohnern die gleichen Rechte auf ihre Bewohnung sichert und die somit alle auf die unbedingte Duldung jedes einzelnen auf diesem Planeten verpflichtet. Die Kontingenz der pluralen Heimaten wird hier durch die Absolutheit der einen Erde aufgehoben, weil der terrestrische Blickwinkel die moralischen Standards zu diktieren in der Lage ist: »Wir sitzen alle in einem Boot.« Allerdings war sich Kant auch darüber im klaren, daß es, bis sich diese Erkenntnis herumgesprochen hat, noch einiger Zeit bedarf.

Da dieser Zustand noch nicht eingetreten ist, muß man sich anders »geben«, doch wie? Wie kann man die Differenz des anderen als Fremder oder Gast anerkennen, wie ihm gerecht werden? Jemandem etwas zu geben ist ja immer problematisch, stehen doch der Geber, das Geben, die Gabe und der Nehmende in einer unaufhebbaren Beziehung. Wenn es denn die Gabe des Gastgebers wie des Gastes gibt, so darf sie in keiner Beziehung ein Tausch sein (Derrida). Die Gabe ist zunächst das A-Ökonomische, das Überschießende, die Verausgabung. Wer etwas gibt, sollte nicht etwas wiederhaben wollen, nur so vermeidet er die Instrumentalisierung des anderen. Dem Fremden gegenüber gerecht zu werden bedeutet, eine Gabe ohne Austausch zu geben, ihm einen Raum zu eröffnen, in dem man sich selbst in die Beziehung zum Fremden setzen kann. So zu geben ist gleichbedeutend damit, daß die Gabe nicht erinnert werden darf, wenn sie denn als Präsent/Präsenz gelten soll. Denn die Zeit der Gabe ist *Zeitlosigkeit*: Ich muß vergessen, daß und was ich gegeben habe, und ich darf nicht daran denken, von anderen in der Zukunft etwas wiederzubekommen: »dann geht es um die Gabe als Bleibendes ohne Gedächtnis, ohne Permanenz und ohne Konsistenz, ohne Substanz und ohne Subsistenz; es geht um jenen Rest, der ist, ohne zu sein, jenseits des Seins, [...] das Geheimnis dessen, wovon man nicht sprechen, aber auch nicht schweigen kann« (Derrida). Gastverhältnisse sind also paradoxe Verhältnisse des Gebens und Nehmens, Prozesse der Wechselseitigkeit und des Aufeinander-angewiesen-Seins, in denen Geben und Nehmen keine Rolle spielen dürfen. Sie spielen sich, ethisch betrachtet, in einem anarchischen Zustand ab. Die Begegnungen mit dem Gast und dem Fremden sollten von einer Offenheit zeugen, in der die absichtsvolle Aufmerksamkeit und die aufmerksame Absicht in der Lage ist, den anderen in seiner Unendlichkeit zu empfangen und zu lassen (Lévinas). Fremde und Gäste machen deutlich, daß man nur dort für den singulären Anderen Verantwortung übernehmen kann, die ihm auch gerecht wird, wo wir von einer wirklich offenen, weil radikalen Unentscheidbarkeit ausgehen können.

Literatur: *Bahr*, Hans-Dieter: Die Sprache des Gastes. Eine Metaethik. Leipzig 1994, S. 404. *Derrida*, Jacques: Donner le temps 1. La fausse monnaie. Paris 1991 (dt. Falschgeld. Zeit geben I. München 1993, S. 189). *Gennep*, Arnold von: Les rites de passage. Paris 1908 (dt. Übergangsriten. Frankfurt a. M./New York 1986). *Kafka*, Franz: Vor dem Gesetz. Leipzig 1916 (Sämtliche Erzählungen. Frankfurt a. M. 1970). *Kant*, Immanuel: Zum ewigen Frieden. Ein philosophischer Entwurf. Königsberg 1795, A 36 (Werkausgabe Bd. XI. Frankfurt a. M. 1977, S. 211). *Knigge*, Adolph Freiherr von: Ueber den Umgang mit Menschen. Hannover 1796 (Stuttgart 1991, S. 242). *Kristeva*, Julia: Etrangers à nous-mêmes. Paris 1988 (dt. Fremde sind wir uns selbst. Frankfurt a. M. 1990). *Lévinas*, Emmanuel: Totalité et Infini. Essai sur l'extériorité. Den Haag 1961 (dt. Totalität und Unendlichkeit. Versuch über die Exteriorität. Freiburg/München 1987). *Stagl*, Justin: Zur Soziologie der Gastfreundschaft anhand einer bürgerlichen Einladung. In: Sociologia Internationalis Bd. 34. Heft 2. Berlin 1996, S. 129–150. *Todorov*, Tzvetan: La conquête de l'Amérique. La question de l'autre. Paris 1982 (dt. Die Eroberung Amerikas. Das Problem des Anderen. Frankfurt a. M. 1985, S. 177). *Wimmer*, Michael: Fremde. In: Wulf, Christoph (Hrsg.): Handbuch Historische Anthropologie. Weinheim/Basel 1997, S. 1066–1078, 1068.

Zum Weiterlesen: *Böll*, Heinrich: Unberechenbare Gäste. Zürich 1965. *Demandt*, Alexander (Hrsg.): Mit Fremden leben. Eine Kulturgeschichte von der Antike bis zur Gegenwart. München 1995. *Simmel*, Georg: Der Fremde (1886). In: Das individuelle Gesetz. Philosophische Diskurse. Frankfurt a. M. 1987, S. 63–70. *Waldenfels*, Bernhard: Der Stachel des Fremden. Frankfurt a. M 1990.

Audio: *Sinatra*, Frank: Strangers in the night (1966).

→Freund sein →Grüßen →Miteinander reden

Freund sein

(engl.: *to be a friend*; frz.: *être ami*)

Freundschaften sind kompliziert, sie gehen auseinander, renken sich wieder ein, bleiben ge- und zerstört, raufen sich zusammen, gehen durch dick und dünn, sind zuverlässig und labil, sind je nachdem keinen Rappen mehr wert oder das einzige Fundament, das noch trägt. Selbst wer die Statik der Freundschaft kennt, kann damit womöglich immer noch nichts über ihren Inhalt, geschweige denn über ihr Wesen sagen. Wer oder was ist denn schon ein Freund? Ist der, mit dem man Pferde stiehlt oder mit dem man gemeinsam in die Oper geht, sich in der Kneipe betrinkt oder mit dem man bloß philosophiert, notwendigerweise ein Freund? Und, wichtiger noch, ist er auch *mein* Freund? Wie soll man das schon wissen, wie es testen? Soll man den Notseetest anstellen (»in der Not gehen tausend Freunde in ein Boot«) oder einfach die gemeinsam verbrachten Jahre zählen, oder soll man den Weg der negativen Definition wählen, der sich, wenn man gar nicht mehr weiterweiß, ja immer anbietet?

Wer also nicht weiß, wer und was ein Freund ist, der gehe den Umweg und frage sich, wer oder was das Gegenteil von einem Freund ist, wende das Ergebnis um und erhalte ein taugliches Bild des Freundes. Man muß dabei nicht die Zahl der Möglichkeiten kennen, mit der Menschen einander quälen, ärgern und piesacken können, um sich ein recht unangenehm deutliches Bild von einem Feind zu machen. Feinde sind die Leute, die uns nicht wohlwollen. Kehren wir diesen Schluß um, wissen wir also, was ein Freund ist: ein Wohlwoller. Beim Feind liegt entsprechend das Gegenteil vor, womit wir nicht nur Orientierung in diese beiden Begriffe, sondern in die Welt insgesamt hineinbringen, denn wo der Freund nicht ist, da ist der Feind, und um diese Unterscheidung zu wissen ist gut, denn ohne dieses Gegensatzpaar bräche die Welt des Öffentlichen zusammen, gäbe es doch »weder Politik noch Staat« (Schmitt). Das ist nun aber nicht nur mit Blick auf die Sphäre der Politik etwas eingleisig gedacht, sondern und vor allem mit Blick auf unser befreundetes Begriffspaar: Freund und Feind. Denn nicht nur käme dem Feind somit ja eine recht dankenswerte Aufgabe zu, die man ihm eigentlich, nach allem, was man von ihm gehört hat, so gar nicht zutrauen möchte, wie man auch dem Freund vielleicht die falsche Ehre erwiese. Ein guter Freund ist nämlich, so fand zumindest Nietzsche, der bessere Feind. Wem das etwas zu martialisch klingt, der hat recht gelesen, denn: »Will man einen Freund haben, so muss man auch für ihn Krieg führen wollen: und um Krieg zu führen, muss man Feind sein können.« Es scheint also ganz so, als würden wir die Feindschaftsmetapher nicht mehr los, wenn wir über den Freund reden wollen. Dies gilt zumal auch deshalb, weil nicht immer klar ist, ob man deshalb zum Freund wird, weil man mit sich selbst auf freundschaftlichem Fuße steht oder weil man mit sich selbst stets im Hader liegt: Nach dem Motto: Wer sich selbst sein bester Feind ist, ist vielleicht deshalb aller Welts Freund.

Wer auch die leiseste Vermutung, daß es mit dem Freund so eine Sache sei, die eher mit Vorsicht und spitzen Fingern anzufassen sei, schon als unfreundlich ansieht, muß daher weit zurückgehen bis in eine Zeit, in der die Freundschaft etwas Großes, ja, in der sie fast das ganze Leben war. Aristoteles, der Philosoph der Freundschaft, hätte sich über das *unfriendly take over* der Freundschaft durch die Feindschaft wohl sehr gewundert. Dabei kennt auch er die Wirkung der Freundschaft nicht nur im Privaten, sieht sie aber gerade im Öffentlichen nicht als Gefahr, sondern im Gegenteil als stabilisierende Stütze. Diese tragende Rolle kann indes nur die höchste Form der Freundschaft übernehmen, welche, diesen Wermutstropfen mutet uns Aristoteles zu, recht selten ist. Viel häufiger ist, wir können ein Lied davon singen, natürlich die Freundschaftsform, die im »Freund« einen Nutzenfaktor sieht und so lange an ihm festhält, wie er hält, was man sich von ihm verspricht. Wer das nun nicht für die ganz feine Art hält, muß wohl zugeben, daß sich das bei dem zweiten von Aristoteles aufgezählten Freundschaftstyp, der erotischen Freundschaft, unter aufregenderen Vorzeichen zwar, auch nicht anders verhält: Entflieht die Lust, entfleucht auch die Freundschaft. Da so viel Unsicherheit auch den Stärksten umhauen kann, ist die Sehnsucht nach der vollkommenen Form des Freundseins so ausgeprägt und läßt sich auch durch ihre statistische Seltenheit nicht von dem Ziel abbringen. Denn Betrug, Enttäuschung, Vertrauensbruch haben wir alle schon genug erlebt, weswegen wir jetzt die Originalausgabe der Freundschaft wollen, die »Freundschaft der Tugendhaften« (Aristoteles). Doch auch hier droht Enttäuschung, denn wir wissen zwar den Wert zu schätzen, fühlen aber leise Zweifel, ob wir ihm auch entsprechen. Denn sind wirklich jene Menschen, die wir zum Freund und zur Freundin zu haben wünschen, gar so trefflich, daß sie nur das Gute wollen, und gilt auch ein Gleiches für uns, der wir der trefflichen Freunde Freund zu sein begehren? Zumindest letzteres läßt sich erschreckend einfach beantworten: Verneinen wir die Frage, so hat sich die Sache schon fast erledigt, bejahen wir sie aber, so beweisen wir ein gehörig Maß an Hochmut, das dem Guten allemal nicht zum besten gereicht.

Wie aber beginnt man mit der Freundschaft? Zunächst geht es ganz ähnlich los wie mit der Liebe. Man sieht sich, man sieht sich an, man findet Interessantes am anderen, und wenn es der/dem anderen auch so geht, dann kann es losgehen mit der Freundschaft. Ist es aber nicht so einfach zu sagen, wo die Freundschaft beginnt, so fällt es uns leicht anzugeben, wo sie endet: dort wo sie zerbricht. Und da sind wir wieder ganz nahe bei der Feindschaft und beim Haß, die ja auch häufig beim Bruch der Liebe Pate stehen. Identisch sind Liebe und Freundschaft deshalb aber noch lange nicht. Zwar ist es schwierig, das eine vom anderen abzugrenzen oder zu sagen, wann aus Freundschaft Liebe geworden ist, wohl aber macht eine unterschiedliche emotionale Intensität die Differenz aus. Am deutlichsten zeigt sich diese Intensitätsdifferenz in den Brüchen: Liebe zerbricht meist unter wesentlich lauterem Krachen, als dies für die Freundschaft gilt.

Aus diesem Unterschied läßt sich nun aber nicht schließen, Freundschaft sei eine abgeschwächte Form der Liebe, gleichsam deren Light-Ausgabe. Dieser Eindruck, dem auch viele Freunde erliegen, denen ihre Freundschaft zuwenig ist und die sich eher eine Liebschaft wünschen, weil sie sich von ihr eine höhere Erfüllung versprechen, schätzt den Wert der Freundschaft gering und bringt sie noch dazu in höchste Gefahr. Denn bereits der in Freundschafts- und Liebesdingen erfahrene Augustinus warnte davor, »das Rinnsal freundschaftlicher Fühlung mit dem Schlamm sinnlichen Begehrens« zu verstopfen. Dies wäre denn auch um so betrüblicher, als wohl kaum eine Lebensform das Prädikat der Vollkommenheit mehr verdient als die Freundschaft. Der Ausgleich zwischen gemeinsamen Interessen, bei gleichzeitiger Achtung seiner selbst als Wesen eigenen Rechts, macht aus der Freundschaft eine Lebensform, die wie nur eine andere - eben die Feindschaft (Düttmann) - den anderen anerkennt und wie keine andere ihn sein läßt, wie er ist. Die Liebe, der man solches auch zutrauen möchte, verstrickt sich bekanntermaßen unendlich leicht in Eifersüchtelei und andere Süchte, die das Objekt der Liebe kaum sein lassen, wie es ist, wie sie auch oft glaubt, aus Liebe dem anderen Gutes tun zu müssen, das der gar nicht haben will.

Weil die Freundschaft vor solcher Unklugheit weitgehend verschont bleibt, ist ihr auch häufig ein so hohes Alter gegeben. Damit stiftet die Freundschaft gerade in einer Zeit unaufhörlicher Veränderung und schmerzhafter Brüche eine Kontinuität, an deren Band sich nicht immer in Aristoteles' Sinne die Vortrefflichsten halten, die aber doch Menschen in einer besonderen Weise leitet. Denn welche Freundschaft käme ganz ohne Tugenden aus, die auszubilden oder zu lernen der Freunde Los und Aufgabe ist (Cicero)? Denn um Freund zu werden und zu bleiben, muß man nicht nur um ein Mindestmaß an Tugenden wissen, man muß sie auch achten und nicht nur »[eins sein] in der Lebensanschauung«, sondern auch »positive[r] Anschauung« sein (Kierkegaard). Damit aber gewänne die Freundschaft das Etikett eines ethischen Elitarismus, und Freunde wären in der Unterwelt schwerlich anzutreffen. Man kann Kierkegaards Theorem jedoch den ethisch bedenklichen und in der Praxis kaum haltbaren Exklusivitätsanspruch nehmen, wenn man unter »positiver Lebensanschauung« eine solche versteht, die sich um den anderen Menschen um seiner selbst willen bemüht, und zwar unabhängig davon, welche gemeinsamen Aktivitäten man danach miteinander anzustreben sich auch immer bemühen mag.

Freundschaft, als der Überstieg der Vereinzelung, welcher erst nach einer entsprechenden eigenen Zurüstung möglich wird, erweitert die Welt um eine Möglichkeit, zu der selbst die hehre Welt der Liebe ihrer hermetischen Neigung wegen oft nicht imstande ist. Damit übernimmt die Freundschaft einen Dienst im Öffentlichen. Sie strebt heraus aus der privaten Ecke, welcher die Liebe noch bedarf (Arendt), und geht mitten ins Leben hinein oder lädt andere dazu ein. Das Fest, das Freunde feiern, ist daher auch von grundlegend anderer Art als dasjenige, das Liebende feiern. Während diese die Vorhänge zuziehen, öffnen jene die Türen. Das Fest als »feierliche Kulmination tätigen Freundseins« manifestiert besonders deutlich, daß Freundschaften-Haben eine besonders gelungene Form guten Lebens

bedeutet (Lemke), und zeigt zugleich an, daß das gute Leben schwerlich in der Einsiedelei gedeiht. Dieses programmatische Ergebnis erleidet, wenn man nur noch einen Augenblick länger bei der Freundschaft verweilt, eine deutliche Verunsicherung. Denn der Freundschaft Formen sind gar viele, und nicht jede findet sich im Fest, manche Freunde fliehen solche Anlässe geradezu und ziehen ihnen den Bau einer neuen Garage oder die Wanderung im Watt vor. Und dann gibt es ja auch noch Freundschaften, die ihr Salz aus der räumlichen und zeitlichen Distanz der Verbindung schöpfen, die räumlich und zeitlich gesehen eher eine Trennung darstellt. Solche, im kleinen Sinne des Wortes, metaphysischen Freundschaften sind die Brieffreundschaften. Und dann gibt es, um die Sache weiter zu verkomplizieren, auch noch die Freunde bestimmter Lebensweisen, die von der Art sind, daß sie nie werden zusammenkommen können. Man denke weniger an die »Freunde der Nacht«, die sich ja durchaus zu nächtlichem Stelldichein finden können, sondern an die »Freunde der Einsamkeit«. Diese »Verschworenen« oder diese »geschworenen Freunde der Einsamkeit« bilden eine »Gemeinschaft ohne Gemeinschaft« (Derrida). Was machen wir nur mit solchen Freunden?
Am liebsten und um einer Theorie der Freundschaft als gemeinschaftsstiftender Kraft willen möchte man die Freunde der Einsamkeit gerne aus unserem Freundeskreis verbannen und ihre Neigung als »unfreundlich« beschreiben. Doch so einfach entlassen uns die Verschworenen nicht in die Gemeinschaft der Vergemeinschafteten. Denn Freunde der Einsamkeit kultivieren oft eine bestimmte Lebens- und Tugendhaltung, die sie in bester Weise zum Freunde qualifiziert. Und Freunde der Einsamkeit, jene Waldgänger, Angler und Sternengucker sind ja häufig keine Eremiten und freuen sich, Freunde zu haben, wenngleich ihrer Zahl ganz wenige sind, vielleicht mal gerade so viele, wie in das berühmte Boot passen. Das ist natürlich nicht viel, verhindert dafür aber das Kentern. Eine andere Sicherheitsvorschrift betrifft das Geschwätzigkeitsverbot: »Die Freundschaft

wahrt nicht das Schweigen, sie wird durch das Schweigen bewahrt«, denn »dieses nicht gebrochene Schweigen gewährt, verbürgt die Freundschaft« (Derrida). Es ist also nicht leicht, Freund zu werden, und Freund zu bleiben eine echte Anstrengung. Wer sie auf sich nimmt, hat dabei nichts anderes im Sinn als das eine: die Freundschaft.

Literatur: *Arendt*, Hannah: The Human Condition. Chicago 1958 (dt. Vita activa. Vom tätigen Leben. München 1967, S. 64). *Aristoteles:* Die Nikomachische Ethik, 1160a 19–30, 1156a 32–34, 1156b 7 (Philosophische Schriften. Bd. 3. Hamburg 1995, S. 197, 185, 185). *Augustinus:* Confessiones (dt. Bekenntnisse. Zweisprachige Ausgabe. Frankfurt a. M. 1987, S. 97). *Cicero:* Laelius de amicizia (dt. Laelius. Über die Freundschaft. Stuttgart 1970, S. 11 f.). *Derrida*, Jacques: Politiques de L'amitié. Paris 1994 (dt. Politik der Freundschaft. Frankfurt a. M. 2000, S. 75, 85). *Düttmann*, Alexander García: Freunde und Feinde. Das Absolute. Wien 1999, S. 26. *Kierkegaard*, Sören: Entweder/Oder. Kopenhagen 1843. Zweiter Teil. Bd. 2 (Gütersloh 1987, S. 341). *Lemke*, Harald: Freundschaft. Ein philosophischer Essay. Darmstadt 2000, S. 189. *Nietzsche*, Friedrich: Also sprach Zarathustra. Ein Buch für Alle und Keinen. Chemnitz 1883 (Kritische Studienausgabe Bd. 4. München 1999, S. 71). *Schmitt*, Karl: Der Begriff des Politischen. Berlin 1932 (Berlin 1996, S. 54).

Zum Weiterlesen: *Brodkey*, Harold: Profane Friendship. New York 1994 (dt. Profane Freundschaft. Reinbek 1995). *Eichler*, Klaus-Dieter (Hrsg.): Philosophie der Freundschaft. Leipzig 1999. *Kracauer*, Siegfried: Über die Freundschaft (1917/21). Frankfurt a. M. 1971. *Montaigne*, Michel de: Essais 1608 (dt. Die Essais. Stuttgart 1996, S. 100–106).

Audio: »Nimm dies kleine Angedenken« (unbekannter Dichter). Vertonung: *Haydn*, Joseph. In: Lieder und Canzonetten, H 26 a.

→Einsam und allein bleiben →Lieben →Miteinander reden

Geboren werden

(engl.: *to be born*; frz.: *naître*)

»Ut initium esset, homo creatus est«, damit ein Anfang sei, ist der Mensch erschaffen worden, heißt es bei Augustinus. Daß der Mensch einen Anfang, eine Initiative, einen göttlichen Funken des Neubeginns darstellt, ist in der Geschichte des abendländischen Denkens allerdings ein seltener Befund, heißen die Menschen doch von Beginn an eher *ephemeroi*, die Sterblichen – und nicht die Geborenen. Das Leben wird als fortwährender Tod, als Vorlaufen zum Ende, als Krankheit zum Tod oder schlicht als Sterben verstanden, ganz selten als fortwährende Geburt, als permanenter Neuanfang oder ewiges Werden. Der Mensch als Zuschauer seiner selbst steckt in einer Lebenszelle, in der er sich als Todeskandidat vorkommt. Das *memento mori* überwiegt mit Blick auf die vergangenen Jahrhunderte das *memento vivere*, das *memento nasci* bildet die Ausnahme.

Paradox erscheinen dabei diejenigen Todesphilosophien, die die Geburt als Anfang des Sterbens bezeichnen, weil sie die tödlichen Implikationen des menschlichen Lebens erst durch den Tod selbst außer Kraft gesetzt sehen. Alle sterblichen Wesen können demnach der Sterblichkeit nur entgehen, wenn sie sich in den Tod retten – der oftmals mit der ewigen Seligkeit und dem ewigen Leben verknüpft wurde. Wer geboren wird, wird sterben, und wer den Tod erlitten hat, dem ist – und diesen Gedanken finden wir schon bei Sokrates und Platon – die beste aller Lehren zuteil geworden.

Das Unbehagen an der Geburt verschärft sich noch, wenn man mit Freud daran erinnert, daß das lateinische Wort für Angst, *angustia*, die Enge, vor allem mit dem Geburtsvorgang in Verbindung gebracht werden muß, der zudem, wie Freud schamhaft lateinisch bemerkt, auf dem Wege *inter faeces et urinam* verläuft, zwischen Kot und Urin, After und Harngang. Wenn man dann gleichzeitig mit dem vorgeburtlichen Zustand eine Situation der Allzeitlichkeit der Befriedigung entwirft, sozusagen das Paradies im Mutterleib - »Glück«, so schreibt er in einem Brief an Wilhelm Fließ, »ist die nachträgliche Erfüllung eines prähistorischen Wunsches« -, so liegt die Abwertung der Geburt und der mit ihr verbundenen Folgen durchaus nahe. Insofern ist es nur natürlich, daß der Lustsucher Mensch den Zustand wieder erreichen will, in dem er einmal restlos glücklich war.

Den Zustand des Glücks oder der Spannungslosigkeit und vollkommenen Ruhe wird der Mensch aber niemals im Leben, sondern nur im Tod finden. Mit der Geburt strebt demnach der Mensch unmittelbar, getrieben vom Thanatos, dem Todestrieb, seinem Ableben entgegen. Als eigentliches Leben erscheint der Tod, die Geburt dagegen als ein Sündenfall, der die paradiesische Existenz des Embryos mit der harten Wirklichkeit der *Ananke* vertauscht, was für die Menschen die Konsequenz mit sich bringt, ihr Lustprinzip gegen ein Realitätsprinzip eintauschen zu müssen. Der Tod ist die zweite und eigentliche Geburt, die den Menschen wieder in die Seligkeit der Spannungslosigkeit eingehen läßt.

Man kann demnach mit Hans Saner von einer »Geburtsvergessenheit« und »Todesversessenheit« der abendländischen Philosophie sprechen. Und Peter Sloterdijk bringt dieses Denken auf den Punkt: »Geburten sind Launen des Absoluten, das sich mit der unendlichen Komödie der Individuationen die Ewigkeit vertreibt. Aber Individuation im strengsten Sinn - das Ergebnis des Durchgangs durch den geburtlichen Engpaß - wird vom metaphysischen Denken bedauert, bezweifelt und entwertet, bis hin zur mystischen Vernichtung jedes Scheins von Vereinzelung, Trennung, Verschiedenheit.« Diesen Weg der Aufhebung des geborenen Individuellen im kosmischen Allgemeinen kann eine nachmetaphysische Lebenskunst wohl nicht mehr verfolgen. Ihr obliegt die Aufgabe, zunächst den Versuch zu unternehmen, den Augenblick der Geburt als plötzlichen Moment des Zur-Welt-Kommens zu rekonstruieren, um daraus Implikationen in bezug auf eine Philosophie des gelungenen Lebens zu gewinnen. Was bedeutet es, als Mensch anzufangen? Was bedeutet der Ausgang des Menschen von der Geburt als einem Zeitpunkt, der von dem Schleier des Nichtwissens verhängt ist? Was bedeutet es für den Menschen, sich seiner Empfängnis und Geburt nicht erinnern zu können?

Weil wir von den Geburtsvorgängen kein Wissen besitzen, läßt sich der Blickwinkel für das prähistorische Nichts der Geburt als (temporale) Unmöglichkeit verstehen, sein Leben aus einem letzten, sprich: ersten Grund heraus deuten zu können. Sind wir vielleicht deshalb auf die Zukunft bezogene Wesen, weil wir keinen Überblick über unsere Anfänge besitzen? Ist das Leben nicht vor allem im Rückblick und eben nicht im Ausblick ein *radikal* endliches? Sind wir also endliche Wesen vor allem deshalb, weil unsere Erinnerungsfähigkeit begrenzt ist – und nicht, weil wir um unsere Sterblichkeit wissen? Inwieweit ist mit dem Vergessen des Ereignisses des Eintritts der individuellen Zeit in die Weltzeit eine Unverfügbarkeit verbunden, die mich zu beherrschen scheint? Beherrschen die Menschen die Zeit nicht, weil sie sie schon an ihren »Nullpunkt« nicht bestimmen können? Wirft die Unbestimmbarkeit der Geburt als temporaler Ausgangspunkt des Menschen nicht einen Schatten über dessen Leben – das wiederum von der Zeit beherrscht wird? Das menschliche Leben, soviel jedenfalls läßt sich sagen, ist wesentlich unvollkommen, nicht weil es sterblich, sondern weil es geburtlich ist, d. h., weil es immer wieder neu anfangen muß. Weil es anfangen kann und anfangen muß, gibt es Entwicklung, Werden und Freiheit.

Heraklit spielt auf die Bedeutung des Geborenen an, wenn er das ewige Leben mit einem Kind vergleicht, das spielend und herrschend zugleich ist. Ein Gedanke, der von Nietzsche aufgegriffen wird, für den das Kind nicht den Anfang, sondern das Ende der drei Verwandlungen des Geistes darstellt. Nach Kamel und Löwe wird der Mensch zum Kind, dem Nietzsche Unschuld, Vergessen und Bejahung attestiert, womit er dem Bibelwort: »Und werdet ihr nicht wie die Kinder …« sehr nahekommt. Das Kind ist hier das Symbol für die Neubewertung der Erde, »ein aus sich rollendes Rad, eine erste Bewegung, ein heiliges Ja« (Nietzsche). Der göttliche Funke, den Nietzsche hier im Kind am Werke sieht, wird nicht nur durch den Gedanken der *creatio ex nihilo*, sondern zudem durch den des Perpetuum-mobile-Modells nahegelegt. Der Neugeborene treibt über sich hinaus, er schafft einen neuen, eigenen Kosmos des Wahren, Guten und Schönen. Er beginnt die Welt neu, er verkörpert den Neuanfang.

Wenn aber Geborenwerden Anfangenkönnen bedeutet, wenn Geburt nichts anderes ist als der Anfang des Anfangens bzw. der Anfang der Freiheit, dann kann man sich fragen, warum die Geburt in der abendländischen Philosophie einen so geringen Platz einnimmt. Warum wurde der Tod bedacht, die Geburt dagegen verdrängt? Aus der Sicht der Psychoanalyse und der neueren Existenzphilosophie bietet sich folgende Antwort an: Die Geburt macht angst, und diese Angst ist Angst vor der Offenheit, der Freiheit. Diese Angst wird dann verdrängt, und doch sind wir zur Freiheit und damit auch zur Angst verurteilt. Das Erleiden der Geburt(sangst), des Geborenwerden führt (erst) zur Kreativität der Freiheit. War nicht schon Hegel davon überzeugt, daß Freiheit als Einsicht in die Notwendigkeit zu gelten hat?

Verfolgt man noch einen Moment den Zusammenhang von Geburt und Freiheit, so begegnet man einer Überlegung von Immanuel Kant, die sich auf die Verpflichtung zur Erziehung von Neugeborenen bezieht. Für Kant beginnt die Verpflichtung für den anderen schon vor der Geburt, nämlich mit der Zeugung. Dieser Gedanke führt in zwei Richtungen: zum einen dahin, daß man die Geburt nicht als Anfang des Lebens verstehen kann, insofern die pränatale Existenz im Zusammenhang mit phylogenetischen Prozessen schon eine Entwicklung durchläuft. Zum anderen, so Kant, resultiert die Pflicht zu einer guten Erziehung nicht aus der anthropologischen Tatsache der Geburt, sondern aus der ethischen Handlung der Zeugung. Denn mit der Zeugung greifen wir in das Autonomiepotential des

Kindes ein und bringen dieses, ohne es zu fragen, auf »unsere« Welt. So kann man dann auch erklären, warum kleine Kinder oft weinen: Sie sind sich ihrer Autonomie noch nicht bewußt. Während Erziehung sich durchaus als Reaktion auf die anthropologische Tatsache der Geburt verstehen läßt, zielt ihr ethischer Anspruch darauf, eine Schuld zu begleichen, Wiedergutmachung zu betreiben, um, so Kant, den Eingriff in die Freiheit des anderen abzugelten. Dafür sind die Eltern nach der Geburt aufgefordert, ihren Kindern entsprechend ihren Möglichkeiten ein Höchstmaß an Zufriedenheit zu gewährleisten. Damit hat Kant ein pädagogisches Pflichtprogramm formuliert, das zu allen Zeiten und allen Orten auch kontrafaktisch Gültigkeit beansprucht.

Die Geburt ist mithin das Relais der Generationen, wobei sich schon in der Antike die sozialpolitische Frage stellte, wie das Überleben der Gesellschaft, der *polis,* sichergestellt werden kann. Die Generationenfrage in Form der Bevölkerungspolitik folgt dem einfachen Gedanken, daß ein Staat, um zu überleben, nicht zu viele, aber auch nicht zu wenige Nachkommen haben darf – Platon ist da ziemlich genau: exakt 5040 Bürger. Dieser Sachverhalt veranlaßte Platon dazu, Strafen für Nichtverheiratete (Kinderlose) zu fordern, während die Kreter (anscheinend) die Knabenliebe einführten, um einen Kinderüberschuß zu vermeiden. Damit die Gesellschaft in den gewünschten demographischen Bahnen verläuft, beginnt Platon seine politisch-pädagogischen Eingriffe schon vor der Empfängnis sowie die staatliche Erziehung mit der Geburt. Letztlich aber bleibt die Generationenfolge bezogen auf die Zeitlosigkeit der Ewigkeit. »Nun ist das Menschengeschlecht etwas eng mit der gesamten Zeit Zusammengewachsenes, welches bis ans Ende ihr mitfolgt und mitfolgen wird, indem es auf diese Weise unsterblich ist, nämlich Kinder und Kindeskinder hinterlassend, aber immer als dasselbe und eins, durch Erzeugung an der Unsterblichkeit teilhat« (Platon). *Sub specie aeternitas* erscheinen alle Generationen als ein unsterbliches Geschlecht, das sich seine Unsterblichkeit – im Gegensatz zu den Göttern – gerade durch seine anthropologische Zeitlichkeit sichert. Anders formuliert: Wir bekommen Kinder, um an der Unsterblichkeit teilzuhaben.

Allerdings kann man auf die Frage nach der Bejahung von Kindern auch anders antworten: Man kann den Kinderwunsch mit der in die Ewigkeit reichenden Kette von Generationen und somit dem Wunsch nach Unsterblichkeit in Verbindung bringen oder auf eine Fortsetzung des individuellen Guten in der Menschheitsgeschichte, der eigenen Geschichte und der der Lebensformen abheben. Man kann natürlich auch, das *vita-una*-Argument ins Spiel bringend, darauf insistieren, daß der Mensch viele Leben braucht, um seine Lebenseinzigkeit zu kompensieren, oder auch auf die Lebensform des (guten) Zusammenlebens hinweisen. Man kann schließlich – profaner – den Wunsch nach Nachwuchs mit dem individuellen Reifezeugnis, dem (gemeinsamen) Liebeszeichen oder dem Beheben einer Krisensituation in Verbindung bringen. Immer bleibt der nüchtern festzustellende Sachverhalt, daß die Geburt das Resultat eines sozialen Verhältnisses darstellt. Wobei nicht unerheblich ist, welches extrauterine Leben auf die Neuankömmlinge wartet und wie die Menschen geboren werden.

Nun läßt sich darüber spekulieren, inwieweit dem Verschwinden des Todes in der Moderne auch ein Verschwinden der Geburt korrespondiert. Werden wir heute, im Zeitalter der Medikalisierung, Hospitalisierung und Technisierung des menschlichen Lebens, überhaupt noch – in einem vielleicht emphatischen Sinn – »geboren«? Oder erleben wir im Moment die Gnade der späten »Un-Geburt«? Was passiert in dem historischen Augenblick, in dem das körperliche Geschehen, für das sich Frauen verantwortlich wußten, unter rationalistischen Vorzeichen männlichen Medizinern und ihrer Vernunft überantwortet wird? Was verändert sich, wenn das soziale Ritual der Geburt durch wissenschaftliche Prozeduren abgelöst wird, wenn Statistiken, Risikoberechnungen und Dienstleistungsmentalitäten im Geburtsgeschehen Einzug halten? Wie steht es mittlerweile

um die Wahrnehmung der Gebärenden, wenn der Mutterleib zum Geburtskörper verkommt, dessen Objektivität man sich *via* Bildschirm vergewissern kann? Was bleibt von der Geburt als mythische Trennung und absoluter Anfang, von ihren Gefahren und schicksalhaften Momenten, von der Idee einer intrauterinen Taufe? Inwiefern ist die Geburt nur noch ein medizinischer Verwaltungsakt, der auf Risikomanagement, Kostenkalkulation und professionelle Optimierung setzt? Auf was verweist eine Kaiserschnittrate, die in Deutschland bei 25, bei Privatpatientinnen in Rio de Janeiro bereits bei 80 Prozent liegt? Gilt für diese Schnittlinge das englische Sprichwort: »They know the easy way out«? Oder werden wir durch die moderne Form der Geburt alle zu Kyborgs, Wesen aus Technologie und Biologie, Zwitterwesen, die in hochgerüsteten Kreißsälen »zur Welt kommen«, um dort »das Licht in Gestalt einer 60-Watt-Glühbirne zu entdecken« - was dazu führen kann, den biblischen Spruch: »Es werde Licht und es ward Licht« für einen Werbeslogan der Firma Osram zu halten (Grass)? Von der künstlichen Befruchtung und der pränatalen Diagnostik über den Mutterpaß bis hin zu perinatalen Interventionen und der Embryonenforschung ist die Geburt durchsetzt von bürokratischen, juristischen, ökonomischen, technologischen und medizinischen Strukturen, die das eigentliche Geschehen - der »Sprung« des Kindes in die Welt und die »Entbindung« der Mutter vom Kind - in den Hintergrund geraten lassen.
Erinnern wir zum Schluß daran, daß auch die deutsche Politik dem Geborenwerden zumal in der Einwanderungsproblematik eine extrem hohe Bedeutung zumißt. Hier stellt sich die spannende Frage, was passiert, wenn die Mediziner das leibliche Gebären abgeschafft haben werden. Verlangt dann das *ius sanguinis*, *deutsche* Reagenzgläser zu benutzen?

Literatur: *Augustinus*: De civitate Dei. Zwölftes Buch, Kapitel 21 (dt. Der Gottesstaat. 2. Bd. München 1978, S. 98). *Freud*, Sigmund: Briefe an Wilhelm Fliess. 1887–1904. Hrsg. v. J. M. Masson. Frankfurt a. M. 1986,

S. 320. *Grass*, Günter: Die Blechtrommel. 1959 Darmstadt/Neuwied 1979, S. 35. *Kant*, Immanuel: Die Metaphysik der Sitten. Riga 1797, Rechtslehre, § 28 (Werkausgabe Bd. VIII. Frankfurt a. M. 1982, S. 393 f.). *Nietzsche*, Friedrich: Also sprach Zarathustra. Ein Buch für Alle und Keinen. Chemnitz 1883 (Studienausgabe Bd. 4. München 1999, S. 31). *Platon:* Nomoi, 721 (dt. Sämtliche Werke 6. Reinbek 1982, S. 101 f.). *Saner*, Hans: Die philosophische Bedeutung der Geburt. In: Studia Philosophica. Vol. XXXV. Basel 1975, S. 147–163. *Schluhmbohm*, Jürgen/*Duden*, Barbara/*Gélis*, Jacques/*Veit*, Patrice: Rituale der Geburt. Eine Kulturgeschichte. München 1998. *Sloterdijk*, Peter: Weltfremdheit. Frankfurt a. M. 1993, S. 237.

Zum Weiterlesen: *Arendt*, Hannah: Between past and future: Eight exercises in political thought. New York 1968 (dt. Zwischen Vergangenheit und Zukunft. Übungen im politischen Denken I). *Lenzen*, Wolfgang: Liebe, Leben, Tod. Eine moralphilosophische Studie. Stuttgart 1999. *Sloterdijk*, Peter: Zur Welt kommen – Zur Sprache kommen. Frankfurter Vorlesungen. Frankfurt a. M. 1988.

→Älter werden →Erlauben, Verbieten und Versprechen →Leben

Geduld haben und hoffen

(engl.: *to be patient and to hope*; frz.: *être patient et espérer*)

Für denjenigen, der einigermaßen davon überzeugt ist, daß das Leben zwischen der Gier *vor der* Befriedigung und der Langeweile *nach der* Befriedigung hin- und herpendelt, und der trotzdem nicht bereit ist, demselben ein Ende zu bereiten, ist die Geduld ein hoffnungsloses Phänomen, während er für die Hoffnung wohl keine Geduld mehr aufbringt. Wer aber nicht wie der Pessimist Geduld und Hoffnung gemeinsam mit dem berühmten Bade auskippt, merkt, daß beide etwas mit Zukunft zu tun haben. Nun macht es uns die Zukunft in der Regel nicht einfach, und das nicht nur deshalb, weil wir nicht wissen, welcher der vier P-Zugänge zu ihr am sinnvollsten ist, der altehrwürdige über die Prophetie, der vormoderne über die Prognose, der moderne über die Planung oder der postmoderne über die Projektion, sondern auch, weil die Philosophie (fünfter P-Zugang) uns deutlich macht, daß es wenigstens zwei Zukünfte gibt: Zukunft kann als ein objektives Zukommen, als eine Bewegung der Zukunft selbst gemeint sein, wie sie uns in der Form des *adventus* begegnet. Zukunft kann aber auch ein subjektives Zugehen, eine Bewegung, die von Zukunft ausgehend auf Gegenwart zurückkommt, bedeuten, hier sprechen die Lateiner von *futur*. Pointiert formuliert: Im ersten Falle verschafft sich die Zukunft eine Gegenwart, im zweiten die Gegenwart eine Zukunft. Im *Advent* müssen wir uns gedulden, und wir können durchaus hoffen, denn er kommt mit Sicherheit zu einem Ende, wenn auch vielleicht nicht zur erwarteten Zeit. Im *Futur* müssen wir hoffen, und wir dürfen uns zudem nicht gedulden, sonst kommt überhaupt nichts. Das Futur ist also die Zukunft, um die wir uns richtig kümmern müssen, während der Advent die Zeit ist, die Geduld erfordert.

Das zeigt sich am Beispiel des Kranken, der nicht umsonst ein *homo patiens*, ein Geduldiger, ist oder zumindest sein sollte. Der Kranke leidet und soll dies so tun, daß er geduldig auf das Ende des Leidens hofft. Er hofft, das ist banal, auf Gesundheit, von der Schopenhauer wußte, daß sie zwar nicht alles, ohne sie aber alles nichts sei. In der Hoffnung auf die Gesundheit zeigen sich allerdings die zwei Seiten der Zukunft: Einerseits ist die Gesundheit hier »das andere« der Gegenwart, dasjenige, was uns aus der Zukunft entgegenkommt und uns »überfällt«, andererseits ist die Gesundheit dasjenige, an dem wir täglich geduldig arbeiten können, um dann letztlich und endgültig gesund werden zu können.

Nun machen Geduld und Hoffnung deutlich, daß ein gelingendes menschliches Leben ein Leben ist, das sich im wesentlichen der Möglichkeit eines gelungenen Umgangs mit der Zeit verdankt. Auf jeden Fall verweist der Bezug der Geduld und der

Hoffnung auf die Zukunft zunächst einmal auf die Gegenwart. Hier werden wir mit dem merkwürdigen Sachverhalt konfrontiert, den Ernst Bloch als »Dunkel des gelebten Augenblicks« hervorgehoben hat. »Nur wenn ein Jetzt gerade vergangen ist oder wenn und solange es erwartet wird, ist es nicht nur ge-lebt, sondern auch er-lebt. Als unmittelbar daseiend liegt es im Dunkel des Augenblicks.« Nun ist es wahrscheinlich müßig, sich zu fragen, ob die Menschen, weil sie den Augenblick nicht erleben können, immer schon über diesen hinaus sind oder ob die Menschen, weil sie keine präsentischen Lebewesen sind, den Augenblick immer wieder verpassen müssen. Generell gilt: Das Leben drängt, der Körper strebt, der Leib sehnt sich, der Trieb sucht, die Begierde wünscht, das Handeln will – und die Sehnsucht hofft. Die Hoffnung ist dabei deshalb so wichtig, weil sie, im Gegensatz zu ihrem großen Gegenspieler, der Angst, Gesundheit, Erfüllung und Glück verspricht. Weil die Gegenwart mithin nicht so ist, wie sie sein sollte, hofft der Mensch auf die bessere Zeit einer Zukunft – und das ist bei Bloch die lang ersehnte, noch nicht dagewesene Heimat. Wer hier keine Geduld hat, dem bleibt wenigstens die Hoffnung. Und die Hoffnung ist uns um der Hoffnungslosen gegeben (Benjamin). Wem allerdings die Hoffnung enttäuscht wird, der braucht Geduld.

Nun leben wir in einer Zeit, in der man schon verdächtig ist, wenn man geduldig und hoffend in die Zukunft schaut. Und das hat etwas mit der Vergangenheit zu tun. Stellt man die moderne Ungeduld in einen großen historischen Rahmen, so wird man im Übergang zur Neuzeit, d. h. gegen Ende des 17. bzw. Anfang des 18. Jahrhunderts, ganz spezifische neue Ungeduldigkeitserfahrungen ausmachen können. Hier findet man ein völlig neues Zeitmodell, in dem nicht länger die Zeit ihr Ziel in der Ewigkeit findet, der man mit Ruhe und gelegentlich auch hoffend im Versprechen auf das Paradies entgegensehen konnte. Im Zuge der Säkularisierung wird die Zeit auf einmal anders verstanden, nämlich als einheitliche, kontinuierliche und kumulative Zeit, die ihre Ziele in der Endlichkeit des menschlichen Lebens sucht.

Und nun ist mit dem Tod alles zu Ende. Mit der Aufklärung wird die Zeit also für den Menschen - angesichts des noch ausstehenden Fortschritts und angesichts der einsetzenden Ökonomisierung - knapp: Es gilt jetzt, die historischen Verspätungen der Vernunft aufzuholen. Die beste aller möglichen Welten muß als Optimalwelt immer auch die Bestimmung haben, mit der Zeit noch besser werden zu können. Man lebt immer schon in dieser besten aller möglichen Welten - und braucht daher weder ungeduldig noch hoffend in die Zukunft zu schauen, und doch ist diese Welt irgendwie noch verbesserungsfähig, denn die Zukunft ist offen, und die Entwicklung beschleunigt sich rasant. Der Fortschritt braucht Hoffnung, aber keine Geduld.

Ziel der neuen Zeit muß es daher sein, Zeit zu sparen. Die Zeit ist nun nicht mehr die Zeit Gottes, sondern die des Geldes. Und jetzt fragen sich nicht nur Zeitforscher, ob die Schnelligkeit und Geschwindigkeit moderner Zeiten tatsächliches etwas Gutes darstellen und inwiefern sie den Preis (vom Fast food bis zum Herzinfarkt) wert sind, den wir dafür bezahlen. Ungeduldige »gehen und essen meist schnell, sind stolz darauf, daß sie immer pünktlich sind und sich mehreren Aktivitäten gleichzeitig zuwenden können. Sie haben wenig Geduld mit der Langsamkeit anderer« (Levine). Und zumindest letzteres macht die Ungeduld moralisch fragwürdig.

Denn die neuzeitliche Ungeduld hat ihre eigenen moralischen Ungeheuer hervorgebracht. Wer auch immer glaubte, daß mit der Zeit der Aufklärung nicht nur die Fortschritte in medizinischer und technischer, sondern auch in politischer, moralischer und sozialer Hinsicht verbunden seien, daß sich also das Menschengeschlecht stetig aus der »selbstverschuldeten Unmündigkeit« (Kant) zu Freiheit, Gleichheit und Brüderlichkeit hin fortbewege, wurde mittlerweile auch darüber aufgeklärt. Die Erfahrungen gerade des 20. Jahrhunderts lehren uns nämlich andere *mores*, genauer eine Moral der Ungeduld: Die ethische Katastrophe schlechthin, der Zusammenbruch jeglichen zivilen Umgangs der Menschen miteinander, ist mit dem Menetekel des

Nationalsozialismus bezeichnet, der aus geduldsethischer Sicht eines klar machte: Die Gewalt ist rasch und schnell gegenüber denjenigen, die nur geduldig auf den Gang der Dinge harren. Die Zukunftsvisionen des nationalsozialistischen Tausendjährigen Reiches oder eines Marxismus-Leninismus, der den Gang der Geschichte bis zu ihrem Ende nachzeichnen zu können glaubte, machen die Konsequenzen einer Gewalt gegenüber denjenigen deutlich, die diese Zukunftsvorstellung nicht teilen. Diese einzelnen stehen »in ihrer Naivität« der Entwicklung der Welt durch moralische Experten natürlich im Wege. Jetzt kann man denn endlich der Hoffnung entsagen, da die Zukunft zur ewigen Wiederkehr des Gleichen geronnen ist, denn hier zeigt sich das allzeitlich Neue als das Vorherbestimmte im Gewand des Alten.

So wird die Geduld als moralische dort wichtig, wo man sie vermißt. In den großen Momenten der Geschichte ist dies in der Neuzeit immer dann der Fall, wenn der Gang der Geschichte nicht mehr von der List der Vernunft, sondern von der Ungeduld der Besserwissenden geleitet werden soll. Diese teilen die Vermutung, daß ein früherer Beginn und eine Beschleunigung von Vernunft und Moral uns schon »längst« an *die* historische Zeitenwende geführt hätten, die den Übergang in das gelobte Land markiert, denn hier gilt, daß das, was Hänschen nicht gelernt hat, Hans nur noch schwer beizubringen ist. Vielleicht vergessen diese Ungeduldigen dabei aber, daß die Vernunft und die Moral genau nur die Zeit haben, die wir ihnen einräumen. Geduldig sein nimmt dann eine völlig neue Bedeutung an, denn sie meint den richtigen Zeitpunkt abzupassen. Und Hoffen bezieht sich dann nicht mehr darauf, den Gang der Dinge durch eine minutiös ausgemalte politische oder technische Utopie realisieren zu müssen, sondern darauf, gemeinsam mit anderen moralische Fragen stellen zu können.

Literatur: *Benjamin*, Walter: Goethes Wahlverwandtschaften (1924/25). In: Illuminationen. Frankfurt a. M. 1977, S. 135. *Bloch*, Ernst: Das

Prinzip Hoffnung. Frankfurt a. M. 1959, S. 334, 1622. *Finkielkraut*, Alain: L'humanité perdue. Paris 1996 (dt. Verlust der Menschlichkeit. Versuch über das 20. Jahrhundert. Stuttgart ^{2}1999). *Foucault*, Michel: Surveiller et punir. La naissance de la prison. Paris 1975 (dt. Überwachen und Strafen. Die Geburt des Gefängnisses. Frankfurt a. M. 1977, S. 230). *Levine*, Robert: A Geography of Time. New York 1997 (dt. Eine Landkarte der Zeit. Wie Kulturen mit Zeit umgehen. München 1998, S. 208). *Schopenhauer*, Arthur: Aphorismen zur Lebensweisheit. Berlin 1851 (Werke in fünf Bänden. Bd. IV. Zürich 1988, S. 324).

Zum Weiterlesen: *Berlin*, Isaiah: Four Essays on Liberty. Oxford 1969 (dt. Freiheit. Vier Versuche. Frankfurt a. M. 1995). *Heidegger*, Martin: Gelassenheit. Pfullingen 1959. *Luhmann*, Niklas: Die Zukunft kann nicht beginnen: Temporalstrukturen der modernen Gesellschaft. In: Sloterdijk, Peter (Hrsg.): Vor der Jahrtausendwende. Berichte zur Lage der Zukunft. 1. Bd. Frankfurt a. M. 1990, S. 119–150. *Spaemann*, Robert: Unter welchen Umständen kann man noch von Fortschritt sprechen? In: Philosophische Essays. Stuttgart 1983, S. 130–150.

→Glücklich sein oder Glück haben →Schmerzen haben →Warten

Gefühle aufbringen

(engl.: *to stir emotions*; frz.: *éveiller des sentiments*)

Wenn Gefühle sichtbar werden, dann ist es meist schon zu spät: Wenn jemand bereits vor Wut schäumt, vor Verlegenheit rot geworden ist, vor Freude jauchzt oder aus Schmerz eine bittere Miene macht, dann haben sich die Gefühle Bahn gebrochen und sich nicht länger in den Gefilden des Verborgenen halten lassen wollen. Aber nur dort sind sie geheimnisumwittert, Gegenstand ungezählter Mutmaßungen von Menschen über Menschen, Anlaß von Furcht und Hoffnung, Wünschen und Bangen.
Daher gilt als Regel, daß sich, zumindest im Bereich des Öffentlichen, unmöglich macht, wer Gefühle zeigt. Von dieser Regel

ist nur suspendiert, wer die Gefühlsregung vollkommen unerwartet zeigt und damit sein Gegenüber fast überrumpelt. Dann kann ein Gefühl fast schon zum Argument werden, beispielsweise beim Präsidenten, der, juristisch in die Enge getrieben, Gefühle der Schuld zeigt, oder der seiner stahlseilartigen Nerven wegen bewunderte und seiner rabiaten Art wegen gefürchtete Rennfahrer, der auf dem Siegertreppchen losweint. Als Argument und damit als Ausnahme von der Regel der öffentlichen Gefühlsabstinenz ist dies indes nur deshalb akzeptiert, weil das *keep cool* damit nur um so deutlicher als die herrschende Regel bestätigt wird.

Gefühle, als die Stiefkinder der Aufklärung, dürfen daher durchaus sein, jedoch nur in Maßen und als schmucker, aber entbehrlicher Kerzenschein im Halogenlicht. Gefühle als das andere der Vernunft gelten denn auch, wenn sie vermehrt und verstärkt auftreten, als eine Gefahr für die allgemeine Ordnung und sind somit Zeichen sträflich vernachlässigter Disziplin. Vorbei sind die Zeiten, in denen die überschwengliche Sentimentalität einer empfindsamen Seele zur Verbesserung der ganzen Welt beigetragen hat. Die Natur, dieses chaotische Drunter und Drüber, das man, wenn man es schon nicht meiden, so doch am besten einhegen und den Vorstellungen der Vernunft unterwerfen sollte, drückt sich sogar in eigenen Formen von Menschenkulturen aus; die fanden zwar zuweilen die Sympathien der Aufklärer, in der Regel jedoch stießen sie in der Gestalt der »unkultivierten Wilden« auf deren tiefe Abneigung.

Diese wurden denn auch mehrheitlich Opfer abendländisch betriebener Völkermorde, reizte doch ihre bloße Anwesenheit das abendländische Selbstverständnis bis zum Gefühl tiefer Kränkung. Denn was der Alteuropäer hier vorfand, den »reine[n] Genuß eines sorgenfreien in Faulheit verträumten oder mit kindischem Spiel vertändelten Lebens« (Kant), war ja das absolute Gegenteil des daheim kultivierten und inzwischen zur Vorherrschaft gebrachten Lebensideals. Weil die Wilden den vernünftigen Sinn nicht darin sehen wollten, das eigene Gefühl den rationalen Formen des Weltzugangs nachzuordnen, gelten sie philosophietheoretisch immer noch als unsichere Kantonisten, die leicht die schöne Architektur des Geistes ins Wanken bringen. Diese Angst vor dem großen Einsturz hat denn auch den Plan bestimmt, im Tempel der Vernunft nur ganz schmale, alleine der Zierde und ein wenig Frischluft dienende Fenster offenzulassen, durch die das Gefühl Eingang finden kann. Denn daß es Gefühle gibt, die allmächtig sind und uns nicht nur ausfüllen, sondern uns sogar umhüllen wie die Atemluft, daran wurde selten gezweifelt. Und die meisten Verfechter gefühlsfreier Zonen des Geistes hätten wohl auch, wenngleich nur unter Bedauern, den Satz unterschrieben, daß die Gefühle »die wahren Einwohner der menschlichen Lebensläufe« sind (Kluge). Weil dem so ist und weil zudem Gefühle ihrer Natur nach »subjektiv«, d. h. absolut persönlich und nicht auf den intersubjektiven Begriff zu bringen sind (Schopenhauer), gerade deshalb werden sie mit viel Kraft und Gewalt in eine Form gezwängt, in der sie ihr eigenes Gesicht verlieren und im Aussehen schließlich sogar das Wesen der Vernunft annehmen.

Gefühle zu haben und Gefühle zu zeigen ist somit zu einem moralischen Faktum geworden, was einigermaßen überraschend ist, wollen doch Gefühle alleine Gefühle sein und weder moralisch gut noch schlecht. Da aber der dominante Ton der Philosophie und die an ihr orientierte dominante Weise, das Leben zu leben, die Gefühle schlechtgeredet und Politiken zur Diskriminierung und Eintrocknung der Gefühlswelt gefördert hat, wird die Verteidigung der Gefühle zu einem moralischen Projekt. Da dieses aber nur gegen den Widerstand einer stark bewehrten Philosophie durchsetzbar ist, vertritt, wer Gefühle zeigt, immer auch eine Philosophie. Die heißt in erster Linie nicht Gefühlsphilosophie, sondern wie alle große Philosophie auch Vernunftphilosophie. Indes geht es ihr, wie Nietzsche sagt, nicht um die »kleine Vernunft«, sondern um die große, und die heißt Leib. Der Ort und Ursprung der Gefühle findet aber bei den »Verächtern des Leibes« keine Gnade, die damit das Selbst des Menschen, um dessen Erkenntnis es ihnen vorgeblich zu tun ist, unterschätzen. Denn das Selbst ist, anders als es eine Subjektphilosophie glauben machen will, mit dem Ich weder identisch noch von diesem abhängig, sondern im Gegenteil dessen Beherrscher: Denn das »Selbst sagt zum Ich: ›Hier fühle Schmerz!‹ Und da leidet es und denkt nach, wie es nicht mehr leide«, oder: »das Selbst sagt zum Ich: ›Hier fühle Lust!‹ Da freut es sich und denkt nach, wie es noch oft sich freue« (Nietzsche, *Zarathustra*). Da die herrschende Philosophie indes von einer Schrumpfform des Menschen ausgeht und ihn betrachtet wie einen denkenden Frosch oder einen »Objektivir- und Registrir-Apparate mit kalt gestellten Eingeweiden« (Nietzsche, *Fröhliche Wissenschaft*), denken abendländisch geschulte Menschen so, wie sie denken, und überdenken somit auch, was sie überdenken.

Die Gefühle zuzulassen kann demgegenüber weh tun, aber auch zu neuen und vor allem tieferen Gedanken führen. Wer beispielsweise den Schmerz als den »letzte[n] Befreier des Geistes« anerkennt, für den bekommen sowohl Kunst wie auch Wissenschaft ein neues Gesicht, und was herkömmlich als Wahrheit ausgegeben wurde, kann als solche nicht länger gelten (Nietzsche, *Fröhliche Wissenschaft*). Die Philosophen haben daher recht daran getan, die »potentielle Zerstörungsgefahr« der Gefühle »für die Rationalität« zu fürchten und sie entsprechend zu ächten (Williams). Indes zerrinnt dieses Recht gegenüber einer anderen Philosophie. Eine Philosophie der »großen Vernunft« im Sinne Nietzsches hat denn auch die Zerstörungsgewalt der Gefühle nicht zu fürchten und wird diese, im Gegenteil, sogar fördern. Nicht entbehrlich wird eine solche Philosophie, wohl aber bescheiden, unterläßt sie doch des weiteren die große, sich durch Gefühlskälte auszeichnende Weltdeutung und hilft, das, was jeder selbst schon weiß, weil jeder es fühlt, auf eine Verständnisbasis zu bringen, was uns hilft, einander besser zu verstehen (Schopenhauer).

Aber selbst von dieser Dolmetscher-Aufgabe sollte man nicht

zuviel erwarten und dafür um so mehr von den Gefühlen. Denn die simpelste und für das Zusammenleben wichtigste Frage, »Warum moralisch sein?«, vermag keine Philosophie, sondern alleine das Gefühl zu beantworten. Zumindest über weite Strecken unseres Handelns vermag uns keine Ethik, sondern alleine der allgemeine Menschenverstand zu leiten, was zu tun richtig ist. Das Gefühl, das uns sagt, wie wir handeln sollten, entspringt dabei einem unreflektierten Bewußtsein, das eine Tätigkeit des »moralischen Denkens« ist, wie es sich durch konkrete Situationen gebildet hat (Prichard). Auf dieser Stufe ist unser Handeln durch unzweifelhaftes Vertrauen geprägt. Sollte dieses Vertrauen einmal ins Wanken geraten und wir nicht wissen, was zu tun ist, dann hilft auch keine Moraltheorie mehr, zumindest keine, die im Sinne einer modernen Normtheorie Handlungsgründe böte. Die Phantasie und das diese anregende illustrative Beispiel tun dann mehr für ein moralisch angemessenes Handeln als alle Moraltheorie. Dennoch bedürfen Menschen durchaus einer Institution, welche ihnen in Zweifelsfällen Hilfe zum Handeln bietet. Diese besteht jedoch erklärtermaßen nicht in hochkomplexen Normtheorien, sondern in der erläuternden Aufklärung über reale und fiktive Lebenssituationen: Statt Theorien sind dann Geschichten gefragt.

Geschichten, die man einfach so hört oder in der Zeitung liest, können zuweilen mehr über den Verbrechenscharakter einer bestimmten Politik aufklären und diese entsprechend ächten, als es eine noch so differenzierte ethische Theorie vermag (Rorty). Daher ist die Leistung der Philosophie in dieser Sache nach Rorty auch eine denkbar bescheidene, nämlich »unsere kulturell beeinflussten Intuitionen hinsichtlich des rechten Handelns in verschiedenen Situationen zusammenzufassen«. Er siedelt sie deshalb, was ihre praktische Bedeutung bei der Beachtung der Menschenrechte angeht, unterhalb der Ebene von Journalistik und Literatur an. Die Philosophie begründet in diesen »Zusammenfassungen« keine Intuitionen; bescheidener, jedoch nicht unbedeutend, liegt ihr Beitrag darin, die Voraussagbarkeit unseres Handelns wie auch »das Gefühl gemeinsamer moralischer Identität« zu erhöhen. Die handlungsleitenden Intuitionen gehen dementsprechend auf kultivierte Gefühle zurück, weshalb moralischer Fortschritt eher Folge einer Kultivierung unserer Gefühle als einer Vermehrung des Wissens ist. Philosophisch ernüchternd klingt daher Rortys Behauptung, daß »die Entstehung der Menschenrechtskultur offenbar nichts dem wachsenden sittlichen Wissen verdankt, dafür aber alles den traurigen und aufwühlenden Geschichten, die man hört«.

Damit befinden wir uns also auf einem völlig neuen Terrain, denn, nochmals Rorty, »wir sind heute in der Lage, die letzten Spuren des Gedankens zu tilgen, wonach der Mensch sich eher durch die Fähigkeit zur Erkenntnis auszeichnet als durch die Fähigkeit zu Freundschaft und gruppenüberschreitenden Verbindungen, eher durch eine strenge Rationalität als durch ein flexibles Gefühlsleben«.

Hält diese optimistische Lagebeurteilung wirklich einer kritischen Prüfung stand, haben Gefühle wieder soviel Luft und Platz, sich zu entfalten? Die Wirklichkeit spricht eine andere Sprache. Die auf den letzten Cent durchkalkulierte Landwirtschaft, der aus ökonomischen Gründen fortgesetzte Kahlschlag tropischer Wälder, die im Interesse des motorisierten Individualverkehrs zerstörte Ozonschicht und die andauernde Bedrohung mit Massenvernichtungswaffen mögen sich mit einem rationalen Kalkül legitimieren lassen und widersprechen doch grundlegenden Gefühlen. Diese kommen dabei nicht nur deshalb nicht mehr vor, weil sie sich im rationalen Diskurs nicht auf den Begriff bringen lassen, sondern auch, weil die Dimensionen, die in den genannten Fällen eröffnet werden, sich emotional kaum noch einholen lassen. »Vor dem Gedanken der Apokalypse aber streikt die Seele« (Anders). Die von Anders geforderte »Kritik des reinen Gefühls« hätte demnach von dem Angst und Schrecken auslösenden Befund auszugehen, »daß wir fühlend kleiner sind als wir selbst«. Wenn dies stimmt und wenn wir uns emotional sogar in umgekehrter Richtung unserer technologisch-wissenschaftlichen Möglichkeiten entwikkeln, so befinden wir uns im Zeitalter von Kern- und Zellspaltung noch emotional im »rudimentären Heimarbeiter-Stadium«. Und wir sind, »sofern die Folgen dieses Gefälles uns nicht tatsächlich vernichten, die zerrissensten, die in sich disproportioniertesten, die inhumansten Wesen, die es je gegeben hat« (Anders).

Ist die Not wirklich so groß, und die tagtäglichen Geschichten aus der Zeitung lassen kaum einen Zweifel daran, dann müßte im Grunde von höchster Warte aus eingegriffen werden. Ein Unterausschuß der Vereinten Nationen wäre dann das mindeste der Gefühle. Das erkannte auch Ulrich, der Sekretär der österreichischen Parallelaktion, der weitsichtig, jedoch unerhört, bereits 1913 ein »Erdensekretariat der Genauigkeit und Seele« einzusetzen vorschlug (Musil). Sogar der österreichische Hochadel mußte angesichts dieses Vorschlages kulturelle Versäumnisse einräumen: »Besitz und Bildung haben uns da eben gründlich im Stich gelassen«, pflichtet ein Graf Leinsdorf dem Sekretär der Parallelaktion bei. Letzterer wird gleichwohl niemals Sekretär des Erdensekretariats der Seele werden, was denn auch gut so ist. Denn Gefühle sind eben so einzigartig wie die Menschen, die durch sie umgetrieben werden. Sie brauchen keine Administration und keine Genehmigung, sie wollen einfach sein.

Literatur: *Anders*, Günther: Die Antiquiertheit des Menschen. Bd. 1: Über die Seele im Zeitalter der zweiten industriellen Revolution. München 1956 (München 1987, S. 269, 271 f.). *Kant*, Immanuel: Mutmassliςcher Anfang der Menschengeschichte. Berlin 1786, A 26 (Werkausgabe Bd. XI. Frankfurt a. M. 1977, S. 101). *Kluge*, Alexander: Chronik der Gefühle. Bd. I. Basisgeschichten. Frankfurt a. M. 2000, S. 7. *Musil*, Robert: Der Mann ohne Eigenschaften. Berlin 1930 (Reinbek 1978, S. 597). *Nietzsche*, Friedrich: Die fröhliche Wissenschaft (»la gaya scienza«). Leipzig 1887 (Kritische Studienausgabe Bd. 3. München 1999, S. 349–352). *Nietzsche*, Friedrich: Also sprach Zarathustra. Chemnitz 1883 (Kritische Studienausgabe Bd. 4. München 1999, S. 39 f.). *Prichard*, Harold Arthur: Does Moral Philosophy rest on a Mistake? In: Mind XXI.

1912 (dt. Beruht die Moralphilosophie auf einem Irrtum? In: Grewendorf, Günther/Meggle, Georg (Hrsg.): Seminar: Sprache und Ethik. Zur Entwicklung der Metaethik. Frankfurt a. M. 1974, S. 61–82, 79). *Rorty*, Richard: Human Rights, Rationality, and Sentimentality (1993) (dt. in: Shute, Stephen/Hurley, Susan [Hrsg.]: Die Idee der Menschenrechte. Frankfurt a. M. 1996, S. 144–170, 149, 151, 164). *Schopenhauer*, Arthur: Die Welt als Wille und Vorstellung. 1. Bd. Leipzig 1859 (Werke in fünf Bänden. Bd. I. Zürich 1988, S. 93, 358). *Williams*, Bernard: Problems of the Self. London 1973 (dt. Probleme des Selbst. Stuttgart 1978, S. 329).

Zum Weiterlesen: *Emotion und Vernunft*. Studia Philosophica Vol. 59/2000. *Fink-Eitel*, Hinrich/*Lohmann*, Georg (Hrsg.): Zur Philosophie der Gefühle. Frankfurt a. M. 1993. *Flaubert*, Gustave: L'éducation sentimentale. Histoire d'un jeune homme. Paris 1870 (dt. Die Erziehung der Gefühle. Geschichte eines jungen Mannes. Zürich 2000). *Schmitz*, Hermann: System der Philosophie. Dritter Band. Zweiter Teil: Der Gefühlsraum. Bonn 1969.

→Angst haben →Lieben →Schmerzen haben

Gene haben

(engl.: *to have genes*; frz.: *avoir des gènes*)

Geld hat man, oder man hat es nicht. Und entsprechend hat man sich zu verhalten, und wie, das weiß im Grunde jedes Kind, lernt es doch schon mit dem Lesen auch den Satz »haste was, bist du was« – womit auch gleich der Umkehrschluß eingeübt wird. Der gilt denn auch für die Gene: Man hat sie einfach, das ist so selbstverständlich wie das Gegenteil, daß man nämlich gar nicht wäre, wenn man keine Gene hätte. Und soweit könnte man es dabei sein Bewenden lassen und keinen Sinn darin sehen, über Gene auch noch zu philosophieren. Das wäre denn auch unseren Vorfahren so müßig vorgekommen wie das Philosophieren über Steine. Und in dem Punkt verhält es sich mit den

Genen offensichtlich anders als mit dem Geld, denn daß sich darüber nicht nur kräftig streiten, sondern auch klug philosophieren läßt, das wissen wir bereits seit Aristoteles. Aber dann, so könnten Versicherungsinformatiker mit Genomblick sagen, darf man von den Genen gleichfalls nicht schweigen. Denn die Tatsache, daß wir alle Gene haben, macht die Sache noch nicht trivial, im Gegenteil, weil wir alle Gene haben, haben wir eine Basis, auf der wir miteinander ins Gespräch kommen können. Und dies sollten wir am besten auch bereits heute denn übermorgen tun. So jedenfalls rät uns der freundliche Nachbar vom Versicherungskonzern.

Aber gemach: Bevor wir uns in die Lektüre komplizierter Risikokurvenanalysen vertiefen, wollen wir uns erst einmal vorstellen, wer wir gemäß der Humangenomweltkarte, die uns im heißen Juni des Jahres 2000 vom Washingtoner *Oval Office* aus ins heimische Wohnzimmer gestrahlt wurde, eigentlich sind. Die schiere Unendlichkeit der Buchstabenfolge, die uns dort gezeigt wurde, sollte uns nicht weiter verwirren, wenngleich auch das Werk sogar der Großen der Philosophie nicht ganz so viele Buchstaben enthält wie diese erdumspannende Kette von C, G, A und T. Und da die Kulturtechnik Leben schließlich mehr als nur vier Buchstaben umfaßt, sollte uns vor dem Buch der Natur, das uns die Mächtigen der Welt geschenkt haben, eigentlich nicht bange sein. Eigentlich, denn die Leseschwäche, die wir uns leichten Herzens eingestehen, teilen wir im Grunde mit allen.

Denn was drinsteht im Buch der Natur, wissen wir sowenig, wie wir wissen, welcher literarischen Gattung dieser Text zuzuordnen ist. Dem Umfang nach mag die Bezeichnung Roman die Sache wohl treffen, wogegen man der Goetheschen Definition folgend auch von einer Novelle reden möchte, handelt es sich bei dem, was das Weltgenomprojekt mit dem belustigend harmlosen Namen HUGO und ein privates Genlabor uns aufgetischt haben, doch um eine wahrhaft »unerhörte Begebenheit«. Während für die einen der inhaltliche und ökonomische Erfolg des Buches der Natur mit dem magischen Millenniumsjahr als Erscheinungsdatum außer Frage steht und es nur als eine Frage der Zeit betrachtet wird, wann man sich aus den vier Buchstaben auch einen Text zusammenreimen wird, bezweifeln die anderen, ob diese Buchstabenlava, die aus den Genlabors über die Welt gebracht wurde, jemals einen Sinn ergeben werde. Kritiker, wie der frühe Genpionier und heutige Dissident der Biotechnologie, Erwin Chargaff, können sich denn schlicht nicht vorstellen, daß das Leben so vergleichsweise einfach aufgebaut sei, daß die Lokalisierung der Gene uns das Leben zu begreifen helfe, geschweige denn es uns zu verbessern erlaube.

Aber gerade davon sind die Verkünder des Genoms und ihre Zuhörer überzeugt, weswegen sie, ganz im Sinne dieser alten philosophischen Disziplin, die ja eine Lehre vom guten Handeln ist, von einer »Ethik des Genoms« sprechen. James D. Watson, der sich mit seinem Studienfreund Francis Crick ja die Doppelwendeltreppenstruktur der DNA ausdachte – dabei ethisch unkorrekt einen ihnen auf die Sprünge helfenden Besuch im Labor Chargaffs unter den Teppich kehrend –, Watson also, von dem die Rede von der »Ethik des Genoms« stammt, sieht die Menschheit nun, einhundert Jahre nach Nietzsches Tod, wirklich an einer Schwelle (Watson). Nietzsche, der Vorläufer, hatte es vielleicht gut *gemeint*, aber jetzt können wir Menschen es auch *können*, nämlich Gott unsere Zukunft aus der Hand nehmen und sie selber nach ältesten und neuesten Wünschen gestalten. Das aber bedeutet, daß wir mit Vorurteilen, die ja nur Ressentiments der Schwachen sind, aufhören müssen und nicht länger Wesen unter Gottes Schutz stellen, der ihnen in der von HUGO erhellten »schönen neuen Welt« nicht mehr zukommt. So zumindest lautet Dr. Watsons Credo. Daher wendet sich Watson auch gegen den Schutz, den in der Prä-HUGO-Zeit das menschliche Leben genießt, und plädiert dafür, endlich lebensrechtsrelevante Unterschiede in Abhängigkeit von der genetischen Disponibilität einzuführen. Wenn man endlich so frei wäre und sich der neuartigen Möglichkeiten bediente, ließe sich Eugenik wie-

der hof- bzw. laborfähig machen und das ganz ohne ein schlechtes Gewissen, welches nach Auffassung der neuen Biologen genetisch ebensowenig nachweisbar ist wie Religion und Werte, die allesamt nur Eingebungen aus dem Nirgendwo sind.
Vor diesem Nihilismus sollen wir nun also bewahrt werden und endlich werden, wer wir sind. HUGO sagt uns also mehr über uns selbst als alle Literatur und Philosophie. Unsere Krankheiten können wir uns nun ebenso erklären lassen wie die Verhaltensweisen und Vorlieben von Freund und Feind. Gene für Alkoholismus, Altruismus, Egoismus und Homosexualität sind schon gesichtet worden und werden daher unsere Sicht auf solcherlei Phänomene verändern. Das sind Folgen, die der Augustinermönch Gregor Johann Mendel mit seinen weitsichtigen Erbsentests dann doch nicht vorhergesehen hat. Ebenso erstaunen dürfte ihn das *crossing over*, das die Wissenschaft der Genetik mit der Versicherungswirtschaft anstrebt. Denn Wissen ist ja bekanntlich Macht, und das bedeutet Geldmacht. Die Erkenntnis des Genoms wirft daher nicht nur die Frage auf, ob man wissen muß, was man vielleicht nicht wissen will, nämlich die Eintrittswahrscheinlichkeit einer Krankheit, sondern auch die Frage, ob man Wissen, das man hat, seinem lebenszeitlangen Lebenspartner oder seiner Krankenversicherung verschweigen darf. Wenn nämlich in absehbarer Zeit Apotheken dem Schwangerschaftstest vergleichbare Genchips verkaufen, kann jeder sein eigener Watson und Crick sein, sich seine Genkarte erstellen und erkennen, wo die Krankheitsbombe tickt. Was aber, wenn solchermaßen informierte Patienten eine Versicherung wählen – vielleicht noch dazu alle dieselbe – und, wie vom Gentest vorhergesagt, tatsächlich erkranken? Das kann zur Katastrophe werden, und zwar nicht für die Kranken, denn die sind ja vorgewarnt, sondern für deren Versicherungen. Risikoanalysten sehen da keinen Ausweg mehr, und die Rückversicherung von Krankenversicherungen könnte zum unkalkulierbaren Versicherungsrisiko werden.
Wo aber die ökonomischen Grundlagen unserer Gesellschaft ins

Wanken geraten, wird es ernst. Man muß dann zwar nicht gleich Chargaffs frommen Rat befolgen, »man solle lieber beten«, wohl aber sollte man einen Blick auf die Veränderung unserer Weltsicht werfen, die durch das Wissen um unsere Gene bewirkt wird. Der betörende Möglichkeitsreichtum der neuen Genwelt, in der es nicht nur Chimären nie geträumter Arten, sondern auch Wissen nie gekannten Ausmaßes gibt, zeigt nicht nur neue Geldmacht ungeahnten Ausmaßes, sondern führt auch die Macht der Menschen über Menschen zu neuen Höhen. Und damit kommt die Entwicklung, den Körper von Menschen in Zwangssysteme einzubinden, zu einem sublimen Höhepunkt: Das »Biologische« beginnt, wie Michel Foucault feststellt, sich »im Politischen« zu reflektieren. Diese Reflexion spiegelt, wie wir ein Vierteljahrhundert nach Foucaults »Sexualität und Wahrheit« erkennen, jedoch nicht nur das Biologische, sondern ebenso das Politische, weshalb man sagen kann, daß das Genomzeitalter, in dem wir leben, recht eigentlich das Zeitalter der »Biopolitik« ist. Und damit stehen wir wirklich vor einer Schwelle, denn »die ›biologische Modernitätsschwelle‹ einer Gesellschaft liegt dort, wo es in ihren politischen Strategien um die Existenz der Gattung geht«, wie Foucault behauptet. Er fährt fort: »Jahrtausende hindurch ist der Mensch das geblieben, was er für Aristoteles war: ein lebendes Tier, das auch einer politischen Existenz fähig ist. Der moderne Mensch ist ein Tier, in dessen Politik sein Leben als Lebewesen auf dem Spiel steht.«

Da diese drastische Diagnose der Menschheitszukunft aus der Prä-HUGO-Zeit stammt, braucht man sie, um ihren Aktualitätsbezug herzustellen, nur um die seither entwickelten technologischen Möglichkeiten der genetischen Diagnose zu ergänzen: Präimplantations- und Pränataldiagnostik, Genanalyse und Genscreening geben der Biopolitik genügend Daten an die Hand, die in Verbindung und unter nachdrücklichem Verweis auf die Möglichkeiten der Genchirurgie eine Veränderung der Gattung Mensch und somit einen Abschied von einer jahrtausendealten Tradition einleiten.

Stehen damit, wie Adolf Muschg mutmaßt, »ein paar hundert Jahre Aufklärung zum Ausverkauf« an? Solche Horrorvisionen gehen, seit über die Gentechnik gestritten wird, mit den entsprechenden Schreckensbildern von Chimärenwesen und dem total genetisch kontrollierten Menschen einher und sind daher naturgemäß mit Vorsicht zu genießen. Was die Visionen aus der Frühzeit der Gentechnikkritik aber von den aktuellen unterscheidet, ist, daß sie damals unter Berücksichtigung sowohl des damaligen Wissens wie auch des zu erwartenden wissenschaftlichen Fortschritts kaum realisierbar waren. Das ist anders geworden, wir reden nicht mehr über irreale Zukunftsvisionen, sondern über die Zukunft selbst, so wie wir, d. h. Genlabors und Gesundheitsministerien, sie in der nächsten Zeit realisieren werden. In dieser Gesellschaft wird es, wie Muschg sagt, heißen: »Wer jetzt noch krank ist, hat selber schuld«, oder für den, der die Prä-HUGO-Poesie nicht liebt, schlicht: »everything under control«.

Angesichts solcher Perspektiven freut sich Muschgs Kollege Christoph Ransmayr über die Gnade der frühen Geburt, also darüber, daß er jetzt »und nicht etwas später lebe und sich nicht in kommenden Klassen- und Kastengesellschaften herumschlagen muß, in denen abgebrannte Naturschöne, verzweifelte Krüppel und von Ersatzteilen oder Zuchtgesundheit strotzende Börsenzombies mit der Lebenserwartung von Meeresschildkröten um die Novellierung neuester Pensionsregelungen kämpfen«.

Ist das die Folge, Gene zu haben? Wohl kaum. Gene hat man, oder man ist nicht; so wie man auch Wünsche hat, ohne die ein Mensch ebenfalls nicht wäre. Zu den vielen Wünschen, die sich so im Laufe eines Lebens in einem solchen zusammenfinden, gehören die ganz großen: schön zu sein, stark, klug und gesund zu sein und, wenn das Leben Kurzweil bietet, sogar ewig zu leben. Solche Wünsche machen das Salz des Lebens aus, in ihnen kann sich jeder seinen Roman schreiben, solange es zwischen Wunsch und Wirklichkeit noch einen Graben gibt. Dieser ist unterschiedlich tief, mal genügt ein Satz, und man ist schon drüben, mal braucht man ein ganzes Leben, um Anlauf zu nehmen - und fällt doch hinein. All das ist frustrierend, und ein Leben, in dem sich kein Wunsch mehr erfüllt, eine Katastrophe. Ein Leben aber, in dem es keinen Wunsch mehr gibt, weil alles sich schon realisiert hat, der Graben zwischen Vorstellung und Welt also zugeschüttet ist, hat etwas Apokalyptisches, denn es ist das schwarze Loch der Wünsche. Daher soll man ruhig das Genom entschlüsseln, sich aber vor dem Glauben hüten, den Schlüssel für das Leben oder aber zum Glück gefunden zu haben. Seine Gene zu kennen kann daher so lange nichts schaden, wie man auch weiß, was man damit auf jeden Fall nicht weiß.

Literatur: *Chargaff*, Erwin: Man sollte lieber beten. In: Schirrmacher: a. a. O., S. 261-264. *Foucault*, Michel: Histoire de la sexualité 1: La volonté de savoir. Paris 1976 (dt. Der Wille zum Wissen. Sexualität und Wahrheit I. Frankfurt a. M. 1977, S. 170f.). *Muschg*, Adolf: Der Schriftsteller und die Gene. Nach der Entschlüsselung des Genoms: Wir leben nicht mit Faust und Gretchen, sondern mit HUGO und Celera. In: Schirrmacher: a. a. O., S. 271-280, 274, 276. *Ransmayr*, Christoph: »Der Gnom ist entschlüsselt«. In: Neue Zürcher Zeitung vom 7. August 2000, S. 21. *Schirrmacher*, Frank (Hrsg.): Die Darwin AG. Köln 2001. *Watson*, James D.: Die Ethik des Genoms. Warum wir Gott nicht mehr die Zukunft des Menschen überlassen dürfen. In: Frankfurter Allgemeine Zeitung vom 26. September 2000, S. 55.

Zum Weiterlesen: *Cavalli-Sforza*, Luigi Luca: Gene, Völker und Sprachen. Die biologischen Grundlagen unserer Zivilisation. München/Wien 1999. *Chargaff*, Ernst: Ernste Fragen. Essays. Stuttgart 2000. *Dawkins*, Richard: Das egoistische Gen. Reinbek 1996. *Sloterdijk*, Peter: Regeln für den Menschenpark. Ein Antwortschreiben zu Heideggers Brief über den Humanismus. Frankfurt a. M. 1999.

→Behindert sein →Geboren werden →Frau- oder Mannsein

Ein Gesicht machen

(engl.: *to pull a face*; frz.: *faire la tête*)

»Was machst du wieder für ein Gesicht?«, so lautet eine beliebte Standardfrage, mit der man sagt, was man vom anderen hält: im besten Fall, daß er ein Griesgram, im schlimmsten Fall, daß er einfach unausstehlich ist. Da die Frage sich als rhetorische begreift und dem Angesprochenen zumutet, daß er weiß, daß mit seinem Ausdruck, mit seinem Antlitz und letztlich mit ihm insgesamt etwas nicht, oder schlimmer noch, eigentlich gar nichts stimmt, macht sich der, der so spricht, selber unausstehlich. Da aber auch er ein Gesicht hat, das vielleicht nicht nur Gefallen bereitet, drehen sich gesichtsbezügliche Aussagen meist im Kreis, zumindest, wenn sie dermaßen ablehnend daherkommen. Anders stößt hingegen, wer Entzücken über ein anderes Gesicht äußert, selten auf taube Ohren.

Bevor wir fragen, was es macht, daß ein Gesicht ein Gesicht macht, müssen wir fragen, wie man überhaupt ein Gesicht erkennt. Wir erkennen ein Gesicht in der Regel von Angesicht zu Angesicht. In den Linien eines Gesichts zu lesen gibt Aufschluß über den Lesenden: Was interessiert ihn besonders? Ist es die Haut des anderen oder die Symmetrie seiner Züge? Sind es die Zuckungen um Mund und Augen, oder ist es der Blick, der ein Gesicht fremd oder vertraut macht?

Den Blick in den Blick zu nehmen gilt als besonders vielversprechend, wenn man vom anderen etwas zu erfahren hofft. Allerdings sollte man beachten, daß man hier nichts zum Nulltarif bekommt, spiegelt sich im Blick des anderen doch auch der meinige, gebe ich im Blick doch immer auch Einblick in mich selbst und trete in ein Gespräch (Simmel). Redlich ist es also gar nicht möglich, ein Angesicht anzusehen, ohne sich selber angesichtig zu machen. »Den Blick des Anderen sehen bedeutet nicht nur ›etwas sehen‹, sondern ›sehen, was und wie der Andere sieht‹, und schließlich auch ›sehen, wie er mich ansieht‹« (Waldenfels). Kann das, was man in den Blick nimmt, bereits in den Bann nehmen und zwischen Furcht und Hoffnung so ziemlich alles auslösen, so löst das Wissen um den Gegenblick des Anderen vor allem Verunsicherung und Befremden aus. Soviel man im Hinblick auf den Anderen auch sieht oder doch zu sehen vermeint, so erschreckend sicher gilt, daß das, was der Andere in diesem Augenblick sieht, einem selbst unsichtbar bleibt, und damit bleibt es auch unwißbar und im Dunkel verborgen. Die Erfahrung des Gegenblicks ängstigt nicht nur, sie hat auch ihren Reiz, denn was gäbe man nicht darum, diesen Blick haben zu können. Indes ist der Preis die Aufgabe des ersten Hinblicks - denn Hin- und Gegenblick sind nicht zugleich zu haben -, womit wir auch in jenen Fällen, in denen wir das partout nicht wünschen, uns mit unserem Gegenüber in einer Gemeinschaft befinden. Dennoch begründet der Blick nicht nur ein Subjektverhältnis, sondern immer auch ein Objektverhältnis. In Fällen masochistischen oder sadistischen Hinblicks »sieht« man das unmittelbar, indes entfaltet sich das Objektverhältnis auch im wohlwollenden, ja sogar im liebenden Blick. Der Andere tritt erstmalig als Objekt in unser Blickfeld. Indes entsteht aus der Erfahrung des Gegenblicks der Andere als Subjekt und offenbart damit auch die »Wahrheit des Den-Anderen-Sehens« (Sartre). Und als Subjekt erst erlangt der andere Macht. Im Anblick des anderen und in dessen Gegenblick gewahre ich meine eigene Begrenztheit. Eine natürliche Reaktion auf den schwer erträglichen Gegenblick ist die Scham, eine andere das Entsetzen, durch den »plötzlichen Stoß, der mich erschüttert, wenn ich den Blick des Anderen gewahr werde« (Sartre). Die Erscheinung des Blicks liegt indes jenseits meiner oder des anderen Welt und belegt, daß es ein Jenseits von dieser Welt gibt (Sartre).

Das Besondere des im Blick gewahr werdenden Angesichts ist indes, daß es auf die Leistung der Augen sich nicht reduziert. Es vermag auch »blinden Blicks« wahrzunehmen und alleine kraft seiner leiblichen Präsenz sich als Instanz zu konstituieren. Darin begründet sich ein Ethos des Gesichts, das weit über vorgeblich inkriminierende Akte, »ein Gesicht zu machen«, hinausreicht. Der leibliche Ausdruck des Gesichts hebt dieses zugleich in besonderer Weise von anderen Bereichen des Körpers ab, sogar vom Kopf, welcher immerhin Ort des Gesichts ist. Zwar kann man Köpfe frisieren, wie Gesichter schminken, Kopfsilhouetten durch aufwendige Haararrangements bis zur Entfremdung verändern, wie Gesichter durch kosmetische Chirurgie neu schaffen, und dennoch haftet allein dem Gesicht jene Präsenz an, die kein anderes Leibphänomen erreicht. Der Versuch, analog zu der Sprechakttheorie eine philosophische Blickakttheorie zu entwerfen (Waldenfels), ist denn auch so lange zu begrüßen, wie man die vortheoretischen Vermögen und Erfahrungen, den anderen Blick und das andere Gesicht zu begreifen, damit nicht übersieht.

Während die entsprechenden philosophischen Arbeiten nur zögernd vorankommen, erzielt die *Computer Vision* auf dem Bereich des Gesichts bereits erstaunliche Fortschritte und ist bald in der Lage, sich ein Bild vom Gesicht zu machen. Dabei erweisen sich die Computer inzwischen als wesentlich toleranter mit den Menschen, als es diese mit ihresgleichen sind. Galt anfangs noch die strenge Regel: »Wer einmal ein Gesicht gemacht hat, wird es immer machen müssen«, damit er beispielsweise von der elektronischen Zugangskontrolle noch erkannt wird, so hat die *Biometrie* solche entwürdigenden Festlegungen längst hinter sich gelassen. Seinen Geldautomaten kann man angucken, wie man will, er wird einen immer wieder erkennen. Menschen machen sich demgegenüber einstweilen noch ein Bild von Gesichtern. Dies tun sie zumindest, solange sie einander über den Anblick kennenlernen, also immerhin bis zum Beginn der internetgestützten Partnerwahl. Bis dahin und auch künftig für die, gleichwohl schrumpfende, Gemeinde der Gesichtsorientierten behält das Gesicht eine Funktion, und wer ein Gesicht macht, einen Stempel. Obwohl also intime Kommunikation im Medium des Internets zunehmend auf das Gesicht verzichten kann oder computersimuliert sich artifizielle Gesichter schafft, die also keine Angesichte, sondern Ungesichte sind, treibt der Gesichtskult einstweilen noch seinem Höhepunkt entgegen. Begonnen hatte ja alles mit einer technischen Innovation, die das Gedächtnis ungemein entlastete. Der Photographie verdanken wir nicht nur den »homo photographicus« (Raulff), sondern damit auch die Möglichkeit, Gesichter mitzunehmen, ob als Photo der Geliebten in der Klarsichthülle des Portemonnaies oder als Fahndungsphoto auf der Autobahnraststätte. Daß diese Bilder nur Abbilder sind, interessiert zunächst nicht und ist ja auch nicht ganz wahr: Denn wer sieht in der Photographie des geliebten Menschen nur ein Photo? Die Werbewirtschaft hat sich den Mehrwert der Gesichtsphotographien längst zunutze gemacht, und so übernimmt das Gesicht ausgerechnet in der säkularen »facialen Gesellschaft« (Macho) die Funktion des Animismus und beseelt mit seiner Ausstrahlung von der Zahnpasta bis zum Sportwagen jedes Produkt, das auf einen Käufer wartet. Dieser Animismus ist gleichwohl ein schwacher Abglanz jener wahren Beseelung des Gesichts, um die die Menschen einst wußten und weshalb sie auch Einsehen mit dem göttlichen Angesichtverbot hatten (Exodus 33,20). Derartige Achtung vor dem menschlichen wie göttlichen Gesicht ist in allen Schamkulturen beheimatet und spiegelt die Erinnerung an den Imperativ des Gesichts wider, in dem dessen ethische Dimension aufscheint. Dieser Imperativ ist indes so tief verschüttet von der Bilder- und Gesichterflut der Marktgesellschaft, daß die Gesichtszüge kaum mehr erkennbar sind. Und so »sieht« man, daß Gesichter nackt oder verletzlich sind, am deutlichsten dann, wenn sie verhüllt oder verletzt sind, und übersieht, daß das Gesicht an sich nackt und verletzlich ist. Verletzte oder gar zerstörte Gesichter haben indes etwas Verstörendes, nicht nur für die, die ihr Gesicht verloren haben, sondern ebenso für die, die nicht wissen, wohin sie blicken sollen. »Ich halte es einfach nicht aus, ich drehe mein Gesicht weg«, sagt ein Mitglied der Londoner Selbsthilfegruppe *Changing Faces* und nimmt damit die Reaktion seines Gegenübers vorweg (Cole).

In der Nacktheit auch des intakten Gesichts offenbart sich denn auch die Scham über das Wissen der eigenen Nacktheit und des Ausgestellt- und Ausgesetztseins dem Anderen gegenüber (Lévinas). Dort wo das Wissen um die Fragilität des Gesichts verlorengeht, ist das Gesicht besonders gefährdet, dort wird sowohl das göttliche Angesichtverbot wie auch der Imperativ des Gesichts nicht mehr verstanden. Dennoch gilt, daß das Gesicht spricht und sagt: »Du wirst keinen Mord begehen« (Lévinas). Der Mord als die vollständige Verneinung des Anderen stellt zugleich dessen stärkste Anerkennung dar, denn nirgendwo erfährt der Andere so wenig Gleichgültigkeit wie von seinem Mörder, der aber zugleich sichtbar macht, daß der Spruch des Antlitzes mißachtet werden kann. Vom Gesicht bleibt dann aber immer noch die Erinnerung, die wie kein anderer Ort des Leibes sowohl dem Täter wie auch den leidenden Hinterbliebenen nachgeht und ihnen anhängt. Das Gesicht strebt so selbst nach seiner leiblichen Existenz, nach einer Gemeinschaft. Es bedarf dieser so sehr um seines Nachlebens willen, wie die Gemeinschaft ohne Gesicht nicht sein kann. Die Maskerade, die Verbergung der Gesichter ist immer nur ausnahmsweise denkbar und nähme auf Dauer den Charakter der Täuschung, des Trugs an. Das Gesicht ist somit prima vista weder schön noch häßlich, sondern wahr. Wer sich demnach über ein Gesicht beklagt und wünscht, daß es anders sei, als es ist, der verkündet seine Angst vor der Wahrheit besonders drastisch und verlangt vom anderen Unmenschliches: ein anderes Gesicht zu machen. Daß Menschen solcher Zumutung nicht nachgeben sollten, versteht sich von selbst.

Literatur: *Cole*, Jonathan: About Face. Cambridge (Mass.) 1998 (dt. Über das Gesicht. Naturgeschichte des Gesichts und unnatürliche Geschichte derer, die es verloren haben. München 1999, S. 228). *Lévinas*, Emmanuel: Totalité et Infini. Essai sur l'extériorité. Den Haag 1961 (dt. Totalität und Unendlichkeit. Versuch über die Exteriorität. Freiburg/München 1987, S. 102, 285). *Macho*, Thomas: GesichtsVerluste. Faciale Bilderfluten und postindustrieller Animismus. In: Ästhetik &

Kommunikation. Heft 94/95. Jg. 25. 1996, S. 26. *Patridge*, James: Changing Faces. London 1990. *Raulff*, Ulrich: Image oder Das öffentliche Gesicht. In: Kamper, Dietmar/Wulf, Christoph (Hrsg.): Das Schwinden der Sinne. Frankfurt a. M. 1984, S. 46–58, 53. *Sartre*, Jean-Paul: L'être et le néant. Paris 1943 (dt. Das Sein und das Nichts. Versuch einer Phänomenologischen Ontologie. Reinbek 1989, S. 343, 352, 359). *Simmel*, Georg: Exkurs über die Soziologie der Sinne. In: Soziologie. Untersuchungen über die Formen der Vergesellschaftung. Leipzig 1908 (Frankfurt a. M. 1992, S. 723). *Waldenfels*, Bernhard: Das leibliche Selbst. Vorlesungen zur Phänomenologie des Leibes. Frankfurt a. M. 2000, S. 384, 386. *Young*, Andrew W.: Face and Mind. Oxford 1998.

Zum Weiterlesen: *Benedetti*, Mario: La noche de los feos (1968) (dt. Die Nacht der Häßlichen. In: Die Sterne sind wir. Wuppertal 1984). *Lavater*, Johann Caspar: Physiognomische Fragmente zur Beförderung der Menschenkenntniß und Menschenliebe. Leipzig/Winterthur 1775 (Waldshut-Tiengen 1996). *Lehmann-Dronke*, Richard: Die Herrlichkeit Gottes auf dem Antlitz des Menschen. Ein Beitrag zur theologischen Deutung des menschlichen Antlitzes. St. Ottilien 1997. *McNeill*, Daniel: The Face. London 1999 (dt. Das Gesicht. Eine Kulturgeschichte. Wien 2001).

Video: *Lynch*, David: The Elephant Man. Great Britain 1980 (dt. Der Elefantenmensch).

→Grausam werden →Hassen →Hinsehen oder Neugier

Sich ein Gewissen machen

(engl.: *to question on conscience*; frz.: *faire appel à sa conscience*)

Als moralische Instanz auf Erden, die im Einzelfall die notwendigen Kriterien für soziales und moralisches Handeln verbürgt, gilt nicht nur Vertretern einer theologischen Ethik das Gewissen. Das Gewissen, das zeigt sich im Englischen und Französischen besonders deutlich, hat den Bedeutungsumfang von »mit mir und durch mich wissen« und bezeichnet somit ein intimes Wissens- und Denkverhältnis, das sowohl als besonders durchlässig für äußere Einflüsse als auch als äußert resistent gegen diese gilt. So kennen wir heute mehrere Bedeutungen des Gewissens: die religiöse Deutung des Gewissens als *vox Dei*, die den Menschen als Ebenbild Gottes und dessen Erlösungsmöglichkeiten bedenkt; die moderne Form des Gewissens als Vernunftgewissen, das den Menschen in seiner Verantwortung und Pflicht begreift; das Schuldgewissen, das auf einen Antagonismus von Individuum und Gesellschaft, von Trieb und Norm abhebt, und nicht zuletzt das Regelgewissen, das den Menschen von einer Anpassungsmoral her versteht. Schopenhauer allerdings wußte ganz genau, wie das Gewissen zusammengesetzt ist: »etwa 1/5 Menschenfurcht, 1/5 Deisidämonie, 1/5 Vorurtheil, 1/5 Eitelkeit und 1/5 Gewohnheit«.

Dabei macht das Gewissen in der Neuzeit selbst eine Entwicklung durch. Nachzulesen ist die *Entstehung des modernen Gewissens* in Kittsteiners gleichnamigem Buch, das den Formwandel des Gewissens von einem religiös-fundamentalistischen Gewissen im Zusammenhang mit den Religionskriegen des 16. und 17. Jahrhunderts über das »aufgeklärte«, moralphilosophische Gewissen des 18. Jahrhunderts – und die Gewissenskultur einer »conscientia consequens«, die auf die Reue und Gnade nach der Tat abzielt – zur »conscientia antecedens« beschreibt. Diese Gewissensform, die seit dem 18. Jahrhundert die Selbstkontrolle vor jeder Handlung fordert, bleibt als »innerer Gerichtshof« (Kant) die sozial anerkannte Form des Gewissens. Rousseau bildet dabei die Drehscheibe, die das Gewissen von der Religion auf die Moral umstellt. Das Gewissen gilt ihm als das moralische Vermögen des Menschen, als ebenso angeborenes, natürliches und zugleich göttliches Prinzip der Moral. Es gibt der menschlichen Natur Vollkommenheit und Moralität, wie es andererseits erst durch Vervollkommnung, d. h. durch Vernunfterkenntnis, gesellschaftlichen Umgang, Gewohnheit und (relative) Moralvorstellungen zustande kommt, durch eine

Entwicklung also, die bereits in einen Zustand der Entfremdung von der natürlichen Vollkommenheit fällt. Das Gewissen ist hier nicht jene wissende richterliche Instanz der Erkenntnis des Guten und Bösen, sondern unmittelbare praktische Handlungsvernunft, die dem Menschen vor jeglicher Reflexion den Habitus eines praktischen Handlungswissens vermittelt.

Welchem Gewissen man sich auch immer anschließen möchte, eines scheint gewiß: Das gute Gewissen gibt es nur als Abwesenheit eines schlechten. Nietzsche wußte daher, woher das schlechte Gewissen kommt. Dazu bemüht er nicht weniger als die ganze Menschheitsgeschichte: Angefangen hat alles damit, daß die Starken stark und die Schwachen schwach waren. Dann folgte eine Phase, in der die Schwachen, die Menschen des Ressentiments, den Starken vorwerfen, sie hätten die Schuld für das Böse in der Welt. Danach taucht auf einmal das schlechte Gewissen auf, das zu sich selbst sagt: »Es ist alles meine Schuld!« Nietzsche zufolge ist das schlechte Gewissen dadurch entstanden, daß sich die Aggressionen und Grausamkeitsinstinkte des Menschen nicht mehr nach außen, in Massakern und Hinrichtungen entluden, sondern gegen sich selbst richteten. Mit dieser Introjektion verbunden ist das Wissen um den gemeinsam verübten Mord am Urvater, an Gott. Somit wird der Mensch nach Nietzsche im schlechten Gewissen Opfer seiner eigenen Grausamkeit, und das schlechte Gewissen richtet sein Leben zugrunde. Es ist der Abgesang des Humanen.

Freud meinte wenig später, daß die Menschen das schlechte Gewissen erwerben, weil sie Eltern haben, die ihnen ihre geheimsten Wünsche verbieten. Insofern wären die Kinder gezwungen, aus Angst vor Strafe sich ein Gewissen zu machen, das das Schlimmste verhütet, also verhindert, daß die Taten geschehen, die sich die Kinder in ihrer Phantasie ausmalen. Weil sie aber – als Jungen – immer noch den Wunsch haben, mit der Mutter zu schlafen und den Vater umzubringen, bleibt das schlechte Gewissen. Ödipus ist eine Tragödie, egal ob man phantasiert oder handelt, das Schuldbewußtsein ist immer vorhanden. Und es wird um so größer, je stärker die asketischen Bestrebungen werden, denn als moralische Instanz im Inneren hat das Gewissen den Überblick über auch noch so geheime Regungen, die gesellschaftlich und moralisch nicht *comme il faut* sind. Glücklich werden wir mit unserem Gewissen sicher nicht. Wenn Nietzsche und Freud unterstellen, daß das schlechte Gewissen im Grunde allgemeingültig sei, unterschlagen sie damit den Fall, daß man ein schlechtes Gewissen haben kann, weil man dem anderen etwas zu verheimlichen hat. In diesem Fall resultieren aus den Gewissensbissen moralische Phänomene wie Nachgiebigkeiten, Rücksichtnahmen, Liebes- und Gunsterweise sowie Selbstlosigkeiten, die man im Falle des guten Gewissens nie erbringen würde.

Warum aber hatte Adolf Eichmann kein schlechtes Gewissen? Hatte er überhaupt eines, insofern das Gewissen etwas mit persönlichem Betroffensein und einem sittlichen Verhaltensanspruch zu tun hat? Oder hatte er lediglich ein autoritäres Gewissen, eines, das lediglich auf Weisung reagierte und sich somit jeder eigenen Beurteilung, jeglicher individuellen Kontrolle oder jedes Widerstands enthielt? Inwiefern macht es Sinn, von ihm als einem Schreibtischtäter mit irregeleiteter Pflichterfüllung oder Kadavergehorsam zu sprechen? Regierte sein Gewissen die Banalität des Bösen? Bildete er vielleicht sogar das Gewissen der Nation? Insofern käme die »Normalität« seines Gewissens vielleicht nirgends deutlicher zum Ausdruck als dort, wo er dem Volk gegenüber davon spricht, dessen Probleme mit rücksichtsloser Härte zu lösen – ein Ausspruch, der bekanntlich keinen Protest seitens des Volkes hervorrief. Was gemeinhin in diesem Zusammenhang als »kategorischer Imperativ für den Hausgebrauch des kleinen Mannes« bezeichnet wird, erschöpfte sich in der buchstabengetreuen Erfüllung verbrecherischer Gesetze, in der die Überzeugung zum Ausdruck kommt, daß ein Mehr in der perfekten Pflichterfüllung wohl das mindeste sei, was man einem Deutschen abverlangen dürfe.

Heute schreitet die Veröffentlichung des Gewissens voran.

Treibt es uns deshalb in Talk-Shows, und sehen wir deshalb gerne die modernen Geständnispraktiken, um unser schlechtes Gewissen zu erleichtern? Woher kommt diese merkwürdige Lust an der öffentlichen Beichte und den mit ihr verbundenen Erniedrigungsprozeduren? Erinnern wir uns, daß Freud schon in den »Studien über Hysterie« von der *talking cure* als »Beichte« des Patienten spricht, in der durch das Geständnis der »geheimen Wünsche« die »Katharsis« der hysterischen Symptome erfolgt. Das Mittel zur Erleichterung des modernen Gewissens ist nach wie vor das Geständnis. Erprobt wurde es zunächst in der christlichen Beichte und der Inquisition. Es lebt fort in der Anamnese im Behandlungszimmer des Arztes und auf der Couch der Psychoanalytiker. Von einem durch die Marter erpreßten wandelt es sich zu einem notwendigen und freiwilligen Geständnis. Vielleicht sind wir so mittlerweile zu »Geständnistieren« (Foucault) geworden, die unablässig ihre Wahrheiten jemandem beichten müssen; unser Gewissen hat regelrecht Lust an der Wahrheit der Lust. Und da das Gewissen der privilegierte Ort des Wissens ist, kann es auch alles preisgeben. Während der Mensch bis zum 19. Jahrhundert lediglich in Beziehung zur Wahrheit stand, ist er jetzt selbst seine Wahrheit. *Io confessio* – so nannte sich eine italienische Fernsehshow: *Ich gestehe*. Allerdings erteilt der Talkmaster, anders als der Priester im Beichtstuhl, keine Absolution.

Unter dem Begriff des Gewissens läßt sich die Fähigkeit verstehen, moralische Werte zu erkennen, zu beurteilen, zu kritisieren und zu verwerfen im Wissen darum, was letztlich für alle gut und böse ist. Dieses Wissen ist – für die säkularisierte Neuzeit – ein subjektives, dessen Selbstverständnis sich unter den objektiven Anspruch stellt, das Gute zu tun. Dabei stellt sich immer wieder die Frage, *was* denn inhaltlich das Gewissen des Einzelnen als das Moralische identifizieren kann, wenn es sich nur durch die formale Struktur der Gewißheit des Universellen charakterisieren läßt. So kann man in der Nachfolge Kants zwar sagen, daß auch die individuellen Gewissen der Idee des kategori-

schen Imperativs im Grunde nur folgen können, wenn sie durch eine gemeinsame, alltägliche weltumspannende Sittlichkeit verbunden sind, die die Verkürzungen der Menschenwürde ansatzweise schon überwunden haben. Allerdings stecken hierin gleichzeitig mehrere Voraussetzungen: a) Alle Menschen beziehen sich auf *eine* (moralische) Realität, b) die für alle *überschaubar,* zugleich c) an sich schon *vernünftig* ist und d) im Hinblick auf eine Vollendung noch *vervollkommnet* werden kann. Dies bedeutet, daß die Menschen immer schon wissen müssen, was moralisch ist, um es dann dem Gewissenskriterium des kategorischen Imperativs aussetzen zu können, denn was unter der »Würde des Menschen« im Einzelfall verstanden werden soll, läßt sich durch die formalen Kriterien des kategorischen Imperativs, Allgemeinheit und Notwendigkeit, eben nicht feststellen. Die Unhintergehbarkeit der subjektiven Moral des Gewissens scheint auf ein Anderes angewiesen zu bleiben - doch dieses muß nicht immer Gott, es kann auch der individuelle Andere oder die Moral einer spezifischen Gesellschaft sein.
Das Leben ist eine Gewissensfrage, allerdings eine solche, die nicht nur durch das Gewissen entschieden werden sollte oder, wie ein kluger Engländer einmal meinte: *I cannot afford to keep a conscience.*

Literatur: *Arendt,* Hannah: Eichmann in Jerusalem. Ein Bericht von der Banalität des Bösen. München 1964. *Foucault,* Michel: Histoire de la sexualité 1: La volonté de savoir. Paris 1976 (dt. Der Wille zum Wissen. Sexualität und Wahrheit I. Frankfurt a. M. 1977). *Freud,* Sigmund/*Breuer,* Josef: Studien über Hysterie. Wien 1895. *Kittsteiner,* Heinz D.: Die Entstehung des modernen Gewissens. Frankfurt a.M. 1995. *Nietzsche,* Friedrich: Zur Genealogie der Moral. Eine Streitschrift. Leipzig 1887 (Kritische Studienausgabe Bd. 5. München 1980). *Schopenhauer,* Arthur: Über die Grundlage der Moral. Frankfurt a. M. 1840, § 13 (Werke in fünf Bänden. Bd. III. Zürich 1988, S. 459-631, 548).

Zum Weiterlesen: *Blühdorn,* Jürgen-Gerhard: Gewissen. In: Müller, Gerhard et al. (Hrsg.): Theologische Realenzyklopädie. Bd. 13. Berlin/New York 1984, S. 192–213. *Fischer*, Franz: Die dritte Position. Texte zum politischen Dialog zwischen Ost und West. Hrsg. v. A. Fischer-Buck. Norderstedt 1990. *Margalit*, Avishai: Ethik der Erinnerung. Max Horkheimer Vorlesungen. Frankfurt a. M. 2000.

→Anständig bleiben →Glücklich sein oder Glück haben →Grausam werden

Glauben

(engl.: *to believe*; frz.: *croire*)

Wer nicht hören will, der muß fühlen, und wer nicht wissen will, der muß glauben. So einfach lauten die Glaubenssätze einer Pädagogik und einer Erkenntniswissenschaft, die beide nicht mehr ganz auf der Höhe der Zeit sind. Hat sich bei ersterer mittlerweile herumgesprochen, daß die strenge Hand kein gutes Argument gegen Taubheit ist, so kann man dergleichen über den Zwang, in einer gewissen Weise zu erkennen, noch nicht uneingeschränkt behaupten. Hier gilt allemal das Wissen als der festere Grund, den man tunlichst nicht verlassen sollte, will man nicht riskieren, in bodenlose Abgründe zu versinken. Wer dennoch glauben will, muß also gewappnet sein, erstens gegen solche Vorhaltungen, zweitens gegen die reale Gefahr dort, wo es keinen Strohhalm objektiver Kriterien mehr gibt, spurlos zu ertrinken, und drittens muß er wissen, an was er eigentlich glaubt. An was glaubt also, wer glaubt? Grundsätzlich bieten sich als Glaubensinhalte wirklich alles oder nichts an: So kann man an den Wirtschaftsaufschwung und den Euro glauben, man kann an die Liebe glauben oder an die Zukunft der Sonnenenergie, und schließlich kann man auch an Gott glauben. Letzteres ist der Glaube, der gemeinhin gemeint ist, wenn von »glauben« die Rede ist.

Wer an Gott glaubt, mutet sich per se mehr zu als die genannten anderen Glaubensbrüder, und das nicht bloß deswegen, weil ein bekannter Philosoph einmal mit dem Satz bekannt wurde, daß Gott tot sei und es folglich in der Richtung gar nichts mehr zu glauben gebe. Wer an Gott glaubt, muß nämlich zuallererst einmal mit sich ins reine kommen und wissen, wen oder was er meint, wenn er an Gott glaubt. Und damit läßt er sich selbst auf eine Debatte ein, in der auch das Wissen vorkommt. Mit dieser inneren Debatte, die zunächst noch völlig unbeeindruckt von den philosophischen Einwänden daherkommt, mutet sich der Gläubige selbst also die Kernfrage seiner Existenz zu, und er wird sie ganz persönlich beantworten: Er wird an Jahwe, den Gott der Dreifaltigkeit, Allah, Buddha oder eine andere Gottesvorstellung glauben und diese Gotteschiffren sowohl mit eigenen wie auch Vorstellungen seiner Religionsgemeinschaft auffüllen. Die Vielfalt der Glaubensmöglichkeiten, die sich auf diese Weise ergeben, neigen schon im Bereich des christlichen Glaubens gegen unendlich, was den einzelnen Gläubigen jedoch nicht davon entlasten wird, daß er wissen muß, an was er glaubt.

Ob er also an den Gott der Gerechten oder den der Gnade glaubt, das ist, hat er sich dazu entschlossen, seine Sache, mit der er dann in dieser oder jener Weise zu tun hat. So erfährt er beispielsweise den Trost »seines« Gottes oder lebt im rastlos-zweifelnden Zwiegespräch mit Gott, der auch in diesem Fall der »eigene« ist, da jede Glaubensbeziehung den Normierungsbemühungen der Religionen zum Trotz individuell ist. Die Privat»sache« Gott mußte indes in Europa erst schmerzlich als solche erstritten werden, sowohl politisch wie auch intellektuell. Beide Kämpfe sind bis heute nicht ausgefochten und drehen sich sowohl um Kruzifixe und Kopftücher wie auch um intellektuelle Redlichkeit. Letztere setzt sich mit einem Glaubensbekenntnis größten Bedenken aus. Denn nach verbreiteter Meinung nimmt, wer glaubt, einen, noch dazu recht waghalsigen, Umweg in Kauf, um zu dem zu gelangen, was man auch mittels eigener Vernunft wissen kann (Lessing). Dieser Weg erscheint vielen nicht nur gefährlich, sondern auch des aufgeklärten

Menschen unwürdig, bedient man sich doch im Sinne Lessings einer Hilfe zum Bergsteigen, wo eigene Kletterkunst angesagt wäre. Daher kann der Gläubige nicht nur einer Schwächlichkeit und mangelnden Zutrauens in der Menschen eigene Kräfte geziehen werden, sondern letztlich auch der Unfairneß, da er den Gipfel nur mit fremder Hilfe schafft. Diese rote Karte kann der aufgeklärte Wissende indes trotz der Lessingschen Vorlage nicht zücken, würde er doch zugleich die Existenz einer Macht einräumen, die anzuerkennen sein wissenschaftliches Glaubenssystem ihm verwehrt.

Statt dessen klagt die Aufklärung nicht nur politisch, sondern auch philosophisch Toleranz ein: Denn vor dem Glauben gebricht es der Anstrengung, die nur Wissen schafft, an Recht, weswegen Kant bereits in der Vorrede zur *Kritik der reinen Vernunft* darlegte, daß er »das Wissen aufheben [mußte], um zum Glauben Platz zu bekommen«. Der Glaube erscheint Kant im Bereich der Sittlichkeit sogar unabdingbar, kann man doch, ohne »das Dasein eines moralischen Welturhebers, d. i. Gottes«, anzunehmen, die moralische Verpflichtung sich nur schwer denken (Kant, *Urteilskraft*). Einen Beweis nach Maßgabe der Kategorien, die Wissen schaffen, kann Kant darin gleichwohl nicht sehen, weswegen der Gottesbeweis und damit die Glaubenslegitimation unabgeschlossen bleiben müssen (Kant, *Urteilskraft*). Aber ist nicht der Gottesbeweis, selbst wenn er mit frommer Energie betrieben wird, ein Unterfangen, das jenseits des Guten liegt? Ist nicht der Glaube per se eine Lebensweise, die sich dem Maß der Vernunft gar nicht unterordnen will? Hat er, wie Pascal mutmaßte, nicht vielmehr mit dem Herzen zu tun, ist er auf jeden Fall nicht angewiesen auf das »Licht der natürlichen Vernunft«, wie es das Erste Vatikanische Konzil behauptete (Wörterbuch)? Demnach verstünde man den Glauben erst richtig, wenn man ihn anerkennte als das, was er sein will: die Anerkennung von etwas, das nicht von dieser Welt ist und das sich nur unvollkommen rational erschließen läßt.

Obgleich aktuelle politische Konflikte gelegentlich daran Zweifel aufkommen lassen, gebietet das Toleranzgebot der Aufklärung, religiösen Glauben niemandem zu verwehren und ihn, glaubend wie er ist, sein zu lassen. Gleichwohl herrscht seit der Aufklärung die Vermutung vor, Glaube sei Aberglaube und der Gläubige somit nicht voll auf der Höhe seiner Zeit. Damit stellt sich auch an den Glaubenden bezüglich seines Glaubens die Sinnfrage. Warum glaubt also, wer glaubt?

Wer glaubt, tritt, egal ob er dies felsenfest, wankend oder verunsichert tut, in eine Welt ein, die die diesseitige hinter sich läßt und in der dementsprechend auch andere Gesetze gelten als die, die von dieser Welt sind. Mit diesen Gesetzen gehen auch Erklärungen einher, und so kann sich der religiös Glaubende in und durch seinen Glauben Gewißheiten versichern, die er in der Welt des Hier und Jetzt vermißt. Glauben schafft also ein Sinnvertrauen, das sich aus einer nicht mehr hintergehbaren Realitätsverdopplung ergibt. Diese wiederum verschafft dem Gläubigen die Möglichkeit, das Endliche aus der Sicht des Unendlichen, das Immanente aus dem Blickwinkel der Transzendenz und das Bekannte aus der Perspektive des Unbekannten reflektieren zu können. Für Sinnlosigkeit bleibt dann kein Platz, da der Glaubende zugleich auf die zwei Seiten der Medaille schauen kann. Die durch jede neue Antwort sich neu stellende Frage an den Sinn des Ganzen, die auf zunehmend höherem Reflexionsniveau zunehmende Ratlosigkeit kann der Glaubende daher gleichsam überspringen, womit er die irritierende Erfahrung eigener Kontingenz bewältigt hätte (Lübbe). Obgleich der Glaube diese Funktion haben kann, die ihm Lübbe zufolge eine Überlebensgarantie gerade in der Wissenschaftsgesellschaft sichert, erschöpft er sich gleichwohl nicht in dieser Funktion. Denn wer nur aus diesem Grunde glaubte, würde zwar, wie die Diskussion um die Placebo-Funktion der Religion bewiesen hat, vielleicht weiterhin glauben können (Lübbe), dies als Gottesfürchtiger jedoch wohl kaum weiterhin tun wollen. Daher treibt den Gläubigen anderes an und um. Aber was?

Die bloße Furcht vor Gott kann es nicht sein, denn wer gottesfürchtig ist, der glaubt ja bereits. Eher schon kann es die Furcht vor dem großen Abgrund sein zwischen der menschlichen Erdhaftigkeit hier und der Transzendenz dort. Dieses verständliche Bestreben erscheint indes zweifach fragwürdig: Erstens wäre auch dieses Motiv nicht frei von nutzenkalkulierendem Gewinnstreben, was Gottes Güte indes wohl verzeihen mag, und zweitens und schwerer wiegend ist alles andere als ausgemacht, daß sich dieser Abgrund überhaupt übersteigen läßt. Denn sind nicht »Gott und Welt, Gott und Mensch einander ganz unähnlich« (Jaspers)? Wenn dem so ist, dann ist es sowohl logisch wie auch ontologisch unmöglich, daß der erlösende Brückenschlag gelingt. Eine jede Beschäftigung mit Gott gebiert somit als Resultat nur das Schaudern sowohl über die eigene Anmaßung, das Undenkbare zu denken versucht zu haben, wie auch dessen substantielle Vergeblichkeit. Diese Erfahrung machte auch Augustinus, der fast aus Verzweiflung, weil er nicht anders kann, Gott anspricht und doch weiß, daß er damit ein Wesen unter Kategorien zu fassen sucht, mit denen es nicht zu fassen ist (Augustinus).

Wie ist dann aber Gottesglaube möglich? Vielleicht kommen im und beim Glauben die Normalsterblichen, d. h. die zur Schau des Übersinnlichen nicht Fähigen, über die Operation mit Chiffren (Jaspers) nicht hinaus? Wie dem auch sei, einfacher wird die Sache auf jeden Fall nicht, braucht man doch so oder so ein ganzes Leben lang, die Geheimnisse des Glaubens zu erkunden, und kommt damit natürlich zwar an des Lebens Ende, nicht jedoch an des Rätsels Lösung. Für den Glaubenden kommt der Zielerwartung keine Bedeutung zu, denn jede, die er ihr gäbe, versetzte ihn bereits in den Zustand des Glaubens. So stellt sich ihm letztlich noch nicht einmal die Warum-Frage, und jede noch so gottesfürchtige Antwort auf den Sinn religiösen Glaubens rationalisiert ein Phänomen, das sich diesem Zugang gerade entzieht. Denn versteht man den Glauben im Sinne Meister Eckharts als ein von Gott entfachtes Feuer, dann macht nicht die Frage, warum man dieses Feuer fühlt, sondern warum man es nicht zu löschen trachtet, alleine Sinn. Allerdings kann sich die so gestellte Warum-Frage bestenfalls an die Nicht-Gläubigen richten.

Für beide, Glaubende wie Nicht-Glaubende, ist indes klar, daß sie ein über weite Bereiche identisches geistiges Leben teilen können (Martini), aber eben nur über weite und nicht über alle Bereiche, denn das Absolute gehört nicht zu den Gemeinsamkeiten. Im alltäglichen Leben wird sich dieser Unterschied innerhalb eines Kultur- und Glaubenskreises kaum auswirken, dafür aber um so deutlicher in den Situationen tiefer Verunsicherung, was zu tun gut, wie zu handeln angemessen ist. Der, der glaubt, und der, der Glauben zumindest für denkmöglich hält, werden sich auf letzte Begründungen ihres Handelns beziehen können, was für den Nichtglaubenden nicht gilt. Zwischen Glauben und Nichtglauben liegen also Welten, deren Differenz in dieser Welt ausgetragen wird. Was das für diese Welt heißt, hat Kolakowski so auf den Punkt gebracht: »Die Frage, was für uns wirklich oder unwirklich ist, entscheidet sich im praktischen und nicht im philosophischen Engagement; das Wirkliche ist, wonach die Menschen sich wirklich sehnen.«

Literatur: *Augustinus:* Confessiones. 397/398, IV, 16 (dt. Bekenntnisse. Zweisprachige Ausgabe. Frankfurt a. M. 1987, S. 183–185). *Eckhart*, Meister: Paradisus anime intelligentis. Predigt XX. 1307 (dt. Deutsche Predigten. Zürich 1999, S. 207 f.). *Jaspers*, Karl: Der philosophische Glaube angesichts der Offenbarung. München 1962, S. 389, 157. *Kant*, Immanuel: Critik der reinen Vernunft. Zweyte hin und wieder verbesserte Auflage. Riga 1787, B XXX (Werkausgabe Bd. III. Frankfurt a. M. 1974, S. 33). *Kant*, Immanuel: Critik der Urtheilskraft. Zweyte Auflage. Berlin 1793, A 424, 448 (Werkausgabe Band X. Frankfurt a. M. 1974, S. 416, 433). *Kolakowski*, Leszek: Religion – If there is no God ... London 1982 (dt. Falls es keinen Gott gibt. München 1982, S. 212). *Lessing*, Gotthold Ephraim: Erziehung des Menschengeschlechts. Braunschweig 1777 (Stuttgart 1994). *Lübbe*, Hermann: Religion nach der Aufklärung. Graz/Wien 1986, S. 219–240, 219. *Martini*, Carlo Maria/*Eco*, Umberto: In cosa crede chi non crede? Rom 1996 (dt. Woran glaubt, wer nicht glaubt? München 1999). *Pascal*, Blaise: Pensées sur la religion et sur quelques autres sujets. Paris 1678 (dt. Gedanken über die Religion und einige andere Themen. Stuttgart 1997, S. 129). *Wörterbuch* der philosophischen Begriffe. Hamburg 1998: Artikel »Glaube«, S. 263.

Zum Weiterlesen: *Hübner*, Kurt: Glaube und Denken. Dimensionen der Wirklichkeit. Tübingen 2001. *Oelmüller*, Willi (Hrsg.): Wiederkehr von Religion. Perspektiven, Argumente, Fragen. München/Wien 1984. *Schleiermacher*, Friedrich Daniel Ernst: Über die Religion. Reden an die Gebildeten unter ihren Verächtern. Berlin 1799. *Sloterdijk*, Peter/*Macho*, Thomas (Hrsg.): Weltrevolutionen der Seele. Ein Lese- und Arbeitsbuch der Gnosis von der Spätantike bis zur Gegenwart. 2 Bde. München 1991.

→Angst haben →Danken →Zweifel und Dummheit

Glücklich sein oder Glück haben

(engl.: *to be happy or to be lucky*; frz.: *être heureux ou avoir de la chance*)

Als das Wünschen noch geholfen hat ... – der Beginn des Märchens signalisiert schon das Ende, an dem die Bösen sich als böse, die Guten als gut und alles sich als gerecht herausgestellt hat: *Don't worry!* Denn irgendwann gilt ganz bestimmt: *Be happy!* Die das Glück verdient haben, weil sie nur gut sein wollten, sind denn auch glücklich, während diejenigen, die an nichts anderes als an sich selbst dachten, mit leeren Händen dastehen: *Buttje, buttje in der See.* Vielleicht gehen die Märchen aber auch nur deshalb glücklich aus, weil sie *aus*- und nicht weil sie *weiter*gehen, was die Frage aufwirft: Was kommt nach dem Glück? Und vielleicht liegt die Tragik der menschlichen Existenz letztlich in der eudämonistischen Paradoxie, daß das Streben nach Glück in der Regel ins Unglück führt. Eine konkrete Anweisung für das Glück wäre insofern nichts anderes als eine »Anleitung zum Unglücklichsein« (Watzlawick). Aber vielleicht stimmt darüber hinaus ja die These, daß der Mensch ein Lebewesen sei, das ausschließlich nach Glück strebe, letztendlich gar nicht.

Beginnen wir also zunächst mit einem anderen Gemeinplatz, der Mensch wolle vor allem nicht unglücklich sein. Dieser speist sich daraus, daß es sinnlos erscheint zu fragen, warum man nicht glücklich werden will oder keine Schmerzen haben möchte. Gibt es für diese Fragen eine Begründung? Wäre diese überhaupt notwendig? Was aber passiert genau, wenn wir glücklich *sind*? Die Skeptiker des Glücks verweisen in diesem Zusammenhang gerne auf den anthropologischen Sachverhalt, daß das Glücklichsein immer irgendwie auch Unglücklichsein bedeutet, zum einen deshalb, weil sich eine Melancholie der Erfüllung einstellt: *Endlich geschafft, was nun?*, zum anderen deshalb, weil sich im Augenblick des Glücksgenusses schon wieder ein neues Ziel zeigt, das die schöne Gemütslage empfindlich trüben kann: *Endlich geschafft, was noch?*

Wenn man also schon nicht sagen kann, was Glück ist, so möchte man doch wissen, wie man denn weniger unglücklich werden kann. Angesichts der Unverfügbarkeit des Schicksals und im Hinblick auf die Endlichkeit menschlichen Lebens wurde das Glück seit der Stoa oft negativ als Abwesenheit und Freiheit *(eleutheria)* von Leiden und Schmerzen in vierfacher Hinsicht definiert, mal als Geistesruhe *(ataraxia)*, dann als Leidenschaftslosigkeit *(apatheia)*, gelegentlich als Schmerzfreiheit *(alypia)* oder auch als Furchtlosigkeit *(aphobia)*. Natürlich geht es der Stoa mit diesen anthropologischen Bestimmungen nicht um das Glück als vollkommene Erfüllung, sondern wesentlich bescheidener um Zufriedenheit auch ohne Erfüllung, eine Zufriedenheit, die sich bis zu einem eudämonistischen Mimimum hin relativieren kann, welches eine Art Grenzwert für den Selbsterhaltungstrieb des Menschen darstellt, den allerdings nur Kafkas Hungerkünstler glücklich erreicht. Und so schätzt man in der Theorie die Auffassung, daß es eine Wechselbeziehung zwischen Leben und Glück geben muß, und zwar dergestalt, daß das erfüllte Leben Dasein, aber auch, daß das Dasein ein gewisses Maß an Erfüllung voraussetzt. Daß dann allerdings Zufriedenheit mehr bedeuten sollte als Glück, kann nur von demjenigen behauptet werden, der sich mit dem Bestehenden arrangieren kann - und von wem kann man das schon behaupten?

Glück, so läßt es sich formal mit einem Wort definieren, zielt auf Harmonie. In der philosophischen Tradition zählen zu dieser Idee der Harmonie auch alle ethischen Versuche seit Platon und Aristoteles, die in der Verklammerung von Moral und Tugend eine Ausgewogenheit, Beständigkeit und Zusammenstimmung des Menschen mit sich selbst behaupten. Glück als Identität verstanden ist insofern ein Vermittlungsbegriff, der sich nicht auf subjektive Empfindung, das Glücksgefühl, noch auf objektiv-weltliche Faktoren, wie äußere Güter und Werte, allein reduzieren läßt. Sowohl voluntaristische Eudämonisten wie (alle) glückselige(n) Tugendwächter irren also. Erstere verkennen nämlich, daß die Definition des Glücks als Befriedigung nicht diejenigen Formen des Glücks erfaßt, die eben nicht durch Befriedigung eines Triebes oder Wunsches entstehen; und sie verkennen darüber hinaus auch die psychologische Tatsache, daß das Glücksgefühl sich nicht zwangsläufig in der Realisierung des Glückszieles einstellt.

Aber auch die Tugendwächter ahnen spätestens seit Hiob, daß es einen unmittelbaren Zusammenhang von Glück und Moral wohl nicht gibt, weswegen sie nicht müde werden zu betonen, es sei besser, unglücklich und gerecht zu sein denn glücklich und ungerecht. Tugend ist mithin weder alleinige Bedingung des Glücks noch Glück allein hinreichendes Kriterium der Tugend. Und so mag denn auch erst das Fressen kommen und dann die Moral. Zugestanden sei hier allerdings, daß es durchaus die Zufriedenheit nach einer guten Handlung oder auch den Mechanismus der »self fullfilling prophecy« gibt, in der die Prophezeiung des Ereignisses zum Ereignis der Prophezeiung führt. So kann etwa der Glaube an eine gute und gerechte Weltordnung zu einer besseren und systematischeren (ordentlicheren) Ausnutzung des Lebens führen. Oder profaner: Indem man sich tugendhaft verhält, entgeht man allerlei strafenden Sanktionen seitens des Staates oder der Gesellschaft und wird in diesem Sinne - relativ - glücklich.

Merkwürdig bleibt dann immerhin der Sachverhalt, daß die Tugendhaftesten das Problem haben, sich selbst für das kleinste moralische Vergehen strengstens abzustrafen: Hier arbeitet die Dialektik des schlechten Gewissens im Dienste der Moral am Untergang des Glücks. Umgekehrt erscheint der moralisch Abgestumpfte als ein echter Glückspilz, denn das Fehlen schmerzender Gewissensbisse bessert die eudämonistische Bilanz bei weitem zusätzlich auf. Betrachten wir dann als letzten Glückstyp noch den religiös-transzendenten, so fällt auch hier eine gewisse Merkwürdigkeit auf. Wenn nämlich die sichere Hoffnung auf das Glück im Jenseits selbst schon im Diesseits bereits Glück bedeutet, so wird der tugendhafte Fromme in der sicheren Überzeugung, dereinst in den Genuß der himmlischen Seligkeit zu kommen, sich schon hienieden eines ganz realen Glücks erfreuen können. Dieses reale Glück wirft dann aber die Frage auf, warum man sich weiterhin nach einem anderen Leben sehnen sollte.

Die größten Spaßverderber des Glücks weisen allerdings darauf hin, daß man es im strengen Sinne überhaupt nicht erleben könne. Denn im Augenblick des Glücklichseins, der subjektiven Erfahrung von Lustempfindung, des Erfülltseins von Freude in einer gehobenen Stimmung - gesetzt den Fall: dies allein wäre Glück - sind wir, strenggenommen, eben nicht glücklich, denn wir wissen nicht um unser Glück, wir können es nicht erleben. Wir sind blind für unser Glück, indem wir glücklich sind. Nicht selten findet man daher in der Literatur die Umkehrschlüsse: Glücklich sein kann nur der, der nichts von seinem Glücke weiß. Indem der Mensch über sein Glück nachdenkt, ist er schon nicht mehr das, was er eigentlich sein will, nämlich glücklich; in der Reflexion über das Glück verflüchtigt sich das

Gesuchte. Oder läßt sich behaupten, daß das Glück mehr ist als nur Lustempfindung und daß gerade in seiner Reflexivität sein eigentliches Merkmal liegt? Ist das Wissen um sein Glück ein notwendiger Bestandteil desselben? Oder aber sind die »wahren« Formen des Glücks, wie Ekstase, Rausch, Meditation, Spiel und Sport, eben solche, die das Denken an und das Wissen vom Glück an sich ausschließen? Sind Glückserfahrungen nicht auch solche, die Wirklichkeit erschließen, statt sie auszublenden?

Diese Fragen leiten über zu dem Problem, wie denn der Mensch Glück hat. Spricht man vom »Glückhaben« und meint damit nicht das Glücksgefühl, das häufig als Lust verstanden wird, so orientiert sich die philosophische Tradition zunächst und zumeist an den Theorien der Reflexion und der Vorstellung; Glück haben bedeutet dann es sehen, es erkennen, es sich einbilden. Doch ist der Zusammenhang von Glück und Kontemplation nicht so eindeutig, wie er zunächst erscheint. Denn man kann sich durchaus fragen, ob es vom Glück eine Vorstellung gibt und ob das Glück reduziert werden kann auf ein Sehen des Glücklichen.

Die Etymologie des deutschen Wortes »Glück« (germ. *lukan* »schließen, verschließen«, bis hin zu »abschließen, beendigen« oder auch im übertragenen Sinne »beschließen, festsetzen, bestimmen«) weist darauf hin, daß sich das deutsche Wort aus einem Rechtswort zu einem theologischen Schicksalsbegriff gewandelt hat. Nicht mehr der Menschenwille, sondern, in der Überhöhung der Rechtssphäre, Gottes Wille oder Schicksalsmächte bestimmen und beschließen das menschliche Los auf Erden. In dieser Transzendierung erscheint das Glück zunächst als das von Gott gesetzte und vorhergesehene Geschick des Menschen, und das meint zunächst: Glück ist ebenso das gute wie das schlechte Geschick. Noch im späten 18. Jahrhundert wird unter Glück auch das widrige Schicksal, das Unglück, verstanden. Erst in den letzten 200 Jahren wird Glück mehr und mehr von einem neutralen zu einem eindeutig positiv besetzten

Begriff, der – unter semantischen Gesichtspunkten betrachtet – selbst noch den Begriff des Unglücks umfaßt, denn Unglück ist die Abweichung von Glück, und selbst im Unglück kann man noch glücklich sein. Oder vielleicht nur dort?
Seit der Aufklärung und ihres anti-theologischen Impulses kommt es zwar nicht zum »Ende des Schicksals«, aber zu einer Verschiebung des Glücks: von Gott, der nach seinem »Tod« aufhört, Macher, Schöpfer, Erlöser und Glücksbringer zu sein, zum Menschen, der nun für Schicksal und Zufall verantwortlich wird. So werden die Menschen selbst mehr und mehr zum »Täter der Teleologisierung des Unglücks« (Marquard), sie werden Täter und Opfer des Glücks und des Unglücks und hoffen doch – wie im Märchen – darauf, daß das Schicksal sie nicht im Stich läßt. Insofern hat der Mensch Glück, wenn er dem schicksalhaften Schuldspruch durch sich selbst entgeht.
Wenn das Glück nicht das glückliche Schicksal sein kann, wie steht es dann mit dem Zufall? Betrachten wir hier, exemplarisch für viele Situationen, den Glücksspieler, von dem man, wie von keinem anderen, vermutet, daß er sich auf den Zufall verläßt, um sein Glück zu machen. Nun glaubt aber der Glücksspieler eben nicht an den Zufall, sondern an sein Glück als eine Art Zeichen von Auserwählung. Der Spieler sucht das Glück in Form einer Kettenreaktion; er möchte es mit Wahrscheinlichkeitsrechnungen erzwingen, möchte die fatalen Verkettungen des Zufalls auflösen, um der auserwählte Glückliche zu sein. Demnach ermöglicht erst das Spiel das Außer-Kraft-Setzen von Zufall und Schicksal und somit Glück.
Die Kardinalfrage scheint allerdings zu sein: Will der Mensch letztlich glücklich werden? Wie steht es um das Modell des »wunschlos Glücklichen«? Stellen wir uns kurz folgende Szenarien vor: Man würde ein Leben als Drogenabhängiger leben, dem es an Stoff nie mangelt, oder ein Leben als euphorischer Wahnsinniger führen; oder man wäre ein Bürger der »Schönen neuen Welt« (Huxley), stetig mit der Glücksdroge Soma versorgt, oder man läßt sich an eine Lustmaschine anschließen.

Warum würde man sich wohl nicht für diese Lebensformen entscheiden? Warum würde man ein solches Leben dem unter eudämonistischen Bilanzkriterien wahrscheinlich wesentlich schlechter abschneidenden »normalen« Leben nicht vorziehen? Nur wer Quantität und Qualität beim Glück nicht unterscheidet, kann ein glückliches Schwein einem manchmal unglücklichen Sokrates vorziehen. Und nur wenn die Menschen im Grunde eigentlich etwas anderes als Befriedigung oder Lust wollen, nämlich lediglich die Möglichkeit zum Glücklichsein, handelt man sich zugleich die Möglichkeit zum Unglücklichsein ein.

Ein Grund zum Unglücklichsein kann bekanntlich auch Zeitmangel sein. Dabei strebt der Mensch nach der doppelten Negation, dem Nicht-Sterblich-Sein unter nicht-sterblichen Bedingungen. Im »Verweile doch, du bist so schön!« Goethes, in der »Lust, die Ewigkeit will« Nietzsches, im »Nunc stans« der Mystiker, der antik-christlichen Idee der Seligkeit, dem Eros Platons und Freuds, der nach Unsterblichkeit strebt, und in der Aristotelischen »theoria« zeigen sich nicht-temporale Glücksmodelle, die den alltäglichen (Zeit-)Lauf der Dinge hinter sich lassen. Glück stellt sich ein in der Flucht aus der Zeit in die Ewigkeit, auf dem Weg zu einer anderen Zeit oder zum Gegenmodell der Zeit.

Der Mensch kann wohl nur ohne Zeit, d. h. gegen sie, oder über sie, und mit ihr nur so, daß er ihrer Herrschaft zerstörerisch sich angleicht, glücklich werden (Theunissen). Er kann sein Glück nur nachträglich oder hoffend genießen, denn der rechte Augenblick verweilt nie und ist immer schon vorbei oder aber noch nicht eingetreten. Wenn die Zeitlichkeit des Menschen sein Leiden ist, dann nimmt es nicht wunder, daß die Modelle vollkommenen Glücks als solche der Befreiung von Zeit gelten. Die Befreiung von Zeit als das Modell der Befreiung vom Leiden ist das Modell des Glücks, weil die Befreiung eine Loslösung von Zeit ist, die als solche nur als einen Augenblick dauernd gedacht werden kann. Denn im glücklichen *kairos*, dem günstigen Augenblick, waltet immer schon der »stumme Todestrieb« der Zeit.

Alles hat also seine Zeit, nur nicht das Glück, denn Glück ist die

Erlösung von ihr. Unter anthropologischen Bedingungen gilt: Wenn das Glück »präsent« ist, ist es nicht ewig; und wenn das Glück ewig erscheint, ist es nicht präsent. Die vollständige Befreiung von der Zeit ist dagegen die Frei-Zeit des Unsterblichen. Das Humane findet sein Ziel im *Transhumanen* - dem Tod des Menschen. Das Ende aller Zeit ist der Übergang des Menschen aus der Zeit in die Ewigkeit; dieser Übergang ist der Tod als »Jüngster Tag«. Der Tod ist die Bedingung der glücklichen ewigen Präsenz, präsenten Ewigkeit des Menschen, denn als Mensch unsterblich zu werden wäre kein Glück. Der Tod und die Frage nach dem Glück erscheinen gleichzeitig und gleich ursprünglich als unvermeidlich und unverfügbar.

Literatur: *Grimm*, Brüder: Kinder- und Hausmärchen. München 1857 (München 1984). *Kafka*, Franz: Der Hungerkünstler. Berlin 1924 (Sämtliche Erzählungen. Frankfurt a. M. 1970). *Marquard*, Odo: Abschied vom Prinzipiellen. Stuttgart 1981, S. 75. *Nozick*, Robert: The Examined Life. Philosophical Meditations. New York 1989 (dt. Vom richtigen, guten und glücklichen Leben. München 1993). *Rescher*, Nicholas: The brilliant Randomness of Everyday Life. New York 1995 (dt. Glück. Die Chancen des Zufalls. Berlin 1996). *Sanders*, Willi: Glück. Zur Herkunft und Bedeutungsentwicklung eines mittelalterlichen Schicksalsbegriffs. Köln/Graz 1965. *Seel*, Martin: Versuch über die Form des Glücks. Frankfurt a. M. 1995. *Theunissen*, Michael: Negative Theologie der Zeit. Frankfurt a. M. 1991. *Watzlawick*, Paul: Anleitung zum Unglücklichsein. München 1983. *Zirfas*, Jörg: Präsenz und Ewigkeit. Eine Anthropologie des Glücks. Berlin 1993.

Zum Weiterlesen: *Bien*, Günther (Hrsg.): Die Frage nach dem Glück. Stuttgart 1978. *Pieper*, Annemarie: Glückssache. Die Kunst, gut zu leben. Hamburg 2001. *Spaemann*, Robert: Glück und Wohlwollen. Versuch über Ethik. Stuttgart 1989. *Tartakiewicz*, Wladyslaw: Über das Glück. Stuttgart 1984. *Zirfas*, Jörg (Hrsg.): Wege zum Glück. Stuttgart 1994.

→Drogen nehmen →Lust empfinden →Vorteile verschaffen

Grausam werden

(engl.: *to be cruel*; frz.: *être cruel*)

Winston Smith befindet sich in Raum 101. Der Raum ist fensterlos, tief unter der Erde, in ihm erwartet er das »Schlimmste auf der Welt«. Das Schlimmste auf der Welt sind für Winston Smith Ratten, die der Folterknecht O'Brien in einem Käfig vor ihm aufgebaut hat. Dieser Käfig ist so konstruiert, daß die Tiere Winston direkt ins Gesicht springen werden, wenn O'Brien die Käfigtür öffnet. Und jeder kann sich ausmalen, wie diese Fleischfresser reagieren werden. Die Moral dieser Grausamkeit besteht in der Lektion, daß Schmerzen aller Art bis in den Tod hinein ertragen werden können, nur das individuell Unerträgliche nicht, hier ist jeder Widerstand zwecklos. Ziel der Folter ist es dabei nicht, irgendeine Information zu erpressen oder Geständnisse zu erzwingen, sondern den Beweis für die Möglichkeit der vollständigen Preisgabe und Auslieferung des Menschen an die Macht zu erbringen. Durch die Brechung des menschlichen Willens angesichts dessen, was diesem am meisten Angst einflößt, liefert sich der Mensch vollständig an diejenigen aus, die ihn zu einem Nichts degradiert haben. Durch das Spielen auf der Klaviatur des Schmerzes und der Angst gelingt es, das Opfer so zu »instrumentalisieren«, daß von ihm nichts mehr übrigbleibt. »›Was Ihnen hier widerfährt, gilt für *immer*‹, hatte O'Brien gesagt« (Orwell). Das Opfer erscheint als animalisches Überbleibsel dessen, was einstmals eine Person war, als ein Nichts, das man im strengen Sinne auch nicht mehr töten kann, während der Folterer bzw. die politische Staatsmaschinerie als göttlicher Befehlshaber über Leben und Tod triumphiert: Grausamkeit als Inszenierung der Unsterblichkeit.

Wer sich auch ganz persönlich etwas von der Grausamkeit verspricht und dazu etwas lernen möchte, der sollte zunächst beim »göttlichen« Marquis de Sade in die Schule gehen. Dieser liefert diesbezüglich Aufklärung *at its best*: Nirgendwo sonst werden einem Mechanismen, Funktionen, Techniken und Modalitäten der Grausamkeit so gut vorgeführt und erklärt, nirgendwo wird genauer benannt, worum es eigentlich geht, nämlich um Subordination, »aus welcher fast aller Zauber der Wollust in der Seele des Peinigers entspringt« (de Sade). Diese poetisch anmutende Stelle, die sich der De-Sadeschen Technik einer Sublimierung des Grausamen durch die Schilderung des Antipodischen bedient, feiert die Grausamkeit als Krönung des Bösen. Das Töten aus reiner Mordlust, die blühende und glühende Phantasie von Foltermethoden und Todesarten sowie das minutiöse Inszenieren eines Schauspiels des Quälens und der Schmerzen dient einzig und alleine dem Zweck, sich an den Schreien und Verstümmelungen der Opfer zu weiden: Grausamkeit als eine Form der Selbstbefriedigung. Man suche also zunächst die richtigen Folterer aus: am besten Menschen, die schon ihrer Menschlichkeit beraubt und auf keinen Fall eines Anflugs von Mitleid fähig sind, geschult in praktischen Übungen und in der Psychologie des Bestialischen - Menschen, die ihre Abschlußprüfung und ihr Gesellen- und Meisterstück der Grausamkeit schon vollbracht haben; als Opfer wähle man, um dem Genuß an der Grausamkeit noch eine Steigerung hinzuzufügen, junge, schöne Menschen aus; nicht nur, weil das Sich-Vergehen-am-Schönen an sich schon befriedigend ist, sondern auch, weil diese, in körperlich guter Verfassung sich befindend, dem grausamen Spiel einen hinreichend langen Atem gönnen.

In Anbetracht der reichen Historie der Grausamkeiten sollte der Meister des Dämonischen schon auf dem neuesten wissenschaftlichen Stand der Foltermethoden sein: Diesem stehen - schon über de Sade hinausgehend - neben den klassischen Praktiken von Schlägen und Verbrennen über die mittelalterlichen Techniken von Wippen, Daumenschrauben und Folterbänken bis hin zu den modernen Errungenschaften psychologischer Provenienz wie Isolationshaft und Schlafentzug oder pharmakologischen Erkenntnissen wie der Injektion von Fäkalstoffen oder technologischer Segnungen wie Elektroschocks ein großartiges Repertoire an Möglichkeiten zur Verfügung. Nun bleibt einem nur noch, einen möglichst abgeschlossenen Raum zu suchen und viel Zeit mitzubringen, und die Prämie der Lust wird wohl kaum ausbleiben. So kann man von den Gladiatorenspielen über die De-Sadeschen Orgien bis hin zu den modernen Konzentrationslagern dieses »Theater der Grausamkeit« (Artaud) im doppelten Sinn als eine Versuchung verstehen. Es *verführt* die Menschen durch seine visuelle und akustische Pracht, durch seine atmosphärische Magie, die Macht über das Leben von Menschen auszuüben, und es *führt vor*, daß Menschen mit den Mitteln der Gewalt versuchen, die Grenzen des Äußersten ständig neu zu bestimmen und jeglichen Damm moralischen Bewußtseins zu überschwemmen. Dafür sind gerade grausame Handlungen wie geschaffen, denn die Grausamkeit ist vor allem eine Metamorphose, in der der Mensch zum Ding und der Leib zum Fleisch wird.

Im Mittelpunkt der Grausamkeit steht der Leib, seine Qualen, Schmerzen und Grenzen. In den absolut grausamen Situationen stellt sich nicht die Frage, inwieweit sich in ihr noch heucheln läßt. Die grausame Situation lügt nicht, sie ist von einer erschreckenden Einfachheit. Das Einklemmen von Organen, das Durchtrennen von Gliedmaßen und das Eindringen in Körperöffnungen läßt keinen Spielraum für Differenzierungen, hier fallen Sinn und Ausdruck vollkommen zusammen. So läßt sich die Grausamkeit philosophisch als Ort der Indifferenz und der Tautologie verstehen, denn hier konvergieren Physik und Metaphysik: Das Leiden ist das Leiden, die Lust, leiden zu machen, ist die Lust, leiden zu machen. Nichts anderes. Der Schrei ist Schmerz, die Folter ist Folter. Die Welt der Grausamkeit ist eine oberflächliche, materialistische Welt, in der der Körper fühlt, leidet und denkt; in ihr ist alles klar geordnet und geht nach exakt instrumentell berechneten Prozeduren vonstatten, hier herrscht die vollendete Unerbittlichkeit, die peinlich genaue Durchführung und die erbarmungslose Entschlossenheit. Und vor allem herrscht die Ewigkeit der grenzenlosen Qual, weil die Grenze des Todes ständig aufgeschoben und somit nicht erreicht wird. Die Grausamkeit ist eine Supplementierung des Todes, weil sie die Gegenwart eines Überlebens inszeniert, das eigentlich schon tot sein sollte und doch noch immer im Meer des Leidens ertrinkt. In diesem systematischen Szenario der Ausdeutbarkeit der Verzweiflung kann der Mensch die Erfahrung machen, daß das Nicht-mehr-leben-Können mit dem Nicht-sterben-Dürfen zusammenfallen kann. Das Opfer ist außer sich und der Welt, verkapselt in einem raum- und zeitlosen Schmerz, verkommen zu einer fensterlosen Monade, dessen einziger Sinn in dem Ausgeliefertsein an den Peiniger besteht. Denn das einfache wie mörderische Gesetz der Grausamkeit lautet, daß das Leben des einen der Tod des anderen ist. Hier und jetzt. Mit gnadenloser Härte wird diese kosmologische Weisheit in Szene gesetzt. Dabei bedarf es des Bewußtseins, denn das Bewußtsein realisiert die Atmosphäre der Angst, antizipiert die Grausamkeit und stellt ihre Wirkungen durch die Inversion des Gemarterten auf sich selbst auf Dauer. Dieses Bewußtsein vermittelt die Botschaft des Sterbens und den Verlust der Integrität des Leibes.

»Daß der Mensch den Menschen, nicht im Zorn, nicht aus Furcht, sondern nur, um dabei zuzuschauen, tötete« (Seneca), galt schon in der Antike als Gipfel der Grausamkeit. Dieser scheint wiederum dann erreicht, wenn das Leiden des anderen nicht nur zur eigenen Luststeigerung und -befriedigung eingesetzt wird, sondern um seiner selbst willen geschieht. Während für de Sade und andere die Bosheit wesentlich »Selbstgenuß« als Lust der Emotion und der Befriedigung in der Ausübung der Macht darstellt, so läßt sich die Grausamkeit auch als narzißtische Befriedigung verstehen, die lediglich nachträglich in der Reflexion die Allmachtssituation noch einmal Revue passieren läßt. Absolut aber wird die Grausamkeit, wenn sie um ihrer selbst willen geschieht, wenn sie *causa efficiens* und *causa finalis* ist, wenn mithin im Grausamen die Weil-Motive mit den Um-zu-Motiven zusammenfallen, Grausamkeit um der Grausamkeit willen begangen wird. Hier inszeniert sich die Gewalt als solche in den Entgrenzungen der Leidenschaften, im geilen

Genuß am Obszönen, im Verlachen des Leidens der Opfer, in der stereotypen Ritualisierung der Exzesse oder auch in der kumpelhaften *communitas* der Schlächter. In der Grausamkeit *per se* scheint der Gipfelpunkt der absoluten Freiheit erreicht, hier hat man Macht über den Tod, hier kann man souverän über die Verschwendung des Lebens bestimmen. Welches Leben dann geopfert wird, ist prinzipiell egal, alle können zur Potentialisierung der Massakrierenden beitragen, die sich selbst nun als reine Kraft und pures Leben wahrnehmen.

Diese Großformen der Grausamkeit lassen allerdings die kleinen Grausamkeiten des Alltags in den Hintergrund treten, wenn nicht in Vergessenheit geraten. Definiert man aber Grausamkeit als mangelnde Sensibilität für das Leiden der anderen, so wird deren immense Bedeutung für unser alltägliches Leben deutlich. Grausamkeit ist dann nämlich das Nichtwahrnehmen der Schmerzen anderer oder kurz: der Mangel an Neugier. Und darüber hinaus läßt sich unter Grausamkeit auch die Demütigung von Menschen verstehen, denen man mit Gewalt ihre traditionellen Strukturen der Sprache und Überzeugungen zerstört, die ihre soziale Identität gewährleisten. Nicht-angeschaut-Werden und Nicht-anerkannt-Werden lassen sich dann demgemäß als Formen der Grausamkeit bestimmen, und diese Formen haben ähnliche Auswirkungen wie das aufwendige Theater der Grausamkeit. Sie entwurzeln Menschen und werfen diese auf sich selbst zurück bis dorthin, wo noch nicht einmal ihre Existenz, geschweige denn ihr Wert irgendeine Rolle spielen.

Und umgekehrt folgt aus dem Mangel an Anerkennung das moralische Postulat der Aufmerksamkeit auf die Existenz des anderen, die Neugier am anderen, die erst die Voraussetzung schafft, um den anderen in seiner Existenz anzuerkennen. So ließe sich so etwas wie moralischer Fortschritt daran bemessen, inwieweit sich eine auf wohlwollender Anerkennung aufbauende Solidarität unter den Menschen ausbreitet, eine Solidarität als Blick auf das Andere und zugleich als »Fähigkeit, immer mehr zu sehen, daß traditionelle Unterschiede (...) vernachlässigbar sind im Vergleich zu den Ähnlichkeiten im Hinblick auf Schmerz und Demütigung« (Rorty). Solidarität erscheint so als Erkennen des Humanen vor dem Hintergrund himmelweiter Unterschiede zwischen den je einzelnen. Die hier angelegte Identifizierung mit den integrierenden Sozialformen wird vor allem dann deutlich, wenn sich ein Angehöriger der eigenen Gemeinschaft Schmerzen, Demütigungen und Grausamkeiten ausgesetzt sieht. Solidarität betrifft aber *auch* jene Form von Öffentlichkeit, die nicht auf der Aufklärung von Vorurteilen oder der Offenlegung einer verborgenen Struktur besteht, sondern durch eine Einbildungskraft eingeübt werden soll, die auf die Fähigkeit abhebt, fremde Menschen überhaupt als *Leidensgenossen* wahrzunehmen.

Dafür gilt es, sich sowohl für die Möglichkeit kleiner Grausamkeiten zu sensibilisieren, die man im Zuge des privaten Strebens nach Glück begeht, ebenso wie für die Entschuldigungen und Ausreden von Grausamkeiten, die von einer bestimmten Gruppe gegenüber anderen plausibel gemacht werden wollen. Der Hintergrund für diese Ethik der Sensibilisierung bildet die Tatsache, daß Grausamkeit oft nicht als solche wahrgenommen wird, weil Menschen andere Menschen überhaupt nicht als Opfer in einem relevanten Sinne wahrnehmen und ihnen als Ungeziefer, Minderwertige, Ausländer, Fremde usw. erst gar keinen vollwertigen moralischen Status zubilligen. In diesem Sinne besteht die wirksamste Methode, Menschen Schmerz zuzufügen, darin, »sie zu demütigen, indem man alles, was ihnen besonders wichtig schien, vergeblich, veraltet, ohnmächtig erscheinen läßt« (Rorty). In der Solidarität mit den anderen geht es dann nicht primär darum, das wiederzuerkennen, was man schon immer mit ihnen geteilt hat, also nicht um ein Sich-Wiedererkennen im anderen, sondern um eine Identifikation mit den »Einzelheiten im Leben anderer«, die dazu führen soll, daß wir das »Wir« trotz der Unterschiede zwischen den Menschen soweit als möglich ausdehnen sollen, um die Integrität des ein-

zelnen zu sichern. Diese Integrität ist nämlich nur dort möglich, wo Grausamkeiten durch Institutionen oder durch Mitmenschen auszuschließen sind. Wenn man Menschen nicht als solche behandelt und sie somit aus der Gemeinschaft aller Menschen ausschließt, so zieht man ihnen den Boden unter den Füßen weg, zerstört ihre Selbstachtung und ihre Selbstkontrolle und stößt sie ins soziale Abseits. Grausame Handlungen zielen somit vor allem darauf ab, den Einzelnen aus seinem Kontext (Mensch, Gemeinschaft, Selbstverhältnis) herauszureißen und somit seine Selbstachtung zu zerstören: Man zerstört mit ihr das Verhältnis zu sich, zu anderen und zur Natur insgesamt.
Wenn aber gilt, daß die durch die Grausamkeit erzielte Demütigung nicht nur auf jemanden abzielt, der demütigungsfähig ist, also auf einen Menschen, so gilt auch, daß in der Situation der Grausamkeit auch die Menschlichkeit des Peinigers auf dem Spiel steht - wenn es denn eine intersubjektiv geteilte Auffassung dessen gibt, was menschlich ist. Grausamkeit als Negation der Integrität und als Ausschluß aus einer spezifischen Gemeinschaft verweist in ihrer Negation auf das, was zwischen dem Demütiger und dem Gedemütigten noch als gemeinsam geteilte Auffassung gelten muß: das Humane. Und so sollten sich nicht nur Folterknechte ihrer selbst einmal durch Aleksander Tišmas *Schule der Gottlosigkeit*, eine Studie des Folterns, vergewissern. Dort wird die Foltersituation als »eine Vereinigung, die sich hinzögerte, aber unweigerlich mit seinem Sieg und der Niederlage des anderen enden würde«, beschrieben. Hier erkennt sich der Folterer nach der Ermordung des Opfers als anderer wieder, nämlich als Mensch, der der Menschenwürde verlustig ging: »Er war entwürdigt, ein Symbol des Verfalls ... Er begann zu begreifen, daß er eine Bestie war, ein abartiges Monstrum, und daß er unmöglich mehr weiterleben konnte wie zuvor« (Tišma).

Literatur: *Artaud*, Antonin: »Le théâtre et son double« suivi de »Le théâtre de Séraphin«. Paris 1964 (dt. Das Theater und sein Double.

Frankfurt a. M. 1979). *Orwell*, George: Nineteen eighty-four. London 1949 (dt. 1984. Frankfurt a. M./Berlin/Wien 1976, S. 260, 266). *Reemtsma*, Jan P. (Hrsg.): Folter: Zur Analyse eines Herrschaftsmittels. Hamburg 1991. *Rorty*, Richard: Contingency, Irony and Solidarity. Cambridge 1989 (dt. Kontingenz, Ironie und Solidarität. Frankfurt a.M. 1992, S. 153, 310). *Sade*, Marquis de: Die hundertzwanzig Tage von Sodom oder die Schule der Ausschweifung. Paris 1785 (Dortmund 1990, S. 70). *Seneca:* Epistulae morales ad Lucilium. Liber XIV. Briefe an Lucilius über Ethik. 14. Buch. Stuttgart 1993, Epistula XC, 90. Brief. *Sofsky*, Wolfgang: Traktat über die Gewalt. Frankfurt a. M. 1996. *Tišma*, Aleksander: Škola bezboznistva. Nolit 1978 (dt. Die Schule der Gottlosigkeit. München/Wien 1993, S. 66, 68).

Zum Weiterlesen: *Margalit*, Avishai: The Decent Society. Cambridge (Mass.) 1996 (dt. Politik der Würde. Über Achtung und Verachtung. Berlin 1997). *Milgram*, Stanley: Obedience to Authority. An Experiment View. New York 1974 (dt. Das Milgram-Experiment. Zur Gehorsamsbereitschaft gegenüber Autorität. Reinbek 1982). *Nietzsche*, Friedrich: Zur Genealogie der Moral. Eine Streitschrift. Leipzig 1887 (Kritische Studienausgabe Bd. 5. München 1980). *Peters*, Edward: Folter: Geschichte der peinlichen Befragung. Hamburg 1991.

→Hassen →Schmerzen haben →Wehleidig sein

Grüßen

(engl.: *to greet*; frz.: *saluer*)

Schon die Frage, *wie* man grüßt, ist gar nicht so einfach zu beantworten. Grüßt man mit einem »Grüezi«, oder hält man es lieber friesisch knapp mit einem »Moin, Moin«, was den Vorteil hat, daß man es auch noch am Abend sagen kann, oder nickt man doch lieber einfach stumm mit dem Kopf? Die Formen des Grüßens sind noch vielfältiger als die Landschaften, gibt es doch alters- und statusabhängige Varianten, die eine so ersprießliche Mischung annehmen können, daß Ungegrüßten und Uneingeweihten völlig zu entgehen vermag, was hier eigentlich passiert. Den Gegrüßten entgeht der Gruß hingegen, ist er aufrichtig gemeint, selten. Sie wissen die Gestensprache zu lesen und vermögen, auch darin haben sie den ungeladenen Beobachtern etwas voraus, sogar zwischen den Zeilen zu lesen: Der Puff in den Oberarm gilt als kumpelhaftes »Hallo«, der Puff gegen die Schulter als riskante Provokation; das »Grüß Gott« bedeutet in Bayern fast nicht mehr als das »Hallo« und kann in der Prenzelberger Szenekneipe so ziemlich alles bedeuten, nur eben keinen Schöpfergruß.

Wer grüßt, sollte also wissen, auf was er sich einläßt, vor allem natürlich sollte er sich mit den Temperaturen auskennen. Einen kühlen Gruß scheuen wir alle mehr als jeden kühlen Wind; den warmen Gruß lassen wir uns dagegen gerne gefallen, und von dem innigen wollen wir erst gar nicht viele Worte machen. Am gelungensten, weil seiner Bestimmung am nächsten, ist der Gruß, der gewechselt wird. Anders als beim Geld geht es nicht darum, aus einer großen viele kleine Münzen zu machen, sondern Gleiches gegen Gleiches einzutauschen. An der Beliebtheit gerade dieser Tauschform zeigt sich die Besonderheit des Grußes, der eine Ökonomie eigener Art begründet: Man erwartet das zurück, was man selber gerne gibt. Man küßt die Wangen und blickt dabei am Blick des anderen knapp vorbei und wäre irritiert, fühlte man sich bei dieser Begegnung durch sein Gegenüber angeblickt. Wer den Händedruck vorzieht, sähe sich ähnlich verunsichert, ob das jetzt ein Gruß gewesen sei, wenn die Hand in der Hand schlaff und das Augenpaar gegenüber geschlossen bliebe. Es hat also alles seine Zeit und seine Form. Aber natürlich hat auch der Gruß seinen Grund.

Zumindest wenn der Gruß ausbleibt, fragen wir uns, was das bedeuten soll. Die Gründe des Nichtgrüßens liegen meist irgendwo in den Tiefen, manchmal allerdings auch offen an der Oberfläche einer menschlichen Beziehung. Vom Grund des Grüßens kann man das nicht sagen. Zwar geben die besagten Grußtemperaturen Auskunft darüber, wie es zwischen denen, die Grüße tauschen, steht, *warum* aber eigentlich gegrüßt wird, läßt sich so nicht erkennen. Uneigentliche Grußgründe liegen ja auf der Hand und haben viel mit Konvention zu tun. In früheren Zeiten überwog die Klugheit, konnte man sich mit einem rechtzeitig bezeigten Gruß doch einen unschönen Konflikt ersparen und dem entgegenkommenden Reisenden schon von Ferne bedeuten, daß man nichts Böses im Schilde führe. Wir halten das übrigens immer noch so und reichen unserem Gegenüber die rechte Hand, die bei den meisten Menschen die starke ist und im Streitfalle diejenige, die die Waffe führt. Wer so grüßt, muß also die Waffe aus der Hand legen und sich dermaßen entblößt ganz in des anderen Hand geben. Aber den Gruß, und hier ist er wieder ganz Konvention, vergaß der Mann von Ehre natürlich auch dann nicht, wenn er seinem Gegenüber zwar nicht nach der Ehre, aber immerhin nach dem Leben trachtete: Duellanten entboten vor dem Waffengang einander einen, wenngleich stummen, Gruß. Hier hat der Gruß also offensichtlich keine pazifizierende Funktion und soll vielmehr einen – möglicherweise letzten – Beweis der Zugehörigkeit zu der anerkannten Grußgemeinschaft liefern. Dieser durch Gruß besorgten Selbstvergewisserung und der Selbstbehauptung der Grußgemeinschaft gegenüber Konkurrenz dienten denn auch die im 20. Jahrhundert endemisch werdenden politischen Grußformeln. Heute lebt er dagegen in seiner kleinen und harmlosen Variante als der Gruß unter Anhängern derselben Sportart fort: im »Hals- und Beinbruch« oder auch im »Give me five« von Jugendcliquen.

Zu welchen Verrenkungen das Grüßen uns verleiten sollte, wollen wir den Ausschluß aus der Grußgemeinschaft nicht riskieren, hat uns Adolph Freiherr von Knigge vorexerziert. Immer freundlich unser Gegenüber zu grüßen kann zu einer rechten Komödie werden. Denn wenn man zufällig am Fenster stehend von einem vorübergehenden Bekannten gegrüßt wird, gebietet es die Höflichkeit nicht nur zurückzunicken, sondern das nach Möglichkeit bei offenem Fenster zu tun, was jedoch – vor allem im Winter - lästig sein kann, weswegen Knigge empfiehlt, sich deutlich fuchtelnd den Anschein zu geben, als wolle man das Fenster öffnen, scheitere jedoch an einem defekten Scharnier (Knigge). Hier folgt der Gruß also wie so häufig strategischen Überlegungen und dem Diktat der Konvention.

Glaubt man jedoch wie Ortega y Gasset, damit den Grund des Grüßens bereits aufgedeckt zu haben, so geht man an dessen Eigentlichem vorbei und würdigt es keines einzigen Grußes. Es geht dem Grüßenden um etwas anderes: Denn wie läßt sich allein strategisch-konventionalistisch erklären, warum Menschen, die miteinander in vertrautem Einvernehmen leben, beispielsweise Ehepartner, sich morgens überhaupt grüßen? Umgekehrt weiß zwar der, der in der Öffentlichkeit eine ausgestreckte Hand nicht ergreift, daß er eine Konvention verletzt, doch nicht dies hat er dabei im Sinn, sondern die Verletzung desjenigen, dessen Gruß er verweigert. Eine solche Verweigerung kann vernichten, in der wilhelminischen Gesellschaft gehörte das Schneiden zu einer der folgenreichsten Verletzungen, die man jemandem zufügen konnte, schlimmer jedenfalls als die körperliche Verletzung im Duell. Umgekehrt will der, der grüßt, zwar nicht gerade dem anderen Leben einhauchen, aber er will doch den anderen beim Leben packen: seine Wange oder Füße küssen, seine Hand schütteln, ihm in die Augen sehen, ihm auf die Schulter klopfen, vor ihm den Hut ziehen. Solche Formen der Begegnung sind, zumal wenn sie mit körperlicher Berührung verbunden sind, zwar in hohem Maße anfällig für Mißverständnisse und können dann, wie Garve zu berichten weiß, noch größeren Unmut auslösen als ein aus der Mode gekommener Rock, gleichwohl hat diese Gefahr den Gruß nicht aus der Welt verabschiedet. Wir grüßen allen Mißfallensgefahren zum Trotz weiter.

Wer grüßt, hat immer den anderen im Sinn, denn sich selbst kann man nicht grüßen. Was mit dem Gruß, und jenseits der äußeren Geste, sich vollzieht, bleibt dabei geheimnisvoll. Vielleicht begreifen wir den Gruß wie im Alten Testament weiterhin als Segen. Beim Niesen jedenfalls wünschen wir dem anderen »Gesundheit« oder ein »God bless you!«. Auch die Redeweise von »Ich grüße dich« ist der Geste und dem Spruch des Segens nachempfunden. Hier spendet man dem anderen etwas, das wie beim Segen die Worte zum Medium eines Gehalts wählt, den man über den Anderen kommen lassen möchte. Die metaphysische Kraft von Grußworten zeigt sich aber am stärksten dann, wenn Grüße ausgerichtet oder gar verschickt werden. Denn im Ritual des Grüßens ist eine Magie am Werke, die eine spezifische Atmosphäre schafft, eine soziale Verbindung herstellt und vor allem das Gegenüber als den zu Grüßenden überhaupt erst hervorbringt. Grüße machen denjenigen, dem sie gelten, zu dem, was er ist: zu einem zu Grüßenden. Solche ausgeschickten Grüße betrachtet man mit gutem Grund als ein Geschick und wähnt häufig mit Recht Unheil, wenn man vergebens auf einen Gruß wartet. Dann zeigt sich entweder, daß über der Beziehung zum Anderen kein guter Stern mehr steht oder daß man selber ins Ungleichgewicht geraten ist. Wenn ein vergessener Gruß so zum Schicksalsschlag wird (Strauss) und der Durst nach Gruß existentiell, erweist das vermeintliche Lebenselixier seinen wahren Charakter als Ehrerbietung und Achtungsbezeugung, die über das übliche Maß der Achtung der Menschenwürde weit hinausgeht (Garve).

Das zeigt sich bereits daran, daß der Gruß eine Geste ist, die nicht zu den negativen, sondern zu den positiven Formen der Anerkennung des anderen gehört und dabei untrennbar eine körperlich-geistige Einheit eingeht. Selbst die schriftliche als die indirekteste Form des Grußes bedarf eines körperlichen Ausdrucks. Da wir allen Menschen Achtung entgegenbringen sollen, aber nicht alle grüßen können, findet im Gruß eine bewußte Auswahl statt, die sich beschränkt auf jene, zu denen wir in eine soziale Beziehung treten. Wer den Rahmen einer solchen Beziehung zu weit spannt und beispielsweise jeden in der Fußgängerzone grüßt, überdehnt den Begriff der Beziehung. Umgekehrt verengt derjenige den Beziehungsbegriff unerlaubt stark, der vorherige Bekanntschaft zur Beziehungs- und damit Grußvoraussetzung macht. So wäre es wohl eher ein Zeichen deliranter Bewußtseinstrübung denn sentimentaler Abgeklärtheit, würde der Wüstenwanderer grußlos an einem Fremden vorüberziehen. Denn nicht nur in der Wüste läßt sich erleben, daß der Mensch in der Begegnung mit dem Anderen aus einer »radikalen Einsamkeit« aufzutauchen vermag (Ortega y Gasset). Die Erfahrung, daß der Mensch »am Du zum Ich« werden kann (Buber), hat etwas Tröstliches, das zu seiner Realisierung den anderen aus dessen Einsamkeit erst erwecken muß. Der Gruß ist eine solche Erweckungsgeste. Da diese Geste kein Gebot verträgt und sie unter der Last von Erwartungen leicht zerbricht und ihr eigentliches Gesicht verliert, wäre es nur zu begrüßen, wäre das Grüßen nicht länger eine Konvention. Denn dann könnte man endlich wieder grüßen.

Literatur: *Buber*, Martin: Ich und Du. Leipzig 1923 (Stuttgart 1983, S. 37). *Garve*, Christian: Versuche über verschiedene Gegenstände aus der Moral, der Litteratur und dem gesellschaftlichen Leben. Breslau 1792 (Popularphilosophische Schriften. 1. Bd. Stuttgart 1974, S. 164 bis 169, 179). *Knigge*, Adolph Freiherr von: Ueber den Umgang mit Menschen. Hannover 1796 (Stuttgart 1991, S. 61). *Ortega y Gasset*, José: El hombre y la gente. Madrid 1957 (dt. Der Mensch und die Leute. Stuttgart 1957, S. 256–264, 247). *Schürmann*, Thomas: Tisch- und Grußsitten im Zivilisationsprozeß. Münster 1994, S. 156–158. *Strauss*, Botho: Die Zeit und das Zimmer. In: Theaterstücke II. München 1991, S. 319–357, 352f.

Zum Weiterlesen: *Braunmühl*, Harald von: Protokollarische Ratschläge. Herford 1978. *Goffman*, Erving: Interaction Ritual. Essays on Face-to-Face Behavior. New York 1967 (dt. Interaktionsrituale. Über Verhalten in direkter Kommunikation. Frankfurt a. M. 1986). *Lévinas*, Emmanuel: En découvrant l'existence avec Husserl et Heidegger. Paris 1967 (dt. Die Spur des Anderen. Freiburg/München 1983, S. 285–294).

→Anständig bleiben →Einsam und allein bleiben →Fremde und Gäste

Hassen

(engl.: *to hate*; frz.: *haïr*)

Gelegentlich hassen wir unser Schicksal, vielleicht einmal ein Tier, in der Regel aber hassen wir Menschen. Weiße hassen Schwarze, Frauen Männer, Inländer Ausländer, Fußballfans der Blauen die der Roten. Kein Gefühl scheint so wie der Haß dafür geeignet, Reflexionen über die *conditio humana* anzustellen, denn kein Gefühl ist so abgrundtief und umfassend. Glaubt man den Pessimisten des freudianischen Lagers, so walten Aggressivität und Haß selbst noch in den zärtlichsten Liebesbekundungen, und folgt man Nietzsche, so ist die Liebe »in ihren Mitteln der Krieg, in ihrem Grunde der *Todhass* der Geschlechter«. Und wenn selbst auf dem Boden der Liebe noch der Haß waltet, so scheint die Maxime von Epiktet nicht nur aus einer anderen Zeit, sondern auch aus einer anderen Welt zu stammen. »Wenn du heftig und in drohender Haltung auf jemanden losgehen willst, dann denke daran, dir zuvor zu sagen, daß du ein friedfertiges Lebewesen bist. Dann wirst du nicht wie ein wildes Tier handeln, sondern leben, ohne etwas bereuen oder wiedergutmachen zu müssen.«

Der Haß zeigt sich in Gesten, in Blicken, oftmals zeigt er sich im Sprechen. Haß läßt also nicht nur körperlich handeln, er läßt auch sprechen und verletzt somit den anderen. Wir verletzen mit Worten, nicht nur, weil wir bestimmte Schimpfworte benutzen, sondern durch die *façon de parler*, die Art und Weise des Sprechens, in der das Gegenüber herabgesetzt und erniedrigt wird. Haßerfülltes Sprechen (Butler) zielt darauf, dem anderen den Boden unter den Füßen wegzuziehen, ihn zu entsichern, ihn seinen Rahmen verlieren zu lassen. Im sprechenden Haß geht es darum, jemandem die Selbstkontrolle zu entziehen, ihn welt- und heimatlos zu machen. Der Haß schafft das, weil er konstituiert, was er konstatiert: Die Unerträglichkeit des anderen wird dadurch bewältigt, daß man diesen zu zerstören sucht. Indem ich den anderen beschimpfe, ihn z. B. als

»Schwein« diffamiere, sinkt er – für mich, aber gegebenenfalls auch für sich – auf die Stufe eines Borstenviehs herab, dessen Wohl und Wehe letztlich nur von meinem »Appetit« abhängig ist. Man erwartet von dem anderen als Mensch nichts mehr, weil der Haß durch seine Gewalt die Möglichkeit der Kommunikation unterläuft. Haß ist ein Verhalten, das dem Gegenüber die Luft zum Atmen nimmt. Er schafft eine vergiftete Atmosphäre durch eine Institutionalisierung des Sprechens in Haßparolen, der sich der andere nicht entziehen kann.

Betrachten wir das Haßobjekt. Dieses ist umgeben von Haß, ja, dieser Haß erschafft erst sein Gegenüber, verleiht ihm eine gewisse Identität und Konsistenz. Der andere, das ist der Resonanzboden haßerfüllter Projektionen, die Fläche, auf der der Haß explodieren kann, damit wir nicht an ihm implodieren. Damit der Haß mich nicht auffrißt, nicht auf mich zurückschlägt, muß ich den anderen hassen. Dazu verschaffe ich mir einen Sündenbock, das perfekte Haßobjekt, denn der Sündenbock, das ist der unschuldige Schädliche. Er wird wegen der Gewalt gegenüber dem Stärksten (dem König) und den Schwächsten (den Kindern) angeklagt, wegen Sexualdelikten verurteilt und wegen religiöser Verbrechen verfolgt. Der Haß fühlt sich hier besonders legitimiert, da der Sündenbock scheinbar die Fundamente der sozialen, moralischen und politischen Ordnung angreift, die Traditionen bedroht und das Überleben und die Zukunft der Gesellschaft in Frage stellt. Wie wundersam sucht sich der Haß gerne ganz spezifische Sündenböcke aus, Menschen mit besonderen Merkmalen, die in der Regel in die Augen stechen: Menschen mit körperlichen und geistigen Mißbildungen, Gehandikapte oder einfach solche mit einer anderen Nasenform. »Beliebte« Haßobjekte rekrutieren sich daher aus Minderheiten, die sich der Diskriminierung und Verfolgung wohl deshalb schon sicher sein können, weil der Haß hier keinerlei Risiko eingeht, was die Vermutung nahelegt, daß der Haß in seinem tiefsten Inneren auch seine Feigheit besitzt.

Menschen, die eine Differenz zum Normalen personifizieren,

beunruhigen: »Jeder sieht doch sogleich, daß das nur die gemacht haben können.« Als solche stellen sie eine permanente Quelle der Beunruhigung dar, verbreiten Angst und Schrecken, indem sie anscheinend die Stabilität des Sozialen untergraben. Entsprechend redet der Haß besonders häufig von einer Vergiftung durch die Sündenböcke. Ganze Bevölkerungsschichten werden von Minderheiten »angesteckt« und »verseucht«; überall dringt die Chemie des Dämonischen in die Verästelungen der Gemeinschaft, auf den keimhaften sexuellen Blutbahnen, über den bösen Blick, den pestilenzialischen Atem oder das heuchlerische Wort. Sündenböcke gleichen einer Epidemie, der man sich mit aller Macht und Entschiedenheit entgegenstellen muß, wenn man diese Giftküche stillegen möchte. Für den Haß sind allemal die Opfer selbst verantwortlich. Und daher bleibt es überflüssig, sich zu fragen, ob die vom Haß erfaßte Krise wirklich real, die Sündenböcke tatsächlich verantwortlich, die Folgen derart total und die angewendeten Mittel notwendigerweise dem Zweck entsprechen, da der Haß selbst Quelle und Katalysator der Anschuldigungen darstellt. Und wer könnte schon daran zweifeln, daß man Haß empfindet? So liefert der Haß seine Legitimation durch Authentizität frei Haus. Daher können sich die Opfer auch unmöglich rechtfertigen, und ebensowenig können die Besonnenen den Hassenden durch Vernunft beikommen, indem sie sie von der Irrationalität ihres Tuns zu überzeugen versuchen, stellt dieses doch selbst den Grund ihres Verhaltens dar. Eben weil das Haßobjekt wie im Falle des Sündenbocks ein Unschuldiger ist, kann sich der Haß nicht eines Besseren belehren lassen.

Der Haß konfrontiert uns mit der Frage nach dem anderen oder mit der Frage, wie es wäre, der andere zu sein (Kristeva); nicht so sehr mit der Möglichkeit, so zu tun, als wäre man der andere, sondern mit der Möglichkeit, seine Stelle einzunehmen, an seiner Stelle zu stehen. Wir verletzen und demütigen mit unserem Haß dasjenige, was wir sein könn(t)en. Wir negieren das, was uns nervt, was uns lästig ist, und das, was wir »weg« haben möchten. Wir akzeptieren dieses Andere, Fremde nicht, sind weder gleichgültig noch cool, sondern stören uns an ihm, wollen es aus dem Land, dem Blick, den Sinnen jagen. Vordergründig entzündet sich der Haß an Kleinigkeiten, Peripherem, doch steht nicht letztlich im Zentrum des Hasses das Leben des anderen, symbolisiert durch sein Antlitz und seine Sexualität? Taucht in diesem Zusammenhang nicht die Leidenschaft auf, Rache an diesem Leben zu nehmen, es zu töten und damit die Grenzen des Humanen neu zu ziehen? Geht es hier nicht um die Ausmerzung von Unordnung, die Beseitigung von Unbestimmtem und Ambivalentem, um die Eliminierung dessen, was sich unserem Weltbild nicht fügt und so auch nicht auf den Begriff gebracht werden kann?

Der Haß schafft klare Grenzziehungen. Hier bin ich, dort bist du: Und weil du dort bist, muß ich dir mit Mißtrauen, Verachtung, Demütigung und Diskriminierung begegnen. Hat, wer Haß empfindet, Minderwertigkeitskomplexe, ja Angst? Ist Angst mithin die Ursache von Haß als Nicht-aushalten-Können von Unsicherheiten und Unbestimmtheiten? Oder ist Haß eine Form der Selbstvergewisserung, insofern er durch das Gefühl der Negation des anderen darauf verweist, daß überhaupt noch ein Ich existiert? Erschafft man sich im Haß selbst um der Negation des anderen willen? Liegt auf dem Boden von Haß der Egoismus, der Sachverhalt, daß ich den anderen als anderen nicht akzeptieren kann, weil ich ihn als solchen überhaupt nicht wahrnehmen kann? Oder ist der Haß deshalb abgrundtief, weil er keinen Boden kennt, der den letzten ausschlaggebenden Grund seiner selbst darstellt? Hassen wir einfach so?

Wie auch immer: Wer haßt, verliert sich an das Gehaßte. Er ist nicht mehr er selbst. Der Haß frißt ihn auf. Ähnlich dem Zustand der Verliebtheit verschwendet der Hassende sich an seinen Gegenstand, und zwar vollständig. Ebendeshalb verliert er mit dessen Vernichtung sich selbst. Nirgendwo wird das deutlicher als im Augenblick des Hasses, in dem der Mensch, durch die Verzerrung des Antlitzes zur Fratze seiner Menschlichkeit beraubt, auf den anderen einschlägt. Denn in der Entladung wird der Haß erst wirklich. In diesem Moment wird die Welt neu geordnet, Grenzen neu gezogen, Traditionen über Bord geworfen. Man legt Feuer an Häuser, um endlich *tabula rasa* zu machen und alles von Grund auf neu zu bauen, man schlägt dem Anderen ins Gesicht, um dessen Blick nicht länger ertragen zu müssen, um sozusagen freie Sicht zu bekommen, und man sticht den Anderen nieder, um dessen Leben auf die Erde rinnen zu sehen.

Der Haß träumt von der reinen Welt, dem großen Gleichmachen und der vollständigen Nivellierung. Daher führt der Haß in den Tod.

Literatur: *Butler*, Judith: Exitable Speech. A Politics of the Performative. New York 1997 (dt. Haß spricht. Zur Politik des Performativen. Berlin 1998). *Epiktet:* Du bist doch kein wildes Tier. In: Epiktet. Teles. Musonius: Wege zum Glück. Hrsg. v. R. Nickel. München 1991, S. 58. *Girard*, René: Le bouc émissaire. Paris 1982 (dt. Der Sündenbock. Zürich 1988). *Kristeva*, Julia: Etrangers à nous-mêmes. Paris 1988 (dt. Fremde sind wir uns selbst. Frankfurt a. M. 1990). *Freud*, Sigmund: Das Unbehagen in der Kultur. Wien 1930 (Studienausgabe Band IX. Frankfurt a. M. 1982). *Nietzsche*, Friedrich: Der Fall Wagner. Ein Musikanten-Problem. Leipzig 1988 (Kritische Studienausgabe Bd. 6. München 1999, S. 15).

Zum Weiterlesen: *Bielefeld*, Ulrich (Hrsg.): Das Eigene und das Fremde. Neuer Rassismus in der Alten Welt. Hamburg 1998. *Dieckmann*, Bernhard/*Wulf*, Christoph/*Wimmer*, Michael (Hrsg.): Violence. Nationalism, Racism, Xenophobia. Münster/New York 1997.

→Angst haben →Grausam werden →Töten

Heilen

(engl.: *to heal*; frz.: *guérir*)

Der Bohemien, Arzt und Schriftsteller Axel Munthe wußte, daß nichts so sehr der Heilung im Wege steht wie das Fehlen einer einigermaßen erschreckenden und insbesondere rätselhaften Krankheit. Und da nicht jeder mit einer solchen Krankheit gesegnet ist, sich viele Menschen geradezu schwerwiegend gesund fühlen, was sie entsprechend leidend macht, erfand der Arzt Munthe eine Krankheit, die es in sich hatte: Colitis. An Colitis hatte bis anhin noch niemand gelitten, und bis zu ihrer Geburt aus der Einsicht Munthes, daß jede Zeit und jede Kultur ihre eigene Krankheit braucht, hatte sie auch noch niemand vermißt oder begehrt. Das sollte sich mit dem Aufkommen jener rätselhaften Krankheit jedoch schlagartig ändern. Paris geriet geradezu in ein rauschhaftes Colitis-Fieber, und wehe dem, der nicht daran erkrankt war. Wenn aber Doktor Munthe sich erbarmte und die erlösenden Diagnoseworte »Colitis« flüsterte, ging es dem gerade an dieser Krankheit Erkrankten bereits sehr gut, denn nun mußte er nur noch geheilt werden, ein Vorgang, der um so heilsamer war, je zögerlicher er zu seinem Ende kam. Wer hinter soviel Krankheit nur Hypochondrie erkennt, ist womöglich noch nie krank gewesen und daher auch noch nie geheilt worden. Heilung ist ein Menschheitswunsch, den zu erfüllen sich zuallererst nicht die Mediziner und ihre Organisationen verschrieben haben, sondern die Priester und ihre Religionen. Wer geheilt wird, ist also wieder gesund an Leib und Seele. Jesus heilte denn auch nicht nur die Kranken, sondern vergab ihnen zugleich ihre Sünden, denn schlimmer noch als unter Krankheit leiden Menschen unter ihren Sünden. Da wir mit unseren Sünden, mag auch jeder etwas anderes darunter verstehen, nicht leben können, weil sie uns bedrücken und belasten, unser Herz zusammenziehen, unsere Haut fahl machen und uns um unseren Schlaf bringen, suchen wir Heilung. Verschaffte solche dereinst noch die Religion und ihre Priester, so sind es heute die Priester in Weiß. Ihrer Profession entsprechend gilt ihre Sorge zunächst der Krankheit, deren Heilung als Läuterung erfahren wird, so als wären uns unsere Sünden vergeben worden. Und als solche belieben wir ja auch mancherlei Krankheitsursache zu bezeichnen. Der Cognac vor, die Zigarette nach dem Essen, das sind unsere »kleinen Sünden«, sie belasten unmittelbar Leber und Lunge, aber auch, denn sonst würde man nicht so darüber reden, das Gewissen. Auch weniger selbstverschuldete Leiden rufen nach Heilung, weswegen es verfrüht ist, die Abschaffung aller Krankheiten zu fordern. Der gesunde Mensch hätte dann nämlich keinen Grund mehr, den Heiler aufzusuchen, und müßte, da er den kirchlichen Priester kaum noch sucht, den medizinischen gleichfalls meiden. Was aber würde dann aus dem Menschen? Die zur Gesundheit Verurteilten würden nicht mehr geheilt und blieben mit ihrem unerfüllten Heilungswunsch alleine.

Was aber sucht der, der um Heilung nachsucht? Neben der bereits genannten Läuterung begehrt er Anerkennung als einer, der etwas braucht und ein Anrecht darauf hat, daß ihm gegeben wird, was er nötig hat. Manchmal tut die Abwendung von Krankheit not, ein andermal die Versicherung, einen neuen Lebensabschnitt erreicht, also erfolgreich eine Initiation überstanden zu haben (Lenzen), oder aber schlicht die Erinnerung, sterblich zu sein. Wer Heilung sucht, ist also ein gläubiger Mensch. Der eine glaubt an das Wasser des Lebens, der andere an den Wein von der Unstrut, der andere an Doktorwein (Uther) und der nächste schlicht an Computertomographie. Aber auch die Heilenden sind selten ganz ungläubig, glauben sie doch ihrem Gefühl, ihrem Lehrer, den Zusicherungen ihrer Pharmaberater, an die Wirkungen des neuesten oder des ältesten Medikaments oder daran, daß die Zeit alle Wunden heilt. Darüber hinaus soll der Glaube an die Heilung ja auch dann helfen, wenn man nicht an die Heilmittel glaubt. Und beide, Heilsuchender und Heiler, wissen, daß sie einander brauchen, daß keiner ohne den anderen bestehen kann. Daher ist die Arzt-Patienten-, die

Anwalts-Klienten- und die Priester-Gläubigen-Beziehung eine besonders intime.

Zentral für diese Beziehungen ist das Vertrauen, auf seiten des Heilsuchenden in die Kompetenz, aber vor allem Seriösität des Heilenden, wobei nichts so sehr das Vertrauen erschüttert wie die Erkenntnis, einem Scharlatan aufgesessen zu sein. Auf der anderen Seite vertraut der Heiler auf die wahrheitsgemäße Unterrichtung durch den Heilsuchenden, insbesondere darauf, daß sein Heilungswunsch auch ernstgemeint ist, denn: Wer nicht geheilt werden will, der kann nicht geheilt werden. Wer aber geheilt werden will, der weiß selbst nicht recht zu sagen, ob es ihm nur um Heilung oder nicht sogar um Heil geht. Und da jede Heilung auch ein Stück Heil sein kann und jedes Heil allemal auch Heilung bedeutet, ist die gängige strikte Trennung zwischen Arzt und Seelsorger (Honnefelder) ein Ideal, das die nichtideale Wirklichkeit leugnet, in der die Menschen leben und die sie fühlen. Und das schafft Konflikte. Ärzte fühlen sich von den Erwartungen ihrer Patienten überfordert, leiden unter der Gewißheit, nur enttäuschen zu können, wie auch Patienten verzweifelt feststellen mögen, nur gesund geworden zu sein, wo sie doch eigentlich ihr Heil hatten finden wollen. So bleibt die Suche nach Heilung und das Verlangen nach Heil oft ein ungestilltes Leid, das dort um Frustrationen gemehrt wird, wo man ihm mit mathematischer Strenge zu Leibe zu rücken versucht. So kann man wie alles selbstverständlich auch Gesundheit messen (Pedroni), indes wird man keinem Menschen damit wohlwollen, der sich vielleicht gar nicht als so krank, aber gleichwohl als dringend heilbedürftig empfindet. Denn selbst wer krank ist, mag Zweifel an der Aussage, daß die Gesundheit »das erste Gut und die Grundlage aller anderen Güter dieses Lebens« sei (Descartes), hegen. Heilungswunsch und Heilssehnsucht verlangen also weniger nach der gesundenden Wirkung der Therapie als nach den Segnungen der Heilenden. Wenngleich jeder letztlich nur durch sich selber wieder gesund werden kann, jede Genesung also eine Selbstheilung bedeutet (Meek), so bleibt sie aus, wenn man glaubt, mit eigenem Segen auskommen zu können. Denn wie für das Verzeihen, so gilt auch für den Segen: Man bleibt auf andere, den, die oder das andere angewiesen. Erst wenn man sich für deren Segen öffnet, kann auch Heilung geschehen.

Solches Ansinnen läuft indes häufig ins Leere, sind doch mit Gott auch alle anderen Heiler aus dieser Welt verbannt. So hält sich zwar mit Mühe und Not noch die auf den medizinisch-therapeutischen Bereich bezogene Bezeichung »Heilwesen«, indes wird man »Heiler« dort vergebens suchen. Sie haben in der modernen Medizin schlicht keinen Platz mehr (Hastedt). Und wo es keine Heiler mehr gibt, kann es auch keine Heilung, geschweige denn Heil geben. Aber ohne diese wird das Leben, ob gesund oder krank, zu einer allzu langen Frist. Wer dennoch Heilung will, muß die Rückkehr der Heiler wollen. Ob die aber wirklich zurückkehren wollen, ist gar nicht ausgemacht, denn wer Heiler werden will, muß den Mut zu seiner eigenen Verwundung aushalten (Frick). Wer Heilung sucht, muß also wissen, daß es Heilung nicht in einer heilen Welt gibt und daß unsere Welt nicht heil ist, obwohl wir sie uns, gleichsam als Verzweiflungstat, doch nur allzu gerne heil wünschen. Und darin liegt ein Segen, denn erst dadurch können wir all die Qualitäten ausbilden, die unsere Welt im Innersten zusammenhält. Denn Wege zur Heilung führen weder zwangsläufig in die Einsamkeit noch in das Vorzimmer eines Spezialisten, sondern zur Anerkennung fremder Abhängigkeit (MacIntyre), welche ihrerseits heilend und heilsam sein kann.

Literatur: *Descartes*, René: Discours de la méthode pour bien conduire sa raison, et chercher la verité dans les sciences. Leyden 1637 (dt. Von der Methode des richtigen Vernunftgebrauchs und der wissenschaftlichen Forschung. Hamburg 1997, S. 101). *Frick*, Eckhard: Durch Verwundung heilen. Göttingen 1996, S. 124. *Hastedt*, Heiner: Das Leib-Seele-Problem im Vorfeld einer Ethik der Medizin. In: Appell, Rainer G. (Hrsg.): Der verwundete Heiler. Heidelberg 1995, S. 122–141, 123. *Hon-*

nefelder, Ludger/*Rager*, Günter (Hrsg.): Ärztliches Urteilen und Handeln. Zur Grundlegung einer ärztlichen Ethik. Frankfurt a. M. 1994, S. 100. *Lenzen*, Dieter: Krankheit und Gesundheit. In: Wulf, Christoph (Hrsg.): Vom Menschen. Handbuch Historische Anthropologie. Weinheim/Basel 1997, S. 885–890, 889. *MacIntyre*, Alasdair: Dependent Rational Animals. Why Human Beings Need the Virtues. Chicago 1999 (dt. Die Anerkennung der Abhängigkeit. Über menschliche Tugenden. Hamburg 2001). *Meek*, George W. (Ed.): Healers and the Healing Process. Washington o. J. (dt. Heiler und der Heil-Prozeß. München 1980, S. 227). *Munthe*, Axel: Boken on San Michele. Stockholm 1930 (dt. Das Buch von San Michele. Leipzig 1931, S. 27). *Pedroni*, Gabriella/*Zweifel*, Peter: Wie mißt man Gesundheit? Basel 1990. *Uther*, Hans-Jörg (Hrsg.): Die schönsten Märchen vom Heilen. München 1998, S. 108.

Zum Weiterlesen: *Beck-Gernsheim*, Elisabeth: Welche Gesundheit wollen wir? Frankfurt a. M. 1995. *Wiesing*, Urban (Hrsg.): Ethik in der Medizin. Stuttgart 2000. *Wyss*, Dieter: Erkranktes Leben, kranker Leib. Von einer organismusgerechten Biologie zur psychosomatischen Pathopsychologie. Göttingen 1986.

→Behindert sein →Glauben →Siechen und Sterben

Heucheln und Schmeicheln

(engl.: *to be a hypocrite and to flatter*; frz.: *faire l'hypocrite et flatter*)

Über den Anfängen liegt in der Philosophie immer ein besonderer Glanz. Die Heuchelei liegt nun nicht nur am Anfang der Menschheitsgeschichte, sondern sie bildet, wenn man es genau nimmt, sogar deren Beginn. Doch zeigt sich am Anfang nicht der Glanz, sondern die Schattenseite des unmoralischen Verhaltens. Verfolgt man die Spur der Heuchelei zurück in ihre Ursprünge, so wird man unweigerlich in der Bibel fündig und hier mit der Situation im Paradies konfrontiert. Dort stellt man vielleicht mit Erstaunen fest, daß die Heuchelei noch vor dem Brudermord datiert. Das Böse, so erzählt es die Genesis, kam durch die arglistige Heuchelei des Teufels in die Welt: »Hat Gott wirklich gesagt: Ihr dürft von keinem Baum des Gartens essen?« (Genesis 1,3). Da aber auch jedes Böse sein Gutes hat, führt die Heuchelei des Teufels unmittelbar zur Erkenntnis und somit dazu, daß Adam und Eva die Augen aufgingen, und »sie erkannten, daß sie nackt waren« (Genesis 1,3). Wenn auch die Heuchelei die Vertreibung aus dem Paradies bedeutet, so gilt doch auch, daß sie den Menschen die Erkenntnis für das Wahre und Wirkliche, Gute und Richtige geöffnet hat. Die Heuchelei ist mithin eine Unwahrheit, die uns hilft, die Wahrheit zu erkennen – die manchmal eine Heuchelei ist. So sind die Heucheleien gelegentlich jene läßlichen kleinen Taten, die etwas Gutes zu stiften vorgeben, die *peccatilli*, die Sündchen, aus denen dann die Bagatellen wurden. Seitdem scheint aber zu gelten, was La Rochefoucauld auf den Punkt bringt: »Die Heuchelei ist eine Huldigung des Lasters an die Tugend.«

Nun führt, wie wir wissen, vom Teufel direkt eine Spur zu jenen Spezies von speichelleckenden Verkäufern, subalternen Beamten, schleimigen Dienstleistern, bigotten Politikern, hochstapelnden Nachbarn, intriganten Juristen und stiefelleckenden Nachwuchswissenschaftlern (um nur diese diabolischen Berufsgruppen zu nennen), deren Genealogie und Moral der Volksmund sehr genau zu benennen weiß, wenn er folgert: »Heuchelmann ist am besten dran« oder: »Schmeichler sind des Teufels Ammen«. Trotz dieses Kaleidoskops abschreckender Gestalten vor Augen, stellt sich durchaus die Frage, ob wir den transparenten Zustand des Paradieses wirklich wieder herbeisehnen und eine hüllenlose Sprache von Engeln sprechen möchten, in der es überhaupt keine Maskierungen, Täuschungen und Verhüllungen gäbe. Vielleicht wäre dieser Zustand der reinen Herzen, der intimsten Vertrautheit nicht nur todlangweilig, sondern auch wahrhaft unmenschlich. Denn die Vorstellung einer *Big-Brother-Society*, in der jeder Täuschungsversuch mit der moralischen Härte einer *moralistic correctness* verfolgt würde, ist wahrscheinlich weniger erstrebenswert, als man denkt, besonders wenn man berücksichtigt, daß diese Form des Sozialen selbst größte Chancen hat, zu einer Institution des heuchlerischen Gesinnungsterrors zu mutieren. Ist also der Mensch, onto- wie phylogenetisch betrachtet, der geborene Heuchler? Und: Ist das vielleicht gut so?

Denn es scheint nicht immer ganz einfach zu sein, dem anderen die Wahrheit zu sagen, und das nicht nur in den Fällen, die sich um Leben oder Tod, sondern auch in denen, die sich um alltägliche Peinlichkeiten drehen. Hier ist eine Fassade sehr wohl angebracht, denn wer sagt denn wirklich seiner Chefin, für wie alt er sie tatsächlich hält oder welchen ästhetischen Genuß ihm die Möbelgarnitur seines Nachbarn bereitet? Und nicht einfach zu entscheiden ist hier die Frage, wen man mit seiner Heuchelei weniger schädigt – sich oder den anderen? Im Heucheln wird jedenfalls deutlich, inwieweit man von der Position des anderen abhängig ist, hier zeigt man sich *cool*, gegebenenfalls über allen moralischen Gesinnungszweifel erhaben und im Sinne des Verantwortungsheuchelns tätig. »Le mensonge n'est un vice quand il fait du mal; c'est une très-grande vertu quand il fait du bien. Soyez donc plus vertueux que jamais« (Voltaire). Umgekehrt scheint dann die moralische Frage zu sein, inwieweit man bereit ist, seinen Willen und sein Denken in dem deutlich zu machen, was man sagt und tut. Sagt man dem anderen, was man von ihm hält, schonungslos und offen, so kann das durchaus dazu führen, selbst als nörglerisch, skeptisch, ja sarkastisch eingestuft zu werden. Und überfällt man den anderen ständig mit dem eigenen Selbst, so könnte das durchaus nicht nur beim Gegenüber zu aufstauenden Aggressionen, sondern auch dazu führen, von diesem mißbraucht zu werden, wovon nicht nur psychoanalytische PatientInnen ein Lied singen können. Es könnte sogar soweit kommen, daß sich die Umwelt daran gewöhnt und daraus die Pflicht erwächst, ständig Rechenschaft über uns selbst ablegen zu müssen, was auf Dauer ziemlich anstrengend sein kann.

Wie zu erwarten, hat sich Kant, was die Heuchelei betrifft, am weitesten aus dem Fenster der moralischen Wahrhaftigkeit gelehnt. Für Kant ist die Heuchelei eine der größten Pflichtverletzungen gegen sich selbst, jedenfalls dann, wenn man sich als moralisches Wesen betrachten möchte. Denn die Heuchelei vernichtet die Menschenwürde und wirft sie achtlos über Bord. Hier, in der Heuchelei, taucht der größte Widersacher der Moral auf, der Widerspruch: Das, was man dem anderen mitteilt, widerspricht dem Denken, und das ist natürlich gleichbedeutend mit dem Verzicht auf die eigene Persönlichkeit. Der Heuchler ist eine Art Odysseus, der in Anbetracht des Zyklopen auf seinen Namen *Niemand* verweist, wobei der Zyklop hier die Moral und Odysseus den arglistigen Menschen verkörpert. Wer sich selbst verleugnet, verleugnet aber auch und zugleich die Menschlichkeit in sich, die auf der »Rechtsquelle« der Wahrhaftigkeit aufgebaut ist. So ist die schädlichste Wahrheit im Sinne der allgemeinen Pflicht des Menschen wie der aus ihr resultierenden Folgen besser als die nützlichste Heuchelei. Was bleibt, ist die Pflicht zur Wahrhaftigkeit in allen Fällen, »die er nicht umgehen kann« (Kant).

Wem die Öffnung dieser kleinen Hintertür der großen Vernunft Kants zu schmal für die moralische Alltagspraxis erscheint, erprobe zunächst die ganze Reihe von Fällen, die die Umgehung der Wahrhaftigkeit durchaus nahelegen. Erwartet man nicht, daß Gesprächspartner ihre authentischen Gefühle einer konventionellen Förmlichkeit opfern und ritualisierte Interaktionen vollziehen, statt sich ständig gegenseitig in die Haare zu bekommen oder um den Hals zu fallen? Führt nicht ein Leben ohne Schmeicheln und Heucheln direkt in den gefürchteten Krieg aller gegen alle? Gleichwohl leben auch soziale Situationen von der Fiktion, daß die anderen von uns erwarten können, daß unsere Behauptungen mit unserem »Sein« übereinstimmen. Das kann so weit gehen, daß wir als aufrichtige Zeitgenossen unsere gesellschaftlichen Rollen schon so verinnerlicht haben, daß wir überhaupt keine Differenz zwischen Sein und

Schein feststellen, während der Zyniker als derjenige erscheint, der weder auf seine Fassade noch auf die Reaktionen der anderen besonders viel gibt. Der Zyniker erscheint - und da hat er in der Philosophie seit den antiken Kynikern, den theoretischen *underdogs*, seine Heimat - als der eigentlich Moralische, da er die sozialen Konventionen im Dienste seiner authentischen Gemütsverfassungen ständig in Frage stellt.

Gehen wir noch einmal an einen anderen Anfang zurück. Die Problematik des Trittbrettfahrers, Schmeichlers und Heuchlers findet sich nicht nur in der Bibel, sondern auch in der Philosophie, genauer in Platons *Politeia* in der Rede des Glaukon, der den vollkommen Gerechten dem vollkommen Ungerechten gegenüberstellt, eine Gegenüberstellung, die auf der Differenz von Sein und Schein beruht. Während der vollkommen Gerechte gut ist, aber im Schein der Ungerechtigkeit stehen kann, kann der vollkommen Ungerechte den »größten Ruf der Gerechtigkeit erworben haben«, obwohl er kein Sein besitzt. Die Gewißheit und Wahrheit des menschlichen Seins läßt sich mithin nur durch ein Wissen ermitteln, das jenseits des Scheins und somit im kosmologischen und theologischen Rahmen verortet werden muß. Von hier aus wird die Identität der Dinge bestimmbar. Warum aber wird der Heuchler von allen Morallehren - besonders im 18. Jahrhundert - erbitterter verfolgt als andere Lasterhafte, obwohl doch der Heuchelei, wie La Rochefoucauld richtig anmerkt, die Verbeugung vor der Moral innewohnt? Der Heuchler, so faßt Hannah Arendt ihre Reflexionen zur Anthropologie des Heuchelns zusammen, »lügt nicht, sondern er ist selbst verlogen, d. h., seine Lügen sind auf ihn selbst zurückgeschlagen, und er ist nicht weniger ihr Opfer als diejenigen, welche er betrügen will. [...] Das Verbrechen des Heuchlers ist, daß er falsch Zeugnis wider sich selbst ablegt« (Arendt). Somit erscheint die Heuchelei als das einzige Laster, hinter der sich keine Integrität mehr verbergen läßt, weil diese durch die Heuchelei selbst zerstört wird. Der Heuchler hat - im Gegensatz zum Lügner - keine Identität, kein eigentliches *ego*, von dem aus er seine Heuchelei als solche entlarven könnte. Der Heuchler löst sich sozusagen in der Heuchelei auf. Er verkörpert die vollständige moralische Manipulation und Perversion und muß deshalb aus einem vollkommen moralischen Staat der Gerechtigkeit ausgeschlossen werden. Das Fehlen einer substantiellen Sittlichkeit im Menschen sowie die Befürchtung, daß solches Verhalten ansteckend wirken könnte, ja, der Gedanke, daß die kleinste anthropologische, moralische, politische oder philosophische Differenz letztlich den Fortbestand der gesamten Gesellschaft gefährdet, bringt Platon schließlich zu jenen berühmtberüchtigten Invektiven gegen die Kunst, die oft nur die falschen Abbilder des richtigen Lebens liefert und somit im Sinne seiner Ideenlehre lediglich den »farbigen Abglanz« (Goethe) und nie das wahre Sein zu vermitteln in der Lage ist.

(Künstlerische) Heuchler und (heuchlerische) Künstler malen mit am Blendwerk des Teufels: Sie müssen daher, theologisch gesprochen, exkommuniziert werden. Denn die Kunst, die Heuchelei und das Lügen beschwören das Chaos herauf; jegliche moralische Ordnung scheint auf schwachen Füßen zu stehen, jegliche Kosmologie geht aus den Fugen, wenn nicht klar ist, was die Sprache des anderen spricht: *Fiat veritas quod pereat mundi*. Es gibt nur eine Wahrheit, aber tausend Verkleidungen. Und dieser Mantel des Scheins zerstört auf die Dauer die einzig wahre Realität, so daß man irgendwann, den Unterschied von Sein und Schein vergessend, den Schein für das Sein hält. Man verkauft sich als moralisch durch die amoralischen Aktivitäten, die dazu dienen sollen, uns den Anschein von Moral zu verschaffen. Der Wunsch, moralisch zu erscheinen, hindert uns dann gegebenenfalls daran, es tatsächlich zu werden.

Aber hätte es nicht durchaus seinen Reiz, in einer Gesellschaft von notorischen Heuchlern zu leben? Wenn moralische Fragen im Grunde immer alles betreffen, das Selbst und das Weltverhältnis, so steht in Frage, für welches Menschen-, Gesellschafts- und Weltbild wir uns tatsächlich entscheiden wollen. Darüber hinaus reklamiert die Moral eine Verbindlichkeit, eine Sicherheit, da vom moralischen Denken und Handeln erwartet wird, sich nicht heute hier und morgen dort einfinden zu wollen. Gerade weil moralische Fragen so fundamental sind, sollten sie eine gewisse Unwandelbarkeit zum Grund haben. Und dazu bedarf es, wenn man so will, einer bestimmten moralischen Veranlagung, die dem Heuchler abgeht. Hier wird in der einschlägigen Literatur zumeist auf Scham, Reue, Entrüstung, Groll etc. hingewiesen. Der Schmeichler und Heuchler, das ist der Schamlose, denn er hat kein Gesicht mehr zu verlieren. Insofern man davon spricht, daß ein Mensch »sein Gesicht verloren habe«, und damit meint, daß dieser Mensch die Achtung anderer, aber auch seine Selbstachtung eingebüßt hat, gilt, daß der Heuchler der Gesichtslose ist: Seine Fähigkeit und sein Willen, die intersubjektiv geteilten Werte und Normen »zu sehen«, scheint suspendiert – und somit zählt er nicht mehr zur moralischen Gemeinschaft. Wenn jemand »sein Gesicht verliert«, so bedeutet dies, daß er nicht in der Lage war, die moralischen Bedingungen wechselseitiger Anerkennung für sich selbst zu erfüllen. Dem Heuchler bringt man daher kein Vertrauen entgegen, eine Haltung, die für sozial-moralische Belange fundamental ist. Zwar kann nur jeder selbst »sein Gesicht verlieren«, doch in der Redewendung, daß »man sich für ihn schämt«, kommt zugleich eine Beschämung der Gemeinschaft über ihr Mitglied und damit auch über sich selbst zum Ausdruck. Und man kann sich fragen, ob nicht die menschliche Eigenschaft der Scham sogar die moralische Äußerung des Menschen schlechthin darstellt. Denn nur wenn man als Mensch einen Wert vertreten möchte, der von allen anerkannt werden kann, wird man nicht zum Heuchler.

Natürlich muß nicht alles, was gesagt werden kann, auch gesagt werden, wenn es denn auch als wahr gesagt werden sollte. Nicht alle Geheimnisse müssen ausgeplaudert, nicht alle verborgenen Gedanken geäußert werden, auch die Wahrheit, und vielleicht gerade die, ist aufdringlich. Denn der, der sagt, was er denkt, ist ein Tor, wenn er glaubt, daß die anderen ihm dieses immer danken. Und vermutlich ist es durchaus sinnvoll, zwischen Absicht und Fahrlässigkeit im Schmeicheln und Heucheln auch einen moralischen Unterschied zu machen. Denn wie man weiß, kann man ja auch mit der Wahrheit jemanden hinters Licht führen. Also auf die Absicht, die Motive des Einzelnen kommt es an. Doch man würde sich, wie Peer Gynt, durchaus wundern, wenn man feststellt, daß hinter allen Schalen und Rollen des Menschen, sozusagen völlig heuchelfrei, es nur eine hohle Stelle gibt. Das Geheimnis des Geheimnisses bestünde dann darin, daß es kein Geheimnis gibt. Und nur ein moralischer Hardliner fordert, daß man diese Tatsache den anderen schonungslos offenlegen sollte.

Literatur: *Arendt*, Hannah: On Revolution. New York 1963 (dt. Über die Revolution. München/Zürich 1994, S. 131 f.). *Dietzsch*, Steffen: Kleine Kulturgeschichte der Lüge. Leipzig 1998. *Goffman*, Erving: The Presentation of Self in Everyday Life. New York 1959 (dt. Wir alle spielen Theater. München 1983). *Kant*, Immanuel: Über ein vermeintes Recht aus Menschenliebe zu lügen. Berlin 1797 (Werkausgabe Bd. VIII. Frankfurt a. M. 1977). *Platon:* Politeia, 369c ff. (dt. Sämtliche Werke 3. Reinbek 1982, S. 106 ff.). *La Rochefoucauld*, François: Réflexions, ou sentences et maximes morales. Paris 1655 (dt. Maximen und Reflexionen. Stuttgart 1995, Nr. 218). *Voltaire*, François Marie: Œuvres complètes. Nouvelle Edition. Bd. 34. Correspondance II (1736–1738). Paris 1880, Nr. 656, S. 153.

Zum Weiterlesen: *Bacon*, Francis: Über Verstellung und Heuchelei (Of Simulation and Dissimulation). In: Essays (1597). Stuttgart 1986, S. 17–20. *Sloterdijk*, Peter: Kritik der zynischen Vernunft. Frankfurt a. M. 1983. *Sommer*, Volker: Lob der Lüge. München 1993.

→Anständig bleiben →Ein Gesicht machen →Sich ein Gewissen machen

Hinsehen oder Neugier

(engl.: *to look or to be curious*; frz.: *aller voir ou être curieux*)

Wie es auch immer mit der Philosophie begonnen haben mag, denkbar wäre, daß derjenige, der als erster Philosoph gelten könnte, seinen Fuß an einen Stein stieß. Daß es der Fuß sein mußte und nicht der Kopf, weil er diesen für das Sehen und das Denken brauchte, ist hier weniger von Belang als die Tatsache, daß dieser Unfall ihn zu folgenden Fragen motivierte: Warum liegt der Stein hier herum, oder warum ist überhaupt etwas und nicht vielmehr nichts? Warum ist der Stein so hart, und was ist das Wesen dieses Steines? Warum bin ich davor gelaufen, bzw. wie sollte ich eigentlich handeln? Stimmt was mit meinen Augen nicht, oder was ist Hinsehen überhaupt? Wir wissen nicht, wie der erste Philosoph diese Fragen beantwortet hat, doch sicher erscheint, daß nicht jeder, der hinsieht, auch etwas sieht. Das mag daran liegen, daß manche philosophieren, wenn sie sich etwas ansehen sollten, oder auch daran, daß Sehen nicht gleich Sehen ist. Denn Sehen ist wahrscheinlich auch immer Übersehen, Versehen und Absehen ebensosehr wie Hinsehen. Beim näheren Hinsehen ist nämlich auch das Sehen selbst problematisch, wenn wir darunter nicht verstehen wollen, daß wir uns etwas daherphantasieren oder etwas in die Dinge hineinprojizieren oder auch durch unsere, gegebenenfalls technisch unterstützte, Art der Wahrnehmung das Wahrgenommene völlig verfälschen wollen. Hinsehen, so könnte man unterstellen, ist als solches der Versuch, so wahrzunehmen, daß der transparente Sehraum das intransparente Gesehene deutlich werden läßt, was natürlich die Frage aufwirft, wie man sehen muß, um sehen zu können.

Folgt man den archäologischen Untersuchungen von Foucault zum ärztlichen Blick, so kann man sehen, daß es zwei paradigmatische Vorstellungen vom Hinsehen gibt: eine, die davon spricht, daß wir etwas sehen, weil die Gegenstände selbst ein Licht ausstrahlen, und eine, die davon ausgeht, daß das Auge

»zum Hüter und zur Quelle der Wahrheit [wird] ... Das ganze Licht ist auf die Seite der winzigen Fackel des Auges übergegangen«. Der ärztliche Röntgenblick durchdringt nun die dunkle Materialität der Dinge: »Öffnen sie einige Leichen« – und zerrt deren Wahrheit erbarmungslos unter die Omnipotenz eines Blicks, dessen Eigengesetzlichkeit auch noch das Individuellste zu begründen in der Lage ist: »Dieser Mensch ist an Krebs gestorben.« Hier reduziert der Blick nicht mehr, sondern produziert die Mannigfaltigkeit des Irdischen, wenn auch vor dem Hintergrund des Todes.
Diesen Sachverhalt kann man nicht nur im Bereich der Medizin beobachten, der mittlerweile dabei ist, die Zonen der Sichtbarkeit weiter über das Leben hinaus zu treiben, sondern vor allem auf dem erkennungsdienstlichen Terrain einer Polizeiwissenschaft nachvollziehen, deren Intention das unsichtbare Erkennen des gläsernen Bürgers darstellt. In der schönen neuen Bilderwelt der Aufklärung, die damit angetreten war, Licht in die hintersten Regionen der Welt zu bringen, herrscht eine Mystik, die von der totalen Be- und Durchleuchtung menschlicher Sachverhalte beherrscht ist. Schritt für Schritt gewöhnt man sich daran, an allen Orten und bei allen Werken, zuweilen auch bei allen seinen Gedanken noch, beobachtet und überwacht zu werden. Daß immer jemand hinsieht, ist eine Erfahrung, die man in der Moderne nicht nur in staatlichen Institutionen wie Gefängnissen und Schulen oder ökonomischen Organisationen und ihren Großraumbüros, sondern mittlerweile ganz privat machen kann: im Reality-TV ganz intim zu Hause. Wenn dabei dann noch immer keiner hinsehen will, dann läßt sich ein Hinsehraum (modern: Container) installieren, der auf jeden Fall die Hinsehquote bringt, wenn diese auch bar jeden Zaubers ist. Denn dieses Hinsehen des Fernsehenden bildet die Umkehrung der Definition der Aura bei Walter Benjamin, der diese definiert hatte als »einmalige Erscheinung einer Ferne, so nah sie sein mag«. Im panoptischen Hinsehen, in dem kein Augenblick unbeobachtet, kein räumlicher Winkel unausgeleuchtet und keine

Geste ungedeutet bleibt, existiert nur noch die technische Reproduzierbarkeit einer Aufdringlichkeit, so fern sie auch sein mag: Transparenz wird zur Obszönität.

Die Aufklärung scheint denn auch die historische Schnittstelle für die Neugier zu sein. Denn die Neugier des Sehens macht als solche nur Sinn, wenn sie nicht darauf angewiesen ist, daß die Dinge etwas über sich selbst sehen lassen, sondern wenn sie als triebhafter Impuls darauf aus ist, sich selbst ihre Objekte zu konstituieren. Das hat Hegel in unnachahmlicher Art in der These ausgesprochen, daß die Begierde nur »durch Aufheben dieses Anderen« der Begierde seiner selbst bewußt wird. Diese Erfahrung, daß die Gier nach dem Neuen des anderen auf den Mangel am Neuen des Eigenen verweist und zugleich auf die Merkwürdigkeit, daß die Begierde als Aufheben des anderen gerade von diesem abhängig bleibt und sie somit immer wieder neu erzeugen muß, kann jede neugierige Nachbarin bezeugen, die ihre Nachbarn verloren hat. Denn diese wird sich, selbst wenn man ihr nicht die Tugend der dazu passenden volksmundlichen Verleumdung »Der Neugierigen Gilde führt Böses im Schilde« attestiert, in einen Zirkel permanent sich wiederholender Mutmaßungen darüber verstricken, warum dieser für sie neue Zustand nun eingetreten sei oder anders: Wer nur Neues begehrt, lebt verkehrt.

Die Neugier erklärt aber, warum der moderne Mensch hinsehen muß, um nicht krank zu werden, und warum er sich gerade und vor allem die Sexualität dafür ausgesucht hat. Und die Geschichte der organischen Verdrängung erklärt, so könnte man mit Freud sagen, warum die Neugier sich vom flüchtigen Geruch zum manifesten Bild des Sexuellen wandelt. Die Lust bekommt einen neuen Rhythmus, sie wird mit dem Sichtbaren verbunden und schließlich – so läßt sich die Geschichte ins 20. Jahrhundert verlängern – von ihr überwältigt: Der Voyeur tritt auf den Plan und vollendet schließlich das Ganze der Lust in der Tätigkeit der optischen Wahrnehmung (Aristoteles). Das Auge als das erhabenste aller Sinnesorgane erzwingt eine »Logik des Blicks«, die zur »Bildfolter« wird: »ein ›hartes‹ Szenario mit stereotypen Vorschriften für Zeigen, das Zur-Schau-Stellen, das Entblößen, das Demaskieren usf., das schließlich nur den Sinn einer Offenbarung von nichts hat« (Kamper).

So verbindet das »sexuelle« Bild eine ganze Kaskade der neugierigen Hinsichten wie: Distanz, Permanenz, Eindringlichkeit, Wunsch, Halluzination, Vorzüglichkeit, Reproduzierbarkeit, Universalisierbarkeit, Aus- und Abwechselbarkeit, Stimulation, Simulation. Dieses Bild impliziert die Welt des schönen Scheins in Pornofilmen, auf Werbeplakaten und in Herrenmagazinen, in der Werbung und im Alltag und huldigt einer Schaulust, die einer Lust zur Zurschaustellung komplementär ist. Das sexualisierte Hinsehenmüssen produziert die Produkte seiner eigenen Neugier. Im postmodernen Zeitalter vollkommener Transparenz, in dem jegliche Hülle gefallen ist, gebärdet sich das Auge, welches sonst nur der Sinneswahrnehmung dient, »bei der Erhöhung seiner erogenen Rolle geradezu wie ein Genitale« (Freud). Die Schaulust wird zur Augenlust, Organlust, der nachzugeben sich das Ich geradezu befleißigen sollte, da es sonst zu einer psychogenen Sehstörung kommen kann. Die (sexuelle) Neugierde des modernen Mensch endet und »vollendet« sich im immer wiederkehrenden Zirkel des pornographisch Neuen, das sich aus dem Uralten des Triebhaushaltes speist. Womit der Mensch, was Hegel wußte, im neugierigen Hinsehen letztlich nur bei sich selbst ankommt.

Gelegentlich ist es daher gut, genauer hinzusehen, worauf und wie man hinsieht, denn dann sieht man nicht nur die Dinge mit anderen Augen (Plessner), sondern auch andere Dinge. So kann es passieren, daß das uns allen immer schon Verständliche zuweilen sich bis zur Unkenntlichkeit dem Unverständlichen annähert. Je genauer man die Dinge zuweilen betrachtet – und das gilt für den Computer ebenso wie für den Geliebten oder den Stein –, desto merkwürdiger blicken diese oftmals zurück. Das Hinblicken reflektiert hier die Unvertrautheit von Welt, die sich bis zu ihrer Absurdität steigern kann, wenn nicht nur der

Computer, sondern auch der Geliebte und der Stein nicht mehr mit einem sprechen. Gerade hierin hat die Philosophie paradoxerweise immer eine Chance gesehen, gemäß dem Diktum, daß gerade das Nichtverstehen Bedingung der Möglichkeit dafür ist, die Welt neu und anders zu begreifen. Man nimmt das Eigene und Vertraute nämlich nur aus der Distanz wahr, was unter anderem Ethnologen dazu veranlaßt, sich der Unbill fremder Völker und Kulturen anheimzugeben, und was vielleicht auch heute noch jene motiviert, die sich auf die Reise in den Weltraum begeben. Der Blick von außen auf das Eigene ermöglicht erst die Wahrnehmbarkeit des Vertrauten als Unvertrautes. Und so enthüllt sich auch die Banalität des Alltags als Makrokosmos der Monstrositäten, denn genauer besehen ist es immer wieder erstaunlich, daß einige Menschen noch miteinander reden, daß Kinder es trotz erbarmungswürdiger Umwelten zu einem anständigen Leben bringen oder daß schlicht der Klempner dann kommt, wenn er sich angekündigt hat. Wer also hinsehen will, muß zum Ethnologen des Eigenen werden, denn nur durch den Umweg über die Entfremdung kommt man schließlich bei sich selbst an: »Das Verstehen wird verstehendes Erkennen, der Ausdruck wird objektiviert, der Schock des Erlebnisses entbindet den Blick: wir sehen mit anderen Augen« (Plessner). Die Schwierigkeit allerdings, daß unsere Wahrnehmungsweisen uns oftmals mit ihrer stummen und unerbittlichen Beharrlichkeit listenreich darüber täuschen, etwas Altes neu gesehen zu haben, kennt die Philosophie ebenso wie die schmerzvollen Anstrengungen, derer es bedarf, um die Loyalität der Sinne aufzukündigen.

Literatur: *Aristoteles*: Nikomachische Ethik, 1174b5 ff. (Philosophische Schriften. Bd. 3. Hamburg 1995, S. 158). *Benjamin*, Walter: Das Kunstwerk im Zeitalter seiner technischen Reproduzierbarkeit (1935). In: Illuminationen. Frankfurt a. M. 1977, S. 136–169, 142. *Foucault*, Michel: Naissance de la clinique. Une archéologie du regard médical. Paris 1965 (dt. Die Geburt der Klinik. Eine Archäologie des ärztlichen Blicks.

Frankfurt a. M. u. a. 1976, S. 11). *Freud*, Sigmund: Die psychogene Sehstörung in psychoanalytischer Auffassung. Wien 1910 (Studienausgabe Bd. VI. Frankfurt a. M. 1982, S. 211 f.) *Hegel*, Georg Wilhelm Friedrich: Phänomenologie des Geistes. Bamberg/Würzburg 1807 (Frankfurt a. M. 1970, S. 143). *Kamper*, Dietmar: Bildfolter. Von der gestörten Liebe zur reibungslosen Sexualität. In: Wulf, Christoph (Hrsg.): Lust und Liebe. München 1985, S. 381–394, 381. *Plessner*, Helmuth: Mit anderen Augen. Aspekte einer philosophischen Anthropologie. Stuttgart 1982, S. 176.

Zum Weiterlesen: *Husserl*, Edmund: Ideen zu einer reinen Phänomenologie und phänomenologischen Philosophie. Erstes Buch. Allgemeine Einführung in die reine Phänomenologie. Halle 1913 (Hamburg 1992). *Foucault*, Michel: Histoire de la sexualité. Vol. 2. L'usage des plaisirs. Paris 1984 (dt. Der Gebrauch der Lüste. Sexualität und Wahrheit 2. Frankfurt a. M. 1986). *Konersmann*, Ralf (Hrsg.): Kritik des Sehens. Leipzig 1997.

Video: *Buñuel*, Luis: Cet obscur objet du désir. Frankreich/Spanien 1977 (dt. Das obskure Objekt der Begierde).

→Alltag →Nachbar(in) sein →Sinnenreize

Eine Identität besitzen

(engl.: *to have an identity*; frz.: *avoir une identité*)

Ein bekannter Sprachwissenschaftler, Ferdinand de Saussure, hat einmal den Vorschlag gemacht, jeden Tag seines Lebens von sich ein Foto zu machen und diese dann nebeneinander an die Wand zu hängen. Reizvoll ist der Vorschlag deshalb, weil man zwischen zwei aufeinanderfolgenden Bildern wohl überhaupt keinen Unterschied feststellen kann, mit Sicherheit aber zwischen dem ersten und dem letzten Bild. Nun kann man darüber philosophieren, was hier zu sehen ist, ob es die Änderung bei gleichbleibender Identität oder aber eine gleichbleibende Änderung in bezug auf eine sich wandelnde Identität ist.

Deutlich wird dabei, daß die Identität etwas mit Wahrnehmung, Bewußtsein und Zeit zu tun hat. Als Ich oder Person gilt nach dieser Definition jemand, dessen Bewußtsein Zeiträume überspannen kann und diese auch in Brüchen, Veränderungen und Bewußtlosigkeiten als identischer »durchhält«. So kann man sich z. B. nach jedem Schlaf darüber im klaren sein, daß derjenige, der gestern abend eingeschlafen ist, genau derjenige ist, der gerade aufwacht, obwohl man bei genauer Beobachtung wohl mehr Differenzen als Gemeinsamkeiten zwischen sich und sich selbst feststellen würde. Daß bewußte Erinnerung Identität gewährleistet und somit den personalen Status des Menschen erst garantiert, ist ein Gedanke, der Personalität nur dem Menschen zugesteht, dessen Bewußtsein sich über eine Zeit erstreckt und so dessen Identität gewährleistet. Und in der Regel gilt: Wehe dem, der dessen nicht fähig ist! Wiewohl diese Regel auch Ausnahmen kennt, zeigt sich an den Blackouts bekannter Persönlichkeiten, deren Personalität dann allerdings nicht in Frage gestellt wird.

Identität läßt sich im allgemeinen als ein Relationsbegriff verstehen, der das Sich-zu-sich-Verhalten als Einheit aller Selbstbezüge umfaßt. Schwierig wird es mit dieser Stiftung, wenn man die Dynamik von Entwicklungen dieser Relation berücksichtigt, wenn mithin Bezüge zu Vergangenheit und Zukunft hergestellt werden. In das Bild der Identität geht immer mehr an Zeit ein, als dieses von sich aus enthält. Bin ich also wirklich der, dessen Bild und Unterschrift in meiner *identity card* für mich einstehen? Oder sollte ich mir doch besser kein Bild von mir machen und keine Autobiographie vorlegen – jedenfalls nicht, bevor ich gestorben bin?

Auf jeden Fall bezeichnet Identität nicht den letzten unhintergehbaren, substantiellen Kern des Subjekts, sondern einen Relationsbegriff, der eine mit den Übergängen zwischen den verschiedenen Lebensformen verbundene Komplexität ausdrückt. Identität bedeutet demnach, sich zu den pluralen Möglichkeiten des modernen Lebens überhaupt adäquat verhalten zu können, und adäquates Verhalten bedeutet, Übergänge gestalten zu können (Welsch): Einmal bin ich Mann, dann wieder Angestellter, schließlich Vater und Sportler, Christ und Wähler usw. Identität ist hier nicht der bereits (immer schon) konstituierte Jongleur der Lebensformen und auch nicht die Möglichkeit, sich als unverwechselbare Individualität auch gegenüber den Rollenzumutungen von Institutionen zur Wehr zu setzen, sondern das Band, das über die Zeiten hinweg den Zusammenhang und die Kontinuität der diversen Subjektivitäten des Menschen bezeichnet. Und hier stellt sich dann die Frage, was den Mann mit dem Angestellten, dem Vater und dem Sportler, aber auch dem Christen und dem Wähler und allen übrigen Identitäten noch verbindet.

Es scheint jedenfalls nicht leicht zu sein mit der Identität. Denn dazu kommt, daß der moderne Mensch und seine *patchwork-identity* sich einerseits als etwas Unverwechselbares versteht: »Ich bin wie kein anderer«, sich dabei aber gleichfalls bewußt ist, daß die Möglichkeiten zu seiner Identitätsstiftung wiederum von allen geteilt werden: »Ich bin wie jeder andere.« Ist nun die Identität bis zur Unkenntlichkeit oder bis zur Kenntlichkeit verwechselbar oder unverwechselbar? Ist Identität nicht letztlich eine Zumutung, wenn man sich vor Augen führt, mit was oder wem man sich alles identifizieren kann und soll: mit dem Geschlecht, der Rolle, dem Status, dem Fremden, der Gemeinschaft, der Kirche, Europa etc.? Und das soll man alles noch auf einen Nenner, Identität genannt, bringen? Wann ist es peinlich, noch vom »Ich« zu sprechen, und wann geht man mit biographischen Einzelheiten dem anderen gar auf den Geist? Spielt Identität damit nur noch in der Beichte, der Psychoanalyse oder der Einsamkeit eine Rolle? Macht es überhaupt noch Sinn, von Identität und Authentizität als einem entscheidenden Lebensziel zu sprechen, wenn man heute fast schon das Geschlecht wechseln kann wie die Kleidung? Ist die Identität als Balance und Integration der antagonistischen sozialen Verhältnisse lediglich eine Ideologie der kapitalistischen Moderne, die wenigstens das Konsumentensubjekt nicht aufgeben möchte? Wie auch immer, dem Begriff der Identität liegt eine - mehr oder weniger - kohärente und kontinuierliche Synthetisierungs- und Integrationsleistung zugrunde, die es dem Individuum erlaubt, zu sich selbst über Räume und Zeiten hinweg »ich« sagen zu können. Dabei kommt die Rede vom Ich erst dann ins Spiel, wenn die bislang unhinterfragten Üblichkeiten keine mehr sind. Kurz und bündig: Wenn ich nicht mehr weiß, was ich will, frage ich, wer ich bin. Ist nun der moderne Mensch eine Selbsthilfegruppe in eigener Person?

In jedem Fall ist Vorsicht angesagt. Denn seit Montaigne ist auf anthropologischer Ebene Selbstbezüglichkeit ein unausweichliches und unabschließbares Theorem, und seitdem muß der, der auf der Suche nach sich selbst ist, damit rechnen, am Ende sich selbst weniger in der Hand zu haben als am Ausgangspunkt und dafür aber beim anderen angekommen zu sein. So offenbart die Suche nach Identität nicht nur, daß der Mensch ein »dividuum« (Nietzsche) ist, das sich durch ein Selbstverhältnis von *I* und *me* (Mead) charakterisieren läßt, sondern daß im Ich, Ego oder Selbst als solchen immer schon eine Differenz am Werke ist. »Die Annahme des *Einen Subjekts* ist vielleicht nicht notwendig; vielleicht ist es ebensogut erlaubt, eine Vielheit von Subjekten anzunehmen, deren Zusammenspiel und Kampf unserem Denken und überhaupt unserem Bewußtsein zu Grunde liegt?« (Nietzsche). Ich erfahre mich also selbst nie als einheitlich präsentes Wesen, sondern muß mich erst in einer nachträglichen Erinnerung und der vorlaufenden Antizipation selbst als Ich konstituieren. Und die Erfahrung der Identität im einheitlichen Sinne ist auch deshalb unmöglich, weil meine Identität immer schon in einer Beziehung zum anderen meiner selbst steht. Ich bin immer - zeitlich, numerisch, objektiv - mehr oder weniger als ich selbst, was den Reden von: »Das bin ich nicht mehr«, »Das bin ich noch nicht« oder »Das bin nicht ich« einen Sinn verleiht. Und nur Gott ist wirklich immer der, der er ist (Exodus 3,14).

Man braucht also das andere, um sich selbst bestimmen zu können. Und die Kehrseite lautet: Je kleiner man selbst zu sein glaubt, desto näher liegt es, die Bedrohung durch den anderen zu vergrößern, eine Theorie, die alle fremdenfeindlichen Parolen bestätigen. Allerdings wird hierin auch die Unmöglichkeit des antiken »gnothi seauton«, des Auftrages, sich selbst zu erkennen, erkennbar. Denn wenn ich immer schon der/das andere bin und wenn dieses andere sich dadurch auszeichnet, daß ich es niemals vollständig werde verstehen können (sonst wäre es ja nicht das andere), so wird es mir auch schwerfallen, mich selbst zu verstehen. Das, was sich in mir abspielt und worauf es anspielt und was es durchspielt, ist nicht vorspielbar wie ein Videoband. Und verifizieren bzw. falsifizieren kann man dieses Material schon gar nicht. Man kommt wahrscheinlich deshalb mit sich so gut klar, weil man sich nicht ständig die Frage stellt, wie man es denn mit sich gemeint habe. Und in der Unkenntnis über dieses Unkenntliche stiftet sich eine »heimliche« Identität, mit der es sich in der Regel gut leben läßt. »Ach wie gut, daß ich nicht weiß, daß ich Rumpelstilzchen heiß'.«

Die Identität moderner Rumpelstilzchen besteht mithin nicht in einem Schnittpunkt zwischen den verschiedenen Rollen (Vater, Angestellter usw.) und primär auch nicht in der Individualität im Sinne einzigartiger Selbstheit, sondern in einem »Rhizom« (Deleuze/Guattari), einem Geflecht von Verweisungszusammenhängen, deren »Tiefe« und »Innerlichkeit« in ihrer Oberflächlichkeit besteht. Irgendwann ist man irgendwie mit irgendwem und irgendwas irgendwo bei sich selbst verknüpft. Die Idee dieser rhizomatischen Irgend-Identität ist nicht Ausdruck der Idee, daß man von einem identischen Zentrum lediglich weggehen müsse, sondern bezeichnet die Verabschiedung der Idee, daß es überhaupt ein Zentrum und einen Anfang gibt. Denn wo fängt meine Identität an: vor der oder bei der Geburt, mit Erwachen des Bewußtseins, meinem Ödipuskomplex oder beim Kauf meines ersten Autos? Und was macht meine Identität aus: der Beruf, die Kleidung, das Hobby, das Denken (!) oder daß ich immer Angst vor Spinnen habe? Insofern verweist die Idee der Identität als Rhizom nicht auf eine prinzipielle Einheit, sondern auf Dimensionen diverser kontingenter Zeichensysteme, auf Linien und Spuren von Segmentierungen und Schichtungen von Menschen, Situationen, Handlungen und Wertigkeiten. Der Mensch erscheint so als Chamäleon, denn er ist ein »Geschöpf, das kein deutlich unterscheidbares Bild besitzt«. Und zwar deshalb, weil »der Vater gleich bei seiner Geburt die Samen aller Möglichkeiten und die Lebenskeime jeder Art« in die Menschen hineingelegt hat. Und so stellt sich die Frage: »Wer möchte nicht dies unser Chamäleon bewundern?« (Pico della Mirandola).

Wie auch immer ist das Chamäleon Mensch auf das Erscheinen und die Bedeutung des anderen verwiesen. Verfolge ich aber das andere oder den anderen in mir selbst, so taucht die Rede von der Gerechtigkeit im Sinne einer Anerkennung dieses anderen auf. Diese Gerechtigkeit ist als Erfahrung des Unmöglichen die Erfahrung einer Aporie, weil sie eine Entscheidung für sich und den anderen fällen muß. So gehört die Erfahrung der Identität zu einer »*Erfahrung des Unmöglichen* ..., wenn sie denn gleichermaßen *sich selbst und dem anderen* genügen soll« (Derrida). Weil man aber sich und dem anderen gerecht werden soll und weil Identität damit eine Erfahrung des Unmöglichen ist, stellt sie im klassischen Sinne die *tragische Erfahrung* der modernen Lebenskunst dar.

Literatur: *Deleuze*, Gilles/*Guattari*, Félix: Rhizome. Introduction. Paris 1976 (dt. Rhizom. Berlin 1977). *Derrida*, Jacques: L'autre cap suivi de la démocratie ajournée. Paris 1991 (dt. Das andere Kap. Die vertagte Demokratie. Zwei Essays zu Europa. Frankfurt a. M. 1992, S. 36). *Lévinas*, Emmanuel: Ohne Identität (1970). In: Humanismus des anderen Menschen. Hamburg 1989, S. 85–104. *Nietzsche*, Friedrich: Nachlaß 1884–1885 (Kritische Studienausgabe Bd. 11. München 1999, S. 650). *Pico della Mirandola*, Giovanni: De hominis dignitate. Bologna 1496 (dt.

Über die Würde des Menschen. Zürich 1988, S. 10–12). *Taylor*, Charles: Sources of the Self. Cambridge (Mass.) 1989 (dt. Quellen des Selbst. Die Entstehung der neuzeitlichen Identität. Frankfurt a. M. 1999). *Welsch*, Wolfgang: Identität im Übergang. In: Ästhetisches Denken. Stuttgart 1993, S. 168–200.

Zum Weiterlesen: *Böhme*, Gernot: Identität. In: Wulf, Christoph (Hrsg.): Vom Menschen. Handbuch Historische Anthropologie. Weinheim/Basel 1997, S. 686–697. *Brasser*, Martin (Hrsg.): Person. Philosophische Texte von der Antike bis zur Gegenwart. Stuttgart 1999. *Frisch*, Max: Mein Name sei Gantenbein. Frankfurt a. M. 1964. *Musil*, Robert: Der Mann ohne Eigenschaften. Berlin 1930 (Reinbek 1978).

→Egoistisch sein →Einsam und allein bleiben →Ein Gesicht machen

Den Klüngel pflegen

(engl.: *foster the Klüngel*; frz.: *entretenir le Klüngel*)

Will man das Besondere am Klüngel erkennen, muß man ihn von der Seilschaft und dem Nepotismus unterscheiden. Für den Nepotisten gilt, daß er (nur) seine Verwandtschaft und seine Schwägerschaft begünstigt. Der Seilschaftler ist jemand, der gelegentlich den anderen »hängen« läßt, um ihn dann zu sich »herauf«zuziehen. Der Klüngeler ist schließlich derjenige, der immer den eigenen Vorteil im Auge und die Bitte des anderen im Ohr hat. Während so der Nepotist sich manches Mal Ratten im Keller statt Verwandte im Haus wünscht und der Seilschaftler gelegentlich mit der gesamten Mannschaft den Berg räumen muß, ist der Klüngeler immer ein sinnenfroher Moralist. Nie auf sich allein gestellt, praktiziert er eine Moral der unmittelbaren Reichweite, denn er hört auf diejenigen, die ihm nützen, und schaut dabei geflissentlich über diejenigen hinweg, denen er aus den hehren Gründen einer weltumspannenden Solidarität behilflich sein sollte. Und besonders wichtig ist ihm, daß er die nicht riechen kann, die nicht im Klüngel sind. Mit einem Wort: Der Klüngel ist die moralische Praxis der gemeinschaftlich-egoistischen *Eigeninteressen.* Der Klüngel steht immer auf der Seite der Seinen. Er ist die personifizierte Umkehrung von Groucho Marx: Er würde nur dem Club beitreten, in dem er schon Mitglied ist.

Historisch zeichnet sich der Klüngeler durch eine besondere Wesenhaftigkeit aus. Zwar ahnte man schon in der Antike, daß der Mensch »von Natur aus« ein *zoon politikon* sei, also so etwas wie ein gemeinschaftsorientiertes Wesen, keinen Begriff machte man sich jedoch davon, daß dieses *zoon* das Politische und die damit verbundene Moral des Ganzen insgesamt eher in Zweifel ziehen könnte. Der Klüngel bevorzugt aber gerade die »dicke« Moral eines unmittelbaren Lebenszusammenhanges kleiner Gemeinschaften zum Nachteil einer »dünnen« verfahrensethischen liberalistischen Moral großer Gesellschaften. Insofern vermittelt er seinen Mitgliedern in der modernen Situation jene Stützen, die ob der moralischen Unübersichtlichkeit und einer anthropologischen Überforderung der Menschen durch die moderne Massenkultur, das juristische Anspruchsdenken und die Konsumgesellschaft schon lange nicht mehr bereitgestellt werden. Und er vermittelt jene Stützen, die den einzelnen im moralischen Nahraum stabilisieren, durch die Erfahrung des guten alten *do ut des*, man gibt, um etwas wiederzubekommen; und man bekommt etwas zurück, weil man irgendwann auch einmal etwas gegeben hat. Diese subtile erfahrungsgesättigte ökonomische Moral beherrscht der Außenstehende naturgemäß nicht.

Das richtige Leben des Klüngels ist mithin ein Leben in der und für die Gemeinschaft, mit einer Vielzahl an gemeinsam geteilten Ge- und Verboten, einem System moralischer Werte und gemeinsamen Lebenserfahrungen. Hier ist die Moral noch unmittelbar erfahrbar. Sie ist zum einen unmittelbarer Ausdruck eines menschlichen Bedürfnisses nach Nähe, Geborgenheit und Überschaubarkeit, und zum anderen formuliert sie die für die soziale Praxis und die moralischen Probleme notwendigen Handlungsmaximen und Tugenden, wie: Gemeinsinn, Solidarität, Mitmenschlichkeit, Verantwortung sowie Pflegen, Bewahren und Behüten gemeinsamer Traditionen – jedenfalls soweit der Klüngel reicht. Denn der implizite moralische Grundgedankengang des Klüngels umfaßt wenigstens sieben Momente: 1. Der Klüngel ist eine Wertegemeinschaft, die das Eigeninteresse gegenüber dem Fremdinteresse zum obersten kategorischen Imperativ macht: Handle stets so, daß die Maximen deines Handelns jederzeit das Glück des Klüngels mehren. 2. Gelegentlich ist es wichtiger, die gemeinsamen Werte als wichtiger zu erachten als die Rechte der Mitglieder gegenüber dem Klüngel. Damit favorisiert er 3. die kommunitären Verbindlichkeiten gegenüber den individuellen Freiheiten. Und so gilt er 4. als soziales Netzwerk wechselseitiger, interpersonaler Beziehungen, die vor allem als moralische Instanz und ökonomische Institution – in der Familie, der Nachbarschaft oder am Arbeitsplatz – die wichtigste und permanente Quelle der moralischen Orientierung der Individuen gewährleisten soll. 5. Der Klüngel hält an der Einheitlichkeit seines nie so genau umrissenen Wertehorizonts gegenüber einem ihm fremden Wertepluralismus fest. 6. Ihm kommt als moralische Instanz auch das Recht und die Pflicht zu sozialem Druck zu: etwa durch Appelle, durch Veröffentlichung unmoralischen Verhaltens und Überwachung die für die Gemeinschaft konstitutiven Vorstellungen und Praktiken sicherzustellen. 7. Der Klüngel ist das richtige Leben im falschen, und dort ist er, wenn er ist, überall, oder er ist gar nicht.

Dabei ist der Klüngel darauf angewiesen, daß es den Nicht-Klüngel gibt. Auf jeden Fall darf es nicht zur Amerikanisierung des Klüngels kommen, wie ihn im Jahre 1835 Alexis de Tocqueville, einer der kommunitären Urväter, nach seiner Amerikareise beschrieb: »Es wird also eine Zeit kommen, da werden in Nordamerika einhundertfünfzig Millionen gleicher Menschen leben, der gleichen Familie angehörig, gleicher Herkunft, gleicher Kultur, gleicher Sprache, gleicher Religion, gleicher Gewohnheiten und gleicher Sitten; sie werden gleichförmig denken, und ihr Denken wird sich in den gleichen Farben malen. Alles übrige ist zweifelhaft, dies ist sicher« (Tocqueville). Sicher ist, daß für den Klüngel die Differenz zu den Fremden konstitutiv ist. Der Fremde erscheint diesem als ein Archetyp der wurzellosen Universalität, als ein Exilant des Globalen und Relativen, als ethische *displaced person*. Dagegen beharrt der Klüngel auf seiner spezifischen individuellen *corporate identity*, die eben nicht in der sie umgreifenden Identität der geteilten Überzeugungen und Institutionen der jeweiligen Gesellschaft aufgeht, sondern als Kontinuum von egoistischen und altruistischen Motiven eine Moral der Heimat repräsentieren soll.

Daher ist diese Form der Gemeinschaft für den Klüngel zweifelsohne *der* Ausdruck von Sittlichkeit, mit einem Wort, der Klüngel ist *das* Gute. Darüber hinaus ist er davon überzeugt, daß diese Sittlichkeit als im Prinzip vollkommen betrachtet werden muß, so daß von ihr aus jegliche Abweichung als unmoralisch gelten muß. Der Klüngel ist zwar keine geschlossene Anstalt, doch eignet ihm eine gewisse moralische Hermetik, insofern er selbstredend alle menschlichen Tätigkeiten einschließt, die den Anforderungen der eigenen Sittlichkeit nicht widersprechen.

Literatur: *Brumlik*, Micha/*Brunkhorst*, Hauke (Hrsg.): Gemeinschaft und Gerechtigkeit. Frankfurt a. M. 1994. *Etzioni*, Amitai: The Spirit of Community. Rights, Responsibilities, and the Communitarian Agenda. New York 1993 (dt. Die Entdeckung des Gemeinwesens. Das Programm des Kommunitarismus. Frankfurt a. M. 1998). *Honneth*, Axel (Hrsg.): Kommunitarismus. Eine Debatte über die moralischen Grundlagen moderner Gesellschaften. Frankfurt a. M. 1994. *Tocqueville*, Alexis de: De la démocratie en Amérique. Paris 1835/40 (dt. Über die Demokratie in Amerika. Stuttgart 1994, S. 215). *Walzer*, Michael: Thick and Thin. Moral Argument at Home and Abroad. Notre Dame 1994 (dt. Lokale Kritik – globale Standards. Zwei Formen moralischer Auseinandersetzung. Hamburg 1996).

Zum Weiterlesen: *Lévi-Strauss*, Claude: Les structures élémentaires de la parenté. Amsterdam 1949 (dt. Die elementaren Strukturen der Verwandtschaft. Frankfurt a. M. 1993). *Mulhall*, Stephen/*Swift*, Adam: Liberals & Communitarians. 2nd ed. Oxford (UK)/Cambridge (Mass.) 1996. *Vogl*, Jochen: (Hrsg.): Gemeinschaften. Positionen zu einer Philosophie des Politischen. Frankfurt a. M. 1994.

Audio: *Bläck Fööss*: En unserem Veedel (1973).

→ Grüßen →Nachbar(in) sein →Vorteile verschaffen

Leben

(engl.: *life, to live*; frz.: *la vie, vivre*)

Die einfachste Hauptsache der Welt ist zugleich die schwierigste. Denn all die Mühsal, die Schwere, das, was bedrückt und schmerzt, das Leid und der Neid, all das gibt es nur deshalb, weil wir leben. Und zu allem Überdruß lauscht, wenn von Leben die Rede ist, dessen Zwillingsbruder, der Tod, immer mit und wartet auf den letzten Wink, daß er das Regiment übernehmen kann und so dem mühsam gelebten Leben, diesem »aufgeschobenen Tod« (Schopenhauer), ein Ende setzt. Das Ende aber ist aus mehreren Gründen nicht das Unglück, das die Lebenden gerne daraus machen: Denn zum einen ist das Leben der Güter höchstes nicht (Schiller), und zum anderen ist des Lebens Ende selbst Teil des Lebens. Wer also nie sterben will, der sollte nie zu leben beginnen. Nun ist das natürlich etwas grob formuliert, denn zu leben beginnt man einfach so, ohne je nach der Zustimmung zu diesem Prozeß gefragt worden zu sein, und einmal dabei, kann es geschehen, daß man Gefallen findet an dem, was dann geschieht und was »leben« heißt und »Leben« ausmacht. Wer aber wollte einem dieses Gefühl verübeln, ist es doch allemal besser, sich in das Unabwendbare zu schicken, als

ein Leben lang damit zu hadern. Was aber ist für den Lebenden dieses Unabwendbare, und inwiefern ist es unabwendbar?
Für den, der lebt, ist zu leben eine unabwendbare Seinsform, die ist und die nicht nicht sein kann: Man kann sich das Leben nehmen, man kann jedoch nie lebend nicht leben. Von daher sagt jeder, der lebt, ja zu dem, was erst macht, daß er ist. Zu leben ist ohne Wenn und Aber biologisch: Nur wer im Sinne der Biologie lebt, kann auch andere Lebensweisen mit Leben erfüllen und sich beispielsweise einem religiösen Leben hingeben, sein Leben der Wissenschaft widmen, sich um die Gestaltung eines literarischen Lebens bemühen und vieles andere mehr. Die Unverzichtbarkeit des biologischen Lebens für alle anderen Formen des Lebens - sogar das Leben im Jenseits setzt voraus, ein biologisches Leben einmal gelebt zu haben - macht es jedoch in keiner Weise einfacher zu sagen, was es bedeutet zu leben. Und Leben als einen biologischen Prozeß zu beschreiben sagt fast nichts Neues, denn was sollte das Leben anderes sein als ein Teil des Bios? Aber etwas sagt diese Feststellung allemal: Leben findet immer in Verbindung mit anderem Leben statt, Leben für sich alleine, das gibt es in der Perspektive der Biologie nicht. Der Reichtum des Lebensnetzes, in dem ein jedes Leben stattfindet, kann somit bereits zu dessen Beschreibung einen Ansatz liefern. Leben ist die Seinsweise, die ohne die qualitativ vergleichbare Weise anderen Seins nicht sein kann, gleichwohl stellt jedes dieser Lebensphänomene Leben aus eigenem Sein dar (Aristoteles, *Seele*). Leben bezeichnet somit ein Aktivsein, welches sich beispielsweise in der Aufnahme von Nahrung zeigt. Wer ißt und trinkt, lebt, und wer lebt, muß essen und trinken, um am Leben zu bleiben. Und lebend entfaltet sich der lebende Leib und wächst und gedeiht. Diese Wirkung hält bis zum Tod im höchsten Alter an, in dem permanent Einheiten seiner selbst sich erneuern. Der Mensch, Naturwesen, wie andere Naturwesen auch, ist sowohl von seiner Entstehung wie auch von seinem gesamten Sein her primär Lebewesen - eine Tatsache, die er letztlich nicht verleugnen kann und die sein Leben und Handeln be-

stimmt. Des Lebens Fülle bietet jedoch nicht nur Triebe wie Essen und Sexualität, sondern in der Erfüllung auch die Möglichkeit ihrer Kultivierung, es enthält nicht nur Gefühle wie Freude und Ekel, sondern auch die Kraft, beiden widerstehen zu können. Und wie das Leben als einzelnes nicht denkbar ist ohne anderes Leben, das es erst zum Leben bringt, so wird es, die Kaspar-Hauser-Experimente haben es in ihrer Brutalität bewiesen, ohne anderes Leben auch kein Fortleben geben. Leben ist also nicht nur der biologische Quell des Menschseins, sondern ebenso der moralische Grund für die Achtung des Menschen. Beides hängt untrennbar zusammen. Menschen sind Lebewesen, die mit anderen Lebewesen derselben Art verwandt sind, am engsten verwandt sind sie mit Mutter und Vater, womit sie eine Reihe aufeinander bezogener Lebewesen fortpflanzen. Biologisch betrachtet ist das Lebewesen Mensch ein Tier. Das Menschsein beginnt jedoch nicht jenseits seiner eigenen Animalität, weswegen Animalität auch nicht etwas Zweitrangiges ist, das man notwendig mit »in Kauf nehmen« muß: Der Mensch ist leibliches Wesen, oder er ist gar nicht. Seine Leiblichkeit aber läßt sich von seiner »Anima«-lität nicht trennen. Daher fließt aus ihr auch eine besondere Schutzwürdigkeit, wie wir sie im Begriff der Menschenrechte kennen (Spaemann). Deren dringlichster Schutz bezieht sich auf die Achtung des Lebens; der Mord und nicht etwa die Behinderung der freien Meinungsäußerung stellt daher die schlimmste Verletzung des Menschen dar. Das Leben, das der Mensch ist und hat, stellt möglicherweise ein zweifaches Argument dar. Das eine stammt von Albert Schweitzer. Da wir alle Lebewesen sind, weder uns als Nicht-Lebewesen denken können noch uns vorstellen können, daß es Lebewesen von einer grundsätzlich anderen Beschaffenheit als der uns bekannten geben könnte, müssen wir feststellen: »Ich bin Leben, das leben will, inmitten von Leben, das leben will« (Schweitzer). Das aber verpflichtet. Wollten wir dieser Erkenntnis nur halbwegs gerecht werden, könnten wir unser Leben in der gewohnten Weise nicht mehr weiterleben. Die fällige Rücksicht auf anderes

Leben würde kein Leben unberührt lassen, am allerwenigsten unser eigenes. Die Schonung, die wir allem Leben angedeihen ließen, brächte in das menschliche Leben einen Dreh: Denn nicht nur das nichtmenschliche Leben gewänne solchermaßen an Achtung, sondern auch das menschliche, sofern es zwar als Leben erkannt, aber - denkt man an die vielen Ausnahmen von Krieg, Todesstrafe und Euthanasie - nicht als unbedingt schutzwürdiges anerkannt ist. Und noch eine Umdrehung weiter führt der Gedanke über das Leben hinaus und mitten in das Leben hinein, das ich selber bin.

Wer weiß, daß er nicht nur lebt, sondern auch weiß, daß er ein Leben lebt, das sich als menschliches gerade durch dieses Wissen von allen anderen Leben unterscheidet, der kann nicht länger einfach drauflosleben und wird sich um eine Gestaltung seines Lebens bemühen. Das ist sowohl leicht wie auch schwer. Leicht ist es, weil die Schule des Lebens das Leben selber ist, wir also immer schon mittendrin stecken und immer schon im Vollzug dessen sind, was wir allererst lernen wollen und lernen müssen. Wir müssen uns also nicht wie bei jeder anderen Schule um Aufnahme bewerben. Das Lernen wird dadurch aber nicht leichter, denn in der Schule des Lebens zählen sogar noch die Pausenzeiten zum Lernpensum.

Und damit sind wir beim zweiten Argument angekommen, das von Nietzsche stammt: Eben weil wir leben und Leben haben, das leben will, nehmen wir es mit der Wahrheit nicht so genau. Die Augen vor der Wahrheit zu verschließen hat Methode und Sinn, denn »es würden«, wie Nietzsche mutmaßt, »keine lebenden Wesen erhalten sein«, wenn sie sich nicht darauf eingelassen hätten, Irrtümer als bare Münze zu nehmen (Nietzsche, *Fröhliche Wissenschaft*). Offensichtlich sind die Menschen mit dieser Einstellung gut gefahren, denn sie leben ja noch, und daher brauchen sie ihre Erkenntnisweise auch nicht zu ändern, alleine etwas tut not und gut: sich der Relativität des eigenen Handelns bewußt zu sein, denn es könnte auch alles anders möglich sein. Wer aber weiß, daß es immer noch die ungewußte Alternative gibt, der hütet sich vor dem schrillen Ton und für den bedeutet Leben vor allem leben lassen. Das aber ist nicht nur von Vorteil für die anderen, auch ich selbst erfahre in dieser Einstellung meinen Spielraum. Denn so wie ich darauf verzichte, die anderen auf meine Bilder und Vorstellungen festzulegen und -zunageln, so werde auch ich selbst frei von vorgestellten Seinsweisen. Statt dessen heißt die neue Freiheit »Werden« (Nietzsche, *Fragmente*). Leicht macht man es sich mit dieser Einstellung gleichwohl nicht. Die Augen vor dem vermeintlichen Grundirrtum der Welt geschlossen zu halten ist allemal leichter, als sich der Herausforderung des neuen Weges zu stellen. Wer aber ehrlich zu sich selbst sein will und damit sein Leben nicht weiterhin auf Täuschungen bauen mag, der wird vor dem Wagnis, das Leben als das eigene zu leben, nicht zurückscheuen. Die Lebendigkeit des Lebens wird erst in dieser Befreiung zum eigenen Leben. Leben »ist Mehr-Leben und es ist Mehr-als-Leben« (Simmel).

Lernziel einer Schule des Lebens aber kann nicht allein das Leben, es muß schon das gute Leben sein. Der Mensch ist Leben, das leben will, und stimmt darin mit anderem Leben, beispielsweise den Pflanzen und Tieren, überein. Aber der Mensch ist ja auch mehr als solches Leben. Weil der Mensch – möglicherweise – im Unterschied zu anderen Lebewesen über das eigene Leben sich Gedanken zu machen vermag, kann er Ansprüche an das Leben entwickeln, die über das bloße Leben-leben im Sinne der Biologie hinausreichen. Der Anspruch, daß das Leben, das man dereinst gelebt haben wird, ein gutes sein möge (Aristoteles, *Nikomachische Ethik*), ist indes ganz und gar unbescheiden und zugleich für den Menschen der entscheidende Unterschied zu den nichtmenschlichen Lebensformen.

Was aber ist ein gutes Leben? Die Antworten auf diese Frage mögen so vielfältig sein wie die menschlichen Leben. Der eine spart für den Ferrari, die andere hat ihn bereits in die Wiege gelegt bekommen, aber trachtet nur danach, ihn möglichst bald für einen karitativen Zweck zu verkaufen. Wann ein Leben

»gut« ist, ist also nicht so leicht ohne Hinsicht auf das konkrete Leben zu sagen, indes eine Bedingung muß der Mensch für ein solches Leben wohl erfüllen: Er sollte über das eigene Wollen aufgeklärt sein, also wissen, was er will, wenn er ein gutes Leben führen will (Stemmer). Das aber genügt alleine noch nicht. Das gute Leben bedarf über die Aufgeklärtheit seiner Wahl hinaus konkreter Bedingungen, ohne die es sich nicht gut entwickeln kann. Zu diesen Bedingungen zählen, um nur die wichtigsten zu nennen, die Möglichkeiten des reichen sinnlichen Genußerlebens, der sozialen Beziehung und der Selbstbestimmung (Nussbaum). Wer dieses Erleben in seinem Leben zu leben vermag, der wird sein Leben als gut bezeichnen. In der Natur dieses Lebens liegt es, daß es seinen Faden aus so vielen Berührungen mit anderen Leben spinnt, daß das gute Leben nicht ohne Rücksicht auf anderes Leben gedeiht. So lebt zwar jeder sein Leben, aber gut wird es erst, wenn er auch andere Leben miterleben kann und läßt.

Literatur: *Aristoteles:* Über die Seele. II, 4, 415b 15ff. (Philosophische Schriften Bd. 6. Hamburg 1995, S. 37). *Aristoteles:* Nikomachische Ethik. I, 6 (Philosophische Schriften Bd. 3. Hamburg 1995, S. 11f.). *Nietzsche*, Friedrich: Die fröhliche Wissenschaft (»la gaya scienza«). Leipzig 1882, §§ 110, 111 (Kritische Studienausgabe Bd. 3. München 1999, S. 471 f.). *Nietzsche*, Friedrich: Nachgelassene Fragmente. Herbst 1885 bis Anfang Januar 1889 (Kritische Studienausgabe Bd. 13. München 1999, S. 48). *Nussbaum*, Martha C.: Menschliches Tun und soziale Gerechtigkeit. Zur Verteidigung des aristotelischen Essentialismus. In: Steinfarth. a. a. O., S. 196–234, 214. *Schiller*, Friedrich: Die Braut von Messina. Tübingen 1803, Z. 2838f. (Schillers Werke. Nationalausgabe. Bd. 10. Weimar 1980, S. 125). *Schopenhauer*, Arthur: Die Welt als Wille und Vorstellung. Erster Band. Leipzig 1859 (Werke in fünf Bänden. Bd. I. Zürich 1988, S. 406). *Schweitzer*, Albert: Kultur und Ethik. München 1923 (München 1981, S. 330). *Simmel*, Georg: Lebensanschauung. Vier Metaphysische Kapitel. München/Leipzig 1918, S. 20. *Spaemann*, Robert: Personen. Versuche über den Unterschied zwischen »etwas« und »jemand«. Stuttgart 1996, S. 256. *Steinfarth*, Holmer (Hrsg.): Was ist ein gutes Leben? Frankfurt a. M. 1998. *Stemmer*, Peter: Was es heißt, ein gutes Leben zu leben. In: Steinfarth. a. a. O., S. 47–72, 69.

Zum Weiterlesen: *Fellmann*, Ferdinand: Lebensphilosophie. Elemente einer Theorie der Selbsterfahrung. Reinbek 1993. *Scheler*, Max: Die Stellung des Menschen im Kosmos. Frankfurt a. M. 1928 (Bern 1983). *Wolf*, Ursula: Die Philosophie und die Frage nach dem guten Leben. Reinbek 1999.

→Leiblich sein →Maschinen besitzen →Schmerzen haben

Leiblich sein

(engl.: *to be of flesh*; frz.: *être de chair)*

Ob man den Pflug über einen Acker zieht oder lediglich Philosophie betreibt, in jedem Falle tut man es nicht als reiner Geist, sondern als ein Leibwesen. Der Bauer, der sich ohnehin selten Illusionen hingibt, bräuchte nur auf die Schwielen an seinen Händen zu sehen, und der Philosoph könnte es seinem schmerzenden sitzkrummen Rücken oder seinen von Buch zu Buch schwächer werdenden Augen ablesen. Die meisten Denker sind jedoch bis heute viel zu beschäftigt gewesen, als daß sie sich diesen einfachen Reim gemacht hätten, und so macht, was der Bauer weiß – worüber Worte zu verlieren ihm aber bestenfalls beim sonntäglichen Kirchgang in den Sinn kommt –, den Philosophen nicht heiß.

Dabei wäre es lohnend, sich des einfachen Phänomens gewahr zu werden, daß wir Menschen zwar eine Seele, einen Geist und einen Körper *besitzen*, aber leiblich *sind*. Natürlich sind wir leiblich, möchte der Alltagsverstand rufen und jede Selbstvergewisserung als überflüssiges Gerede abtun. Dabei belehrt uns schon die Altphilologie, daß die Griechen zu Zeiten Homers so etwas wie einen Leib nicht hatten, wenn man darunter versteht, daß der Mensch ein umfassendes Selbstbewußtsein von sich und seinem Körper besitzt. Die alten Griechen sprechen von körperlichen Organen wie Händen, Füßen etc. und nur dann vom Leib, wenn der Mensch schlicht tot ist. Und da der Philosophie zudem nichts selbstverständlich ist und die Rede von der Natur von jeher suspekt, hat sie auch den Leib ihre Instrumente fühlen lassen und ihn mit Begriffen in den Griff genommen, bis nicht mehr viel von ihm übrigblieb.

Wer heute an den Leib wiedererinnern will, der muß einen Umweg gehen, der über den Körper führt. Der menschliche Körper, der *body* oder *corps*, ist mit dem Leib nicht identisch, denn der Körper, lat. *corpus*, ist zunächst der tote Herrenleib, später die Leiche. Seit der frühen Anatomieforschung an toten menschlichen Körpern, den Körperschauen des 19. Jahrhunderts und der Schau der Körperwelten unserer Tage haben wir menschliche Körper, ob tot oder lebendig, ob fremd oder eigen, als das andere unserer Selbst durchaus anders sehen gelernt. Diesen Leib nehmen wir heute als eine Ganzheit wahr und die Organe als Teile eines Ganzen. Der Distanzblick auf den eigenen Körper aber erlaubt die vereinnahmende Rede von *meinem* Körper. Und so kann man sogar sagen: »ich und mein Körper« - diese Distanz löst sich in bezug auf den eigenen Leib aber in nichts auf. Daher gibt auch niemand sein Gewicht mit dem Satz »mein Körper wiegt x kg« an - was klingt, als wäre er schon tot; und auch niemand würde sagen: »mein Leib wiegt xy« - was einen Abstand aufrechterhalten zu können unterstellt, der nur künstlich wäre. Man sagt schlicht: »Ich wiege 75 Kilogramm.« In diesem unspektakulären Satz drückt sich am eindrücklichsten aus, was ein philosophisch unvoreingenommener Menschenverstand vom philosophischen Dualismus hält: nichts.

Doch ruht der distanzierte Blick auch auf dem Gehäuse, das wir selbst sind, und der Leib ist bei diesem Laserstrahlenblick längst entschwunden und zur eigentlichen *terra incognita* geworden. Der moderne Mensch verbindet mit der Reise in dieses Land weniger den Zauber der Exotik als die Furcht vor den mal traurigen, mal hinterhältig listigen Tropen, in denen Verirrung,

Einsamkeit und Tod lauern. Der Körper, das ist Verwesung, Krankheit und Tod auf der einen und Geschlecht und Sexualität auf der anderen Seite: Wenn es »den« Körper gibt, dann als leidenden und zeugenden, vergänglichen und sinnlichen, reproduzierten und produzierenden. Der Körper ist eine dualistische Maschine, er verwirrt. Die wenigen Wagemutigen des Leibes sahen sich daher schon immer dem mahnenden Blick öffentlicher Autoritäten von Papst bis Partei und Politbüro ausgesetzt. Bände sprechen daher die Verbote, mit denen die heimlichsten körperlich-leiblichen Begegnungen, welche den Mächtigen häufig genug unheimlich waren, belegt wurden. Solche Maßnahmen führen jedoch, wie jeder Kontrolleur und Zensor weiß, auf lange Sicht nur dazu, die Verlockungen des Verbotenen zu erhöhen. So konnte beispielsweise der Kuß zwar bis in die Anfänge des 20. Jahrhunderts erfolgreich aus dem öffentlichen Leben verbannt werden, was jedoch die unbeabsichtigte Nebenwirkung hatte, seinen erotischen Mehrwert extrem zu erhöhen, ein Problem, das selbst sozialistische Kulturpolitiker in der VR China bis heute nicht gelöst haben.

Sowohl das Recht wie auch die Ethik stoßen sich also am Leib. Und die Verzweiflung darüber, daß wir Menschen Menschen sind, also nicht sphärisch-ätherische Engelswesen, ist bis heute nicht recht verflogen. Das war schon bei Kant, der bekanntlich ein besonders raffiniertes Verhältnis zum Leib entwickelte, nicht anders. Gegenüber sich selbst wandte er seine Methode der Abstraktion an. *Abstrahere,* lateinisch fortziehen, fortschleppen, beschreibt Kant listig als »negative Aufmerksamkeit«. Der Leib ist ein solcher negativer Aufmerksamkeitsort, denn solange der Mensch Mensch ist und somit einen Leib hat, wird er, wie Kant mit einem Entsetzen feststellt, das ihm wohl in die Glieder gefahren sein mag, nicht dahin kommen, »alle Gesetze völlig gerne zu tun«. Der Leib, dieser Beelzebub in uns, ist es also, der uns die Freude verkennen läßt, welche die Befolgung des Vernunftgesetzes verheißt.

Da das in der Sichtweise der negativen Leibanthropologie der rationalistischen Philosophie nun einmal so ist, darf man es als Glück bezeichnen, daß sie sich ein Mittel der Bändigung ersonnen hat. Der Zwang, mit dem *man* den Leib bezwingt, ist von besonderer Art. Kein Korsett, kein Keuschheitsgürtel könnte so reißfest sein wie die Königsberger Variante: der Selbstzwang. Weil nicht fremde Händel im Spiele sind, sondern wir selbst es sind, die uns zwingen, gibt es auch kein Entrinnen. Vielleicht gibt es aber solchermaßen eingezwängt auch kein Entrinnen mehr aus den auf den Leib gerichteten Gedanken. Denn das Wünschen begann schließlich mit dem Verbot. Verbot und Selbstzwang können zwar Begierden zügeln, diese aber weder zum Schweigen noch, wie sich Kant ausdrückt, zum »Erliegen« bringen. Bestimmte Übungen und eine kontrollierte Lebensführung können daher den Leib unter Kontrolle bringen, aber sogar Kant machte sich so seine Gedanken und schuf eine Philosophie, die so sehr um den Leib des Menschen kreist, daß man fast versucht sein könnte zu glauben, der Leib hätte hier keinen Platz. Aber dem ist natürlich nicht so, denn wie anders könnte Kant einer der wichtigsten Ethiker geworden sein, wenn nicht auch der Leib seine - nicht nur negative - Aufmerksamkeit gefunden hätte. Jean-Baptiste Botul hat bereits 1946 über »Immanuel Kants sexuelles Leben« im heißen Südamerika einen Vortragszyklus gehalten, und die Brüder Böhme begaben sich vier Jahrzehnte später bei ihrer Suche nach dem Anderen der Vernunft ebenfalls auf eine Expedition nach Königsberg und wurden erstaunlich fündig. Das Aushängeschild der rationalistischen Philosophie und Ethik wußte sehr wohl, was er zurückdrängte. Es war demnach keine Verdrängung von Leib und leiblicher Lust, wenn Kant folgende Strategie empfahl: »Die Gedanken daran muß man sich durch jene Beschäftigung aus dem Sinne schlagen, denn wenn der Gegenstand auch nur bloß in der Imagination bleibt, so nagt er doch an der Lebenskraft.« Der Verzicht, den hier ausgebildeter Selbstzwang auferlegt, verspricht besten Zins: Lebenskraft, welche sich ja bekanntlich aus Leibeskräften speist. Es gehört demnach wohl zu den größten

Mißverständnissen der Philosophiegeschichte, wenn ausgerechnet Kant der Leibfeindlichkeit bezichtigt wird. Er empfand sowenig Feindschaft für den Leib, wie auch der Boxer im Ring – in der Regel – sein Gegenüber nicht als Feind bezeichnen würde, wohl aber als Gegner. Der Unterschied ist markant: Feinde versucht man zu vernichten, Gegner dagegen nur k. o. zu schlagen, damit sie nach bösem Erwachen dem neuen Meister auf die Schulter klopfen können. Aber was wäre, wenn der Leib die »große Vernunft« besäße und der Intellekt lediglich die »kleine«, wie Nietzsche mußmaßte?

Auf der anderen Seite scheint es gute Gründe dafür zu geben, diese Gegnerschaft zu überwinden, und zwar nicht deshalb, weil sie mörderisch wäre – im Gegenteil handelt es sich ja eher um eine subtile Form der Partnerschaft –, sondern weil die Zeit ernst ist und die Lebenskraft, von der Kant sprach, in Gefahr gerät. Denn das neue Jahrhundert geht ungehemmt daran, Wissenschaftstechnologien zu entwickeln, die sich die Geisteswissenschaften bislang bestenfalls haben alpträumen können und die vom Menschen, wie wir ihn kennen und fürchten, nicht mehr viel übriglassen könnten. Wer bei der Vorstellung von durch Nanobots aufgepeppten Gehirnen oder transplantierten Menschenköpfen ein flaues Gefühl in der Magengegend verspürt, beweist, daß sein Kopf noch am rechten Fleck sitzt, und gibt sich selbst zu verstehen, daß es Zeit wird, sich von – fast möchte man sagen »eingefleischten« – Bildern einer Trennung von Geist und Leib zu verabschieden. Was im 17. Jahrhundert noch eine gewisse Plausibilität hatte, verliert sie nämlich spätestens im 21. In der Medizin hat sich das schon gezeigt, wenngleich es auch von den Standesorganisationen und vielen Medizinern geleugnet wird. So hält man denn aus pragmatischen Gründen an einer Todesdefinition, der des sogenannten Hirntodes, fest, die von jeder leiblichen Wahrnehmung Lügen gestraft wird und die den einzigen Sinn zu haben scheint, eine lukrative Technologie, die Transplantationsmedizin, zu ermöglichen. Das bereits totgeglaubte Descartessche Maschinenmodell feiert hier wieder Auferstehung, wenn weitgehend unversehrte, durchblutete und hautwarme Leiber als Leichname deklariert werden, mit Schmerzmitteln versorgt und ihnen schließlich Organe entnommen werden. Dies geschieht, so müßte der Arzt sich zu seiner eigenen Vergewisserung und strafrechtlichen Unbedenklichkeit sagen, bei »totem Leibe«, doch ist die Voraussetzung für den Transplantationserfolg, daß es bei lebendigem Leibe geschieht. Damit dann dennoch alles gutgeht und auch der Staatsanwalt vorübergeht, spricht man aber lieber wieder vom Körper. Und der ist im konkreten Fall, obwohl der Mensch, dem er gehört, für tot erklärt wird, noch »*funktionstüchtig*«.

So hat auch der Ausbau des menschlichen Körpers mit kleinen Geräten eine lange Tradition: von der Brille und dem Zahnersatz über die Beinprothese bis zum Herzschrittmacher und dem Hörgerätchen. Der Mensch war, wie schon Freud wußte, immer ein »Prothesengott«. Kandidaten zur Befestigung des Res-extensa-Modells waren diese Sachen gleichwohl nie. Denn selbst das Maschinchen, das ganz nah an jenes Organ angeschlossen wird, das der abendländischen Kultur das zentrale ist, das nicht nur leben läßt, sondern auch Ort der Seele ist, vermag dieses Organ doch nicht zum bloßen Körperding zu machen. Selbst mit Herzschrittmacher kann man sich noch mit Leib und Seele einer Sache verschreiben, sich in einen anderen Menschen verlieben und, was auch typisch leiblich ist, den Tod, beispielsweise durch Herzinfarkt, erfahren. Bis zum Ende bleibt also die Erfahrung, daß der Leib, wie Edmund Husserl sagt, ein »Ding besonderer Art« ist.

Um so einschneidender wirken da geplante nanotechnologische Aufrüstungen des menschlichen Körpers, die die Rede vom Leib zum Erstummen bringen könnten. Wenn Nanobots die technologische Leistungsfähigkeit des Gehirns ins Zigfache steigern, wenn dieses wie auch alle anderen Organe mit technischem Gerät »optimiert« und im Bedarfsfalle beliebig oft ersetzt werden kann, dann wird die Funktionseinheit, die so geschaffen wird, zumindest theoretisch niemals »ausfallen«, erst recht wird dieses technische Produkt niemals sterben. Der Verlust des Todes aber ist das deutlichste Signal für das Verschwinden des menschlichen Leibes. Menschen sind nämlich leiblich oder gar nicht.

Literatur: *Böhme*, Hartmut/*Böhme*, Gernot: Das Andere der Vernunft. Zur Entwicklung von Rationalitätsstrukturen am Beispiel Kants. Frankfurt a. M. 1983. *Botul*, Jean-Baptiste: Das sexuelle Leben des Immanuel Kant. Leipzig 2001. *Freud*, Sigmund: Das Unbehagen in der Kultur. Wien 1930 (Studienausgabe Bd. IX. Frankfurt a. M. 1982). *Husserl*, Edmund: Ideen zu einer reinen Phänomenologie und phänomenologischen Philosophie. Zweites Buch. Phänomenologische Untersuchungen zur Konstitution (1913) (Gesammelte Werke. Den Haag 1950ff., S. 158). *Kant*, Immanuel: Critik der practischen Vernunft. Riga 1788 (Werkausgabe Bd. VII. Frankfurt a. M. 1974, S. 206). *Kant*, Immanuel: Über Pädagogik. Hrsg von F. Th. Rink. Königsberg 1803 (Werkausgabe Bd. XII. Frankfurt a. M. 1977, S. 759).

Zum Weiterlesen: *Caysa*, Volker (Hrsg.): Sportphilosophie. Leipzig 1997. *Kurzweil*, Ray: Homo Sapiens. Leben im 21. Jahrhundert. Was bleibt vom Menschen? Köln 1999. *Merleau-Ponty*, Maurice: Le visible et l'invisible. Paris 1968 (dt. Das Sichtbare und das Unsichtbare. München 1986). *Sennett*, Richard: Flesh and Stone. New York 1994 (dt. Fleisch und Stein. Der Körper und die Stadt in der westlichen Zivilisation. Berlin 1995).

→Frau- oder Mannsein →Gene haben →Eine Identität besitzen

Lieben

(engl.: *to love*; frz.: *aimer*)

Am verstiegensten wird die Philosophie immer dann, wenn sie sich mit sich selbst beschäftigt. In der Kehre hin zu der Analyse der eigenen Methodik oder gar derjenigen der eigenen Disziplin erweist sich die Nabelschau nicht als Geste des Narziß, sondern des kühlen Denkens. Aus solchen Übungen sind die tiefsten Einblicke der Philosophie hervorgeholt worden, eine *Kritik der reinen Vernunft* ebenso wie eine *Phänomenologie des Geistes* oder eine *Principia Ethica*. Jenes Denken, das sich als Liebe zur Weisheit bezeichnen läßt, hat die Formen der Weisheit, als welche sich Ethik, Ästhetik und Erkenntnistheorie etabliert haben, immer wieder ins Visier genommen und es dabei fertiggebracht, um den vermeintlichen Ausgangspunkt solcher Unternehmungen einen weiten Bogen zu machen.

Daher spielt denn die Liebe in der Philosophie, gemessen an dem Stellenwert, der ihr im sonstigen Leben zugeschrieben wird, eine auffallend geringe Rolle: So gibt es beispielsweise eine Philosophie der Freiheit oder eine des Geldes, eine Philosophie der Liebe sucht man dagegen vergeblich. Das legt die Vermutung nahe, daß die Liebe etwas ist, über das es sich zu philosophieren einfach nicht lohnt, und zwar entweder deshalb, weil sie per se unphilosophisch ist, oder aber, weil sie den Horizont einer jeden Philosophie übersteigt. Träfe letzteres zu, dann dürfte an Philosophien der Liebe jedoch kein Mangel sein, denn an dem, was den eigenen Horizont übersteigt, haben sich Philosophen immer schon gerne die Augen ausgeguckt und die Finger wund geschrieben. Und daß die Liebe oder das Lieben kein philosophisches Thema sei, das läßt sich in einer Kultur, in der jedes Wirtschaftsunternehmen an einer eigenen Philosophie bastelt, nun wirklich nicht behaupten.

Zum Glück für die Philosophie und ohne Schaden für die Liebe hat es Philosophinnen und Philosophen gegeben, die sich ihrer angenommen haben, wenngleich sie sich auch nicht gleich daranmachten, ein ganzes Theoriegebäude um sie herum zu bauen. Wie so oft ging auch in dieser Sache der Philosophen-Philosoph Platon voran. Im Dialog *Symposion* gab er eine geniale Erklärung für den Drang der meisten Menschen nach Liebe: die Sehnsucht nach Vollständigkeit. Denn die Menschen sind, wie es in dem von Platon dem Dichter Aristophanes zugeschriebenen Mythos heißt, ursprünglich keine halbbackenen Gestalten, sondern Wesen vollkommener Gestalt, also Kugeln gewesen. Der Strafe für einen unbotmäßigen Aufstand gegen die Herrscher des Olymp ist es geschuldet, daß die Menschen sich heute nicht mehr in dieser Idealform finden; schlicht und sie bis heute schmerzlich ergreifend, sind sie auseinandergeschnitten worden. Wer aber einmal zusammen gewesen ist, vergißt dies nimmermehr und strebt daher sein Leben lang danach, wieder zu werden, wie er einmal gewesen ist. Dieses Sehnen und Streben ist es, was man Eros oder Liebe nennt. Da es vor der Körperspaltung drei Menschen-Typen gab, nämlich Frauen-Frauen, Männer-Männer und Frauen-Männer, erklären sich auch die vielfältigen Formen der Liebe, d. h. die vielfachen Weisen der Vereinigungsstrebungen, die die Menschen kennen. So oder so hat es die Liebe im allgemeinen und das Lieben im besonderen also mit dem Drang nach Einheitsstiftung zu tun. Das eine, das aus den zweien wird, ist mehr als diese, weswegen eine jede Vereinigung eine Zeugung darstellt. Anders als in der Gegenwart, reduzierte Platon diese Akte jedoch nicht ausschließlich auf die der sexuellen Art, sondern behielt auch das geistige Einheitsstreben im Sinn, was ihm bis heute das Etikett der *platonischen Liebe* eintrug. Darunter verstand Platon nicht eigentlich die Verbindung zweier Menschen, in der die Enthaltsamkeit zum Selbstzweck, sondern in der diese zur Basis gemeinsamen wissenschaftlichen Tätigseins wird, so daß einen nicht mehr länger nur die Augen der Geliebten fesseln, sondern man statt dessen der Idee des Schönen selbst angesichtig wird.

Diese schöne Definition der Philosophie hat indes mit der Liebe als eines zwischenmenschlichen Einheitsstrebens wenig zu tun. Denn Liebe interessiert sich immer für andere Wesen, seien es Gott, Mensch oder Tier. Alle anderen Lieben, wie die zu Beethovens *Neunter*, Goethes *Werther* oder einem 68er Bordeaux, bedienen sich des Wortes Liebe nur behelfsweise und in der Absicht, das tiefe Interesse nach diesen Gütern in Anlehnung an jene wahre Wesensverbindung auszudrücken. Und in dieser Verbindung kann sich ja dann auch die Liebe offenbaren, die sich darin zeigt, »das Bewußtsein seiner selbst aufzugeben, sich in einem anderen Selbst zu vergessen, doch in diesem Vergehen und Vergessen sich erst selber zu haben und zu besitzen«, wie es Hegel formuliert hat.

Selbstvergessenheit und Selbstverlorenheit aber sind ihrer Art nach nur schwer als solche an sich selbst zu beobachten – was die Kopflosigkeit und das Durcheinandersein in der ersten glücklich ungeordneten Phase einer neuen Liebe zur Folge hat. Darüber hinaus treten sie auch längst nicht nur im Falle von Liebe auf, sondern – das macht die Ortung dieses Phänomens immer wieder so mißverständnisreich – durchaus auch bei deren Gegenteil: im Haß. Den durch seine Bluttat ohnehin verwirrten Studenten Raskolnikow läßt Dostojewski die ganze Bandbreite der Selbstvergessenheit durchleiden, beginnend im Haß und ankommend in der Liebe, wo er, ganz im Sinne Hegels, wenn auch sehr spät, noch zu sich selbst findet. Dabei beschreibt Dostojewski das Ereignis Liebe wohl plastisch genauer als Hegel, wenn er von der Kraft spricht, die den zum Schluß doch noch Liebenden hochhob und ihn dann herniederwarf, direkt zu Füßen der Geliebten. Dieses Auf und Ab kann man also als Liebe bezeichnen, was, wenn man den einschlägigen Autoren folgt, eine recht passive Angelegenheit ist.

Aber Liebe strebt, was bereits Augustinus wußte, nach Gegenliebe, keine Liebe also ohne Lieben, kein Sich-selbst-Vergessen ohne die absichtsvolle Bereitschaft dazu. Im Lieben erweisen sich jedoch die Fallstricke der Liebe. Zu schnell kommt es hier zu Vermengung und Verwechslung mit anderem, das Liebe nicht ist. So mögen schöner Schein und Glanz, wohlige Wonne und Sonne, was modern schlicht als Sexualität bezeichnet wird und eine Ausdrucksform zu lieben sein kann, leicht zu dem Trug verführen, sie seien die Liebe selbst. Hier wie dort beruht, wie Augustinus Jahre nach seinem ungestümen Liebessuchen feststellt, »die höchste Wirkung auf einer Harmonie in der Wechselfühlung«, womit er die platonische Harmonievorstellung wiedererinnert. Nicht die Tatsache, solche Harmonie zu erstreben, sondern sie mit der Wahl untauglicher, weil noch nicht bereiteter, falsch verstandener oder um anderer Ziele willen gewählter Pfade zu erreichen zu versuchen, hält Augustinus für sündhaft. Als problematisch erweist sich dies mit Blick auf das Ziel. Will man das Ziel der Liebe nämlich erreichen, dann ist der, der versäumt, sich über die Eignung der Mittel kundig zu machen, zu tadeln.

Auch lieben, so läßt sich daraus lernen, will gelernt sein. Wie und wo aber lernt man lieben? Für Platoniker und Augustiniker ist die Schule der Liebe, die das wahre Lieben lehrt, wie jede Schule zwar hart, aber ihre Lehre eindeutig: Man darf das Ziel nie aus dem Blick verlieren und muß sich schließlich redlich mühen, sich ihm zu nähern: Studium und Gottesfurcht sind die Pfade zur Liebe, die zu wandern lieben bedeutet. Wie aber liebt der, der nicht glaubt, weder an das Schöne noch an Gott? Wer nichts anderes glaubt, als daß zu lieben ihm wohltue, der wird sich bemühen, den schnellen Weg zum Liebesglück einzuschlagen. Als Königsweg gilt bekanntlich die Sexualität, welche Schopenhauer zufolge ein »Gegenstand« ist, »dessen Aufnahme in den ethischen Theil der Philosophie nicht paradox seyn würde, wenn man dessen Wichtigkeit erkannt hätte«.

Schopenhauer erweist sich neben seinem Lanzenbruch für die Tier-Ethik also auch in diesem Punkte wieder einmal als ingeniöser Lückenstopfer der Ethik. Indes anders als seine idealistischen Vorgänger bringt Schopenhauer die Liebe auf die Erde hinab und sieht darin nicht mehr als die »Geschlechtsliebe«, der er denn auch eine eigene »Metaphysik« gewidmet hat. Die Geschlechtsliebe dient demnach bei aller persönlichen Freude, die sie allen Beteiligten bereiten mag, der Vorsorge für den Fortbestand der Menschheit, nämlich der »Zusammensetzung der nächsten Generation« (Schopenhauer). Unter der Hand dieser chirurgischen Freilegung kommt es jedoch zu einem fatalen Kunstfehler. Denn es verhärtet sich der Liebe Vollzug, das Lieben wird zu einer bloßen Tätigkeit, die zu sein aufhört, wenn sich deren Vollzug einstellt. Dies aber widerspricht jeder Erfahrung, welche von Liebe auch jenseits der Geschlechtsliebe zu berichten weiß und selbst die Liebe zu räumlich, ja sogar zu den zeitlich Entfernten, nämlich den Toten, kennt. Die von Schopenhauer betriebene und sich in der modernen Werbekultur großer Beliebtheit erfreuende Gleichsetzung von Liebe und Sex ist demnach untauglich, will man begreifen, was Liebe und was Lieben bedeuten. Vor einer »Metaphysik der Geschlechtsliebe« bedarf es also einer »Metaphysik der Liebe«.

Schopenhauers schroffe Ablehnung einer solchen mag durch die idealistischen Überhöhungen, welche die Liebe und das Lieben immer wieder erfahren haben, ausgelöst sein. Da aber auch phänomenologische Zugänge, wie sie etwa die französischen Moralisten erprobt haben, einen Hang zur Transzendenz nicht verleugnen können – so behauptet beispielsweise La Rochefoucauld: »Die Liebe ist für die Seele des Liebenden, was die Seele für den Leib, den sie beseelt« –, liegt die Vermutung nahe, daß man anders graben muß, um aufzuklären, was es mit dem Lieben auf sich hat. Daß die Aufgabe nicht leicht ist und daß es sich dabei verhalten könnte »wie mit den Gespenstererscheinungen: alle Welt spricht von ihnen, aber wenige haben sie gesehen« (La Rochefoucauld), sollte einen nicht allzusehr erschrecken. Um die Suche jedoch etwas zu erleichtern, kann man fürs erste die ganz großen idealistischen Grabungen hintanstellen und den Ansatz der Moralisten aufgreifen und schauen, wie es sich liebt, wenn man in der Liebe lebt.

Der deutsche Moralist und Benimmphilosoph Adolph Freiherr von Knigge weiß als erfahrener Mann um die Anfechtungen, denen eine jede Liebe schon bald ausgesetzt ist. In der Metaphorik eines Kriegsberichterstatters erklärt er: »Es ist nicht zu erwarten, daß, wenn die erste blinde Liebe verraucht ist - und die verraucht denn doch bald -, man so parteiisch füreinander bleiben, daß man nicht oft die Vorzüge andrer Leute, sehr lebhaft fühlen sollte.« Da diese Anfechtungen einem in der Regel das trügerische Gefühl einer neuen Liebe vermitteln und meistenteils daher rühren, »daß Personen, mit denen wir seltener umgehen, sich immer von ihren besten Seiten zeigen«, fragt es sich, wie die alte (wahre?) Liebe denn gegen derlei Unbill geschützt werden könne. Am ehesten noch durch gekonntes Lieben selbst. Denn man muß, »feste Grundsätze« vorausgesetzt, doch nur einmal »kaltblütig« (!) prüfen, was man wirklich will, und schon wird man sehen, daß es das Glück ist, das man im Geliebten, in der Geliebten zu finden gehofft hat. Hat man sich in diesem Kalkül bereits zu Beginn der Liebc nicht getäuscht, so sollte einem diese »kleine Herzensverirrung« kein weiteres Herzzerbrechen machen und man auf den alten Pfad zurückkehren und nicht verabsäumen, ihn weiterhin zu pflastern mit dem Bezeigen von »Höflichkeiten« und auch einer guten, nicht langweiligen Unterhaltung (Knigge).

Ratschläge dieser Art schlagen im Vergleich zu prominenteren zeitgenössischen Betrachtungen eine, gleichwohl biedermeierisch umrankte, Brücke in die Gegenwart. Denn anders als Knigges Zeitgenosse Kant, der die Liebe ins Gehäus der Ehe steckte, betrachtet der Hannoveraner Edelmann dieses Band nicht als Kette. Wer sich liebt und einander ehelich bindet, gibt damit sein Herz nicht in des/der anderen Hand. »Abgeschmackt« und »lästig« findet Knigge daher Eifersüchteleien, die einem der beiden Liebenden verwehren, in seinem Herzenskämmerlein auch noch Empfindungen für Dritte zu hegen. Die Freiheit eines jeden verbietet derlei Verbote, gleichwohl gebieten Achtung und Respekt vor dem anderen, ihm daraus kein Weh werden zu lassen. Zu lieben bedeutet daher immer auch, die Bedürfnisse des anderen anzuerkennen, sie zu hegen und zu pflegen, dies alles

jedoch nicht aus Pflicht - wo Liebe zur Pflicht wird, da ist sie schon gestorben -, sondern aus Lust, Freude und Liebe.
Die Philosophie, die das Paradox sucht, aber nicht liebt, scheut klugerweise vor der Ausweglosigkeit zurück, vielleicht auch deshalb vor einer Philosophie der Liebe. Die Liebe ist nämlich solch ein paradoxes Verhältnis: In sie gerät man ziemlich unbedacht - *falling in love* - und bleibt nur darinnen, indem man einfach aus Liebe zu lieben fortfährt. All das, was einer dauerhaften Liebe vorteilhaft sein kann, wie Psychoanalyse und Beziehungsarbeit, zeigt ihre Verwandtschaft zu einer vergleichbaren, doch ganz anderen Form des Bezugs auf den anderen Menschen: der Freundschaft. Einander Freund zu sein bedarf gleichsam viel Achtung, Hinsicht und Hinhören. Die Zuneigung, die das erfordert, kehrt sich im Lieben jedoch in eine Haltung eigener Art. Der Liebe Eigenart erweist sich, ähnlich, aber doch anders als in der Freundschaft, in einer eigentümlichen Wahrnehmung der Welt. Selbst die Liebe, die nur kurz währte, kennt einen Hauch von Ewigkeit. Wer liebt, der glaubt an die Ewigkeit und glaubt, im Lieben den Faden der Unendlichkeit zu knüpfen. Warum die Liebe zu Sophie, warum die Weisheitsliebe den Philosophen so selten des Weiterspinnens wert erschien, kann man dann wohl nur noch mit einer Urangst erklären, der Furcht vor dem Fadenriß.

Literatur: *Augustinus:* Confessiones. 398 (dt. Bekenntnisse. Zweisprachige Ausgabe. Frankfurt a. M. 1987, S. 97, 79 ff.). *Dostojewski,* Fjodor: Verbrechen und Strafe. Petersburg 1867 (dt. Zürich 1994, S. 552, 743 ff.). *Hegel,* Georg Wilhelm Friedrich: Vorlesungen über die Ästhetik. Berlin 1832–1845 (Frankfurt a. M. 1983, S. 155). *Kant,* Immanuel: Die Metaphysik der Sitten in zwey Theilen. Königsberg 1798, §§ 24–27 (Werkausgabe Bd. VIII. Frankfurt a. M. 1977, S. 389–393). *Knigge,* Adolph Freiherr von: Ueber den Umgang mit Menschen. Hannover 1796 (Stuttgart 1991, S. 158–167, S. 164). *Platon:* Symposion, 189d–192e, 211cf. (dt. Sämtliche Werke 2. Reinbek 1983, S. 220–223, 239 f.). *La Rochefoucauld,* François: Réflexions, ou sentences et maximes morales. Paris 1655 (dt. Reflexionen oder moralische Sentenzen und Maximen. Zürich 1995,

S. 131, 71). *Schopenhauer*, Arthur: Die Welt als Wille und Vorstellung. 2. Bd. Leipzig 1859 (Züricher Ausgabe Bd. I. Zürich 1988, S. 536, 620).

Zum Weiterlesen: *Bayley*, John: Elegy for Iris. New York 1999 (dt. Elegie für Iris. München 2000). *Houellebecq*, Michel: Extension du domaine de la lutte. Paris 1994 (dt. Ausweitung der Kampfzone. Reinbek 2000). *Schmitz*, Hermann: Die Liebe. Bonn 1993. *Thomä*, Dieter (Hrsg.): Analytische Philosophie der Liebe. Paderborn 2000.

→Angst haben →Einsam und allein bleiben →Frau- oder Mannsein

Lust empfinden

(engl.: *to desire*; frz.: *éprouver de l'envie*)

Lust, egal aus welchem Garten genossen, hat die Eigenheit, so ziemlich alles andere vergessen zu lassen. Deswegen ist es nicht die schlechteste, weil nicht die unglaubwürdigste Erklärung, wenn einen die Lust überkommen und man aller Vorsätze verlustig gegangen ist, zu sagen, man habe gar nicht so recht gewußt, wie das alles gekommen sei, man sei schlicht woanders gewesen. Je tiefer man eintaucht in die Lust, um so ferner rücken die Alltäglichkeiten und um so weiter läßt man die Zeit, welche ja auch immer Zeit des Jammers und des Leides, der Trübsal und der Drangsal ist, hinter sich. Wer Lust hat, hat keine Wünsche mehr, alles, was er über die Lust hinaus noch will, hat mit Lust nichts zu tun. Daher sind auch die bekannten Lustpredigten »Verweile doch, Du bist so schön« (Goethe) - gemeint ist der Augenblick der Lust - oder »alle Lust will Ewigkeit, - will tiefe, tiefe Ewigkeit« (Nietzsche) oder die Behauptung, »daß nur die ersehnte, nicht die erreichte Lust Lust ist« (Schweitzer), geboren aus der Nachlust und verkennen damit den eigentlichen Gehalt der Lust. Denn Lust will gar nichts, Lust ist einfach.
Und weil die Lust so interesselos selbstgenügsam ist, hat sie sich immer wieder den heftigsten Verdächtigungen ausgesetzt.

Nicht erst im eß- und erkenntnislüsternen Christentum wird die Lust beargwöhnt, Ursache der Übel der Menschheit zu sein, bereits in der Antike sagten einflußreiche Leute ihr den Kampf an. Zumindest die leibliche Lust gerät dabei immer wieder unter schwersten Beschuß. So spielt Platon diese Lust lustvoll gegen die Lust nach geistiger und seelischer Nahrung aus und diskreditiert jene Lüste, die sich um die physiologische oder sexuelle Ernährung des Leibes sorgen, als energetisch verschwenderische Prasserei. Die leibliche Lust vermag nie wirklich zu sättigen, womit sich auch der Dauerhunger nach dieser Lust und die bis in unsere Tage an den Tag gelegte Geschäftigkeit, leibliche Lust zu verschaffen, erklären läßt. Platon streitet daher, wie fast die meisten Lustkritiker, nicht gegen die Lust im allgemeinen, sondern gegen ebendiese konkret faßbare Lust. Lust im Bereich des Geistes ist denn auch, weil sie mehr am Sein teilhat und entsprechend nachhaltiger satt macht, Platons Ansicht nach durchaus zu begrüßen. Diese »wahre Lust« könnte man fast ausmessen, ist sie doch gleich weit entfernt von der erotischen wie von der tyrannischen Begierde, die beide sich darin gleichen, mit Gesetz und Ordnung nichts am Hut zu haben (Platon).
Einmal ins Rechnen vertieft, kann man dann auch noch ausrechnen, wieviel der gesetzlose und hurende Tyrann unglücklicher ist als der Gesetz und Sitte sich verpflichtende König, nämlich - den komplizierten Algorithmus ersparen wir uns hier - genau siebenhundertneunundzwanzigmal (Platon). Diese Zahl ernüchtert einen von allen anderen hochstrebenden Hoffnungen, denn Lust alleine macht, wie die Rechnung zeigt, noch nicht glücklich. Im Gegenteil, wer denn die rechte Lust verschmäht und der falschen nachjagt, der bringt sich, ohne daß er es merkt, um sein Glück und wird, wenn ihn nicht noch etwas zur Besinnung bringt, um wieder glücklich zu werden, noch hemmungsloser seine Lust suchen, bis sein Unglück fast das Achthundertfache eines königlichen Glücks ausmacht. Die Lehre aus dieser Rechnung ist also einfach: Belustige dich redlich, willst du wirklich glücklich sein. Wie also später im Chri-

stentum und noch später in der Aufklärungsethik gibt es einen guten Grund zum guten lustarmen Tun: Es zahlt sich einfach aus, und das Gegenteil kommt einen teuer zu stehen.
Weil die Menschen aber immer schon sich auf das eine verstanden, nämlich auszurechnen, was sich lohnt, hat die Lust einen so verzweifelt schlechten Stand. Und da der Garten der Lüste anders als die Architektur eines Lustgartens nicht berechenbar ist, tut man klug daran, sich lieber gleich aller Lustbarkeit zu enthalten und statt der Lust der Tugend zu frönen. Dabei sollte man jedoch aufpassen, daß einem die Tugend nicht zur Lust und damit auch diese zur Last wird. Denn nur wer die Tugend ehrt, lebt edel, der Lustjäger hingegen in dauernder Gefahr der Schande (Seneca). Während man nämlich, wie der Stoiker weiß, von der Lust sich schnell zuviel genehmigt, kann einem das bei der Tugend nicht passieren, ist sie doch selber schon das Maß, das zu halten uns jede Tugendlehre empfiehlt. Die Gelassenheit, zu der solches Maßhalten die beste Voraussetzung ist, bringt indes nicht jeder mit. Denn die Lust an der Lust ist die glühendste Verführerin, und wer siegreich den Kampf gegen des eigenen Fleisches Lust aufnimmt, dem winken nicht nur Tugend, sondern sogar Gottes Lohn. Augustinus, der sowohl weiß, was Lust ist, wie auch, daß die traumreiche Erinnerung an solche eine gleichfalls verbotene Lust darstellt, will sich daher sogar im Schlafe losmachen vom »Vogelleim des Gelüstes« (Augustinus). Doch nicht nur die Nacht mit des Traumes Macht hält böse Lust bereit, sondern schon der Morgen, wenn der Tag erwacht, beginnt mit Versuchung: Essen oder nicht essen lautet die Parole im täglichen Kampf wider sich selbst. Paulus' Erkenntnis vor Augen, »Wenn wir nicht essen, verlieren wir nichts, und wenn wir essen, gewinnen wir nichts« (1 Korinther 8,8), aber auch das Wissen im Kopf, daß man essen muß, will man am Leben bleiben, um dann beispielsweise Gottes Allmacht zu preisen, macht Augustinus die Versuchung des Essens messerscharf deutlich. Anders nämlich als die geschlechtliche Lust, der man mit eisernem Entschluß zur Entsagung den Garaus machen kann, ver-

langt das Essen nach seinem Recht und bleibt dauernde Herausforderung. Wie der Reiter seiner selbst muß man nämlich die Zügel mal lockern, um sie alsbald wieder zu straffen.

Weil sich aber die Lust jedem Maß widersetzt, bekommen die Denker der Lust es so häufig mit der Angst zu tun, die Lust könne mit ihnen durchgehen und sie an Ufer führen, an denen sie sich selbst nicht mehr wiederzuerkennen vermöchten. Die Gefahrenabwehr ist dabei seit jeher dieselbe geblieben: die Einbettung der Lustenergie, damit sie zum Wasser auf die Mühlen von Vernunft, Gottesfurcht oder anderen erstrebenswerten Zielen werde. Bei dieser Kanalisierung sahen sich die Lustingenieure immer wieder mit dem Problem konfrontiert, wie man verhindern könne, daß die Lust, statt den ihr zugedachten Dienst zu tun, ihrerseits in ihrem Tun bereits wieder Lust mache. Wie also, so lautet die Frage, an der sich Philosophengenerationen – Philosophinnen haben sich an dieser Frage selten beteiligt – die Stirn wund gerieben haben, kann man vermeiden, daß die Lust die ihr angelegten Zügel abstreift und mit dem Reiter einfach durchgeht und ihn an der Reise Ende einfach aus dem Sattel wirft? Oder anders gefragt: Wie kann die Lust uns dienen, ohne daß wir der Lust als ihr Diener verfallen?

Die Lust einfach zu leugnen scheint jedenfalls kein guter Rat zu sein, denn selbst wenn man die Augen schließt, wird man der Tatsache ins Auge blicken müssen, daß die Lust zum Menschen gehört wie sein Lebendigsein. Kant, der Menschenkenner genug war, um sich dessen bewußt zu sein, versuchte daher die Lust einzufangen und, einmal in der Hand, zu entkleiden, damit sichtbar werde, daß sie sich nicht nur dem Diktat der Vernunft unterwerfe, sondern sogar zu deren Dienerin werde. Denn die »intellektuelle Lust« habe »kein Interesse der Neigung« bzw. sei »sinnenfreie Neigung« (Kant), die dem Willen, also der praktischen Vernunft selbst, zur Geltung verhelfe.

Wie aber Philosophie-, Politik- und Mentalitätsgeschichte zeigen, erweist sich weder die Vernunft immer nur als praktische, noch läßt sich die Lust auf Dauer einhegen, weswegen die Kantsche Ordnungslust sowohl Vernunft wie auch Lust zuviel zumutet. Beide zeigen Neigung, aus der verordneten Bahn auszubrechen oder, wenn es schlimm kommt, nur noch Bahnen zu ziehen, in die alles andere mit hineingezogen wird (Horkheimer/Adorno). Wenn aber die Lust zum Programm wird und sich die Vernunft ihrer Realisierung annimmt, dann degeneriert die Vernunft zum »Organ der Kalkulation«, und die Lust erstarrt in ihrem Ringen zum Esprit von »Turnerpyramiden« (Horkheimer/Adorno).

Lust, über jeden Preis erhaben, ist gleichwohl nicht zum Nulltarif zu haben, ebenso wie ihre Verdrängung nicht ohne Gegenleistung erfolgt. Letztere stellt sich dabei dem Glück des Menschen in den Weg, denn daß die Lust das höchste Gut und das glückliche Leben ein vollkommen lustvolles ist (Aristoteles), kann man, wenn man ein festgefahrenes Mißverständnis ausräumt, kaum bestreiten. Das Mißverständnis, das bereits Aristoteles auszuräumen versuchte, besteht in der Verwechslung von Lust mit deren Übermaß. Ist die Lust das Gute, so ist deren übermäßiger Genuß nicht besser, sondern schlechter (Aristoteles). Wann die Lust aber umkippt in ein Zuviel und das Maß überläuft, gehört zu den leidvollen Lusterfahrungen, die ein jeder selber machen muß und die er sich von niemandem vorschreiben lassen kann, so wie er sein Maß auch nicht zum allgemeinverbindlichen machen sollte. Die Lust, jener Ursprung und jenes Ziel des Glücks (Epikur), will deshalb gewählt, also nicht wahllos, genossen sein. Sich der Anfechtung der Lust zu enthalten ist daher allemal der sichere Weg, sowohl was die Vermeidung von Unglück wie auch von Glück angeht. Das Augenmaß, das die Wahl der Lust und auch manches Mal den Verzicht auf die Lust bestimmt, setzt sich dabei dem Risiko des Irrtums aus. Wer Pech hat, greift dann daneben, wer Glück hat, ergreift sein Glück.

Literatur: *Aristoteles:* Nikomachische Ethik. VII, 14 (Philosophische Schriften Bd. 3. Hamburg 1995, S. 176ff.). *Augustinus:* Confessiones. 397/398, X, 30f. (dt. Bekenntnisse. Zweisprachige Ausgabe. Frankfurt

a. M. 1987, S. 551–561). *Epikur:* Brief an Menoikus (Briefe, Sprüche, Werkfragmente. Griechisch/Deutsch. Stuttgart 2000, S. 47). *Goethe,* Johann Wolfgang: Faust. Eine Tragödie. 1808 (Hamburger Ausgabe in 14 Bänden. 3. Bd. München 1996, V. 1700). *Horkheimer,* Max/*Adorno,* Theodor W.: Dialektik der Aufklärung. Philosophische Fragmente. Exkurs II: Juliette oder Aufklärung und Moral. Amsterdam 1947 (Frankfurt a. M. 1988, S. 95). *Kant,* Immanuel: Die Metaphysik der Sitten in zwey Theilen. Königsberg 1797, A 4 f. (Werkausgabe Bd. VIII. Frankfurt a. M. 1977, S. 316 f.). *Nietzsche,* Friedrich: Also sprach Zarathustra. Chemnitz 1883 (Kritische Studienausgabe Bd. 4. München 1999, S. 404). *Platon:* Politeia, 586a, 587b, 587d (dt. Sämtliche Werke 3. Reinbek 1982, S. 282 f.). *Schweitzer,* Albert: Kultur und Ethik. München 1923 (München 1980, S. 255). *Seneca,* Annaeus L.: De vita beata. 58/59 (dt. Vom glückseligen Leben. Stuttgart 1977, S. 76).

Zum Weiterlesen: *Foucault,* Michel: Histoire de la sexualité. Vol. 2. L'usage des plaisirs. Paris 1984 (dt. Der Gebrauch der Lüste. Sexualität und Wahrheit 2. Frankfurt a. M. 1986). *Freud,* Sigmund: Jenseits des Lustprinzips. Wien 1920 (Studienausgabe Bd. III. Frankfurt a. M. 1982). *Jelinek,* Elfriede: Lust. Reinbek 1989. *Kondylis,* Panajotis (Hrsg.): Der Philosoph und die Lust. Frankfurt a. M. 1991.

Video: *Oshima,* Nagisa: Ai No Corrida. Japan 1976 (dt. Im Reich der Sinne).

→Drogen nehmen →Glücklich sein oder Glück haben →Sich prostituieren

Maschinen besitzen

(engl.: *to possess machines*; frz.: *posséder des machines*)

Der Unterschied zwischen der Nike von Samothrake und einem Ferrari sticht in die Augen (Marinetti). Während Nike immer noch im Louvre zu Paris steht und uns ein geheimnisvolles Gesicht und einen schönen Busen zeigt, kann man mit einem Fer-

rari sehr schnell von Siena nach Florenz gelangen, auf toskanischen Höhenwegen das vorzügliche Fahrwerk seines Gefährts testen, den Motor wie von selbst auf atemberaubende Drehzahlen bringen, in die Bremsen steigen, daß es einem die Sprache verschlägt, aus dem ersten Gang wieder auf eine Geschwindigkeit hochbeschleunigen, die ein normales Auto nur nach minutenlangem Ächzen erreicht, wieder abbremsen, die Kurve galant anschneiden und sich im Schnellerwerden leicht auf den Randstreifen hinaustragen lassen, so daß die kleinen Steinchen hochspritzen, und dann auf die nicht ganz glatt asphaltierte Gerade hinaus, zweiter, dritter, vierter, fünfter, sechster Gang, fast schon ein bißchen brutal, wie die Wiesen und Felder vorüberfliegen, und jetzt - die Stereoanlage einschalten: »Die vier Jahreszeiten«, so schnell hat selbst Verdi sie nicht gehört (Seel).
Ohne Zweifel, es gibt Maschinen, die einfach göttlich sind - manches Auto gilt sogar als »Äquivalent der großen gotischen Kathedralen« (Barthes) –, und das, obwohl sie von und für Menschen gemacht sind. Die göttlichste unter den Maschinen ist ohne Zweifel die Zeitmaschine, mit der wir den wundersamsten Teil von Gottes Werk, die immer schon gewesene, allzeit präsente und immer daseiende Zeit, jenes Fluidum, das, will man es an- oder gar festhalten, schon vergangen ist, mit der wir also die Zeit messen gelernt haben. Seither können wir sie auch gewichten, wissen, wann etwas »viel Zeit gebraucht« und wann etwas »nur wenig Zeit gekostet« hat, und können uns und anderen die Zeit einteilen und, darin Gott fast ebenbürtig, Zeit schaffen: Arbeitszeit, Freizeit, Gesprächszeit, Essenszeit, Schlafenszeit. Mit der Uhr wird die Zeit, jenes Lebenselixier, mit dem Leben entsteht und in dem es auch vergeht - dann nämlich, wenn die »Uhr abgelaufen« ist –, endlich faßbar und ein geregeltes *Ora et labora* möglich. Entsprechend taten sich auch besonders Mönche bzw. der Papst selber als Konstrukteure von Uhren hervor (Heckmann). Mit ihnen können die bestehenden Gebetsregeln minutiös eingehalten und sogar noch weiter ausgebaut werden. Man braucht nur die Uhr mit einem Schlagwerk

zu versehen und an einen gut hörbaren Ort zu installieren, und ein jeder weiß, was ihm die Uhr geschlagen hat. Die Regelung des nicht nur spirituell, sondern auch ökonomisch höchst ergiebigen Klosterlebens gab ein gutes Vorbild ab, dem sich auch bald das Leben draußen vor den Klostermauern nicht länger verschließen konnte. Die Uhr auf dem Gemeindeplatz, im Giebel des Rathauses schlägt nun auch den weltlichen Menschen den Takt, und es dürfte inzwischen auf der ganzen Welt nur noch sehr wenige Menschen geben, die nicht irgendwo in ihrer Nähe, sei es an ihrem Arm oder am nächsten Bahnhof oder in der Hütte des Dorfvorstehers, eine Uhr haben und wissen, daß die Zeit verrinnt und man sich sputen muß.

Dabei waren die Uhren aber nicht immer gefürchtete Einpeitscher, sondern einstmals bewunderte Schöpfungen, denen man so ziemlich alles zutraute. Sie taugten schließlich nicht nur zur Zeiteinteilung, sondern auch zum Verständnis der Sternenwelt, an der sich zu orientieren mittels astronomischer Uhren möglich wurde. Die Chronometer, wie keine andere menschliche Erfindung, waren prädestiniert, der Erklärung der Welt schlechthin zu dienen. Bereits der Eindruck, den die menschengemachten Maschinen auf den Menschen machten, legte die Vorstellung nahe, Gott als den obersten Konstrukteur zu verehren, der »die Maschine der Welt« geschaffen hat und der als der große Uhrmacher den Zeiten- und Weltenlauf bestimmt.

Die Maschine diente aber bereits früher als Erklärungsmotor für das, was die Welt im Innersten zusammenhält: Descartes beschreibt denn auch »die Erde und die ganze sichtbare Welt nach Art einer Maschine« (Descartes, *Prinzipien*). In dieser Maschinenwelt kommt dem Menschen gleichwohl eine Sonderstellung zu: Er ist nicht Maschine und vermag gleichwohl in seiner Beseeltheit und Vergeistigung doch selbst Maschinen herzustellen. Nicht der Mensch, wohl aber sein Körper ist eine Maschine, mit deren und menschlichen Geistes Hilfe all die »verschiedenen Automaten oder bewegungsfähigen Maschinen« (Descartes, *Methode*) gebaut werden können. Zu den Maschinen

Gottes gehören alle Dinge der Welt, also auch die Tiere, und alleine der Mensch ist, kraft seiner Beseelung, nicht nur Maschine. Die Tiermaschinen, wie wir sie von Gott geschaffen kennen, haben die Eigenart, daß, wenn es uns Menschen gelänge, sie in perfekter Weise zu kopieren, wir kein Kriterium an der Hand hätten, die Kopie vom Original zu unterscheiden. Denn was den Unterschied von Maschine zu Mensch ausmacht, die Beseelung und Begeistigung, letztlich also die Sprachfähigkeit, kommt bei Tieren nicht zum Tragen. Wenngleich Tiere zuweilen auch geschickter als Menschen sind, so schlägt dies dennoch nicht zu ihren Gunsten aus, denn auch »eine Uhr, die nur aus Rädern und Federn gebaut ist, [kann] genauer die Stunden zählen und die Zeit messen als wir mit all unserer Klugheit« (Descartes, *Methode*). Und des Menschen Klugheit kann ja nicht nur Uhren und Spielautomaten herstellen, die wir ganz offensichtlich als maschinelle Werke identifizieren, sondern grundsätzlich auch Gegenstände, die bislang von Gott allein geschaffen wurden. Dies wären dann also keine göttlichen, sondern menschliche Körperautomaten.

Was Descartes sich nur dachte, konnte sich Leibniz bereits vorstellen, nämlich einen »Körper [zu] bilden, der imstande wäre, einen Menschen nachzumachen«. Das ist denn auch wirklich nicht zuviel versprochen, wenn man den Unterschied zwischen Mensch und Tier ein wenig relativiert. Denn künstliche Tiere, Elefanten sogar, traten bereits 1579 in Florenz zur Unterhaltung Großherzogs Francesco I. von Toskana und seiner Gemahlin Bianca Capello auf (Heckmann). Warum also sollte es keine künstlichen Menschen geben können? Die Vorstellung behielt indes etwas zutiefst Irritierendes, und als der Gedanke einmal auch von der anderen Seite her zu Ende gedacht wurde, war der Skandal da: Julien Offray de La Mettrie interessierte es nicht so sehr, ob der Mensch in der Lage sei, eine Maschine zu konstruieren, die seiner gleiche, sondern viel aufregender fand er die Überlegung, daß der Mensch selbst eine Maschine sei. Bereits zuvor seiner originellen Gedanken wegen ins holländische Exil getrieben, mußte er auch dort, ob seines Skandaltextes, seine Siebensachen packen und war heilfroh, als ihm Friedrich II. in Potsdam eine Bleibe verschaffte. »Der menschliche Körper ist eine Maschine, die selbst ihre Triebfedern aufzieht«, wiederholt La Mettrie die bereits etablierte Uhrenmetapher, die nach ähnlichen Behauptungen Descartes' und Leibniz' so skandalös nicht mehr sein konnte. Schwer verdaulich wird das Maschinenbild jedoch in puncto Kraftstoff: Wie eine jede Maschine braucht auch die Maschine Mensch Nahrung. Darin Aristoteliker, begreift La Mettrie die Seele als das Kraftzentrum des Menschen und glaubt als neuzeitlicher Materialist, daß die Seele ohne Nahrung zugrunde geht: »Ernährt [man] aber den Körper, schüttet in seine Gefäße kräftige Säfte und stärkende Getränke: dann bewaffnet sich die Seele, ebenso edel wie diese mit starkem Mut, und der Soldat, den das Wasser in die Flucht getrieben hätte, läuft - nun verwegen geworden - unter dem Trommelwirbel fröhlich in den Tod« (La Mettrie). Damit erlischt natürlich auch die bis dahin noch hochgehaltene Vorstellung der Unsterblichkeit der Seele. Für das Maschinenbild, will man es denn auf den Menschen übertragen, ist es indes unverzichtbar, die Seele als etwas, das fortdauert, aufzugeben. So schwindet aber auch die letzte Sonderstellung im Maschinenpark, und Mensch und Tier und all die anderen Maschinen sind grundsätzlich gleich, hat die Natur bei allen doch »nur eine Sorte Teig verwendet« (La Mettrie). Den großen Bäcker aber, andere sprachen noch vom großen Uhrmacher, gibt es bei La Mettrie gar nicht mehr, es ist die Natur selbst, die hier wirkt, und das oberste Gesetz ist das natürliche Gesetz. Die Menschen, die wie alles auf der Erde unter diesem Gesetze stehen, sind »nichts als Tiere bzw. senkrecht kriechende Maschinen« (La Mettrie).

Für Illusionen bleibt von nun an kein Raum mehr, um so mehr konnten und durften die Menschen sich nun den Maschinenhoffnungen hingeben. Selbst im Reiche der Mechanik dürfen sie den Traum der Technik nun in eigener Sache träumen. Wie man weiß, ließen sich die Menschen weder lange bitten, noch verharrten sie lange in Trauerstellung ob ihrer verlorenen Sonderstellung. Der Bau von Maschinen und Automaten wurde zu dem maßgeblichen Wirtschaftszweig und zu der kulturprägenden Kraft. Heute leben wir in einer Maschinen- und Apparate-Welt, in der die Menschen längst ihre diesbezügliche Abhängigkeit eingeräumt haben. So hatte denn auch die letzte Millenniums-Angst ein ganz deutliches Gesicht: Nicht Apokalypse und Jüngster Tag, sondern eine Störung im binären System unserer Geschöpfe ließ die Menschheit in der Silvester-Nacht die Luft anhalten: Unseren Maschinen gilt unsere erste Sorge. Die Frage nach den Maschinen ist demnach längst schon keine beliebige Frage, die man stellen oder auch unterlassen kann, und »das Technische [ist auch nicht mehr] in seiner Begrenzung zu erfahren« (Heidegger). Vielmehr hat sich das Technische entgrenzt, und die Frage nach der Technik ist zu einer Frage nach uns geworden. Denn mit unseren Maschinen haben wir uns nicht nur eine zweite Welt geschaffen, deren Präsenz und lebenspraktische Bedeutung die der ersten Welt, der Natur, zunehmend in den Schatten stellt, sondern zusätzlich haben wir uns selbst technisch um- und auszubauen begonnen, auf daß wir dereinst von Maschinen nicht mehr unterscheidbar sein werden. Das Verfahren zur Rehabilitierung La Mettries ist in vollem Gange.

Der elektronische Impulsgeber, der dem Herzen seine Impulse gibt, um es wieder in Schritt zu bringen, das Kunststoffhüftgelenk, das die Bewegungsfähigkeit erhält, Geschlechtsimplantate, die uns bei Lust und Laune halten, haben die Grenze zwischen dem Menschen als »göttlicher Maschine« und als »menschlicher Maschine« aufgehoben. Wir sind beides zugleich und das erste zunehmend weniger. Die bereits angebrochene Götterdämmerung beschleunigt sich mit dem Einzug der Nanotechnologie und wird zu einer des Menschen selbst (Joy). Und so lösen sich eine ganze Reihe von Fragen wie von alleine, beispielsweise die nach dem Bewußtsein von Maschinen. »Daß die Maschine die schönsten Dinge der Welt hervorbringt«, stand für Leibniz außer Frage, aber auch, daß sie niemals »sich dieselben zum Bewußtsein bringt« (Leibniz). Letzteres ist eine müßige Überlegung, sind wir doch bereits in nicht mehr differenzierbarer Weise mit den Maschinen verwoben. Fragen nach Intelligenz oder Bewußtsein von Maschinen sind also solche nach uns selbst. Da wir aber nicht mehr sicher wissen, daß wir es sind, die solche Fragen stellen, oder nicht eher die Maschine in uns, wir also auch gar nicht mehr wissen können, wer, aus welchen Interessen, gegebenenfalls die erhellende Antwort liefert, kann man die Frage fallenlassen. Aber selbst in unserem Ferrari fühlen wir uns nicht mehr ganz sicher. Denn sind wirklich »wir« »Besitzer« dieser Maschine, oder besitzt sie nicht viel eher »uns« (Schmitz), und wer sind das: die Maschine und »wir«?

Literatur: *Barthes*, Roland: Mythologies. Paris 1957 (dt. Mythen des Alltags. Frankfurt a.M. 1964, S. 76). *Descartes*, René: Discours de la méthode. Leyden 1637 (dt. Von der Methode des richtigen Vernunftgebrauchs und der wissenschaftlichen Forschung. Hamburg 1997, S. 91, 97). *Descartes*, René: Principia Philosophiae. Amsterdam 1644 (dt. Die Prinzipien der Philosophie. Hamburg 1965, S. 236). *Heckmann*, Herbert: Die andere Schöpfung. Geschichte der frühen Automaten in Wirklichkeit und Dichtung. Frankfurt a. M. 1982, S. 92, 151. *Heidegger*, Martin: Die Frage nach der Technik. Pfullingen 1962, S. 5. *Joy*, Bill: Why the Future Doesn't Need Us. In: Wired. April 2000. *La Mettrie*, Julien Offray de: L'homme machine. Leyden 1748 (dt. Die Maschine Mensch. Hamburg 1990, S. 35, 35, 77, 125). *Leibniz*, Gottfried Wilhelm: Discours de métaphysique. 1686 (dt. Hauptschriften zur Grundlegung der Philosophie. Bd. II. Hamburg 1966, S. 202, 384, 408 f.). *Marinetti*, Filippo Tommaso: Fondation et manifeste du futurisme. Paris 1909 (dt. Gründung und Manifest des Futurismus. In: Asholt, Wolfgang/Fähndres, Walter (Hrsg.): Manifeste und Proklamationen der europäischen Avantgarde. Stuttgart 1995, S. 5). *Schmitz*, Hermann: System der Philosophie. Fünfter Band: Die Aufhebung der Gegenwart. Bonn 1980, S. 160. *Seel*, Martin: Das Auto als Konzertsaal. Mystische Momente modernen Daseins. In: Neue Zürcher Zeitung vom 4./5. 4. 1998, S. 67.

Zum Weiterlesen: *Bilstein*, Johannes/*Winzen*, Matthias (Hrsg.): Ich bin mein Auto. Die maschinalen Ebenbilder des Menschen. Köln 2001. *Hoffmann*, Ernst Theodor Amadeus: Der Sandmann. Berlin 1817 (Frankfurt a. M. 1985). *Lem*, Stanisław: Summa Technologiae. Krakau 1964 (dt. Summa Technologiae. Frankfurt a. M. 1976).

Video: *Chaplin*, Charles: Modern Times. USA 1936 (dt. Moderne Zeiten).

→Frau- oder Mannsein →Leben →Leiblich sein

Miteinander reden

(engl.: *talking to each other*; frz.: *se parler*)

Reden ist, wenn es ein kluges ist, wie man weiß, Silber, erst das Hören verdient Gold. Reden kann jeder, Zuhören können nur wenige, und wo sich Rede und Gehör wechselseitig miteinander zusammentun, da wird miteinander geredet, folglich ein höchst seltenes Ereignis. Viel häufiger zerbricht die Einheit des Miteinanderredens, das Gespräch, wieder entzwei, in den, der redet, und den oder die, die zuhören. Dann sind wir wieder im Vortrag und können sehen, wie uns vor lauter Zuhören Sehen und Hören vergeht. In solche Vorträge gerät man schneller, als man denkt, und an den unmöglichsten Orten: an der Theke, in der U-Bahn, ja sogar auf der 30-m-Bahn im Schwimmbad. Aus dem harmlosesten Gespräch kann sich, ehe man sich's versieht, ein waschechter Vortrag werden, und dann redet man nicht mehr miteinander, man hört auch nicht mehr einander zu, das einzige »Mit« scheint der Ort zu sein, den man miteinander teilt. So wie Vorträge, die als solche ausgewiesen sind und die man meist daran erkennt, daß der, der redet, in die eine, die, die zuhören, in die andere Richtung blicken, sich unverhofft noch zu einem Gespräch entwickeln können, so mutiert also das Zwiegespräch gar nicht so selten zu einem Vortrag. Häufig passiert das dann, wenn es beide zu gut miteinander meinen, also niemand den Mut oder die Phantasie findet, um dem Gespräch eine Ende zu machen. Findet keiner das »letzte Wort«, stirbt das Gespräch ab, und die Worte leben fort im Vortrag, den einer der beiden aus Verlegenheit oder erkannter Chance zu halten beginnt. Das »letzte Wort« zu finden und es auch zu sprechen bedarf also Mut und »Verantwortlichkeit« (Löwith). Übrigens sind dieselben Tugenden auch beim »ersten Wort«, mit dem ein Gespräch in Gang gebracht wird, gefragt.

Im Gespräch kommt es also auf den Einzelnen an, im Gespräch darf, im Unterschied zum Vortrag, wo das nur für einen gilt, keiner fehlen. Das Gespräch stellt somit den unzweifelhaften Akt der Anerkennung dar: Denn die Gesprächspartner sind anerkannte Personen, und daß sie es sind, erweist sich eben dadurch, daß sie Teilnehmer des Gesprächs sind. Die Anerkennung meiner selbst durch die anderen, ohne deren Anerkennung ich mich nicht finden kann, findet also ihren mich am stärksten überzeugenden Ausdruck im Gespräch (Taylor), in dem ich angesprochen werde, mich ansprechen lasse und dem ich entsprechen kann. Wo miteinander gesprochen wird, ist daher noch nicht aller Tage Abend, denn dort wird (noch) nicht zugestochen (Dürrenmatt) oder, im Falle von Friedensgesprächen, nicht mehr geschossen. Gleichwohl sind Gespräche nicht immer von friedlichem Austausch und Miteinander geprägt, denn es gibt ja auch die unangenehmen Gespräche. Gespräche, in deren Verlauf oder in dem bereits von Beginn an sich alles um das eine dreht, dem einen Gesprächspartner eine unfrohe Botschaft nahezubringen. Zu solchen Gesprächen kommt häufig zumindest eine Seite unfreiwillig, wird also zu einem Gespräch zitiert, weswegen man sich von einem solchen nicht allzuviel Hoffnung auf Verständnis machen darf. So mag zwar auch das Kündigungsgespräch interessant und gehaltvoll sein, allein die Verkrampftheit einer der beiden Gesprächspartner behindert den das gute Gespräch kennzeichnenden freien Fluß der Gedanken. Dieses Hin und Her des guten Gesprächs eröffnet Welten und kann zu Einsichten befähigen, zu denen ein noch so ausdauernder Monolog kaum in der Lage ist. Spinnen beide gemeinsam an dem Faden ihres Gesprächs und scheuen dabei auch nicht den Mut zum Ein- und Widerspruch, bringen also verschiedene Farben in den Faden ein, dann kann das ein ziemlich starkes Stück werden. Redliches Bemühen allseits vorausgesetzt, scheint dann ein Stück von der Vernunft auf, um die die Philosophie sich von jeher bemüht und die uns einander und die Welt verstehen hilft.

Das Gespräch, das Miteinanderreden, stiftet aber nicht nur einfach Verbindung, sondern vermag auch den Boden eines sozialen Miteinanders zu legen. Denn in einem solchen Gespräch »wird einer dem anderen Gründe dafür nennen, warum er wollen kann, daß eine Handlungsweise sozial verbindlich gemacht wird. Jeder Betroffene muß sich davon überzeugen können, daß die vorgeschlagene Norm unter den gegebenen Umständen für alle ›gleichermaßen gut‹ ist« (Habermas). Miteinander zu reden bedarf also der Anerkennung von Rederegeln, und erst deren Anerkennung bietet die Chance, redend Regeln zu finden, die über das Reden hinaus Geltung haben (Apel) und die für das menschliche Zusammenleben einfach unverzichtbar sind. Miteinandersprechen ist also immer auch ein Miteinanderhandeln. Wir geben beispielsweise einem Mann das Ja-Wort und finden uns dann im Zustand der Ehe wieder, was deutlich macht, daß ein Wort Konsequenzen haben kann.

Die oberste Gesprächsregel, ohne deren mehrheitliche Beachtung kein Gespräch Sinn macht, verleiht auch dem sonstigen Leben Sinn: die Aufrichtigkeit. Zu meinen, was man sagt, oder zumindest, sich selber glauben zu können, daß man meint, was man sagt, ist Ausdruck einer Haltung, ohne die Menschen auf Dauer einander nicht begegnen können. Ebenso sind die Wahrhaftigkeit und die Verbindlichkeit von Aussagen Qualitäten, die sowohl das einzelne Gespräch wie auch das ganze Leben erst möglich und sinnvoll machen.

Das Gemeinsame, das sich im Gespräch bildet, markiert dabei den Unterschied zu einem Informationsaustausch oder gar einer Anweisung von Vorgesetzten zu Befehlsempfängern. Die Freiheit des Gesprächs besteht indes nicht allein in der Freiheit der Gesprächsteilnehmer, sagen zu können, was sie wollen. Das dürfen sie zwar, gleichwohl wird sich jeder gute Gesprächspartner davor hüten, diese Freiheit voll auszuschöpfen, und beispielsweise im theologischen Gespräch über Automobilmarken reden und umgekehrt. Die Freiheit des Gesprächs liegt vielmehr in diesem selbst. Frei ist das Gespräch nämlich in seiner Wirkung, die es entfaltet. Denn was auf Rede und Gegenrede folgt, das können die Disputanten selbst am allerwenigsten vorhersagen, ist doch das »Nach-denken« (Löwith), dem sich der Zuhörer hingibt, kein Repetieren, sondern ein eigenes Denken, nachdem ein anderer Denker seine Gedanken geoffenbart hat. Was aber der eine aus dem Impuls des anderen machen wird, das muß man hören.

Im Gespräch kommt es, wie gesagt, auf jeden an, d. h. auf jeden, der daran teilnimmt. Dennoch können, was eigentlich überraschend ist, auch die, die gar nicht zum Gespräch dazugehören, daran teilhaben und, manches Mal gerade weil sie nicht dazugehören, mehr hören und verstehen. Das gilt ebenso für den, der heimlich ein Gespräch belauscht, wie auch für die, die ganz im Einvernehmen mit den Gesprächsteilnehmern daran einfach als Zuhörer teilnehmen. Ist der Gast in der Talk-Show oft genug so verdattert, daß er keinen klaren Satz zuwege bringt, und der Talkmaster so meisterhaft, den Wortwechsel im Kauderwelsch zu belassen, so kann man aus der sicheren Entfernung des TV-Sessels doch vieles von dem, was hier ein Gespräch hätte werden sollen, verstehen. Man kann sogar mehr verstehen, als wirklich gesagt wurde, oder immerhin anderes verstehen. Wie hier, so ist Verstehen immer die Kunst der Auslegung (Gadamer), oft sogar der Übersetzung. Also nicht nur, wenn zwei in verschiedenen Sprachen miteinander reden, müssen sie auf der Hut sein, die Andeutungen und Anzeichen der Rede und Gesten auch richtig zu deuten und angemessen zu übersetzen. So wie es beim Reden auf den richtigen Ton ankommt, so kommt es

beim Zuhören darauf an, die Nuance auch richtig zu deuten. Das will gelernt sein, was vor allem eine Frage der Erfahrung ist, weswegen viel zuhören sollte, wer ein guter Gesprächspartner werden will. Die Schule des Zuhörens macht indes nicht nur fit, miteinander zu reden, sondern eröffnet einem die gesamte Welt des Dialogs. Denn miteinander reden, miteinander ins Gespräch kommen Menschen nicht nur dort, wo sie den Mund auftun und sich der Worte bedienen; miteinander reden können Menschen auch durch Zeichen und Gesten. Deren Bedeutung lernt man voneinander und miteinander. Zeichen, die nur ich kenne, Gesten, die nur ich verstehe, können nie zu einem Miteinander werden (Wittgenstein). Die, die lieber miteinander als mit sich selbst reden, haben sich daher nicht nur auf die Bedeutung von Zeichen eingelassen, sondern auch immer schon auf eine Gemeinschaft, die diesen Zeichen Sinn verleiht.
Miteinander zu reden ist also keine einfache Angelegenheit und kann gleichwohl ein Genuß sein. Denn wie sollte man anders den anderen kennen- und schätzenlernen als im Miteinanderreden? Und wie sollte man, wichtiger noch, sich selbst kennen- und schätzenlernen als im Gespräch mit anderen? Die Welten, die das Miteinanderreden eröffnet, sind also nicht nur die der vielen Sprachen, sondern auch die der vielen anderen, zu denen man sich selbst mitzuzählen immer wieder Gelegenheit findet. Dabei erkennt man dann auch, daß das Mitsein neben dem Einsamsein die andere herausgehobene Form ist, das Leben zu leben. Denn »wir leben nicht nur ein Gesprächsleben, sondern einzig ein Leben, zu dem auch ein Gesprächsleben gehört« (Marquard). Da es also auch das Leben nach dem Gespräch gibt, kann man sich auf das Gespräch im Grunde ganz gelassen einlassen, klüger kommt man allemal wieder heraus, und sei es nur um die Weisheit belehrt, daß doch eben das Schweigen, ob in der Einsamkeit oder in der Mitsamkeit, Gold verdient.

Literatur: *Apel*, Karl-Otto: Diskurs und Verantwortung. Das Problem des Übergangs zur postkonventionellen Moral. Frankfurt a. M. 1990,

S. 271. *Dürrenmatt*, Friedrich: Nächtliches Gespräch mit einem verachteten Menschen. Hörspiel Bayerischer Rundfunk 1952 (Zürich 1998). *Gadamer*, Hans-Georg: Wahrheit und Methode. Grundzüge einer philosophischen Hermeneutik. Tübingen 1960 (⁶1990, S. 312 f.). *Habermas*, Jürgen: Moralbewußtsein und kommunikatives Handeln. Frankfurt a. M. 1983, S. 81. *Löwith*, Karl: Das Individuum in der Rolle des Mitmenschen. München 1928 (Sämtliche Schriften Bd. I. Stuttgart 1981, S. 9–198, 129, 134). *Marquard*, Odo: Das Über-Wir. Bemerkungen zur Diskursethik. In: Stierle, Karlheinz/Warning, Rainer (Hrsg.): Das Gespräch. München 1984, S. 29–44, 44. *Taylor*, Charles: Multiculturalism and »The Politics of Recognition«. Princeton 1992 (dt. Multikulturalismus und die Politik der Anerkennung. Frankfurt a. M. 1993, S. 23). *Wittgenstein*, Ludwig: Philosophical Investigations. Oxford 1953, § 243 (dt. Philosophische Untersuchungen. Werkausgabe Bd. 1. Frankfurt a. M. 1984, S. 356).

Zum Weiterlesen: *Albee*, Edward: Who's afraid of Virginia Woolf? New York 1962 (dt. Wer hat Angst vor Virginia Woolf ...? Frankfurt a. M. 1963). *Handke*, Peter: Kaspar. Frankfurt a. M. 1968. *Horster*, Detlef: Das Sokratische Gespräch in Theorie und Praxis. Opladen 1994. *Wulf*, Christoph/*Göhlich*, Michael/*Zirfas*, Jörg (Hrsg.): Grundlagen des Performativen. Eine Einführung in die Zusammenhänge von Sprache, Macht und Handeln. Weinheim 2001.

→Grüßen →Heucheln und Schmeicheln →Rechte haben

Müll

(engl.: *garbage*; frz.: *ordures*)

In der Lobby des Bundestages drängeln sich die Journalisten in drei Gruppen, jede erfährt von einem anderen Politiker, wie er sich den Fortgang der Verhandlungen vorstellt: Der eine gibt sich siegessicher, daß die nächste Runde das Ergebnis bringen werde, denn man habe nun »alles in trockenen Tüchern«, »der Konsens liege fast schon bei hundert Prozent«; im Pulk nebenan gibt die dortige Hauptperson zu bedenken, daß in der Politik »ein Schritt auf den nächsten folge«, und der dritte ist überzeugt, daß »nichts so heiß gegessen wie gekocht werde«. Die Journalisten notieren die Statements in ihre Schreibblöcke oder übertragen sie gleich in die Empfangsgeräte der heimischen Wohnstuben oder der heimeligen Automobile, und von einem solchen kann einem dann auch die neueste Werbung auf den orangefarbenen Lastwagen der Stadtreinigung begegnen: »Berlins größter Berg ist der Müllberg.«

Was alles zu diesem Berg dazugehört, ist indes gar nicht so sicher: Die vielen prallen Plastiktüten mit leeren Fischdosen, vollen Filterbeuteln, halben Koteletts, alten Socken und kleinen Batterien kann man sicher als Müll bezeichnen, obwohl letztere schon das Prädikat des Besonderen tragen und in einen solchen ordinären Plastiksack eben nicht hineingehören. Vom Standpunkt einer Alltagsarchäologie würde sogar der gesamte Sack zwar als Müll gelten, aber nicht als etwas, das in die Verbrennungsanlage gehört, sondern ins Labor des Historiographen unserer immer schon vergangenen Zeit. Daneben gibt es noch eine Reihe von weiteren Müllsorten: Historiker oder eher historisierende Politiker kennen Müllhaufen der Geschichte und ganze Zeiten, die auf einen solchen gehören, und wissen manchmal sogar Minderheiten als »Abfall« zu bezeichnen (Thompson). Philologen schaudert es, wenn sie den Sprachmüll hören und lesen, der täglich durch den unaufhörlichen Mitteilungszwang produziert wird, und sogar bei der EU-Kommission denkt man über das Zwangspfand nach, mit dem die materialen Müllhaufen eingedämmt werden sollen. Dagegen schwärmen Manager von Entsorgungsunternehmen davon, daß es eigentlich gar keinen Müll mehr gebe, da man alles so fein säuberlich zerlegen und zergliedern kann, daß nur lauter saubere Materialien übrigbleiben, die nur darauf warten, endlich wieder in den Warenstrom eingegliedert zu werden und Teil eines größeren Ganzen, eines Autos oder eines Kugelschreibers werden zu dürfen.

Mit dem Müll hat man also in jedem Fall seine Mühe: Man weiß weder genau zu sagen, was alles schon, noch nicht oder nicht mehr Müll ist, noch ob man überhaupt von Müll reden darf. Eigentlich darf man es ja nicht: Zwar gibt es, wie gesagt, den Müllhaufen der Geschichte oder den Sprachmüll oder die sogar recht beliebten Altlasten, die man seinen Vorgängern zurechnen und unter denen man die eigene Verantwortung begraben kann. Alle diese Ausdrücke bezeichnen aber mehr oder weniger immaterielle Vorkommnisse – den eigentlichen Müll, den, der jedem, unabhängig seiner politischen oder sonstigen Vorlieben, stinkt, den gibt es gar nicht mehr. Der abfälligste Ausdruck für das, was einst Müll hieß, ist Abfall, welcher von der Warte einer davon lebenden Industrie jedoch Recycling-Gut heißt und riesige Papierberge von Gesetzesnovellen und noch größere von Gerichtsentscheiden zum Abfallwesen zur Folge hat. So ist der Mensch in den hochentwickelten Ländern, in denen allerdings auch das unschöne Wort vom »Zivilisationsmüll« und, noch derber, von der »Wegwerfgesellschaft« aufgekommen ist, in die Lage geraten, sogar das noch, was die meisten von uns nun wirklich nicht mehr gebrauchen können, zu verkaufen. Ganz gemeine Haushaltsabfälle werden quer durch Europa transportiert, um sie an irgendwelchen sonnigen Flecken zu deponieren, bis sie, nachdem Papierberge von Gerichtsentscheiden angehäuft wurden, dort wieder aufgeladen und in die geliebte Heimat zurücktransportiert oder großzügigerweise einem neuen EU-Mitgliedsland, das unbedingt Abfälle aus Ländern mit höherem Wohlstandsniveau auf seinem Territorium wissen möchte, weiterverkauft werden.

Wie überall, so gibt es natürlich auch unter dem Müll eine Extraklasse. Das ist der Müll, der sogar Polizeischutz erhält und TV-Aufmerksamkeit, und das manchmal mehrfach, da auch er, hier in nichts unterschieden vom gemeinen Müll, gleich mehrfach zwischen den befreundeten Staaten hin- und hergefahren wird. Müll von dieser Sorte heizt politische Debatten an und führt vor Augen, wie machtvoll Müll geworden ist: Er hat das Zeug in sich, uns über viele Generationen hin zu kontaminieren, uns schließlich um unsere Zeugungsfähigkeit zu bringen (Colborn), uns zu vergiften und zunehmend größere Ressourcen an seine Pflege zu binden. Ja, die Pflege des Mülls wird, wichtiger noch als jede Reform der Pflegeversicherung, zur politischen Aufgabe der Zukunft, wollen die Menschen denn noch eine Zukunft haben. Daß sie eine Zukunft haben wollen, ist dabei gar nicht ausgemacht und angesichts gewisser sich zunehmend ausbreitender Lebensformen, deren höchste Wachstumsraten im Abfallsektor liegen, sogar mehr als fraglich. Mutet man der Menschheit gleichwohl einmal diesen Willen zu, was sich auch deshalb gebietet, weil es immer noch Kulturen und auf jeden Fall einzelne Menschen gibt, die das Leben lieben und am liebsten auch morgen noch kräftig leben würden, so wird der Müll nicht nur zur juristischen und entsorgungstechnischen, sondern auch zur politischen Aufgabe. Denn der Müll stellt mittlerweile die Herausforderung Nr. 1 dar, wenn es einem um eine gerechte Welt wirklich ernst ist. Aber was heißt gerecht? Bedeutet es, daß die heutigen Schwellenländer, um nur einmal von diesen zu reden, einen Anspruch haben, ähnlich hohe Müllberge aufzurichten wie die hochindustrialisierten Vorbilder? Gibt es eine Gerechtigkeit im Dreck? Und wenn dem nicht so ist, worauf sich mittlerweile internationale Abkommen geeinigt haben (Centre), wie will man dann die Egalisierung der Vermüllung vermeiden?

Hans Jonas sah schon Ende der siebziger Jahre schwarz, wenn er sich die Frage stellte, ob die Menschheit den Augias-Stall Erde, den sie selbst hat verkommen lassen, noch werde ausmisten können, zumal weit und breit keine Bereitschaft erkennbar war, die dafür notwendige Herkules-Arbeit zu leisten. Denn die gebotene »Reife« eines globalen Asketismus, wie ihn Jonas so dringend empfiehlt, ist bislang noch nicht in nennenswerter Zahl am Horizont der Geschichte aufgetaucht und wird, wenn Jonas' Pessimismus recht behält, auch erst mit dem neuen Menschen zu haben sein, gehen doch bei dem alten die »Vergewaltigung der Natur und die Zivilisierung seiner selbst [...] Hand in

Hand« (Jonas). Nicht anders sieht dies übrigens die Müllwissenschaft, die vom »Abfall als Schicksal der modernen Gesellschaft« spricht (Hosemann). Sollte dem so sein und man sich nicht länger schmutzig machen wollen, bliebe dann nur noch die »heitere Hoffnungslosigkeit« angesichts eines solch eklatanten Versagens (Fuller). Nicht Eiszeit oder Meteoriteneinschlag werden uns wahrscheinlich zur Strecke bringen, sondern der Dreck, bei dessen Herstellung die Menschheit einen bislang noch nicht gesehenen Fleiß an den Tag legt. Wenn also stimmt, was die Leute aus der Praxis sagen, daß der Müll unser Schicksal ist, und wenn, wie die Leute aus der Theorie zu berichten wissen, für Hoffnung eigentlich kein Grund mehr besteht, ist es dann nicht wirklich besser, sich dem Kommenden hinzugeben und sich im Müllberg noch ein warmes Grüftlein zu schaben und auf der Tage Ende zu warten?

Davor müßten einen nun aber die Kenner der Materie eindringlich warnen, denn die »Tragfähigkeitsberechnungen«, also die Belastungsgrenze unseres Hauses Erde, haben in letzter Zeit dazu geführt, den Minutenzeiger von fünf auf sechs Minuten vor zwölf zurückzudrehen. Es könnte einem also doch noch etwas lang werden in der selbst gewählten Gruft.

Aber jenseits solch makaberer Rechnerei besteht doch ganz einfach eine Pflicht, daß wir unser Haus wieder aufräumen. Denn wir leben ja nicht alleine darin. Sowohl gibt es Bewohner, die ungleich weniger zu seiner Vermüllung beigetragen haben, als auch solche, nämlich neugeborene Kinder, die ganz sauber hier eingezogen sind und, bis die Gewöhnung sie dies anders sehen läßt, auch in einer sauberen Umwelt leben wollen. Kurz und knapp: Wir haben eine Verantwortung für die zukünftige Menschheit und müssen schon ihretwegen für saubere Verhältnisse sorgen (Birnbacher). Daß uns dies bislang so unzureichend gelingt, hat natürlich damit zu tun, daß die Menschen lieber konsumieren als kontemplieren. Deshalb muß man jedoch nicht gleich die Hände in den Schoß legen und den sicheren Untergang vor Augen auf einen neuen Menschen warten, der nicht kommen kann, solange wir nicht den anderen Menschen in uns erkennen. Die *Ataraxia* der Stoa liegt weit zurück, der *Homo Oecologicus* (Meinberg) scheint unter die Räder einer sich ökologisch dünkenden Politik gekommen zu sein, es wird also Zeit, eine neue nachhaltige Lebensform auszuprobieren. Und wenn, wo Müll ist, auch Hoffnung quillt, dann stehen die Chancen für den Neubeginn ja gar nicht so schlecht.

Ganz so schnell werden wir aber den Müll wohl nicht los, und das ist, solange der Mensch noch keine ihn überzeugendere Form der Selbstvergewisserung gefunden hat, wohl auch gut so. Denn dort, wo es Müll gibt, ist ganz sicher ein Mensch gewesen, womit sich die Menschheit Erinnerungsmale geschaffen hat, die sie sogar weit über ihre eigene Auslöschung hin bezeugen werden. Somit obliegt dem Müll jenseits der Aufmerksamkeit von Umwelt- und Abfallgesetzgebung die besondere Aufgabe, dereinst vielleicht als letzter Beweis für die Großartigkeit der Menschen zu dienen. Wenn andere Leistungen von den Menschen, möglicherweise infolge zu großer Umweltverschmutzung, nicht mehr erbracht werden können, bleibt ihnen doch die Gewißheit, nicht nur an schwer zugänglichen Orten der Erde, wie beispielsweise dem Mount Everest, sondern auch draußen im All, auf dem kleinen Mond und in den Weiten des Universums genügend Müll hinterlassen zu haben, der zuverlässiger als jeder nationale Wimpel ein fortdauerndes Zeugnis davon ablegt, daß hier schon einer von uns gewesen ist.

Literatur: *Birnbacher*, Dieter: Verantwortung für zukünftige Generationen. Stuttgart 1988. *Centre for Our Common Future*: Agenda für eine nachhaltige Entwicklung. Genf 1993, S. 35–41. *Colborn*, Theo/*Dumanoski*, Dianne/*Myers*, John Peterson: Our stolen Future. New York. 1996 (dt. Die bedrohte Zukunft. Gefährden wir unsere Fruchtbarkeit und Überlebensfähigkeit? München 1996). *Fuller*, Gregory: Das Ende. Von der heiteren Hoffnungslosigkeit im Angesicht der ökologischen Katastrophe. Zürich 1993. *Hosemann*, Gerhard (Hrsg.): Abfall. Schicksal oder Herausforderung. Erlangen 1994, S. 7. *Jonas*, Hans: Das Prinzip

Verantwortung. Versuch einer Ethik für die technologische Zivilisation. Frankfurt a. M. 1979, S. 288, 18. *Meinberg*, Eckhard: Homo Oecologicus. Das neue Menschenbild im Zeichen der ökologischen Krise. Darmstadt 1995. *Thompson*, Michael: Rubbish Theory. The Creation and Destruction of Value. Oxford 1979 (dt. Die Theorie des Abfalls. Stuttgart 1981, S. 139).

Zum Weiterlesen: *Brenner*, Andreas: Ökologie-Ethik. Leipzig 1996. *Fassbinder*, Rainer Werner: Der Müll, die Stadt und der Tod. Frankfurt a. M. 1976. *Meyer-Abich*, Klaus Michael/*Schefold*, Bertram: Die Grenzen der Atomwirtschaft. München 1986.

→Erinnern und Vergessen →Leben → Rechte haben

Müssen

(engl.: *to have to*; frz.: *devoir*)

Gefragt nach einer Kurzdefinition des Gegenstandsbereiches der Moral, mögen viele zu der Feststellung neigen, daß Moral von dem handelt, was man gemeinhin weniger gerne tut, und wennschon, dann nur deshalb, weil man es muß. Moral wäre nach dieser gängigen säuerlichen Vorstellung also alles andere als ein Ort und Hort der Muße, sondern einer des Müssens, weswegen ein jeder gut beraten wäre, um jenes Zwingsystem einen möglichst weiten Bogen zu machen. Noch besser beraten scheint dagegen jener, der immerhin Bereitschaft zeigt, sich kundig zu machen, um was es denn der Moral geht, damit er weiß, wovor er sich zu hüten hat, damit er nicht in die Verlegenheit kommt, doch noch zu müssen, wo er eigentlich wollen möchte. Denn das scheint ja der Gegenbegriff zu sein: Wer muß, der will nicht, und das gilt auch umgekehrt, obwohl der, der muß, manchmal im Dienste seines eigenen Wollens steht. So muß ich, wenn ich mir eine *Latte macchiato* bereiten will, aber der Kühlschrank leer ist, vorher Milch kaufen, obwohl ich

eigentlich jetzt nicht durch die Stadt laufen, sondern auf der Couch liegen und meinen Milchkaffee löffeln will. Dieser Wunsch enthält aber in der konkreten Situation einen Anteil an Müssen, den ich einfach anerkennen muß, will ich zu meinem vorgestellten Ziel gelangen. Demnach zwingt mich mein eigener Wunsch, etwas zu tun, was ich gar nicht will, und damit zu einem Müssen. Will man dies zugeben und damit anerkennen, daß Müssen jenes Tun bezeichnet, das man gegen seinen eigenen Willen tut, so gelangen wir bereits bei einem harmlosen Glas *Latte macchiato* zu dem doch recht paradoxen Ergebnis, aus freien Stücken etwas zu wollen, dem – als das Gegenteil von frei – der Zwang innewohnt, etwas anderes vorher zu müssen. Kurzum und andersherum: »Und weil kein Wille ist, so ist auch kein Müssen« (Nietzsche, *Nachlaß*).
Wie das bei Getränken der schärferen Sorte, von denen man beim Latte nur träumen kann, gedacht wurde, exerziert wieder einmal in unübertroffener Deutlichkeit Immanuel Kant vor. An der Ostseeküste des 18. Jahrhunderts hieß das Getränk, das einen in allen Lebenslagen aufzurichten versprach, kurz und bündig *Pflicht*. Schaut man tief in sie hinein, weiß man, was man zu müssen hat, denn »Pflicht ist die Notwendigkeit einer Handlung aus Achtung fürs Gesetz«, wie es in Kants *Grundlegung der Metaphysik der Sitten* heißt. Für die Verächter der Transzendentalphilosophie kann diese Definition fürs erste genügen, und die Frage, um welches Gesetz und welchen Gesetzgeber, es sich hierbei handelt, kann zurückgestellt werden. Denn eines ist auf jeden Fall klar, egal ob es sich nun um die Regeln des Anstands, des Straßenverkehrs oder um die der Vernunft selbst handelt, die Pflicht »nötigt« uns, wie Kant in seiner jeder Illusion baren Sprache mitteilt. Die Hoffnung auf ein Mißverständnis und die Aussicht, den Denker der Aufklärung, der in seiner Aufklärungsschrift immerhin die Fackel zum Selbstbefreiungskampf entzündete, schlicht mißverstanden zu haben, muß sogar ein Blick nach Südwesten enttäuschen. Ausgerechnet ein Bürger der bekanntlich besonders ungezwunge-

nen und sich auf die politische und damit geistige Freiheit etwas zugute haltenden Eidgenossenschaft, nämlich der Genfer Rousseau, bemerkte, daß der Mensch zwar frei geboren sei, aber dennoch überall in Ketten liege (Rousseau).
Wenn also auch im Westen nichts Neues blüht, soll noch einmal Professor Kant konsultiert sein. Die Pflicht, das ist zugestanden, nötigt uns und wird so vordergründig zum Ausdruck des Müssens. Indes läßt sich der Spieß des Zwanges auch umdrehen, wobei die Zwangssysteme Gesellschaft oder Straßenverkehrsordnung jedoch nicht mehr genügen und das Folgende nur noch von der hohen Warte der Transzendenz aus erklärlich wird. Denn was der Unbedarfte und der der Transzendentalphilosophie Entrückte als ein Müssen sich denkt oder, um ehrlich zu sein, schlicht als solches erlebt, dieses Müssen also ist allen andersgeneigten Empfindungen zum Trotz ein Wollen. Es ist nämlich alles zu haben: frei zu sein und dennoch unter Zwangsgewalt zu stehen. Was in den Niederungen moralischer Verworfenheit so schwer zu erkennen ist, das zeigt sich nämlich erst über den Wipfeln: Das »Sollen ist eigentlich ein Wollen«. Warum das so ist, das steht auf der anderen Seite der Münze, die zu Ehren des freien Subjekts geprägt wurde. In der Autonomie des Willens ist nämlich die Selbstbeschränkung mitenthalten, was ganz ähnlich wie Kant auch Rousseau feststellt: »Auf seine Freiheit verzichten heißt auf seine Eigenschaft als Mensch, auf seine Menschenrechte, sogar auf seine Pflichten verzichten.« Das Müssen ist also eine Tatsache, die sich schwerlich bestreiten läßt. Allein, so lehrt die Philosophie, sollte man es damit nicht so schwernehmen, denn man muß zwar müssen, aber tut es doch aus freien Stücken.
Nur ein Schelm oder ein in die Geheimnisse der Transzendentalphilosophie Uneingeweihter wittert hier einen Taschenspielertrick oder alarmiert wegen Falschmünzerei gleich die Polizei. Denn das Sollen kauft nur derjenige dem Philosophen als eigenes Wollen ab, der noch nicht weiß, was er will. Nun wird zwar jeder mit halbwegs selbstkritischem Bewußtsein Geschlagene

die sokratische Weisheit, daß er wisse, nichts zu wissen, unterschreiben, jedoch mit der einen Ausnahme, die das Müssen betrifft. Denn das Müssen nicht zu wollen, darüber mag sich kaum jemand täuschen und sich daher auch mit bestem Willen nicht das Sollen als ein Wollen einreden lassen. Müssen, wird der so Ungelehrige zugeben, gibt es demnach nur in der Welt der Mathematik oder Physik - Ludwig Wittgenstein sprach von der Despotie des logischen Muß -, und dort, in Form der Naturgesetze, erübrigt sich das Zwangswörtchen, denn ob wir wollen oder nicht, den Naturgesetzen gehorchen wir, selbst wenn uns Widerstand erlaubt wäre. Aber in der Welt der Freiheit, als welche Kant den Ort des Handelns bezeichnete, dort, so will man meinen, gilt das Müssen nicht. Indes, es ist das Gegenteil der Fall: Die Freiheit verleiht nicht nur Flügel, sondern auch sonst ungeahnte Kraft, so daß man, aus dem bloßen Grunde, daß man etwas tun soll, es sogleich schon kann, wie es die *Kritik der praktischen Vernunft* auf den Punkt bringt (Kant). Noch einmal, die Transzendentalphilosophie zur Seite gelegt und ein Blick in die Praxis gewagt, so wird man zugeben: Fast jedermann achtet die Menschenrechte und häufig auch die Würde des anderen und hofft darauf, daß der andere dies gegenüber jedem anderen ebenso sieht; gleichwohl wird man darin noch keinen Zusammenfall von Sollen und Wollen entdecken. Das Müssen sollten wir also vorerst noch nicht völlig aufgeben, uns daran laben oder es gar lieben müssen wir aber auch nicht.

Denn wo Müssen und Sollen wirken, zeigt sich nur der Drang, die Wirklichkeit zu ordnen nach einem Bilde, das uns die Umkehrung der eigenen Wirklichkeit vor Augen führt. Nicht Müssen zu wollen, dieser Instinkt, es lieber besser als schmerzlicher zu haben, diese gesunde Einstellung zu sich selbst und den anderen sollte man bewahren: Es scheint allemal der bessere Impuls, die Wirklichkeit zwanglos zu verändern, auf daß niemand ein Wollen in seinem Sollen auszumachen sich gezwungen sehen muß. Eine Welt dieses Typs gewänne Kraft und Zeit, ließe sie doch Muße gedeihen, dort wo bislang Müssen herrschte.

Ethiken des Zwangs hat es bislang in großer Zahl gegeben, und so hat sich auch das Müssen vermehrt und die Anlässe, dieses in eigenes Wünschen umzudeuteln, auch. Da die Ethik als Wissenschaft daran nicht schlecht verdient hat - kein Gebot ohne Gebieter, kein Gesetz ohne Ordnungshüter und keine Verfehlung ohne Interpreten -, ist der Gedanke, daß *diese* Art der Ethik vielleicht nur dazu gut ist, Bedingungen eigener Existenzberechtigung zu formen, so schwer nachvollziehbar. Vielleicht aber hat Bernard Williams recht, der die neuzeitliche Ethik als großen Irrtum betrachtet, und zwar als »Ausdruck einer grundlegend falschen Auffassung vom Leben«. Denn nur wenn man das Leben als permanenten Schlingerkurs am moralischen Abgrund begreift, muß man zur Zwangskuratel des »Muß« greifen und muß, damit sich zugleich das Ganze in die Vorstellung vom modernen, also freien Subjekt packen läßt, aus Müssen ein Wünschen, aus Sollen ein Wollen sich fertigen. Umgekehrt, und nicht trotz, sondern gerade wegen des schwärzesten Kapitels, welches das Menschengeschlecht im 20. Jahrhundert geschrieben hat, spricht viel dafür, das Leben nicht als Bewegung im Dauersturzflug hin in die Abgründe jeglicher Moral zu betrachten, sondern als Chance eines mit jeder Geburt sich neu ermöglichenden Entwurfs zum Guten.

Entwürfe, das haben uns Anthropologie, Historiographie und Politik des 20. Jahrhunderts unvergeßlich beigebracht, können mißlingen. Sie können aber auch, was zu vergessen wir uns nur allzuleicht angewöhnt haben, gelingen. Diese schöne Wahrheit, die der Antike bewußt und Grund eines starken Lebensgefühls war, gilt es gegen die Philosophien des Müssens wiederzuentdecken. Zuallererst werden wir uns dabei eines Wortes wieder erinnern dürfen, das mit dem Müssen nur sprachlich eine verblüffende Ähnlichkeit aufweist, ansonsten aber in jeder Beziehung dessen Gegenteil darstellt: der Muße. Wer müßig lebt, lebt, auch diese Selbstverständlichkeit muß wieder erinnert werden, nicht vergebens: Sein Leben gewinnt in der Muße Sinn und ist auch in anderer Hinsicht nicht umsonst. Denn auch der

Müßiggänger zahlt wie jeder andere für seine Lebensweise einen Preis, den man nur bei den starken Müßiggängern so leicht übersieht, haben sie doch eine Lebenshaltung entwickelt, die sie scheinbar keine Mühe kostet: nämlich das Gewähren- und Seinlassen der anderen, so wie sie belieben und sind. Für den wahren Müßiggänger gibt es also nicht nur viel weniger Müssen als für den angestrengten philosophischen Postulatsneurotiker, der Müßiggänger erwartet auch viel weniger von den anderen. Damit aber darf ein jeder bleiben, wer er ist, was zugleich die schönste Voraussetzung eines guten Lebens miteinander ist: Er darf sein, der er ist, und muß nicht der werden, der er nach allgemeinen Vorstellungen sein soll. Eine Ethik des Müssens hat aber gerade dies im Sinn, leitet sie doch, wie es Friedrich Nietzsche in seiner drastischen Sprache ausdrückt, den einzelnen an, »Function der Heerde zu sein und nur als Function sich Werth zuzuschreiben« (Nietzsche, *Fröhliche Wissenschaft*). Weniger müssen zu wollen macht also das Leben erträglicher, nicht nur für den einzelnen, sondern für alle gemeinsam. Daß sich eine solche Haltung nicht verordnen läßt, ohne sich wiederum gut munitioniert in den Schützengraben des Müssens zu werfen, macht die Anstrengung jener Unangestrengtheit aus, die zu erreichen niemand sich genötigt sehen sollte, die erreicht zu haben aber jeden wahrhaft freuen kann.

Literatur: *Kant,* Immanuel: Grundlegung zur Metaphysik der Sitten. Riga 1785, A 14, A 76 (Werkausgabe Bd. VII. Frankfurt a. M. 1982, S. 26, 67, 84). *Kant,* Immanuel: Critik der practischen Vernunft. Riga 1788, A 54 (Werkausgabe Bd. VII. Frankfurt a. M. 1982, S. 140). *Nietzsche*, Friedrich: Die fröhliche Wissenschaft (»la gaya scienza«). Leipzig 1882. Nr. 116 (Kritische Studienausgabe Bd. 3. München 1980, S. 475). *Nietzsche*, Friedrich: Nachlaß 1882–1884 (Kritische Studienausgabe Bd. 10. München 1980, S. 421). *Rousseau,* Jean-Jacques: Du Contrat Social ou principes du droit politique. Amsterdam 1762 (dt. Vom Gesellschaftsvertrag oder Grundsätze des Staatsrechts. Stuttgart 1977, S. 5, 11). *Williams,* Bernard: Ethics and the Limits of Philosophy. London 1985 (dt. Ethik und die Grenzen der Philosophie. Hamburg 1999, S. 272). *Witt-*

genstein, Ludwig: Philosophische Untersuchungen. 1946–1949, Nr. 437 (Werkausgabe Bd. I. Frankfurt a. M. 1984).

Zum Weiterlesen: *Anscombe,* Elisabeth: Modern Moral Philosophy. In: Philosophy XXXII. 1958 (dt. Moderne Moralphilosohie. In: Grewendorf, Günther; Meggle, Georg (Hrsg.): Sprache und Ethik. Frankfurt a. M. 1974, S. 217–243). *Eichendorff,* Joseph Freiherr von: Aus dem Leben eines Taugenichts. 1826 (Zürich 1994). *Moore,* George Edward: Principia Ethica. London 1903 (dt. Principia Ethica. Stuttgart 1970).

Audio: *Garbarek,* Jan/*The Hillard Ensemble*: Officium (1994).

→Anständig bleiben →Erlauben, Verbieten und Versprechen →Paßt das?

Nachbar(in) sein

(engl.: *to be neighbours*; frz.: *être voisins*)

Die einzige Frage, die man sich nicht stellen sollte, ist die nach dem Wesen des Nachbarn. Nicht nur in einem generellen Sinn, sondern auch individuell verbietet sich diese Frage. Denn moralisch betrachtet ist nicht das »Sein« oder die Essenz des Nachbarn interessant und entscheidend, sondern seine Existenz. Ethisch entscheidend ist: daß es den Nachbarn gibt. Sein oder Nicht-Sein des Nachbarn ist also nicht die Frage, sondern die, wie man sich ihm gegenüber besser verhalten kann und soll. Nachbarn unterscheiden sich von gewöhnlichen Menschen durch ihre Nähe zu uns. Auch wenn wir uns keinen Zucker von ihnen borgen und wir uns nicht durch ihre Ehestreitigkeiten belästigt fühlen, ja wenn wir nicht einmal ihren Namen kennen, so haben Nachbarn doch ein wichtiges Merkmal, und das ist ihre Präsenz für uns. Nachbarn sind da – zunächst und zumeist, auf jeden Fall sind sie nicht weit weg. Und weil sich Nachbarschaft über Nähe definieren läßt, wird Distanz zum Problem, nicht nur in den scheinbar unvermeidlich gewordenen und weltanschaulich geführten Debatten über Ruhestörungen, Grenzstreitigkeiten und Grillfeiern, sondern prinzipiell. Denn die Nachbarn sind ob ihrer Nähe geradezu dafür prädestiniert, nicht nur Lust-, sondern vor allem Aggressionsobjekt zu werden. »Infolgedessen ist ihm der Nächste nicht nur möglicher Helfer und Sexualobjekt, sondern auch eine Versuchung, seine Aggression an ihm zu befriedigen ...« (Freud). Daß der Nachbar eine wilde Bestie sein kann, läßt sich zusammenfassen in dem Diktum, daß kein Mensch in Frieden leben kann, wenn es dem bösen Nachbarn nicht gefällt. Womit sich umgekehrt die Kainsche Frage stellt, inwiefern man denn Hüter seines Nachbarn ist. Denn weil die Nähe des Nachbarn gelegentlich schwer erträglich ist, bildet sie auch ein durchaus plausibles Motiv für die Flucht. Schopenhauer hat das mit seiner Stachelschwein-Parabel auf den Punkt gebracht: »Eine Gesellschaft von Stachelschweinen drängte sich, an einem kalten Wintertage, recht nahe zusammen, um, durch die gegenseitige Wärme, sich vor dem Erfrieren zu schützen. Jedoch bald empfanden sie die gegenseitigen Stacheln; welches sie dann wieder von einander entfernte. Wenn nun das Bedürfniß der Erwärmung sie wieder näher zusammen brachte, wiederholte sich jenes zweite Uebel; so daß sie zwischen beiden Leiden hin und hergeworfen wurden, bis sie eine mäßige Entfernung von einander herausgefunden hatten, in der sie es am besten aushalten konnten.« Nachbarschaft ist, fassen wir zusammen, oftmals der Ort großer Siege der Humanität wie der Niederlagen niederträchtiger Grausamkeiten.

So besteht das lästige Problem, daß man zum Nachbarn irgendein Verhältnis finden muß. Der Nachbar bleibt, wer auch immer er sein mag, ein Millionär, ein Sozialhilfeempfänger, eine Ausländerin oder Frau Mustermann, eine ständige soziale Aufforderung und eine permanente moralische Herausforderung. Denn hier gilt, daß man sich nicht *nicht* verhalten kann. Der Nachbar begegnet einem, in welcher Form auch immer. Er stiftet eine Beziehung zu mir, die mehr Erwähltsein denn Erwählung, mehr

Passivität denn Aktivität ist. Indem der Nachbar mich zum Nachbarn macht, schreibt er mir eine Individualität zu, er fordert meine moralische Antwort heraus. Der Nachbar ist nämlich der »Nächste«. Und weil das so ist, kommt auch die Moral ins Spiel, nämlich die einer »Nächsten«-Liebe. Ob das mit dem Nachbarn klappt, hängt somit auch von unserer Einstellung zu ihm ab. So verweist schon Knigge, dessen Name fast als Synonym für bürgerliche moralische Anständigkeit steht, darauf, die Nachbarn nicht zu vernachlässigen, »wenn sie irgend von geselliger wohlwollender Gemütsart sind«. Mit den Nachbarn freundlichen, vertrauten Umgang zu pflegen und ihnen mit Rat und Tat zur Seite zu stehen wird daher unter der Prämisse sinnvoll, daß auch wir selbst hilfsbedürftige Wesen sind, die sich gelegentlich »nach der Gegenwart eines guten Menschen sehnen« (Knigge).

Was wirklich zählt in der Nachbarschaft, ist die Hilfe in der Not: Findet man jemanden, der dem Nachbarn noch größere Unterstützung zukommen lassen kann, fragen wir uns, ob alle Nachbarn der Welt dasselbe für ihre Nachbarn tun, überlegen wir, ob unsere jetzige Tätigkeit sich *in the long run* schließlich für uns selbst auszahlt oder ob wir helfen, weil wir uns für seine Not verantwortlich fühlen. In diesem Moment geht es um die Veränderung des »neben« oder »mit« zum »für«: pathetisch formuliert, nicht mehr um ein Neben- und Miteinanderleben, sondern um ein Für-den-anderen-Dasein. Dieses Dasein, dessen Sorge sich nun nicht mehr auf sich, sondern auf den anderen bezieht, ist die Umkehrung des existentiellen Satzes von Heidegger, daß das Dasein ein Sein sei, dem es in in erster Linie um sein eigenes Sein gehe. Jetzt muß man formulieren: Der moralische Nachbar ist ein Dasein, dem es in seinem Sein um das des anderen geht – obwohl natürlich dieses ständig in der Gefahr des altruistischen Terrors und der Nichtbeachtung der Autonomie des Anderen schwebt. Wir alle kennen die Taschenlampen der kommunitären Mitbürger, die fürsorglichen Belagerungen der selbsternannten *concierges* und die Entmündigungsstrategien wohlmeinender Zeitgenossen.

Nachbarschaft ist der Ort der Nähe. Als solcher ist sie immer von größerer Sozialität, Intimität und Moralität durchdrungen als die Distanz, für die Recht und Gesetz eine größere Rolle spielen. Trotzdem bleibt der Nachbar ein Mysterium, dessen Aura aus der sich auch in der Nähe zeigenden Ferne resultiert. Der Nachbar, das ist *der* nahe Andere. Und man kann die Sphäre der Nähe mit Lévinas den Raum des moralischen Befehls nennen. Dieser Befehl lautet in einer unmißverständlichen Form: »Hilf mir und meiner fragilen Existenz, hilf mir, denn du bist unendlich für mich verantwortlich!« Fordert uns der Nachbar nicht vor allem auf, von ihm Notiz zu nehmen, seine Existenz wahrzunehmen, ihn nicht im dunkeln sitzen zu lassen, ihn zu beachten, selbst noch in der Aufforderung, er wolle lieber anonym leben? Eine Gesellschaft der nachbarschaftlichen Achtungslosen läßt sich wohl kaum noch als moralische bezeichnen. »Erst dann, wenn ich die Anwesenheit des Antlitzes als meine Verantwortung erkenne, erlangen wir beide, ich und der Nachbar, Bedeutung: ich bin ich, der verantwortlich ist; er ist er, dem ich das Recht übertrage, mich verantwortlich zu machen« (Bauman). Und über Lévinas hinausgehend kann man sagen, daß der Nachbar so etwas wie den prototypischen Fall von Nähe darstellt, auf jeden Fall räumlich, oftmals auch sozial und immer auch moralisch. Die Nähe kennzeichnet somit die Besonderheit der ethischen Situation, selbst noch einer »Fernsten-Ethik«, die sich auf die mir räumlich entfernten Mitmenschen und moralischen Ideale bezieht: Auch sie benötigen die Nähe, d. h. die Aufhebung von Distanz, um mich von diesen überhaupt »ansprechen« zu lassen.

In diesem Sinne bleibt dem moralischen Dasein die Erwartung und die Aufmerksamkeit auf den Nachbarn, eine Situation, die man eine der Nicht-Intentionalität nennen kann. Wir wissen nie, wer der Nachbar ist, was er wann vorhat, wie und warum er auf uns zukommen wird. Wir können nur warten. Der moralische Nachbar ist somit derjenige, der wartet, komme, was wolle. Nachbar(in) sein ist ein Zustand des Vorbereitetseins, der permanenten *awareness*, ein Horchen auf den anderen, eine Situation der Ver-Antwortung, der Notwendigkeit einer moralischen Antwort. Der Nachbar verwickelt mich in eine moralische Existenz.

Literatur: *Bauman*, Zygmunt: Postmodern Ethics. London 1993 (dt. Postmoderne Ethik. Hamburg 1995, S. 133). *Buber*, Martin: Ich und Du. Frankfurt a. M 1923 (Stuttgart 1995). *Freud*, Sigmund: Das Unbehagen in der Kultur. Wien 1930 (Studienausgabe Bd. IX. Frankfurt a. M. 1982, S. 240). *Heidegger*, Martin: Sein und Zeit. Tübingen 1927 ([13]1979) *Knigge*, Adolph Freiherr von: Ueber den Umgang mit Menschen. Hannover 1796 (Stuttgart 1991, S. 239). *Lévinas*, Emmanuel: Die Spur des Anderen. Untersuchungen zur Phänomenologie und Sozialphilosophie. Freiburg/München 1998. *Schopenhauer*, Arthur: Parerga und Paralipomena. Kleine philosophische Schriften. Frankfurt a. M. 1851, § 396 (Werke in fünf Bänden. Bd. V. Zürich 1988, S. 559 f.).

Zum Weiterlesen: *Kafka*, Franz: Der Nachbar (1917). In: Beim Bau der Chinesischen Mauer. Ungedruckte Prosa und Erzählungen aus dem Nachlaß. Berlin 1931. *Smith*, Adam: Theory of Moral Sentiments. London 1759 (dt. Theorie der moralischen Gefühle. Hamburg 1994). *Todorov*, Tzvetan: Abenteuer des Zusammenlebens. Versuch einer allgemeinen Anthropologie. Berlin 1996.

→Einsam und allein bleiben →Grüßen →Warten

Paßt das?

(engl.: *Is it o.k.?*; frz.: *Cela convient?*)

Zu den Zumutungen, die das moralpädagogische Engagement unserer Mitmenschen mit sich bringt, gehört auch das empörte Urteil: »Das paßt nicht zu dir.« Unangenehm bis zum Ärgerlichen ist ein solcher Spruch aus drei Gründen: Erstens wollen wir von anderen nicht mechanisch auf den Begriff gebracht werden, so wie ein Schlüssel, wenn er denn ordentlich gefeilt ist, in sein Schloß zu passen hat, zweitens möchten wir uns so oder so verbieten, daß man sich ein Bild von uns macht, und drittens lehnen wir dies erst recht in Fragen der Moral ab, wollen wir doch zumindest in diesem Bereich selbstbestimmt sein. Damit ist nun keineswegs gesagt, daß die Frage der Passung keine moralische sei, aber sie ist eine, die sich jeder selbst stellen und niemand anderer einem beantworten kann.

Ob eine Handlung zu mir paßt, ob sie also mir angemessen ist, ist somit eine höchst persönliche Frage. Persönlich und damit nur subjektiv für mich gültig ist die Frage, weil es um meine Handlung geht, über die ich mir Rechenschaft abzulegen habe und die ich in mein Leben einpassen muß. Ob aber eine bereits vollendete oder ins Auge gefaßte Handlung in mein Leben paßt, läßt sich nicht mit einem hölzernen und häufig auch nicht mit einem metaphysischen Metermaß messen. Das Maß aller Handlungen ist häufig die Vorstellung vom Leben, die ich mir mache und die ich als gut betrachte. Was aber ein gutes Leben ist, das gehört seit der Antike ebenso zu den schwierigen und strittigen Fragen wie diejenige, was zu einem solchen Leben überhaupt paßt. Obwohl die Sache also schwierig ist, ist klar, daß man zuerst die eine, die mit dem Leben, beantwortet haben muß, bevor man die andere, die mit der Paßgenauigkeit einzelner Handlungen, angehen kann.

Selbst Aristoteles fällt es schwer zu sagen, was »gut« ist; er glaubt aber immerhin feststellen zu können, daß es das ist, »zu dem alles strebt«. Läßt man sich auf diese Vorstellung ein, kennen wir zwar die Richtung, haben aber immer noch keine Garantie, daß wir so ankommen und leichten Gemütes sagen können, das bis dahin gelebte Leben sei ein gutes gewesen. Eine solche Garantie, aller demoralisierenden Wirkung zum Trotz sei es nicht verschwiegen, gibt es nicht. Und so kann man immer nur redlich sich bemühen, und die Mühe und die Probe für das gute Exempel ist denn auch das, das hier taugt. Die Erfahrung, die man sich auf diese Weise erst im Laufe der Zeit erwirbt, bringt es denn auch mit sich, daß die jungen Menschen bei diesem Mühen oft benachteiligt sind, denn auf viel Lebenserfahrung kann nur zurückblicken, wer viel er- und gelebt hat, worin die Alten den Jungen meist etwas voraushaben (Aristoteles). Aber zu leben genügt alleine auch nicht, es muß, und da kann mancher Junge manchem Älteren wieder im Vorteil sein, mit Klugheit geschehen. Sich so um sein gutes Leben zu sorgen ist zwar eine höchst persönliche Aufgabe, die aber dennoch nicht in der aller sozialen Bezüge entledigten Weltvergessenheit gedeiht, sondern im Kosmos geteilter Werte und Überzeugungen, welche keinen verläßlichen, aber immerhin einen orientierenden Halt bieten.

In diesem Blick scheint denn auch ein Gutsein auf, das das Maß der Passung unseres Handelns bieten könnte (Höffe). Die zur Beurteilung unseres Lebenslaufes unentbehrliche Klugheit, die selber viel aus Erfahrung schöpft, sollte, damit keine Willkür herrscht, nicht alleinige Gebieterin über Gut und Böse sein, sondern einhergehen mit der Vernunft ethischer Reflexion. Wenn sich diese jener bedient, bildet sich jene Form sittlichen Gedächtnisses, welches Gelenkigkeit im Umgang mit den Fragen von richtig und falsch, angemessen und unangemessen, passend und unpassend vermittelt. Wie zuverlässig diese Instanz ist, zeigt sich daran, daß wir in der Regel wenig Zweifel haben, welche Handlung zu uns und das heißt auch zu der von uns bevorzugten Form des guten Lebens paßt. Geht uns aber diese Sicherheit einmal ab, dann sind wir auf beides angewiesen, auf einige wohlbegründete ethische Prinzipien und auf einen Sinn für das, was in dieser Situation, in diesem unseren Leben das richtige ist.

Läßt man die Bäume der Theorie nicht in den Himmel wachsen, kann man statt vom Richtigen auch vom Angemessenen oder Passenden reden und schließlich Routine darin erlangen, »sich als scharfsinniger Beurteiler seiner guten und schlechten Seiten« zu üben (Cicero). So kann man – wie überall gehört zum guten Gelingen auch hier eine Portion Glück dazu – finden, was zu tun zu einem selbst paßt.

Literatur: *Aristoteles:* Die Nikomachische Ethik. I, 1094 a 3 ff., 1095 a 2–7 (Philosophische Schriften Bd. 3. Hamburg 1995, S. 1, 3). *Cicero:* De officiis (lat.-dt. De officiis. Vom pflichtgemäßen Handeln. Stuttgart 1992. Buch I, 114). *Höffe,* Otfried: Ethik und Politik. Grundmodelle und -probleme der praktischen Philosophie. Frankfurt a. M. 1979, S. 45.

Zum Weiterlesen: *Dworkin,* Ronald: Taking Rights seriously. Harvard 1978 (dt. Bürgerrechte ernstgenommen. Frankfurt a. M. 1984). *Günther,* Klaus: Der Sinn für Angemessenheit. Anwendungsdiskurse in Moral und Recht. Frankfurt a. M. 1988. *Merker,* Barbara/*Mohr,* Georg/*Siep,* Ludwig (Hrsg.): Angemessenheit. Zur Rehabilitierung einer philosophischen Metapher. Würzburg 1998.

→Müll →Müssen →Zweifel und Dummheit

Sich prostituieren

(engl.: *to prostitute oneself*; frz.: *se prostituer*)

Brieflich ermahnt Paulus die in Korinth lebenden christlichen Männer energisch, von der *Porneia* abzulassen (1 Korinther 6,12–20). Die Korinther hatten sich nämlich intensiv dem Verkehr mit den *Pornai* hingegeben, den Frauen also, die gegen Bezahlung sexuelle Dienste leisten. Da beide Begriffe gemeinhin mit »Unzucht« übersetzt werden, ist die negative Bedeutung der Prostitution vorgegeben, und daran hat sich bis heute auch wenig geändert. Was aber, so fragten bereits die Korinther, ist eigentlich verwerflich an der Prostitution, und warum sollte man sie unterlassen?

Diese Frage beantwortet besonders galant die Subjektphilosophie der Aufklärung, bietet die Prostitution doch das Beispiel, was mit dem Menschen zu tun gerade nicht des Menschen ist, ihn nämlich gegen Geld zu erwerben. Dieses Verbot war weder philosophisch noch politisch eine Selbstverständlichkeit in einer Zeit blühenden Sklavenhandels und bedarf auch in unseren

Zeiten stetiger Erinnerung. Warum man denn Stühle und Tische, nicht aber Menschen käuflich erwerben darf, ja warum man dies eigentlich noch nicht einmal kann, hat Kant ummißverständlich auf den Punkt gebracht. Die Menschenwürde ist »über allen Preis erhaben« (Kant) und kann deshalb nicht mit Geld aufgewogen werden. Was man aber nicht gegen Geld oder andere Leistung erwerben kann, das erhält man nur ohne Gegenleistung. Hält man es damit anders und bietet, beispielsweise im Bereich menschlicher Zuwendung, Geld statt Zuneigung, so vergeht man sich also an der Würde des anderen Menschen wie auch an der eigenen. Im Fall der Prostitution scheint die Situation noch drastischer und die Würdeverletzung noch einschneidender, werden doch die Prostituierten, wie es in der philosophischen Sprache des 18. Jahrhunderts heißt, nicht als Zweck, sondern als Mittel betrachtet. Dies aber mißachtet ihre Würde, werden sie doch nicht um ihrer selbst willen, sondern als Mittel zur Befriedigung aufgesucht und damit letztlich verdinglicht (Kant). Und daß es skandalös und ethisch nicht hinnehmbar ist, Menschen zu verdinglichen, steht außer Frage, weswegen eine weitere Diskussion als erledigt betrachtet werden kann. Oder etwa nicht?

Die Verdinglichung oder das Als-Mittel-Betrachten findet selten in Reinform statt, was dann in der Tat keiner weiteren philosophischen Erörterung wert und allein ein Fall für den Staatsanwalt wäre. In den meisten Fällen werden Menschen ihresgleichen nicht lediglich als Ding betrachten und damit den hohen durch Kant vorgegebenen Standard durchaus nicht unterlaufen. Sie werden Menschen »nicht bloß«, aber auch als »Mittel« betrachten. Und nichts anderes tun wir schließlich, wenn wir einen Freund zu einer Radtour einladen oder uns mit einer Freundin über das Wetter unterhalten. Wir (ge)brauchen die anderen Menschen, damit das, was wir genießen wollen, zustande kommt; die anderen Menschen sind uns also Mittel zum Zweck bestimmter Unterhaltungen. Gerechtfertigt ist das deshalb, weil wir darin die anderen nicht in ihrem Selbstzweck mißachten, wir stürzen den Freund nicht absichtlich die Klippen herunter und versuchen nicht, die Freundin mit unseren meteorologischen Mutmaßungen um den Verstand zu bringen. Nun scheint die Radtour oder das Gespräch übers Wetter von anderer Qualität zu sein als der käufliche Liebesdienst. Daran wird man wohl kaum zweifeln mögen, springt einem doch der Unterschied schon mit dem Wort Liebe ins Auge. Doch hier ist ein kurzer Einhalt geboten: Die Liebe darf nicht auf den Aspekt des Sexuellen verkürzt werden und kann in diesem Sinne hier auch gar nicht gemeint sein, ist doch Liebe ein Gut besonderer Art, das weder einklagbar noch einkaufbar ist. Daher sollte man also besser von käuflichem Sex reden. Handelt es sich also bei dieser Form der Unterhaltung um eine strukturell den beiden genannten Beispielen vergleichbare Art? Erhöht sich die Vergleichbarkeit sogar, wenn wir statt Freund und Freundin uns im ersten Fall an einen kommerziellen Reiseführer und im zweiten an ein gebührenpflichtiges Wettertelefon wenden? Bevor wir diese Frage beantworten können, sollten wir uns um die nötige Differenzierung bemühen.

Was tut der, der einen sexuellen Dienst kauft? Möglicherweise bedarf die Beantwortung dieser Frage erneuter Differenzierung, nämlich zwischen dem, was der Freier der Prostituierten zufügt, und dem, was er der Idee der Sexualität antut. Dabei ist jedoch keineswegs klar, ob man von letzterem überhaupt sprechen kann. Gibt es so etwas wie eine Idee der Sexualität, und kann man ihr durch bestimmtes Verhalten Abbruch tun? Einem Ideal zuwiderhandeln und dieses damit schädigen, seine Achtung mindern und seinen Wert »herabwürdigen« sind ohne Frage transzendente Wirkungen konkreter Handlungen. Indes ziehen solche Wirkungen mit guten Gründen weder rechtliche noch moralphilosophische Sanktionen nach sich. Am Beispiel der Sexualität, die am deutlichsten den gesellschaftlichen Wandel markiert, stellt sich unmittelbar die unbeantwortbare Frage, wessen Idee hier zum Maß der Dinge erhoben werden soll. In einer modernen Gesellschaft werden wir diesbezüglich kaum einen Konsens erzielen können, weswegen wir uns auf den ersten Teil der Unterscheidung beschränken und fragen müssen: Was fügt der Freier der Prostitutierten zu? Nach dem Vorgesagten fällt die Antwort leicht: Die Prostituierte wird zum Mittel degradiert, oder, noch härter ausgedrückt, sie wird verdinglicht. Am augenfälligsten wird dieser Akt in der Zahlung von Geld, denn nur was nicht über jeden Preis erhaben ist, das ist für Geld zu haben, und das sind Dinge. Stellen wir die Untersuchung des spezifischen Dingcharakters zunächst zurück und sehen uns den rein ökonomischen Akt des Tausches von Geld gegen sexuelle Leistung an, so mutet dem, wie bei Geldgeschäften die Regel, etwas Kühles an, weswegen Georg Simmel glaubt, hier habe man sich »vollständiger aus der Beziehung« zu dem anderen Menschen gelöst und sich zugleich »radikaler mit ihr abgefunden«. Simmel hält dabei den Geldfluß für die ehrlichste und der Prostitution einzig angemessene Kommunikationsform, denn »der momentan aufgegipfelten und ebenso momentan verlöschenden Begierde, der die Prostitution dient, ist allein das Geldäquivalent angemessen, das zu nichts verbindet … indem man mit Geld bezahlt hat, ist man mit jeder Sache am gründlichsten fertig, so gründlich, wie mit der Prostituierten nach erlangter Befriedigung«. Für Simmel stellt der Prostituiertenlohn die nachdrücklichste Erniedrigung dar, welche der gleichwohl nicht ganz aus dem Rahmen fallende Geldverkehr ausdrücken kann, haftet doch dem »Wesen des Geldes (…) selbst etwas vom Wesen der Prostitution« an. Diese Situation radikalisiert sich, historisch betrachtet, mit der Entwicklung von Großstädten, in denen die prostituierten Frauen zum Massenartikel werden, indem sie eine »Kommunion mit der Masse« eingehen: »Die Ware sucht sich selbst ins Gesicht zu sehen. Ihre Menschwerdung feiert sie in der Hure« (Benjamin). Läßt man sich auf diese kulturpessimistische Sicht ein, so ist der Gedanke, den Martha Nussbaum in die Debatte gebracht hat, nicht mehr so weit, und das bereits erworbene Kritikmuster beginnt zu bröseln.

Denn Nussbaum verlangt Begründungen, die erklären, daß zwischen dem für Geld gezahlten Sexualdienst und anderen geldbewehrten Tätigkeiten ein moralisch relevanter Unterschied liege. Nussbaum jedenfalls kann nicht erkennen, daß zwischen der Arbeit der Prostituierten und, das ist ihr Beispiel, der Philosophieprofessorin ein relevanter Unterschied bestehe. Im Gegenteil: »Beide«, so Nussbaum, »erbringen körperliche Dienstleistungen auf Gebieten, die im allgemeinen als besonders intim und entscheidend für das Selbstsein gelten. Wie die Prostituierte Geld für Sex nimmt – der als intimer Selbstausdruck gilt –, nimmt die Professorin Geld dafür, daß sie nachdenkt und über das schreibt, was sie denkt.« Nussbaums Beispiel gewinnt weitere Stärke aus dem historischen Vergleich, galt doch das Philosophieren gegen Bezahlung lange Zeit als anrüchig, so wie es auch einem anderen Vergleichsbeispiel erging, den Schauspielern und Opernsängern, deren bezahlte Kunstausübung lange Zeit gesellschaftlich stigmatisiert war. Das lag aber vielleicht nur an dem Vorurteil, *wir* würden uns den Gebrauch unseres Körpers nicht bezahlen lassen. Die Unterschiede sind demnach nur gradueller Art, wenngleich – Nussbaum denkt an einen Gedanken, der der Philosophieprofessorin beim Lesen in den »Kopf kommt« – schwer zu sagen ist, wer mehr Körper in seine Arbeit einbringt. So betrachtet scheint das einzig Bedenkliche an der Tätigkeit der Prostituierten ihre schlechte gesellschaftliche und häufig in Gewaltverhältnissen eingebundene Stellung zu sein, die beispielsweise durch berufsrechtliche Maßnahmen, der ihre vollkommene Entkriminalisierung vorauszugehen hätte, zu verbessern wäre (Schwarzenbach).

Da die Prostitution eine symmetrische Beziehung darstellt, prostituieren sich in ihr immer mindestens zwei Menschen, weswegen sich die Frage stellt, ob auch für den, der den sexuellen Dienst kauft, ein Gleiches gilt und alleine sein gesellschaftliches Ansehen, das seinen Konsum in die Dunkelheit der Nacht oder der unattraktiven Stadtteile verbannt, verbessert werden muß. Erfährt mit anderen Worten der Freier eine nicht zu rechtfertigende Diskriminierung, wenn sein Sinnen und Trachten nicht dem gesellschaftlich hochbewerteten Besuch von Oper oder

Stadttheater gleichgestellt wird? Wirkt hier gar die Paulinische Korintherschelte nach, wobei wir noch mehr als die Korinther von damals zu fragen berechtigt wären, wie diese Kritik in einer säkularen Gesellschaft begründet werden könne? Paulus wendet sich in seinem Mahnschreiben ausdrücklich nicht an die Prostituierten, sondern an deren Kunden und tadelt deren Verhalten als »Sünde gegen den Leib«. Paulinisch gesprochen meint »Leib« jedoch sowohl den individuellen Leib des jeweiligen Freiers wie auch den Leib Christi. Der Korinther Verhalten ist demnach deshalb sündhaft, weil sie sich vergehen an Christi Leib, mit dem sie durch ihre Taufe verbunden sind und welche den eigenen Leib vergeistigt, weswegen Paulus auch vom »Tempel« spricht (Kirchhoff). Der Schaden, den die unzüchtigen Korinther anrichten, ist demnach nicht nur einer gegen den eigenen Körper – der nimmt womöglich gar keinen Schaden –, sondern es ist der Schaden am geistbeseelten Leib.

Diesen Gedanken in den säkularen Rahmen zu übertragen fällt gar nicht so schwer. Denn auch uns ist die Vorstellung vom Leib, der etwas anderes und mehr als nur Körper ist, nicht fremd, wie die Diskussionen um vermeintlich tote Körper belegen. Sowohl Körperschauen wie auch Organtransplantationen oder Organhandel lassen die wenigsten unberührt, und die meisten vermuten hinter Haut und Blutbahn noch ein Mehr. Aber vermag dieses Mehr im Sinne Paulus' auch zu verpflichten? Sind seinetwegen bestimmte Handlungen zu meiden? Diese Fragen sind keine des Strafrechts, weswegen sich dieses mit guten Gründen aus diesem heiklen Bereich zurückzieht. Als Fragen der Moral gehen sie jedoch womöglich gleichwohl über den einzelnen hinaus. Die Vorstellung vom »Geist Christi« ist längst säkularisiert in der universalen Vorstellung der Menschheit. Deren Würde kommt jedem kraft seines Menschseins, also kraft seiner Teilhabe an der Idee der Menschheit zu. Diese Würde können wir zwar nie verlieren, wir können uns aber selber ihrer Entfaltungsmöglichkeiten berauben. Die Sexualität als eine besondere Form der leiblich-seelischen Kommunikation verträgt es ganz offensichtlich am allerwenigsten, noch weniger als andere Formen »bezahlter« Tätigkeiten, mit Geld aufgewogen zu werden. »Wir empfinden hier die völligste und peinlichste Unangemessenheit zwischen Leistung und Gegenleistung«, urteilt Simmel. Gesellschaftliche Verhältnisse, in denen niemand auf peinlichsten Lohn angewiesen und keiner gegen Bezahlung leiblich kommuniziert, sind daher das Gegenteil von »unangemessen« und dem Menschen angemessen. Die Frage der Angemessenheit aber ist keine der öffentlichen Gerichte oder gesellschaftlicher Verurteilungen, sondern der individuellen Moral.

Literatur: *Benjamin*, Walter: Zentralpark. In: Illuminationen. Frankfurt a. M. 1977, S. 237, 239. *Kant*, Immanuel: Grundlegung zur Metaphysik der Sitten. Riga 1785 (Werkausgabe Bd. VII. Frankfurt a. M. 1977, S. 68, 61). *Kirchhoff*, Renate: Die Sünde gegen den eigenen Leib. Göttingen 1994, S. 177–185. *Nussbaum*, Martha C.: Mit Gründen oder aus Vorurteil. Käufliche Körper. In: Deutsche Zeitschrift für Philosophie 1999, S. 937–966, 947. *Schwarzenbach*, Sibyl: Prostitution und der Besitz des eigenen Körpers (1991). In: Balzer, Phillip/Rippe, Klaus Peter: Philosophie und Sex. München 2000, S. 141–166. *Simmel*, Georg: Die Philosophie des Geldes. Leipzig 1900 (Gesamtausgabe Bd. 6. Frankfurt a. M. 1989, S. 513, 515).

Zum Weiterlesen: *Mandeville*, Bernard: Modest Defense of Publick Stews: or, an Essay upon Whoring. London 1724 (dt. Eine Streitschrift für öffentliche Freudenhäuser oder ein Versuch über die Hurerei, wie sie jetzt im Vereinigten Königreich praktiziert wird. Hrsg. v. U. P. Jauch. München 2001). *Schmidt*, Dietmar (Hrsg.): Gebuchte Lust. Texte zur Prostitution. Leipzig 1996. *Voltaire*, François-Marie: Candide ou l'optimisme. 1759 (dt. Candide oder Der Optimismus Leipzig 2001).

→Leiblich sein →Lust empfinden →Paßt das?

Rechte haben

(engl.: *to have rights*; frz.: *avoir des droits*)

Wer Rechte behauptet, sieht sich in einer anderen Lage als jemand, der empirisch nachweisbare Tatsachen behauptet: Letztere lassen sich belegen oder eben nicht belegen und haben sich in diesem Falle schon erledigt. Wer Rechte zu haben behauptet, formuliert Ansprüche und zugleich Unzufriedenheit darüber, Ansprüche geltend machen zu müssen, statt diese unter ihrer unstrittigen Geltung genießen zu können.

Die Unsicherheit über Rechte steht dabei in einem drastischen Gegensatz zu ihrer Unentbehrlichkeit. Ohne Rechte sind wir schutzlos, ohne Schutz sind wir aber in höchster Lebensgefahr (Arendt). Rechte zu haben ist daher, lebt man nicht wie Robinson Crusoe, fast so lebenswichtig wie das tägliche Brot, und fast so umstritten wie Brot sind die Rechte historisch gewesen, was auch heute bei zwischenmenschlichen oder zwischenstaatlichen Rechtsstreitigkeiten nicht viel anders ist. Solche Streite erwecken den Eindruck, Recht sei wie auch Brot mengenmäßig begrenzt, weswegen das, was der eine bereits gegessen habe, dem anderen fehle und man deshalb gut daran tue, sich schon einmal einen ausreichend großen Anteil zu sichern, bevor man sich auf das Wagnis der Verteilung einläßt. Unter einem bestimmten Rechts- und einem mit diesem einhergehenden Gesellschaftsverständnis verhält es sich auch so. Garantiert das Recht nämlich nicht allgemeine Ansprüche, sondern nur solche, die relativ zu denen sind, die der andere bereits besitzt, und ist der andere tendenziell mein Feind (Schmitt), dann ist es klug und richtig, möglichst große Gebiete eigenen Rechts für sich abzustecken und dem oder den anderen möglichst wenig davon übrigzulassen. Diese Logik der Feudalgesellschaft baut denn auch, anders als die Antike, ihre Stärke nicht auf den öffentlichen Marktplatz, sondern auf die wehrhafte Burg und Truppe, die jeden Zweifel an der ungleichen Ordnung ausräumt.

Anders steht es hingegen um die Verteidigungssituation einer

Gesellschaft, die das Recht nicht nach dem Modell des Nullsummenspiels, bei dem Rechtsgewinnen immer gleich große Rechtseinbußen gegenüberstehen, sondern als ein Gut begreift, dessen Vermehrung allen Gewinn bringt. Eine solche Gesellschaft hat also ein starkes allgemeines Interesse, das Recht auszuweiten, so daß möglichst viele Rechte haben.

Was aber haben die, die Rechte haben? Haben sie die Gesetze auf ihrer Seite? Wenn es das alleine wäre, erübrigte sich in vielen Fällen die Rede, ein Recht zu haben, und der Verweis auf das Gesetzbuch würde bereits genügen. Aber oft liegen die Dinge nicht so einfach, als daß man nur auf das Gesetz verweisen könnte und damit auf Mißstände aufmerksam machte, denen Anwälte und Gerichte ihre Existenz verdanken. Gleichwohl: Erschöpft sich, Rechte zu haben, darin, sich in den geltenden Gesetzen vertreten zu wissen? Wohl kaum. Denn wo steht schon geschrieben, daß Frau Müller ein Recht auf den Besuch ihres Sohnes hat, und wo, daß Müller junior, als er noch ganz jung war, das Recht auf ein Meerschweinchen besaß, so wie seine älteren Geschwister, die bereits glückliche Tierhalter waren. Wir haben also viel mehr Rechte, als in den Gesetzbüchern garantiert wird. »Das ist auch gut so« (Wowereit), weil sonst nicht nur alle Gesetzbücher aus dem Leim gingen, sondern weil das Leben nicht von Justitia allein regiert wird. Und sie ist auch oft gar nicht gemeint; wenn jemand sein Recht einklagt, will er doch gar keinen Gerichtsspruch, sondern ein Einsehen seiner Mitmenschen, damit sie geben, wozu sie kein Gesetz, vielleicht aber Sitte und Anstand oder die auf menschlicher Beziehung beruhende Verpflichtung anhalten. Statt von einem Recht sollte man dann also besser von der als berechtigt empfundenen Erwartung sprechen, die in keinem Gesetzbuch kodifiziert ist.

Nicht immer werden sich Menschen überzeugen lassen, statt von einem Recht lediglich davon zu reden, eine solche Erwartung zu haben. Wer den König oder Staatschef kritisiert, obwohl die dafür vorgesehene Strafe gesetzlich verankert ist, behauptet, daß es sein Recht ist, seine Meinung zu sagen. Wo nimmt man sich aber das Recht auf freie Meinungsäußerung her, wenn es nicht im Gesetzbuch steht? Oder: Woher nimmt man sich das Recht auf Freiheit?

Wenn es solche Rechte vor aller gesetzestextlichen Fixierung gibt, sind es moralische Rechte. Wer daran zweifelt, daß es solche überhaupt gibt, braucht sich nur Startbahn- oder Castorgegner in Aktion anzusehen. Was sie praktizieren, ist Ungehorsam, und was die angereiste Polizei demonstriert, ist, dem gesetzlich verankerten Recht Achtung zu verschaffen. Es kommt also vor, »daß Menschen eine Pflicht haben, das Recht zu befolgen, aber das Recht haben, ihrem Gewissen zu folgen, wenn es mit dieser Pflicht in Konflikt steht« (Dworkin). Da Staaten selten den Großmut besitzen, beides gleichermaßen zu gewähren, was Kant sogar für unmöglich hielt (Kant, *Metaphysik*), ist der Streit also vorprogrammiert, und es ist klar, daß die Gerichte etwas zu tun bekommen. Auch ist trotz ihrer verbundenen Augen meist sicher zu erwarten, zu welcher Seite Justitias Waage sich neigen wird, denn obwohl derjenige vielleicht »das Rechte getan hat, indem er das Recht gebrochen hat«, so ist doch nicht zu leugnen, daß er es gebrochen hat (Dworkin). Wir haben es also, was das Leben komplizierter, aber zugleich erträglicher macht, mit zweierlei Arten von Rechten zu tun. Vor und neben dem gesetzlich verankerten Recht gibt es ein Recht, dessen Geltung wir, ohne daß ihm ein entsprechendes Gesetzgebungsverfahren vorangegangen wäre, als allgemein betrachten, insofern wir Menschen sind. Das Menschenrecht ist ein Recht, das behaupten zu müssen niemand in die Lage gebracht werden sollte. Indes ist die Welt nicht so, weswegen es gut ist, daß die Menschheit über eine kodifizierte Fassung dieses Rechts verfügt (Internationale Dokumente). Wenn aber eine solch schwere »Rechtsverletzung an einem Platz der Erde an allen gefühlt wird« (Kant, *Ewiger Friede*), beinhaltet das Recht, das alle haben, aber nicht alle zur Entfaltung bringen können, zugleich eine Pflicht. Wer nämlich Zeuge vergeblich behaupteter Rechte wird, ist aufgerufen, gegen die erlebte Rechtsverletzung zu streiten und sich um die gegenseitig erwartete Achtung zu bemühen.

Gleichwohl ist nicht jeder, der ein Recht behauptet, auch im Recht, und schon gar nicht bedeutet jedes vorenthaltene Recht die Verletzung eines Menschenrechts. Das ist selbst dort der Fall, wo jemand findet, daß sein Recht auf Freiheit verletzt sei. Freiheit, ohne Zweifel eines der köstlichsten Güter der Menschen, ist indes sowenig greifbar, daß wir ihr kaum in Reinform begegnen, sondern in Verbindung mit anderen uns bedeutsamen Werten. Wir reden also von der Meinungsfreiheit, von der Religionsfreiheit oder der Bewegungsfreiheit, auf die ein Recht zu haben wir überzeugt sind. Wer diese Rechte für sich in Anspruch nimmt, erkennt, bevor er sich noch an ein Gericht oder an einen Staat wendet, in sich selbst seinen eigenen Gebieter, der ihm alleine diese Rechte verleihen kann. Wer weiß, Rechte zu haben, ist also aus der Selbstversklavung herausgetreten, hat erkannt, daß die Ketten, die ihm am Handgelenk brennen, selbstangelegt sind, und empört sich über sich selbst, derlei mit sich selbst angestellt zu haben (Kant, *Aufklärung*). Hat man dermaßen die Herrschaft über sich selbst beansprucht, kann man sich gegen die Versuche, einem Rechte vorzuenthalten, zur Wehr setzen. Denn »unter Berufung auf wen oder was könnte [man] berechtigt sein, Menschen zu etwas zu zwingen, das sie nicht gewollt und dem sie nicht zugestimmt haben? Nur unter Berufung auf einen Wert, der höher ist oder mehr Gewicht hat als sie« (Berlin). Solche Werte kann es jedoch nur insoweit geben, als sie allgemein anerkannt sind. Wem eine entsprechende Überzeugung abgeht und wer sich dabei in der Minderheit wiederfindet, muß die schmerzlichen Konsequenzen seiner Lage in Kauf nehmen. Umgekehrt muß die Mehrheit zur Kenntnis nehmen, daß da einer fortfährt zu behaupten, ein Recht zu haben, obwohl es ihm niemand einräumt.

Literatur: *Arendt*, Hannah: Origins of Totalitarianism. New York 1951 (dt. Elemente und Ursprünge totaler Herrschaft. München 1986,

S. 584). *Berlin*, Isaiah: Four Essays on Liberty. Oxford 1969 (dt. Freiheit. Vier Versuche. Frankfurt a. M. 1995, S. 218). *Dworkin*, Ronald: Taking Rights Seriously. Harward 1978 (dt. Bürgerrechte ernstgenommen. Frankfurt a. M. 1984, S. 308, 312). *Internationale Dokumente* zum Menschenrechtsschutz. Stuttgart 1982. *Kant*, Immanuel: Beantwortung der Frage: Was ist Aufklärung? Königsberg 1784, A 481–494 (Werkausgabe Bd. XI. Frankfurt a. M. 1977, S. 53–61). *Kant*, Immanuel: Zum ewigen Frieden. Königsberg 1795, A 45 (Werkausgabe Bd. XI. Frankfurt a. M. 1977, S. 216). *Kant*, Immanuel, Die Metaphysik der Sitten in zwey Theilen. Königsberg 1797, A 176 (Werkausgabe Bd. VIII. Frankfurt a. M. 1977, S. 439). *Schmitt*, Carl: Der Begriff des Politischen. Berlin 1932, Kap. 3 (Berlin 1996, S. 28–37).

Zum Weiterlesen: *Gosepath*, Stefan/*Lohmann*, Georg (Hrsg.): Philosophie der Menschenrechte. Frankfurt a. M. 1998. *Shklar*, Judith: Faces of Injustice. New Haven/London 1990 (dt. Über Ungerechtigkeit. Erkundungen zu einem moralischen Gefühl. Frankfurt a. M. 1997). *Wesel*, Uwe: Geschichte des Rechts. Von den Frühformen bis zur Gegenwart. München [2]2001.

→Egoistisch sein →Sich ein Gewissen machen →Töten

Schmerzen haben

(engl.: *to be in pain*; frz.: *avoir mal*)

Der Schmerz ist ein besonderes Gefühl: elementar, abgründig, oft undefinierbar, gelegentlich kaum beherrschbar, komplex und interpretationsbedürftig: Kaum ein Gefühl »schreit« so wie der Schmerz nach dem Warum: Warum ich? Warum jetzt? Warum hier? Warum so intensiv? Warum überhaupt? Der Schmerz bildet, gelehrt ausgedrückt, daher den Schlußpunkt der Warum-Frage: »Man frage einen Menschen, *warum er Gymnastik mache*; er wird antworten, *weil er seine Gesundheit erhalten wolle*. Wenn man dann fragt, *warum er seine Gesundheit anstrebe*, wird er sofort antworten, weil *Krankheit schmerzhaft sei*. Treibt man seine Nachforschungen weiter und will wissen, *warum er den Schmerz hasse*, so wird er unmöglich einen Grund angeben können. Dies ist ein letzter Zweck, und er wird niemals auf ein noch anderes Objekt zurückkommen können« (Hume). Umgekehrt aber gilt: Der schmerzfreie Mensch ist ein Monstrum, ein Abartiger, ein *Alien*, dessen Immunität gegenüber dem Schmerz Symbol seiner Gleichgültigkeit gegenüber den anderen darstellt. Denn wer keine Schmerzen empfinden kann, gilt vielleicht als gesund und glücklich, steht aber im Verdacht, nur amoralisch zu sein und sich auch dementsprechend zu verhalten. Denn der Mensch ist das pathologische Tier schlechthin, wie Homer zu erzählen weiß: »Denn kein anderes Wesen ist jammervoller auf Erden / Als der Mensch, von allem, was Leben haucht und sich reget.« Darüber hinaus gilt, Schmerzlosigkeit führt ebenso zur Einsamkeit wie der Schmerz selbst: Denn unabhängig vom jeweiligen philosophischen Lager – und das will *in philosophicis* schon etwas besagen – herrscht Einigkeit darüber, daß der Schmerz eines vor allem leistet, die Individualisierung. Wer leidet, dem ist die Welt egal, er hat ja seine Qualen. In der Isolation der Schmerzen gewinnt der Mensch somit eine Beziehung zu einem Absoluten, zu einer losgelösten Welt, die keinerlei Absolution erteilt. Und so kann man eine *Chronique douloureuse* mit folgenden Stationen entwerfen: Im Schmerz verliert man zunächst das Interesse an der Welt, dann an den Mitmenschen und schließlich, im chronischen Schmerz, an sich selbst. Letztlich begegnet man hier nur noch dem Schmerz als dem vertrauten Fremden, der gestern kam und heute blieb (wenn er nicht schon immer hier weilte, wer weiß das noch?) und der mit unerbittlicher Hartnäckigkeit die Frage nach einem Selbst stellt, das er schon längst überwältigt hat. Im Schmerz gilt die Paradoxie, daß das Leiden das Sein des Selbst versichert, wie dieses zugleich jenes in einem negiert: Ich leide, also bin ich; ich leide, also bin ich nicht.

Dabei hat die Philosophie gelegentlich zum Schmerz ein recht einfaches Verhältnis, sie nimmt ihn nämlich nicht wahr, will ihn nicht *wahr*-haben. Vom Schierlingsbecher über die stoischen Askesepraktiken und mittelalterlichen Bußübungen bis zu den existenz- und lebensphilosophischen Bemühungen um die Gelassenheit und das Absurde gilt vor allem für die Schmerzen: *Si tacuisses philosophus mansisses*, frei übersetzt: Der Philosoph quält sich und schweigt. Schmerzen erscheinen bestenfalls als Wahrnehmungstrübung, wenn nicht sogar als Einbildung einer nicht ruhigzustellenden Einbildungskraft. Doch Schmerzen sind eigentlich philosophisch nicht relevant, da sie sich durch Apathie bekämpfen lassen. So führen sie entweder direkt zum Tod, oder sie sind auszuhalten: »Durch die Sammlung in sich selbst bewahrt dabei die denkende Seele ihre Heiterkeit, und die in uns herrschende Vernunft erleidet keinen Schaden. Was die vom Schmerz beschädigten Glieder betrifft, so mögen sie, wenn sie können, darüber reden« (Mark Aurel). Denn mit Hilfe des geschickten anthropologischen Trios von Körper, Seele und Geist mit seinem Wunderwerk an Aufgabenverteilungen gelingt es immer wieder, dem Schmerz den Platz des Beherrschbaren und Kontingenten zuzuweisen. Aufgrund des geistlichen Primates lassen sich sowohl körperliche Wehwehchen wie seelische Turbulenzen durch ein wenig Denken schon aus der Welt schaffen. Vor allem dann, wenn man mit Kant, einem der großen philosophischen Schmerzkiller, davon ausgeht, »daß das Leben überhaupt, was den Genuß desselben angeht, gar keinen eigenen Wert, und nur, was den Gebrauch desselben anlangt, zu welchen Zwecken es gerichtet sei, einen Wert habe«. Der Schmerz hat somit eine vertikale Tiefenstruktur: Er entsteht irgendwo unten im Leiblichen und wenn er oben im Geist angekommen ist, erfindet die Philosophie die Freiheit über den Körper, um den Schmerz loszuwerden. »Denn Urteil, Trieb, Neigung und Abneigung – alle haben ihren Sitz tief im Inneren, und bis dahin versteigt sich kein Übel« (Mark Aurel). Und was den Geist selbst angeht, so ist hier selbst für die Geisteskrankheiten noch gesorgt, deren zerrüttete Kräfte man in einem »System zusammenord-

nen« kann (Kant). Gegen die Vernunft ist schließlich kein unvernünftiges Kraut gewachsen.
Nun gibt es konträr zu dieser Haltung eine andere Tradition der Ethik, die des Wohlwollens bzw. des Mitleids, die ebenfalls eine ehrwürdige Geschichte aufweisen kann: Über das Christentum, Bentham und Mill, Schopenhauer, Mackie und Rorty wird die Ethik der Schmerzflucht sichtbar. Ausgangspunkt dieser Ethik ist die empirische Tatsache, daß sich die Menschen etwas aus den Schmerzen anderer machen; und sie machen sich deshalb etwas aus den Schmerzen anderer, so Hume, weil sie von ihren eigenen Schmerzen betroffen sind und das »Sich-um-andere-Schmerzen-Kümmern« nur eine Erweiterung des »Sich-um-seine-eigenen-Schmerzen-Kümmern« ist (Hume). Kann mithin das Leiden des Anderen eine Dimension des Zwischenmenschlichen erschließen? Inwiefern kann eine solche Handlung moralisch nobilitiert werden? Betrachtet man diesen Sachverhalt aus historischem Blickwinkel, so scheinen christliche Motive auf: Das Leid des einen ist die Erlösung der anderen, was gemeinhin als das christliche Mysterium gilt. Die Überwindung des eigenen sündig-leidenden Fleisches führte zu christlichen Zeiten nämlich ebenso zur Transzendenz wie die Bindung ans leidende Fleisch der anderen zu einer Ethik der Nächstenliebe. Das Leiden des Mitmenschen ist Symbol für das Leiden Christi oder anders: das Leiden schlechthin. Womit der ekelerregende Leib des anderen zur *Via regia* ins paradiesische Himmelsreich mutiert. Jeder hat nun sein Kreuz auf sich zu nehmen, jeder sich mit der Todesdrohung des Schmerzes auseinanderzusetzen, um das Transzendente zu erlangen. Mittlerweile aber haben sich die Bezüge zum eigenen Leiden und zum Göttlichen ein wenig geändert.
Wie weiland der Mensch ohne Gott in der Einsamkeit der Gottferne in den unendlichen Weiten verloren schien, so befindet sich nun der Mensch in der Moderne im Zustand der Verlassenheit jenseits der Medizin. Wie einstmals, so aber auch jetzt (und allezeit) läßt sich über die Schmerzen weiterhin ein Zugang zum

Transzendenten gewinnen: Ging man ehedem gerne den Gang der inneren Kruzifizierung, weil man so, sich durch das Leben quälend oder Gequälten beistehend, auf dem schmalen Wege ins Himmelreich zu gelangen hoffen durfte, so erlangt man in postmodernen Zeiten die rettenden Vademecums in Form von, teilweise rezeptfreien (!), Schmerzmitteln, die einem den Weg in die Unsterblichkeit planieren. Allerdings steht hinter dem zu entrichtenden Opfer, profaner dem Geld, ein ebensolches Tauschgeschäft wie zu religiösen Zeiten: (Ewige) Gesundheit wird erkauft, und stimmt der Preis, so auch die Absolution, was die Priester ebenso wußten wie Pharmakonzerne oder medizinische Koryphäen, die sich auf keinen Fall unter Wert verkaufen dürfen. Damals wie heute geht es um Schuld, was man auch heute noch hört, denn das englische *pain* und das französische *peine* verweisen auf das lateinische *poena*, was Strafe bedeutet. Wer leidet, hat etwas falsch gemacht. Auch wer im bürgerlichen Zeitalter mit Beharrlichkeit »sündigt« (»man gönnt sich ja sonst nichts«), ist gleichsam ein Selbstmörder, der wohl die längste Zeit gelebt hat, und wer schlußendlich zu Tode kommt, ist selber schuld. Der Lohn des sündigen Lebens besteht also – wie schon bei Paulus (Römer 5,12, 6,23) – im Tod.

Nun machen sich aber die Philosophen der Schmerzensflucht kaum Gedanken über das, was sie denn da fliehen wollen. Denn den Empathievirtuosen muß die Frage gestellt werden, ob man sich in einen Leidenden überhaupt hineinversetzen kann und welchem seiner drei Teile – Seele, Körper und Geist – man hier den Vorrang einräumen möchte. Wer sich mit den Fallstricken einer Mitleidsethik besonders gut auskennt, dem gelingt es sogar noch, um jedes Folteropfer und menschliches Elend einen Bogen zu machen, indem er auf das Mitleid mit sich selbst verweist: Wie kann ich mich um diesen Anderen kümmern, wenn es mir selbst schon so schlecht geht? Andererseits fragt sich, inwieweit man einem chronisch Kranken etwa mit mitleidender karitativer Einstellung wirklich gerecht werden kann. Reicht es, hier nur Mitleid zu empfinden, selbst wenn es ein reines wäre?

Beim chronischen Schmerz wird es schwierig, denn während der aktuelle noch eine Botschaft vermittelt – »Achtung, Alkohol tut der Leber weh« –, so gleicht der chronische Schmerz der sinnlosen Tortur einer sich dynamisierenden Unendlichkeit, die in ihrem Gefolge eine absolute Hilflosigkeit, eine ständige Steigerungsmöglichkeit der Schmerzen sowie kein Licht am Ende des Tunnels bereithält. Chronische Schmerzen sind Kommunikationsverweigerungsmechanismen, die das Selbst auflösen. Die Brutalität dieser Schmerzen schafft eine mitmenschliche *tabula rasa,* auf der jedes Gespräch ins Leere fällt, seinen Grund verliert, sind die Schmerzen doch der Abgrund schlechthin. Dabei ist mit dem »richtigen« Schmerz eine Authentizität verbunden, wie man sie wohl in anderen leiblichen Angelegenheiten selten erreicht. Das Gefühl der Schmerzen ist so unmittelbar, so authentisch, so Aktualität einer reinen Präsenz, weil scheinbar außerhalb der Zeit, daß es dem Menschen selbst noch das elementare Gefühl der Leiblichkeit zu nehmen droht. Der Schmerz äußert das Unaussprechliche der leiblichen Verfaßtheit im Schrei, doch der Schrei kennt keine Möglichkeit, die unerträgliche Wahrheit in Worte zu fassen. Aus der Sicht des Schmerzes erscheint die Wahrheit als eine unsagbare Leere, die letztlich eine des Selbst ist. Der Schmerz ist in seiner Tiefe eine Wahrheit der Referenzlosigkeit: Schmerz ist Schmerz ist Schmerz. Wer wollte und könnte dies jemand anderem bezeugen oder aber auch bestreiten?

Paradoxerweise liegt in dieser Radikalisierung, Nivellierung und Homogenisierung des menschlichen Lebens durch den Schmerz die moralische Chance, denn der tiefe Schmerz macht alle Menschen gleich. Im Schmerz versuchen wir das Unerträgliche zu ertragen, das Unerklärliche zu erklären. Im Mitleiden versuchen wir uns daran, das Nichtintegrierbare zu integrieren, der Un-Sprache der Schmerzen eine Stimme zu verleihen und den Weltverlust des Leidenden durch die auf Weltvermittlung zielende Empathie zu kompensieren.

Literatur: *Homer:* Ilias. XVII, Z. 446f. (dt. München 1980, S. 260). *Hume*, David: An Inquiry on the Principles of Moral. London 1751/77 (dt. Eine Untersuchung über die Prinzipien der Moral. Stuttgart 1984, S. 140, 224f.). *Kant*, Immanuel: Anthropologie in pragmatischer Absicht. Königsberg 1798, §§ 49, 63 (Werkausgabe Band XII. Frankfurt a. M. 1982, S. 529–532, 561f.). *Mark Aurel:* Selbstbetrachtungen. Stuttgart 1986, S. 100, 118. *Morris*, David B.: The Culture of Pain. University of California 1991 (dt. Geschichte des Schmerzes. Frankfurt a. M./Leipzig 1994). *Scarry*, Elaine: The Body in Pain. The Making and Unmaking of the World. New York 1985 (dt. Der Körper im Schmerz. Die Chiffren der Verletzlichkeit und die Erfindung der Kultur. Frankfurt a. M.).

Zum Weiterlesen: *Lenz*, Siegfried: Über den Schmerz. Essays. Hamburg 1998, S. 7–29. *Schmitz*, Hermann: Der Leib. Bonn 1965. *Sophokles*: Philoktetes. (dt. Sophokles' Tragödien. München 1990, S. 269–318).

Video: *Bergman*, Ingmar: Viskningar och rop. Schweden 1972 (dt. Schreie und Flüstern).

→Gefühle aufbringen →Tiere behandeln →Wehleidig sein

Schön sein

(engl.: *to be beautiful*; frz.: *être beau*)

Es gibt Menschen, wie jenen abgrundtief häßlichen Schönheitsmolch, kurz: »Schmolch« genannt, die »auf alles Schöne, das es auf der Welt gab, gibt und geben wird«, aus sind (Canetti). Man findet sie überall und zu allen Zeiten, und immer haben sie das Problem, daß sie sich vor dem Schönen wiederfinden, das ihnen dann deutlich macht, wie es um sie eigentlich bestellt ist. Nun kann man in dieser ästhetischen Inflation des Schönen das Zeichen moralischer Leere und Gleichgültigkeit der Mannigfaltigkeit des Schönen gegenüber ausmachen, denn nirgendwo zeigt sich ästhetisches Gespür deutlicher als dort, wo man selbst im alltäglichen Schönen noch differenzieren kann. Wer allerdings ständig vor das Schöne tritt, wie der Schmolch, kann selbst nie als schön in Erscheinung treten. Das Schöne ist nämlich kein Spiegel, der einem zeigt, wer man ist, sondern gleicht eher einem Versprechen, das sich nicht erfüllen läßt (Adorno).

Die Erfahrung allerdings, daß die nach spezifischen kulturellen und historischen Vorgaben attestierte Schönheit auch ein schönes Leben versprechen kann, läßt sich bereits bei einem Bewerbungsgespräch machen, und das selbst in Gesellschaften, die eigentlich auf Rationalität und Leistung setzen. Schön sein hilft durchs Leben, wenn auch nicht immer, so doch in den Fällen, in denen es mehr auf das äußere Sein als auf den inneren Schein ankommt. Nicht nur, weil es auch häßliche Philosophen gab und gibt, unterscheidet man daher zwei Arten von Schönheit, die äußere, die - leider - nicht immer auf die innere zurückwirken muß, und die innere, die sich - leider - nicht immer im Äußeren ausdrückt. Womit man nicht nur einige anthropologische Grundsätze der Moral, sondern auch eine Wissenschaft, nämlich die der Physiognomie definiert hätte, die ja bekanntlich die Einheit von außen und innen unterstellt bzw. sich in der Lage sieht, das Innere aus dem Äußeren zu erschließen. Und womit zum anderen gesagt ist, daß Schönheit sowohl etwas mit der Wahrnehmung als auch mit der Reflexion zu tun hat, denn die schöne Seele erschließt sich nicht immer durch die Sinne. Platon führt diese Engführung von Sinnlichkeit und Intellektualität am prägnantesten durch, indem er einen erotischen Aufstieg schildert, der von der Betrachtung einzelner schöner Körper anhebt, über die Schönheit von Handlungen und schönen Wissenschaften führt und letztlich in der schwindelerregenden Idee des Schönen selbst endet: Schönheit erschließt sich eben nicht auf den ersten Blick. So findet man dann in den Handbüchern des Lebens tendenziell zwei Strategien, jene, die auf das Außen setzen und ästhetische Technologien des Selbst entwerfen, und jene, die auf das moralische Innen bauen und dessen Konsequenzen für das Äußere beschreiben.

Gehen wir zunächst den Weg von außen nach innen, so hilft uns hier ein Klassiker der bürgerlichen Ethik der Ästhetik der frühen Nachkriegsjahre weiter: »Schön sein - Deine Chance« von Graciella, ein Buch, das als »Ratgeber für alle Fragen der Schönheit und ihrer Pflege« vor allem für die »berufstätige Frau« aufwartet und das in dieser oder ähnlicher Form zu Dutzenden auch noch heute in jeder guten Buchhandlung zu haben ist. Es sind weder der universelle Anspruch, der hier beleuchtet wird, und auch nicht die technischen Raffinessen der Kosmetik, die hier einer Bewertung unterzogen werden, sondern die besondere Verknüpfung, die die Autorin der Anmut uns hier präsentiert, um zur inneren und äußeren Verschönerung des fraulichen Selbst beizutragen. Übergeht man gewisse, nicht mehr zeitgemäß erscheinende Probleme wie die Frage nach der richtigen Dauerwelle oder dem richtigen Hut zur offiziellen Tee-Einladung in einem repräsentativen Privathaus, so bietet Graciella die auch heute noch übliche Mischung aus medizinischen Erkenntnissen (»frische Luft«), gymnastischen Übungen, wissenschaftlichen Theorien, Einführungen in technische Errungenschaften (Höhensonne etc.), Hygienevorschriften, kosmetischen Tips, Erinnerungen an die Etikette (Handküsse am Nudistenstrand machen einen »mehr als peinlichen Eindruck«), pädagogischen Unterweisungen (»Gerade halten«), Hinweisen zum Schmuck und zu Diätmaßnahmen (»Intelligent essen«, denn die »Kalorien [sind] die Gefahr aus dem Hinterhalt«). Bemerkenswert ist dabei zweierlei: zum einen die Idee, daß die Erscheinung, Haltung und Harmonie der Frau auf eine innere Anmut und Würde schließen lassen, der Körper quasi als Ausdruck der Seele erscheint: »Ihr Äußeres ist gewissermaßen das ›Sendegerät‹ dessen, was Sie ausstrahlen«, so daß eine Reihe von Tugenden, aber vor allem von Untugenden so präsent sind, daß man diese am besten ständig mit einem Spiegel kontrollieren sollte. Zum anderen ist es beruhigend, daß es eine Schönheit gibt, »die nicht in der Ebenmäßigkeit der Glieder des Gesichtes zu beruhen braucht, sondern eine Ausstrahlung der inneren Werte ist« (Graciella). Wobei die Frage erlaubt sein mag, ob die Strahlkraft der tugendhaften Seele tatsächlich jegliche äußerliche Unzulänglichkeit zu bannen in der Lage ist. Wie dem auch sei, wir sind an den Punkt gekommen, an dem der Weg der Schönheit von innen nach außen kommt, anders also: beim silenhaften Sokrates. Dieser hatte es gut, weil er gut war – obwohl er häßlich gewesen ist. Sokrates personifiziert nämlich die Un-Einheit des Guten und Schönen (gr. kalokagathia: die Einheit des Schönen und Guten) und ruft damit die Vorstellung des wahren, inneren Charakters hervor. Sokrates stellt mit seinem Äußeren die An- und Zumutungen der Physiognomie in Frage. Denn die Physiognomie ist vor allem die Möglichkeit, über den anderen und sich selbst zu verfügen; damit wird Sichtbarkeit zur Falle und zum Problem und Schönheit zum Subjekt und Objekt des Gegenübers. Die Häßlichkeit des moralischen Menschen zeigt sich gelegentlich recht drastisch, während die Moral des schönen Menschen häufig unsichtbar bleibt, was aber nicht weiter tragisch ist, denn: »Erscheinung als Erscheinung ›von etwas‹ besagt demnach gerade *nicht*: sich selbst zeigen, sondern das Sich-melden von etwas, das sich nicht zeigt, durch etwas, was sich zeigt. Erscheinen ist ein *Sich-nicht-Zeigen*« (Heidegger). Schönheit meldet sich also, selbst wenn sie sich nicht zeigt. Wobei in der Regel gilt, daß die Einheit des Schönen und Guten über weite Strecken in der Philosophie nur in der Schönheit des Gesichts gesehen wurde, während die unteren Regionen durchaus weniger auf Moralität schließen ließen. So betont die Moral des Inneren eine Ästhetik des kargen Äußeren und Schmucklosen, die *minimal art* einer maximalen Moral, deren innere Werte sich als Selbstbeherrschung, Genügsamkeit und Askese auszeichnen. Gelegentlich präsentieren sie sich auch als Stillosigkeit des Mittelmaßes und legen damit eine *aurea mediocritas* nahe, die der Diktatur einer gnadenlosen, dafür aber »natürlichen« Durchschnittlichkeit frönt. Hier korrespondiert einer Ethik der Innerlichkeit gleichsam eine Ästhetik des Verhüllens.

Nun könnte man Schönheit nicht nur als Verdienst, sondern als Zufall oder Geschick der Götter betrachten. Schönheit kann dabei ein Moment, aber auch das Insgesamt des Menschen erfassen. Der Mensch tritt dann als schöner in Erscheinung, seine Schönheit ist eine sich-zeigende, deren Glanz gelegentlich auch verbirgt, was hinter ihr steht. So reicht es oft nicht aus, einfach nur schön zu sein, sondern man muß auch schön sein wollen (Böhme). Hier verschwistert sich die Schönheit mit der Diät, dem Sport, der Hygiene und Kosmetik und der Kleidung und dem Schmuck. Allerdings läßt sich die Schönheit nicht an einem Prädikat festmachen, denn Eigenschaften, Proportionen, Symmetrien und Regelmäßigkeiten treten zwar zum Schönen hinzu, machen es aber nicht aus. Schönheit ist eine Form der Ekstase, des Heraustretens, jemand strahlt Schönheit aus, verbreitet eine schöne Atmosphäre (Böhme). Insofern drückt das Schönsein als Schön-sein-Wollen ein unstillbares Verlangen nach Ganzheit und Vollständigkeit aus, ein Begehren nach unendlicher Steigerung, sich und seine Eigenschaften dem anderen und sich selbst gegenüber zur Geltung zu bringen. Das In-Erscheinung-Treten des Schönen soll zugleich ein Ins-Dasein-Treten sein. Der Glanz des Schönen soll nicht künstlich hergestellte Pracht und damit moralisch betrachtet List, Betrug und Heuchelei in Kauf nehmen, sondern auf ein unerschütterliches Dasein gegründet sein, das den schönen Menschen auszeichnet. Der Körper in seiner intensivsten Präsenz wird zur Verknüpfung mit dem Körperlosen, dem Schönen an sich. Diese Transzendenz erreicht das Schöne durch Isolierung, durch Abspaltung von Kontexten und durch die Konzentration der Aufmerksamkeit auf das Sich-Zeigende, so daß das individuelle Ästhetische zum absoluten Schönen wird. Schönheit bedeutet eine besondere Form der Existenz, eine Art vollständigeres Sein, dessen eigene Dynamik es immer über sich hinaus treibt, um sich selbst zu beweisen, daß man schöner als andere ist: »Spieglein, Spieglein an der Wand, wer ist die Schönste im ganzen Land?« Diese Tendenz zum Vergleichen des Schönen führt zu einer ständigen Dezentrierung des Individuums, so daß dieses sich laufend laufsteghaft in Szene setzen muß, um sich der Achtung der anderen zu versichern.

Eben daher, und das weiß die Werbeindustrie wohl am besten, sind Schönheitsideale so wichtig. Ihre Bilder suggerieren eine unstillbare Saturiertheit des Begehrens nach dem Schönen, das dadurch auf Dauer gestellt wird, weil es nicht nur ständig neue Schönheiten gibt, sondern weil das Ideal Ideal bleiben muß, um richtig schön zu sein. Wenn auch in abnehmendem Grade, wirkt hier die Geschlechterdifferenz fort: Zumindest in der westlichen Hemisphäre müssen die Frauen versuchen schön zu sein, um vor der Welt und dem eigenen Spiegel Gnade zu finden. Die Frau wird zu einer solchen erst durch ihre Toilette. Männer blicken auf Frauen, Frauen blicken auf andere Frauen und auf sich selbst und werden ansonsten von Frauen und Männern angeblickt. Das Schönheitsideal fungiert somit als Medium sozialer Kontrolle und propagiert am laufenden Band Ideen des Schönen, denen selbst die Models im Alltag nicht genügen. Weil aber Schönheit ein Unterscheidungsverhältnis darstellt, lassen sich Millionen Frauen und Männer von ein paar hundert hauptberuflichen Models oder auch von Graciellas tyrannisieren. Schönheit ist ein Wettbewerb (Hat man je von einer Hitparade der Häßlichen gehört?), auch wenn heutzutage keine militärischen Schlachten mehr für schöne Frauen geschlagen werden.

Daher funktioniert die Modebranche mit der ewigen Permanenz des Neuen als Maschine der Erzeugung des ästhetischen Begehrens. Das Ideal ist dabei der strahlende, asketische und narzißtische Körper, der die ästhetische Trias von Schlankheit, Leistungsfähigkeit und *self fashioning* in sich vereinigt. Hier geht es um Schönheit als *Look*. Der Look verzichtet auf innerliche, ja moralische Werte, er pfeift auf ethische Tugenden und solidarische Kompetenzen im Glauben daran, daß nicht nur alles Jacke wie Hose ist, sondern im Wissen darum, daß sich weder unter Jacke noch Hose irgend etwas Wichtiges verbirgt. Ihm geht es um das Leben als Schein, das als solches kein vor allem moralisches Sein mehr nötig hat. Es gibt nichts mehr zu enthüllen, weil niemals etwas verhüllt wurde, es gibt keine Hinterwelt, weil alles immer schon im Vordergrund steht. Und wer möchte auch in den Zeiten des Inszenierens schon verhüllt auf einer Hinterbühne herumtanzen? Der Look hat jedenfalls keine Reflexion nötig, da er ausdrucksloser Ausdruck ist: Man ist, was man sieht, und man sieht, was man ist. *No problem!* No problem jedenfalls für diejenigen, die dem gängigen, oft industriell vorgefertigten Schönheitsklischee entsprechen und die diejenigen direkt unter ästhetischen Neidverdacht geraten lassen, die nicht wie Barbie und Ken aussehen (wollen) und etwa krank, behindert oder dick daherkommen. Wer heute nicht schön ist, und wir leben doch im 21. Jahrhundert und haben alle wissenschaftlichen und medizinischen Möglichkeiten zu einem Ganz-Körper-Lifting, der sollte in der »schönen neuen Welt« (Huxley) auch keinen Platz mehr beanspruchen wollen.

Was hier in Frage steht, ist das Diktat der Schönheit als Norm. Sollte man sich also auf die Suche nach einer gemeinsamen wahren Idee des Schönen begeben oder nicht vielmehr die individuellen Möglichkeiten der moralischen Selbstverwirklichung einer »Ästhetik der Existenz« (Foucault) ausarbeiten, die den Schwerpunkt auf die Moral als Selbstsorge legt? Finden wir nicht in der Philosophiegeschichte eine starke Betonung einer allgemeingültigen, universellen Moral und damit eine Unterschlagung jener Moralität, die sich viel weniger uniformierend und autoritär gibt? In der Regel sprechen wir von der natürlichen Schönheit des Guten, wenn diese sich in den moralischen Handlungen zwanglos ausdrückt. Eine Haltung ist dann gut und schön, wenn sie der moralischen Ordnung Folge leistet. Wahres Kennzeichen des Schönen ist seine Selbstgenügsamkeit. Doch warum sollen nur die Wesen schön genannt werden können, die innerhalb ganz bestimmter Maßstäbe und Grenzen existieren? Warum sollte der moralische Akzent der Schönheit nicht auf das Verhältnis zu sich selbst gelegt werden, so daß es den

Individuen möglich ist, einen größeren praktischen Spielraum in Anspruch zu nehmen? Warum sollte der Schwerpunkt einer ästhetischen Ethik nicht auf den Möglichkeits- und Freiräumen, auf der Erarbeitung neuer Formen des Lebens, auf der Formung seiner selbst beruhen? Bedeutet Schönheit nicht auch Freiheit? Dann aber muß man Andy Warhol noch überbieten und die Frage: »Warum sollte nicht jeder Einzelne aus seinem Leben ein Kunstwerk machen können?« (Foucault) zuspitzen: *Muß* nicht jeder aus seinem Körper und seiner Biographie ein Kunstwerk machen?

Literatur: *Adorno*, Theodor W.: Ästhetische Theorie. Frankfurt a. M. 1970. *Böhme*, Gernot: Schönheit. In: *Wulf*, Christoph (Hrsg.): Vom Menschen. Handbuch Historische Anthropologie. Weinheim/Basel 1997, S. 839–846. *Burgelin*, Olivier/*Perrot*, Philippe (Hrsg.): Vom ewigen Zwang zu gefallen. Etikette und äußere Erscheinung. Leipzig 1994. *Canetti*, Elias: Der Ohrenzeuge. Frankfurt a. M. 1983, S. 33. *Foucault*, Michel: Von der Freundschaft. Michel Foucault im Gespräch. Berlin 1984, S. 80. *Graciella:* Schön sein – Deine Chance. Ratgeber für alle Fragen der Schönheit und ihrer Pflege. Berlin/Hamburg 1954, S. 293 f., 346 f. *Heidegger*, Martin: Sein und Zeit. Tübingen 1927 (^{13}1979, S. 29). *Platon:* Symposion (dt. Sämtliche Werke 2. Reinbek 1983).

Zum Weiterlesen: *Der Blaue Reiter* 12: Schön Sein. Journal für Philosophie. Stuttgart 2000. *Rosenkranz*, Karl: Ästhetik des Häßlichen. Königsberg 1853 (Leipzig 1990). *Wilde*, Oscar: The Picture of Dorian Gray. London 1891 (dt. Das Bildnis des Dorian Gray. Stuttgart 1981). *Wulf*, Christoph/*Kamper*, Dietmar/*Gumbrecht*, Hans Ulrich (Hrsg.): Ethik der Ästhetik. Berlin 1994.

→Ein Gesicht machen →Heucheln und Schmeicheln →Sinnenreize

Siechen und Sterben

(engl.: *to waste away and to die*; frz.: *dépérir et mourir*)

Wir sind in einer Zeit angekommen, in der die jahrtausendealte Wahrheit, daß das Leben kurz, die Kunst dagegen lang sei, ihre Bedeutung verliert. Während nämlich eine künstlerische Bewegung die andere jagt und die nächste technologische Entwicklung den bisherigen *state of art'* überbietet, versprechen die neuen *life sciences* etwas Aufsehenerregendes, nämlich nichts Geringeres als das ewige Leben. Dieses sollen wir nicht wie bisher als individuellen paradiesischen Lohn für ein gottgefälliges Leben auf Erden erlangen, sondern als extrem demokratisches Geschenk eines wissenschaftlichen Fortschritts erhalten, der nunmehr alle Menschen mit der Idee beglückt, jeden Rest des menschlichen Körpers noch recyceln zu können. Barbarische Gebräuche wie Bestattungen und Verbrennungen gehören dann endlich einer finsteren Vergangenheit an, wenn das Sterben sich *in vivo* fortsetzen läßt. Damit bekommt dann auch ein anderer Gemeinspruch endlich seine universelle Note: Nicht nur leben wir in unseren Kindern fort, nein, wir leben in allen Lebenden weiter, seit die Transplantationsmedizin alle Menschen mit der ewigen Kette des Lebens verbunden hat. *The great chain of being* – sie leistet auch einen Beitrag zur leiblichen Völkerverständigung. Im Tod ist der Mensch nun nicht mehr allein und ganz auf sich selbst zurückgeworfen; er ist nicht mehr Individuum, und das Sterben ist nicht mehr, wie der Lateiner meinte: *desinere inter homines esse,* »aufhören, unter den Menschen zu sein«. Nun geht der Leichnam in die Universalität ein, Sterben bedeutet, *in homines esse.*

Was aber genau ist passiert? Warum kann der Tod heute als Chance für das Leben begriffen werden? Und inwiefern kann diese Chance auch eine Gefahr sein? Die neuere Entwicklung dieser Sterbelogik läßt sich datieren: Im Dezember 1967 gelang in Kapstadt erstmals einem Ärzteteam um den südafrikanischen Chirurgen Christiaan Barnard eine menschliche Herzverpflanzung, woraufhin der Siegeszug der Transplantationsmedizin seinen Ausgang nahm. Nach dem von Barnard betretenen Neuland folgte dann – nur ein Jahr später! – schon die standesrechtliche Anerkennung. Das 1968 eingesetzte »Ad-Hoc-Committee of the Harvard Medical School to Examine the Definition of Brain Death« aus Theologen und Juristen definierte den Tod neu. Galt bis dato das Erlöschen der vitalen Funktionen des Menschen als Stillstand von Kreislauf und Atmung als Todesdiagnose, so wird mit dem Harvard-Gutachen schon der irreversible komatöse Prozeß als todeswürdig erachtet. Begründet wird die Neudefinition des Todeskriteriums durch drei Argumente: a) durch die schwere Belastung für die Angehörigen, b) die Belastung der Finanzen und der Ressourcen des Gesundheitswesens bzw. des Krankenhauses und c) durch die Belastung für den Fortschritt der Transplantationsmedizin. In keinem dieser Argumente taucht der Sterbende selbst auf, oder nur insofern, als sich sein (lebender, sterbender) Leib vor anderen, sei es der Familie, den Finanzen oder der Transplantationsmedizin, zu verantworten habe. Aus Sicht der Medizin wird mit der Hirntoddefinition ebenso die Legitimationsbasis für den Abbruch intensivmedizinischer Maßnahmen bereitgestellt, wie zum anderen für die Deckung des ständig steigenden Bedarfs an transplantationsfähigen Organen gesorgt wird.

Eines ist demnach gewiß, der Tod gewinnt an Zeit und gibt somit die Menschen frei für die Erfordernisse der Explantationsmedizin. Aber auch das Leben gewinnt an Zeit, wird es doch dank modernster medizinischer Technologie eine (potentiell) gewisse Zeit lang verlängerbar. Das Hirntod-Kriterium zeigt, daß der Tod nicht mehr das Ende des Lebens, sondern den Anfang eines individuell verlaufenden irreversiblen Sterbeprozesses darstellt. Somit wird es durch die von der Transplantationsmedizin geschaffene Durchlässigkeit der Grenze von Leben und Tod des Menschen paradoxerweise möglich, einen Menschen für tot zu erklären, dessen noch lebende Organe man gleichwohl einem Empfänger »lebenswarm« implantieren kann und

dessen Organismus gleichwohl noch in der Lage ist, eine Schwangerschaft durchzustehen.
Erstens: Der Tod wird also im Zeitalter der technologischen Vernunft komplizierter. Mit der Konzeption des Todes als Hirntod kommt das Sterben einem beliebig verlängerbaren Augenblick gleich, der den Menschen die Sicherheiten nimmt, mit der sie einmal wußten, wo die Grenze zwischen Diesseits und Jenseits lag und daß das Leben mit der Geburt begann und mit dem Tod endete. Kein Laie vermag nun mehr aufgrund bloßer Erfahrung zu entscheiden, wann und ob ein Mensch tot ist und wie mit ihm zu verfahren sei, seit sich das Menschenbild des toten Menschen – seit nunmehr 30 Jahren – von der Leiche zum potentiellen Organspender gewandelt hat. Zweitens: Es wird alles unübersichtlicher. In unserer Kultur finden wir immer noch den Tod als zukünftiges Medium der Unsterblichkeit, als Gegenwart des permanenten Sterbens im Leben oder als nicht enden wollende Vergangenheit, daneben aber auch den klinischen Tod als Augenblick oder den Tod als Grenze jeglichen zeitlichen Horizonts. Dazu kommt ein dritter Befund: Es geht alles schneller. Im zwanzigsten Jahrhundert wurde nicht nur der menschliche Geburtsvorgang um viele Stunden verkürzt, sondern auch der Tod hat durch ein neues Beton-Grabkammer-System, das den Verwesungsprozeß fördert, ein immer dynamischeres Gesicht erhalten. Viertes Fazit: Im modernen Umgang mit dem Menschen wird deutlich, daß die Bedrohung durch den Tod eine ständige Gefahr für das Leben darstellt, was mithin historisch betrachtet dazu führt, daß das Leben – und nicht mehr der Tod – zum Gegenstand vor allem politischer und medizinischer Kontrolle und Überwachung wird. Fünfter und letzter Punkt: Die Entwicklung der Medizin in Gestalt der Transplantationsmedizin führt über das individuelle Leben hinaus. Damit löst sie zugleich das Rätsel der Sterblichkeit. In der *klinischen* Metaphysik der Transplantationsmedizin steht der Tod im Zeichen des Lebens, das Leben im Zeichen des Todes. Der Kampf gegen den Tod scheint gewonnen, der Mensch kann endlich ableben, dahinsiechen.

Mit der Definition des menschlichen Todes als Hirntod ist eine neue qualitative Phase im Sterben und im Kampf mit dem Tod erreicht: Nicht mehr richtet sich das Hauptaugenmerk auf das Sterben bzw. den Prozeß des Lebens als Sterben und auch nicht mehr auf den gemeinschaftlichen Tod oder auf das Leben des Einzelnen. Am Ende des 20. Jahrhunderts scheint es vielmehr um das Überleben, nicht des Individuellen, sondern der Gattung, genauer um die Idee des Überlebens des Lebens selbst zu gehen. Es geht nun um das Leben als Überleben, um die Idee der Maximierung von Leben um jeden Preis. Das bedeutet aber auch, daß die Medizintechnologie ein Jenseits des Lebens nicht denken kann: Ihre Berechnung, Kontrolle und Optimierung des Lebens versagt sich der Erfassung, Berechnung und Beschreibung des (Hirn-)Todes – für den sie im Grunde keine exakten Begriffe, Kriterien oder Testverfahren hat. Der Tod hat für die Medizin nur dann Sinn, wenn er für das Leben genutzt wird – womit jeder Organspendeverweigerer sich vor ihr und der Gesellschaft legitimieren muß, will er bzw. sie doch *nur* eine sozial nutzlose Leiche sein. Die hiermit verbundenen individuellen Schuldgefühle lassen sich wohl nur so bearbeiten, daß man seine sterblichen Überreste in den Dienst des Lebens stellt, um so dem Tod auf der Warteliste der Organempfänger entgegenzutreten. Oder aber man tritt in den Club der Organspender ein, dessen Mitgliedschaft allein dazu berechtigt, auch als Organempfänger in Frage zu kommen. Der implizite Imperativ der medizinisch-technologischen Verwertungslogik jedenfalls gehorcht einer Ethik des Mach(t)baren: Tue, was du tun kannst, damit du siehst, *ob* du es kannst!

Diese Logik hat wiederum ihre Zwänge. So »zwingt« der Mangel an Organen – und nicht eine neue gesellschaftliche Sicht des Todes oder eine biologische Änderung des Todeszeitpunktes – die Medizin zu einer faktischen Vorverlegung des Todes, womit deutlich wird, daß es den Hirntod nur »gibt«, weil man hirntote Spender braucht, deren Organe transplantiert werden können. Auf einem Markt mit Versorgungsengpässen – nur etwa sieben

Prozent der transplantierten Organe stammen in Deutschland von Menschen mit Organspendeausweisen – sind nicht nur die Politik und ihre sich euphemistisch als Transplantationsgesetze bezeichnenden Organbeschaffungsgesetze, sondern zunächst die Medizin selber gefragt. So kann man etwa in Ärzteblättern Anfang der neunziger Jahre durchaus das Bedauern nachempfinden, wenn darüber geklagt wird, daß seit der Einführung der Anschnall- und Helmpflicht ein »Mangel« an todsicheren, schweren Schädel-Hirn-Traumen auftritt.

Insofern muß sich jedermann mittlerweile vor der Todeslobby legitimieren, was bekanntlich denen besonders schwerfällt, die es schon im Leben nicht einfach haben, nämlich Menschen mit Behinderungen. Diese müssen sich jetzt mit der Problematik ihres »humanen Kapitals« auseinandersetzen. Denn die moderne Verwertungslogik fördert zum einen die Objektivierung des Menschen als *cadaver donor* (Leichnamspender) und zum anderen die Reduktion des Menschen auf einen Hirn- bzw. Geistkörper. Verkommt hier der Mensch zur Organbank und zum Ersatzteillager? Oder wird der tote Mensch – wenngleich auch zu hohen ethischen Zwecken wie der Heilung und Lebensrettung anderer Menschen – lediglich »ausgeschlachtet«? Fällt der Leichnam mithin unter das Personen- oder doch wohl am sinnvollsten unter das Sachenrecht (vgl. § 90 BGB)?

Hier kündigt sich ein anthropologisches Umdenken hin zu einer *negativen Anthropologie der Überlebenden* an. Die technologische Medizinierung des Menschen löst sich von traditionellen anthropomorphen Vorstellungen vom Menschen, indem sie den Menschen *intensivmedizinisch durchdringen*, um so das »wahre« Jenseits des Menschen anzupeilen: sterben, um des Lebens willen. Die Entwicklung der Transplantationsmedizin, die mittlerweile an Maßnahmen zur Hirntransplantation arbeitet, läßt allerdings eine weitere Teilbarkeit des menschlichen »Wesens« befürchten. Je teilbarer das Individuum wird, desto größer erscheint der Stellenwert des einzelnen (Gehirn-)Teils. Die Frage des Überlebens der Menschen wird zu einer Frage der

Teilbarkeit. Das Individuum wird endlich wieder *dividuum*, dividierbar; erst dann wird wohl auch sein Geist sichtbar.

Fassen wir zusammen: Das Überleben im Hirntod ist auf den ersten Blick das Überleben des Körpers des Hirntoten, auf den zweiten das Überleben desjenigen, dem die entnommenen Organe gespendet werden. Auf den dritten – und vielleicht entscheidenden – Blick überlebt hier ein (zyklischer) Code der Intensivierung von Leben und damit doch wieder der Geist. Die Frage ist, ob nicht in der Verfolgung dieses Codes gleichzeitig eine paradoxe Idee von Unsterblichkeit auftaucht, die Idee, das Leben zu überleben? Es geht also nicht länger darum, den Tod zu überleben, seiner Unentrinnbarkeit ins Leben zu entkommen, indem man zu einer unendlichen Metempsychose übergeht oder die Ewigkeit der Seele gegen die Körperlichkeit des Leibes ausspielt. Das Leben zu überleben meint, dem Leben seine Bedeutung zu entreißen, seine unselige Allianz mit der Sterblichkeit aufzukündigen, die (unbewußte) Überzeugung von der Unsterblichkeit des Lebens faktisch dadurch zu realisieren, daß man den Faden des Lebens durch den Tod hindurchzieht. Die frohe Botschaft lautet nun: Zwar sind wir mitten im Leben vom Tod umfangen, im Tod aber werden wir ins ewige Leben eingehen.

Am Ende hat so zwar nicht der Körper, aber der Geist und damit die Wahrheit überlebt. Doch wissen wir das nicht schon seit den Griechen? Ging es nicht schon immer um die Strategien der Unsterblichkeit *im* Sterblichen? Richtet sich nicht die ganze Kultur auf das Unsterblichmachen, das *athanatizein*, wie Aristoteles meint? Sind die kulturellen Bemühungen, den Menschen im Leben unsterblich zu machen, abgelöst worden durch die Garantie, daß es ein Leben nach dem und im Tode gibt? Wie so oft findet sich im Grunde bei Hegel ein Gedanke, der die ganze moderne Debatte um den Tod auf den Begriff des Begrifflosen bringt: »Wahrheit in der Philosophie heißt, daß der Begriff der Realität entspreche. Ein Leib ist z. B. die Realität, die Seele der Begriff. Seele und Leib sollen sich aber angemessen sein; ein toter Mensch ist daher noch eine Existenz, aber keine wahrhafte mehr, ein begriffloses Dasein: deswegen verfault der tote Körper.« Könnte darin nicht die ganze Problematik und die eigentliche Lösung des Problems stecken: keine Schreie mehr auf den Intensivstationen, keine verfaulenden menschlichen Körper?

Literatur: *Bauman*, Zygmunt: Mortality, Immortality and Other Life Strategies. Cambridge/Oxford 1992 (dt. Tod, Unsterblichkeit und andere Lebensstrategien). *Brenner*, Andreas: Medizinethik im Bann der utilitaristischen Folgenorientierung. In: Neue Zürcher Zeitung. Nr. 248, 25./26. Oktober 1997, S. 37. *Hegel*, Georg Wilhelm Friedrich: Grundlinien der Philosophie des Rechts. Berlin 1820, § 21, Zusatz (Frankfurt a. M. 1976, S. 73 f.). *Hoff*, Johannes/*in der Schmitten*, Jürgen (Hrsg.): Wann ist der Mensch tot? Organverpflanzung und »Hirntod«- Kriterium. Reinbek 1995. *Lovejoy*, Arthur O.: The Great Chain of Being. A Study of the History of an Idea. Cambridge (Mass.) 1936 (dt. Die große Kette der Wesen. Frankfurt a. M. 1985). *Zirfas*, Jörg: Jenseits des Lebens - diesseits des Todes? Ein *Memento Vitae* zum Überleben des hirntoten Menschen. In: Paragrana. Internationale Zeitschrift für Historische Anthropologie. Band 7: Jenseits. Berlin 1998, S. 209–227.

Zum Weiterlesen: *Ariès*, Philippe: L'homme devant la mort. Paris 1978 (dt. Geschichte des Todes. München 1999). *Barloewen*, Constantin von (Hrsg.): Der Tod in den Weltkulturen und Weltreligionen. Frankfurt a. M./Leipzig 2000. *Canetti*, Elias: Der Überlebende. Frankfurt a. M. 1981.

→Älter werden →Geboren werden →Leiblich sein

Sinnenreize

(engl.: *sensualities*; frz.: *sensualités*)

Man sollte wieder einmal die U-Bahn benutzen. Nicht nur, um den öffentlichen Nahverkehr zu fördern, sondern um sich klar zu machen, wie gleichgültig man den Menschen mittlerweile dort begegnet. Noch im vorletzten Jahrhundert, also vor der Erfindung der öffentlichen Verkehrsmittel, war es den Menschen nicht möglich, Minuten oder Stunden miteinander zu verbringen, ohne miteinander zu sprechen. Übervolle Züge, Omnibusse oder U-Bahnen haben dann die Menschen nicht nur vor die Notwendigkeit gestellt, ihre sozialen Gefühlsbarrieren neu zu justieren, sondern zugleich vor ein quantitatives Problem, denn mit jedem konnte und wollte man dann auch nicht mehr sprechen. Abhilfe schafft in beiden Fällen ein Hilfsmittel, das bis heute seine soziale Geltung nicht verloren hat, die Reiselektüre – die neuerdings durch das Handy ergänzt wird, das Gemeinschaft in einer atomisierten Gesellschaft inszeniert.

Insgesamt gilt in öffentlichen Verkehrsmitteln – und nicht nur dort – die Maxime: »Rühr mich nicht an!« Vor allem gegenüber Bettlern und Trebegängern, aber auch gegenüber betrunkenen Fußballfans, randalierenden Jugendbanden oder grölenden Rechtsradikalen setzt sich gesamtgesellschaftlich immer mehr die Auffassung und der Habitus durch, daß man mit diesen Subjekten doch besser nicht in Kontakt treten sollte. Was dazu führt, daß Frauen, ausländische Mitbürger, Menschen mit Behinderungen oder einfach nur nicht allzu starke Zeitgenossen dem Mutwillen des Mobs ausgesetzt sind. Die Tendenz des biblischen »noli me tangere« (Johannes 20,17), des »Rühr mich am besten nicht an«, führt dann zu den bekannten Phänomenen des Wegsehens, Übersehens, der Hilflosigkeit und Passivität. Diese Phänomene müssen allerdings nicht zwangsläufig Indikatoren eines sozialen oder moralischen Zerfalls der Gesellschaft sein, sondern belegen einfach die schlichte Notwendigkeit, der ständigen Reizüberflutung Einhalt zu gebieten.

Verantwortlich für diesen Sinneswandel erscheint also ein soziales Symptom, das aus der Unübersichtlichkeit der »neuen« Gesellschaft und aus den mit der technischen, ökonomischen und architektonischen Entwicklung verbundenen sinnlichen Belastungsgrenzen resultiert. Der Überfülle von Ereignissen, Räumlichkeiten, Symboliken und Referenzen vor allem in modernen Großstädten wird der Reizschutzmechanismus der Gleichgültigkeit entgegengehalten.

Eine Fahrt mit der U-Bahn macht aber darüber hinaus deutlich, daß die kulturell-kollektive Veränderung der Sinne nirgendwo »sinnenfälliger« wird als dort, wo gewohnte Wahrnehmungsmuster in Frage stehen. Historisch betrachtet stellen die Erfahrungen mit der ersten industriellen Revolution, des näheren die verkehrstechnische Innovation der Eisenbahn im 19. Jahrhundert, einen deutlichen Schnitt in den kulturellen Wahrnehmungsmustern dar, die mit Schivelbusch auf die Formel der Zerstörung von Wahrnehmungen der Raum- und Zeitstrukturen gebracht werden kann: Desorientierung der Reisenden durch die Entrückung der Landschaft; Verzerrung der Natur durch den Blick aus dem Abteilfenster durch die Telegrafenmasten, die als Schriftzüge in der panoramatischen Landschaft wahrgenommen werden; Verlust des Vordergrundes durch die Geschwindigkeit; Ermüdung der Sinne durch stundenlange Fahrzeiten; Ersetzung der Kommunikation im Abteil durch die Reiselektüre; Passivitäts- und Isolierungserfahrungen; Dekonzentrations- und Zerstreuungserscheinungen; extreme Angst- und Schockerlebnisse bei Eisenbahnunfällen. Hier werden kulturelle Reizschutzmechanismen der sinnlichen Wahrnehmung durch technische Entwicklungen durchbrochen. Diese erzeugen neue Formen der kollektiven Sinneswahrnehmungen, die wiederum neue Formen von Lust qua Sicherheit und Gewöhnung und Unlust qua Angst vor dem Unfall mit sich bringen. So *erinnert* uns der Sicherheitsgurt – wenn auch unbewußt – immer an die Möglichkeit einer plötzlichen Gewalt. Und so »enthalten« die Sinne soziale Regeln und Normen, technische Prozeduren und die dadurch verursachten Reize, (ökonomische) Besetzungen von Wert und Unwert einer Sache.

Dabei hat die Fähigkeit der Wahrnehmung ihren Sitz in den unterschiedlichen Sinnesorganen *(aistheteria)*; sie bezieht sich auf den sinnlichen Phänomenbereich, auf die Wirkungen durch die (fünf) Sinne. Dank der Sinne findet sich der Mensch in der Umwelt zurecht, da diese Informationen in Form von Reizen aufnehmen, sie verschlüsseln und an das Gehirn weitersenden. Man differenziert im allgemeinen die Fernsinne wie Sehen, Hören und Riechen von den Nahsinnen wie Schmecken und Tasten, da bei den letzteren die entstehende Empfindung im Sinn selbst verortet wird. Darüber hinaus gibt es die Sinnesorgane im Körperinneren wie das Gleichgewichtsorgan, den Blutdruckfühler, den Dehnungsfühler von Muskeln, Sehnen etc. Insofern wird der gesamte menschliche Selbst- und Weltbezug wesentlich über die Sinne vermittelt, deren Bedeutung dann besonders hervortritt, wenn sich Störungen zeigen, etwa dann, wenn man seine Frau mit einem Hut verwechselt (Sacks).

Seit der Antike, namentlich mit Demokrit, werden im Abendland – und dies gilt nicht für alle Kulturen – fünf Sinne unterschieden. Während Demokrit als erster diese »vollständige« Auflistung vornahm und den Organen gewisse kognitive Funktionen zuwies, sprach Platons Ideenphilosophie dem Auge den Primat unter den Sinnen zu (die »Idee«, *eidos*, ist vom griechischen Wort für »sehen« abgeleitet). Aristoteles schrieb dann die Hierarchisierung der Sinne in der absteigenden Reihenfolge: Sehen, Hören, Riechen, Schmecken und Tasten fest. Über die Jahrhunderte hinweg differenzierte man zwischen einer aktiven und passiven, mittelbaren und unmittelbaren, inneren und äußeren, nützlichen und angenehmen Wahrnehmung. Vor allem das christliche Mittelalter problematisierte und verdammte die Sinnlichkeit, insofern diese eine moralische Gefährdung des Menschen zur Folge haben konnte, denn dem Christentum erscheint die freie Sinnlichkeit lediglich als eine des Teufels. Komplementär dazu wird ebenso darauf verwiesen, daß die Sinne einen gottgewollten Zweck verfolgen und nur durch sie die gottgegebene Schönheit und Ordnung der Welt erfahrbar wird, so daß der richtige Gebrauch der Sinne als das Fundament von Gesellschaft, Politik und Religion gelten kann.

In der Neuzeit zeigen sich mehrere Tendenzen der Sinnlichkeit: In den Kulturwissenschaften wird fast unisono von der Dominanz des Gesichtssinns und dessen diversen Blicken ausgegangen, z. B. dem (ärztlichen) Röntgenblick, dem männlichen Blick, dem Kino- bzw. Fernsehauge und dem Überwachungsblick. Andererseits wird auch festgestellt, daß dem Hören (Handy) in letzter Zeit wieder größere Aufmerksamkeit geschenkt wird. Umstritten ist, ob die Nahsinne wie Tast- und Geschmackssinn (der Geruch) insgesamt an Gewicht verloren haben oder ob gerade sie uns die »feinen Unterschiede« (Bourdieu) der verschiedenen Klassen und Schichten verdeutlichen. Umstritten ist auch, ob man kulturkritisch eine zunehmende Disziplinierung, Regression, Nivellierung und Homogenisierung der Sinnlichkeit feststellen und inwiefern man von einer Entmaterialisierung der Sinne durch die neuen Körpertechnologien sprechen kann, deren Maschinen dem Auge Bilder, den Ohren Töne usw. liefern. Hier wird die Zukunft zeigen, inwieweit digitale, computergesteuerte Prozesse die Sinneseindrücke der Sinnesorgane komplementieren, virtualisieren oder ersetzen können.

So macht denn eine U-Bahn-Fahrt, was die Sinnenreize betrifft, auch dies deutlich: Sie kann, verlängert man sie zu einer Kulturgeschichte der Wahrnehmung, zeigen, inwiefern die Art, die Stellung und das, was in der Wahrnehmung für richtig und falsch, für sicher und gewiß gehalten wird, in bezug auf den Gegenstand der Sinne historisch differiert. So zeitigen etwa die gothischen Kathedralen eine organische Topographie, die einen rationalen lichtdurchdrungenen Erfahrungsraum ermöglichen, der auf Fortschritt und Perspektive verweist; die Erfahrungen mit der Uhr legen seit dem 13. Jahrhundert dagegen eine chronologische Topographie nahe, die eine Pointillierung von Zeitmomenten und eine Zeitumgangsmoral in der Wahrnehmung ausbilden, die die Menschen zu »pünktlichen« macht. So bewirkt der Umgang mit dem Fernglas, dem Mikroskop oder der *Camera obscura* eine technisch unterstützte Vorherrschaft des Auges und die Handhabung der Kamera die Erfahrung eines bewaffneten Auges, das Bilder schießen kann und somit eine Osmose von Wahrnehmungs-, Kamera- und Kriegstechnologien zustande bringt. Und nicht zuletzt führt der Umgang mit dem Computer und der mit ihm verbundenen Momente der Zeitbeschleunigung, Raumschrumpfung, Verschriftlichung und Verbildlichung der Welt zu einer Neuorientierung der Sinne im Hinblick auf ein programmierbares, kontrollierbares und virtuelles Paradies.

Und was zeigt uns eine Kulturgeschichte der Wahrnehmung von und in U-Bahnen? Sie macht uns auf die Enträumlichung der Welt aufmerksam, denn U-Bahnen gleichen Nicht-Orten (Augé), an denen sich die Menschen nicht mehr wiedererkennen können. Zu den Nicht-Orten gehören neben den Bahnhöfen auch Hotelzimmer, Wartehallen, Einkaufszentren, Flughäfen, Autobahnen und die medialen (Kommunikations-)Netze, die alle bis zur Unkenntlichkeit verwechselbar erscheinen. Nicht-Orte sind weder individuell noch historisch, noch stellen sie spezifische Erinnerungen bereit, oder umgekehrt: Nicht-Orte sind allgemein, nur einer ewigen Gegenwart zugewandt, dem Provisorischen und Ephemeren anheimgegeben. Sie sind lediglich abstrakte Treffpunkte, Orte auf der Durchreise, deren Namen man sich nicht zu merken braucht. In Nicht-Orten werden wir zu Passagieren, die nicht mehr auf der Pilgerfahrt einer Initiation ins Heilige beiwohnen, weil wir in diesen »unendlichen Räumen« lediglich uns selbst begegnen. In Nicht-Orten werden wir zu Einsamen. Wir interagieren hier mit der Umwelt lediglich über bestimmte temporär vertragliche Bindungen (Fahr-, Eintrittskarten etc.) oder über medial vermittelte Botschaften und Symboliken (Autobahnhinweisschilder, Reklametafeln, Rauchverbote, Scheckkarten etc.). In diesen Nicht-Orten befinden wir uns in einem Bilderreich, in dem wir mit unserer Phantasie und mit uns selbst alleine bleiben, wir schalten ab oder schlafen ein. Als Einsame erlangen wir hier eine gewisse Anonymität, eine provisorische Identität, die dennoch ständig auf dem Spiel steht, weil sie jederzeit legitimiert werden muß – wovon gerade U-Bahn-Schwarzfahrer ein Lied singen können.

So zeigt sich – nicht nur in U-Bahnen: Im Wahrnehmen selbst finden wir Attraktivitäten, Wertorientierungen, Auf- und Abwertungsprozesse, das »Ja und Nein des Gaumens« (Nietzsche). Und wir streben nach Dingen bzw. fliehen sie, weil wir sie als lustvoll oder leidenverursachend erfahren und wahrgenommen haben. Dieses Streben wird in existentiellen Situationen menschlicher Bedürfnisbefriedigung besonders deutlich, nämlich dort, wo es um Nahrung und Sexualität geht. Hier ermöglicht die Wahrnehmung der Lust zu erfahren, was einem naturgemäß ist, denn Lust ist die Sprache der Natur oder anders: Die Natur kommt in der Lust zu sich selbst, und hier gilt das »Rühr mich an!«. Wobei man noch zwischen den Lustarten differenzieren und somit Niveauunterschiede einführen kann: Der eher animalischen leiblichen Lust läßt sich der humane gegenstandsbezogene Geschmack gegenüberstellen. Während diese die Lust am eigenen körperlichen Schmecken betont, bezieht sich jene auf die Freude am Gegenstand: Man geht in ihm auf. In diesem Aufgehen zielen die Sinne auf das Sinnenganze, und in der Lust erfährt Sinnliches sein Gelingen. Insofern ist die Lust am Gegenstand zugleich die am Vollzug der Wahrnehmung selbst.

Dabei sind nicht nur die Sinne auf die Welt angewiesen, sondern die Welt bleibt auch auf die Sinne bezogen. In den Worten von Merleau-Ponty: Wenn man das Blau des Himmels denkt, so denkt sich der Himmel in uns. Und wie denkt die U-Bahn?

Literatur: *Augé*, Marc: Non-Lieux. Introduction à une anthropologie de la surmodernité. Paris 1992 (dt. Orte und Nicht-Orte. Vorüberlegungen zu einer Ethnologie der Einsamkeit. Frankfurt a. M. 1994). *Bourdieu*, Pierre: La distinction. Critique sociale du jugement. Paris 1979 (dt. Die feinen Unterschiede. Kritik der gesellschaftlichen Urteilskraft. Frankfurt a. M. 1987). *Jütte*, Robert: Geschichte der Sinne. München 2000. *Merleau-Ponty*, Maurice: Phénoménologie de la perception. Paris 1945 (dt. Phänomenologie der Wahrnehmung. Berlin 1965). *Sacks*, Oliver: The Man who mistook his Wife for a Hat and Other Clinical Tales. New York 1986 (dt. Der Mann, der seine Frau mit einem Hut verwechselte. Reinbek 1990). *Schivelbusch*, Wilhelm: Geschichte der Eisenbahnreise. Zur Industrialisierung von Raum und Zeit im 19. Jahrhundert. Frankfurt a. M. 1989.

Zum Weiterlesen: *Böhme*, Gernot: Anmutungen. Über das Atmosphärische. Darmstadt 1998. *Serres*, Michel: Les cinq sens. Philosophie des corps mêlés 1. Paris 1985 (dt. Die fünf Sinne. Frankfurt a. M. 1993). *Virilio*, Paul: Guerre et cinéma. Logistique de la perception. Paris 1984 (dt. Krieg und Kino. Logistik der Wahrnehmung. Frankfurt a. M. 1989).

→Alltag →Hinsehen oder Neugier →Maschinen besitzen

Tiere behandeln

(engl.: *to treat animals*; frz.: *traiter les animaux*)

Der Scheiterhaufen, jenes Feuer, das Wesen mit Haut und Haaren der Vernichtung übergibt, ist zu Beginn des 21. Jahrhunderts ebenso nach Europa zurückgekehrt wie das Massengrab, in das tote Leiber mit Hilfe von Baumaschinen hineingeschmissen werden. Obwohl es hier wie dort nicht um Menschen, sondern um Tiere geht, löst der Widerschein dieser im Mittelalter oder doch zumindest der jüngsten Vergangenheit zurückgelassen geglaubten Bilder eine gehörige Empörung aus. So etwas dürfe man mit Tieren nicht machen, denn es sei der Tiere oder zumindest der Menschen nicht würdig, lauten beliebte, weil für die eigene Selbstbehauptung wichtige Anmerkungen zu besagten Berichten.

Die Nachfrage, warum und weswegen hier etwas nicht würdig sein soll, ist indes keine Polemik, sondern reine Notwendigkeit.

Denn das gejagte, getriebene, verkaufte und zerstückelte Tier ist Teil unserer Kultur. Siehe beispielsweise William Frederik Cody. Dieser Gigant der frühen Unterhaltungsindustrie, besser bekannt unter seinem Künstlernamen Buffalo Bill, baute sich seinen bis heute anhaltenden Heldenmythos durch das Abknallen von Büffeln auf. Er war in dieser Tätigkeit so erfolgreich, daß er sich, mangels weiterer Tiere, die ihm überhaupt vor die Flinte kommen konnten, selbst arbeitslos und kurz darauf in den Chefsessel seiner internationalen Wildwestshows schoß und sich schließlich nicht nur einige Goldminen, sondern sogar eine eigene Stadt, die amerikanische Provinzstadt Cody, leisten konnte. Und ein anderer Geschichtenerzähler brachte es mit seinen Jagdstorys gar zum Literaturnobelpreis und zum bis heute bewunderten Draufgänger und Waffennarr: Ernest Hemingway. Wer Tiere abschlachtet, befindet sich also in der guten Gesellschaft von U- und E-Entertainment sowie von internationalem Holzmanagement und Forschungslobby.

Wer also wollte sich dem entgegenstellen und behaupten, Tiere hätten ein solches Verhalten nicht verdient und Anspruch auf einen würdevollen Umgang? Wer so redet, stellt sich nicht nur in Widerspruch zu einer etablierten kulturellen Praxis, sondern auch zu philosophischen Denkweisen, die nicht zuletzt auch die kulturelle Praxis mitbegründet haben.

Kann man denn überhaupt von einer Würde des Tieres reden? Den Begriff der Würde kennen wir fast ausschließlich in Verbindung mit dem Menschen. Philosophisch ist dieser Begriff insbesondere von Immanuel Kant geprägt worden: Was Würde hat, ist »über allen Preis erhaben«, kann, mit anderen Worten, nicht mit Geld aufgewogen werden. Was jenseits von einem Preis ist, das ist sich selbst genug – und sollte es auch anderen sein –, denn es hat einen »Zweck an sich selbst«. Folgen wir Kant nur bis hierhin, so sehen wir unsere aktuelle Moral- und Rechtspraxis gut wiedergegeben: Tiere kann man kaufen, Menschen nicht. Tiere verletzen wir durch den juridischen Akt eines Besitzerwechsels nicht, Menschenhandel ist dagegen ein krimineller Akt. Warum ist das so, warum genießen Menschen diesen hohen Rechtsschutz und die Anerkennung als Zwecke an sich – und die Tiere nicht? Wie hat die wirkungsmächtige Kantische Philosophie argumentiert, daß bis weit in das 20. Jahrhundert hinein Tiere in den Gesetzbüchern als »Sache« betrachtet wurden?

Auch heute noch gehen wir, trotz der Forschungen beispielsweise Jane Goodalls und Volker Sommers, mehrheitlich davon aus, daß allein Menschen in der Lage sind, moralisch zu handeln. Demnach sind die Menschen einzigartig darin, Einsicht zu nehmen in das, was zu tun gut ist. Und diese Gabe soll es sein, die Menschen – Kant nennt sie »Personen« – Würde verleiht. Gegen dieses moral- und ratiozentrierte Begründungsschema lassen sich indes mindestens drei Einwände formulieren.

Der erste Einwand stammt von Jeremy Bentham. Der Begründer des Utilitarismus kritisierte den Kantischen Ansatz grundlegend und hielt ihm entgegen, bei der Frage der moralischen Berücksichtigung gehe es gar nicht darum, ob das betreffende Wesen Vernunft und damit Einsicht in die Moral habe, sondern schlicht darum, ob es zu leiden vermöge. Nicht alle leidensfähigen Wesen sind demnach moralische Akteure, sie sind aber in jedem Falle von moralischem Handeln anderer berührbar und bedürfen damit der Rücksichtnahme einer Ethik.

In zwei Hinsichten bleibt dieser leidensorientierte Ansatz jedoch fragwürdig: Wie, so drängt sich die Frage auf, steht es um die seelischen Schmerzen – zählen auch die? Und wenn ja, wie kann man sie feststellen, muß man sie gar gewichten? Letzteres wäre gegenüber dem Menschen eine Zumutung und selbst Quelle neuer seelischer Qual. Und was gilt, wenn Wesen keinen Schmerz empfinden, sei es als ein komatöser Mensch oder als ein unter schmerzhemmenden Mitteln stehendes Versuchstier? Ist das, was man diesen Menschen und Tieren antut, dann kein Leid, sind wir in diesen Fällen keine Rechtfertigung unseres Tuns schuldig?

Die zweite Richtung der Kritik gegen Kants moral- und ratio-zentriertes Konzept wird am prominentesten von Peter Singer vertreten. Singer, der in den siebziger Jahren in den USA die Animal-Liberation-Bewegung gründete, begegnet Kants auf den Menschen zugeschnittenem Personenbegriff mit einem an der Personenkonzeption John Lockes orientierten Theorem. Demnach wird zum Kriterium, Mitglied der ethischen Gemeinschaft zu sein, die Fähigkeit erklärt, sich selbst als eine, wie es Locke formuliert, »in der Zeit existierende Einheit« zu erleben (Locke). Solche Wesen nennt Locke - und mit ihm Singer - »Personen«; und es gibt offensichtlich zahlreiche nichtmenschliche Wesen, die eine solche Bewußtseinsfähigkeit haben. Unstrittig gilt dies für Primaten; weil demnach Affen Personen sind, fordert Singer ihnen gegenüber ein Tötungsverbot (Singer). Die Personentheorie hat einen erkennbaren Vorzug: Einem Wesen, beispielsweise durch Medikamente, die Fähigkeit zu nehmen, sich selbst als in der Zeit existierende Einheit wahrzunehmen, ist demnach per se untersagt, auch dann, wenn damit keine Schmerzen einhergehen. Auf der anderen Seite stellt diese Position einen Rückschritt gegenüber der leidenszentrierten Position dar. Viele Tiere, die mit Blick auf ihre Leidensfähigkeit bisher Eingang in die Ethik fanden, sind hier nun wieder ausgesperrt. Denn ob Ratten und Mäuse, die zahlenmäßig die Mehrzahl der in den Labors gequälten Tiere darstellen, sich als in der Zeit existierende Einheiten erleben, dürfte schwer nachzuweisen sein.

Daher soll es im folgenden um die dritte und zugleich jüngste Linie der Abwehr eines moral-ratio-zentrierten, exklusiv den Menschen begünstigenden Personenkonzepts gehen. Bei diesem steht nicht das tierische Leiden oder eine bestimmte entwickelte Form von Bewußtsein im Mittelpunkt, sondern der Begriff der »Würde«.

Da das Würdekonzept Kants menschlichen Personen auch einen gewissen Schutzstandard zusichert, mag man sich, wenn einen der Anblick der Tierscheiterhaufen nicht kaltgelassen hat, fragen, ob sich mit diesem Konzept der Würde auch für die Tiere Schutz begründen läßt. Hier geht es um Standards, die hoch genug sind, die Tiere zu schützen, ohne sie dabei zugleich zu überfordern oder sie durch wesensfremde Zuschreibungen in ihrem Eigensein zu verkennen. Denn letzteres spricht ja aus tierethischer Sicht gegen das Konzept Kants und den Versuch, die Würde an die Einsicht in das Sittliche zu koppeln: Tiere sind dazu, so darf man mit guten Gründen vermuten, nicht in der Lage und brauchen es, im Unterschied zu Menschen, auch gar nicht zu sein. Wenn Tiere sich demnach nach Kantischer Auffassung um die eigene Würde bringen, spricht das nicht gegen die Tiere, die nun einmal sind, wie sie sind, sondern gegen eine Philosophie vom Schlage der Kantischen. Diese hat mit ihrer Gründung auf die sittliche Einsichtsfähigkeit ohne Zweifel einen wichtigen Aspekt der *menschlichen* Würde benannt. Falsch ist es jedoch, so zu tun, als sei dies der Würde ganzer Umfang und als hätten Wesen, bei denen diese Saite stumm bleibt - was ja unter bestimmten Umständen auch für Menschen gilt -, keine Würde. »Würde« ist ein vielstimmiger Begriff.

Über die Vielzahl der Stimmen dieses Begriffs legen viele Redewendungen Zeugnis ab. So spricht man von der »Würde des Alters«, einem »würdevollen Gang« oder einer »Haltung der Würde«. In diesen Konstellationen kommt der Wert zum Ausdruck, der den jeweiligen Phänomenen innewohnt: etwa dem Alter, einer Art zu gehen oder eine Haltung einzunehmen. Diese Art der Würde ist selbstverständlich von anderer Art als die, die im Begriff der Menschenwürde gemeint ist. Anders als diese sind einige jener Formen von Würde nämlich mehr oder weniger zufällig. Man hat sie oder nicht: Man bewahrt eine Haltung der Würde, oder man verliert sie; man schreitet würdevoll, oder man schlurft. Die Menschenwürde muß und kann sich nicht auf diese Weise zeigen, denn sie liegt gleichsam tiefer, weswegen man auch sagt, sie sei den Menschen inhärent. Und weil sie den Menschen innewohnt, kann man sie im Unterschied zu den beschriebenen Würden auch nicht verlieren. Wieder anders scheint das hingegen beim Alter auszusehen. Wem die Würde des Alters zukommt, dem kommt sie zu, weil er alt ist; das Al-

ter aber hat man, man kann es nicht verlieren. Man kann zwar versuchen, nicht alt zu wirken, und sich um eine Jugendlichkeit bemühen, die das Alter vergessen lassen soll. Dies ändert jedoch nichts am Umstand des Alters selbst und seiner Würde, sondern spiegelt lediglich dessen mangelnde Achtung wider.
In ähnlicher Weise kann man auch von der Würde von nichtmenschlichen Wesen sprechen. Etwa der Würde des Löwen oder des Adlers oder des Bären – allesamt Tiere, die es zu heraldischen Ehren gebracht haben, wissen doch Herrscher zu allen Zeiten und bis auf den heutigen Tag den Vorteil zu nutzen, ihre Herrschaft oder ihr Herrschaftsgebilde mit der Stärke dieser Tiere in Verbindung zu bringen. Die Stärke, die sie damit meinen, ist dabei vor allem innerer Natur, beweist sich in Ruhe und Ausgeglichenheit, in Qualitäten also, die auch Menschen gut anstehen, wollen sie »würdig« sein. Würde, wie sie sich in diesen Beschreibungen ausdrückt, hat mit der Würde, welche mit dem Begriff der Menschenwürde gemeint ist, eine Gemeinsamkeit. Würde, egal welcher Art, verlangt danach, sein zu können, und verbietet insofern, daß man sie antastet. Die Würde des Menschen ist unantastbar, heißt es denn auch im Grundgesetz, wobei dies eigentlich ein Pleonasmus ist: Würde ist immer unantastbar, so wie sie auch niemals geraubt werden kann. Was man mit einer »Verletzung der Würde« und ähnlichen Redewendungen meint, bezieht sich vielmehr auf die »Möglichkeit« bzw. Unmöglichkeit »der Würdedarstellung« (Spaemann).
Daher werden wir uns auch mit dem Gedanken vertraut machen müssen, daß wir den Preis, der anderem Leben zukommt, nicht nur achten, sondern auch zahlen müssen. Durch die bisherige Ökonomie unserer Lebensform haben wir es weitgehend unmöglich gemacht, daß diese Formen der Würde sich entfalten können. Wenn es jetzt endlich ans Zahlen geht, so liegt das nicht nur im Interesse der Tiere, sondern auch in unserem eigenen. Denn wer will sich schon selbst eingestehen, daß er nur Luftblasen redet, wo wir doch eigentlich wissen: »Reden ohne Preisschilder, das ist billiges Reden« (Margalit).

Literatur: *Bentham*, Jeremy: An Introduction to the Principles of Morals and Legislation. London 1789, Chap. 17 (Oxford 1996). *Goodall*, Jane: In the Shadow of Man. London 1971. *Kant*, Immanuel: Grundlegung zur Metaphysik der Sitten. Riga 1785, A 78, 65/66 (Werkausgabe Bd. VII. Frankfurt a. M. 1977, S. 68, 60). *Locke*, John: Essay Concerning Human Understanding. London 1690 (dt. Versuch über den menschlichen Verstand. Bd. 1. Hamburg 1981, S 419). *Margalit*, Avishai: Ethik der Erinnerung. Max Horkheimer Vorlesungen. Frankfurt a. M. 2000, S. 25. *Singer*, Peter: Practical Ethics. Cambridge 1979 (dt. Praktische Ethik. Stuttgart 1994, S. 158). *Sommer*, Volker: Die Affen. Unsere wilde Verwandtschaft. Hamburg 1989. *Spaemann*, Robert: Über den Begriff der Menschenwürde. In: Böckeförde, Ernst-Wolfgang/Spaemann, Robert (Hrsg.): Menschenrechte und Menschenwürde. Historische Voraussetzungen, säkulare Gestalt, christliches Verständnis. Stuttgart 1987, S. 299.

Zum Weiterlesen: *Cavalieri*, Paoa/*Singer*, Peter: The Great Ape Project. Equality beyond Humanity. London 1993 (dt. Menschenrechte für die Großen Menschenaffen. München 1996). *Kipling*, Rudyard: The Junglebook. London 1894 (dt. Das Dschungelbuch. Frankfurt a. M. 1995). *Liechti*, Martin (Hrsg.): Die Würde des Tieres. Erlangen 2002.

Video: *Nasser*, Ali: Darb Al-Tabanat. Palästina/Israel 1997 (dt. Die Milchstraße).

Audio: *Saint-Saëns*, Camille: Le Carnaval des Animaux (1886).

→Anständig bleiben →Sich ein Gewissen machen →Töten

Töten

(engl.: *to kill*; frz.: *tuer*)

Du sollst nicht töten, so lautet das fünfte Gebot, das Moses am Berg Sinai empfängt (Exodus 20,13). Und dieses »Sollen« sollte uns zu denken geben, denn gelegentlich darf ja durchaus getötet werden. So heißt es wenig später: »Wer einen Menschen so schlägt, daß er stirbt, wird mit dem Tod bestraft«, denn es gilt: »Leben für Leben, Auge für Auge, Zahn für Zahn« (Exodus 21,12, 23–24). So »lebt« das Christentum im Grunde von einem Mord, dem Kreuzestod von Jesus Christus. Die Krux mit dem Töten besteht also in den Ausnahmen: Wir töten Tiere, Schwerverbrecher, Kriegsteilnehmer, Tyrannen und in Notwehrsituationen - und wir haben dabei selten ein schlechtes Gewissen. Und ob nun Abtreibungen und Selbsttötungen Akte der Verzweiflung oder den höchsten Ausdruck menschlicher Freiheit darstellen, ist durchaus umstritten. Zumindest scheint es nicht immer falsch zu sein, Leben zu töten. Wenn gilt, daß man nicht töten soll, so gilt bestimmt, daß man dieses Gebot interpretieren muß.

Versucht man dem Phänomen des Tötens auf moralischem Wege beizukommen, so stellt sich allerdings zunächst die Frage: Was spricht *überhaupt* gegen die Tötung eines Menschen? Macht man das geschickt, so erleidet der Betroffene keinen Schmerz, und auch die Angehörigen, falls vorhanden, sind gegebenenfalls noch nicht einmal todunglücklich über das Ableben eines ihnen »Nahestehenden«. Es gibt mithin Tötungsfälle, die niemandem Schaden zufügen, ja vielleicht sogar noch einigen Nutzen bringen, denken wir etwa an den Diktatorenmord. Können wir also die Regel aufstellen, daß das Töten dort erlaubt, ja geboten, wenn nicht gar Pflicht ist, wo es den Gesamtnutzen mehrt? Kann man das Glück der Gesellschaft, ja der Menschheit nicht so steigern, daß man alle (potentiell) Unglücklichen ausrottet? Folgt man diesem Gedanken, so müßte jedes Leben, das auch nur ein Jota mehr an Unlust denn an Lust mit sich brächte, auf der Karte der menschlichen Gemeinschaften gestrichen werden. Eine Unglücksbaisse kann seitens des vitalen Börsenutilitarismus nicht geduldet werden, wo käme man sonst hin mit der Bilanz? Und geht man noch einen Schritt weiter, so haben nur solche Personen ein Recht auf Leben, die überhaupt eine Vorstellung von ihrem Glück haben können, wozu gehört, daß man sich als in einem zeitlichen Verlauf existierende Identität wahrzunehmen und zu denken in der Lage ist. Wem diese Fähigkeit abgeht, und dazu gehören nun einmal auch Säuglinge und Kleinkinder, der kann dann, ohne daß diese Tat einen Anlaß zur rechtlichen oder moralischen Besorgnis darstellte, getötet werden: »Falls man in dieser Sache ein Gesetz zu machen hätte, dann dürfte man dem Kind wohl nur innerhalb einer kurzen Zeitspanne nach der Geburt, vielleicht für einen Monat, ein volles legales Recht auf Leben absprechen« (Singer). Wem hier noch zuviel an moralischen Skrupeln mitschwingen sollte, kann ruhig auf den Kern dieser Idee zurückkommen und vom lebensunwerten über das nichtlebenswerte bis zum eigentlichen Nicht-Leben einen utilitaristischen Tötungsbedarf reklamieren: Proto-, Pseudo-, Post- und Para-Personen haben kein Recht auf Leben, weil ihnen die Fähigkeit, Rechte zu haben, aus »offensichtlichen« Gründen nicht zugesprochen werden kann.

Die Frage ist nur, was den Utilitarismus in besonderer Weise befähigt, solche Todesurteile auszusprechen. Denn weder ist es überhaupt moralisch *einleuchtend*, den bilanzierenden moralischen (Gesamt-)Nutzen als ethisches Prinzip in Anschlag zu bringen, noch erscheint es moralisch *sinnvoll*, bestimmte menschliche Eigenschaften (z. B. Rationalität) gegenüber anderen (z. B. Würde) hervorzuheben. Darüber hinaus erscheint es moralisch *bedenklich*, dieser Position die alleinige Definitionsmacht über das, was Leben wertvoll macht, zu überlassen, und letztlich bleibt es insgesamt *zweifelhaft*, ihr überhaupt zuzustimmen, weil sie gelegentlich dazu neigt, den spezifischen Nutzen einer spezifischen Gesellschaft im Auge zu haben.

Mit einem Wort: Vorsicht beim Utilitarismus. Lieber folgen wir dem größten Quantentheoretiker des Unglücks, nämlich Arthur Schopenhauer, der davon überzeugt war, daß durch den Tod von einzelnen oder mehreren die Gesamtsumme des Unglücks ohnehin nicht tangiert werde. Pessimistisch betrachtet ist das Elend der Welt immer gleich groß. Durch Bilanzierungen kommt man dem Sinn des Tötens jedenfalls nicht auf die Spur.

Wenn wir also mit sozialen Bilanzierungen und moralischen Grenzziehungen Probleme bekommen, so wohl deshalb, weil im absoluten Tötungsverbot die Idee des Lebens als dem höchsten internen Wert zum Ausdruck kommt. Ausgangspunkt bildet dann allemal die Idee, daß wir als Menschen nicht sterben möchten, weil wir leben wollen, und dieser Wille ist in der Regel stärker als die meisten anderen Regungen, die uns umtreiben, eben weil dieses Leben einen unschätzbaren Wert für uns besitzt. Eben dieser intrinsische Wert des Lebens oder der Bezug zu diesem scheint denjenigen zu fehlen, die - aus welchen Gründen auch immer: aus Freiheitsbewußtsein, unerträglichem Schmerz oder mangelhaftem Sinn des Lebens - ihr Leben selbst beenden oder beenden lassen. Hier folgt der Mensch nicht mehr ungebrochen dem natürlichen Gesetz zur »Beförderung des Lebens« (Kant). Aus der Sicht von Kant verfängt sich ein Selbstmörder in den Fallstricken der Logik, insofern es das moralische Subjekt tötet, das selbst Träger der Entscheidung des Tötens ist.

Gleichwohl ist offensichtlich gerade in der säkularen Zeit das Leben der Güter höchstes nicht, und der Wunsch, es zu beenden, zählt nicht nur stärker als das Leben, sondern auch als bewährte und kulturtragende Prinzipien wie die ärztliche Pflicht, das Leben nicht zu beenden. Die berufsständische Selbstverpflichtung der Ärzte beinhaltet ja immer noch den alten, dem legendären Arzt Hippokrates von Kos zugeschriebenen Satz: »In alle Häuser, in die ich komme, werde ich zum Nutzen der Kranken hineingehen.« Da sind wir also wieder mit dem Nutzen, diesem in der Ökonomie so bewährten, das menschliche Zusammenleben jedoch so irritierenden Begriff konfrontiert. Die hippokratische Tradition ist zu ehrwürdig und gerade für das Christentum, das den vorchristlichen Hippokrates erst zu Ehren brachte, zu wichtig, als daß man selbst heute ganz auf ihn verzichten könnte. So werden alle, die künftig im Sinne des niederländischen Gesetzes zur »Lebensbeendigung auf Verlangen und bei der Hilfe bei der Selbsttötung« handeln, sich von Nutzenerwägungen leiten lassen. Der mutmaßliche Nutzen für den um seine Tötung nachsuchenden mindestens zwölf Jahre alten Patienten liegt demnach in der Respektierung ebendieses Wunsches. Der Nutzen für die von der Entscheidung informierten Angehörigen liegt im Wissen um den Respekt des letzten Wunsches ihres Sterbenden; und der Nutzen des Arztes, dessen Berufsethos ihn eigentlich auf den Erhalt von Leben verpflichtet, liegt in der Genugtuung, zwar nicht von der Krankheit geheilt, so doch einen letzten Willen erfüllt zu haben.

Ist das Leben also die letzte aller Krankheiten? Eine solche Abkehr von der modernen Auffassung des Lebens deutet sich in der Zeit staatlich legitimierten Tötens an. Haben alle Ärztekodizes bis heute den hippokratischen Geist überliefert, so war, wenn auch unausgesprochen, doch immer klar, was die Ärzte sein wollten und sollten und was eben nicht: Überwinder von Krankheiten, nicht von Leben. Das war so selbstverständlich, daß man in der »Deklaration von Genf« von 1948 schreiben konnte: »Die Gesundheit meines Patienten wird meine erste Sorge sein« (in: Eser), ohne erklären zu müssen, wo die Grenzen dieser Sorge verlaufen und welche Sorge zwar gedacht, aber nicht verwirklicht werden darf. Seitdem der Damm auf dem europäischen Kontinent gebrochen ist, schrumpft der Abstand zwischen Wollen und Handeln weiter zusammen, und das Tätigkeitsfeld des Heilberufes wird um die Möglichkeit des Tötens reicher. Aber nicht nur der Handlungsradius von Ärzten hat sich erweitert: Jeder darf nun, ohne rechtliche und bald wohl auch Gewissenssanktionen zu gewärtigen, Menschen um die Tötung von Menschen bitten.

Wenn es also nicht letztlich das Leben ist, dem wir einen unbedingten Wert zusprechen können, so vielleicht ex negativo dem Tod einen absoluten Unwert. Aber, wir ahnen es, auch hier herrscht Unsicherheit. Denn es besteht eben keine Einigkeit darüber, ob der Tod ein *Übel* ist, weil er das Ende des Lebens und damit der Perfektibilität markiert, oder ob er *kein* Übel ist, eben weil er angesichts eines jammervollen Lebens lediglich dessen

Ende darstellt. Vielleicht ist der Tod aber auch *kein* Übel, weil er nicht das Ende, sondern der Beginn des ewigen Lebens ist, oder er kann gerade deshalb als *Übel* gelten, weil die moderne Gerätemedizin sich technologisch in der Lage sieht, das vegetativmortale Leben über einen gewissen Zeitraum aufrechtzuerhalten und damit das »Leben« des Menschen zu verlängern. Wenn der Tod aufgehoben ist, hat er als absolutes Übel ausgespielt. Das Leben nach dem Tod, diese religiöse Aufhebung des Todes ist indes bereits auf die Erde gekommen und um den Preis des Tötens auch hienieden zu haben. Die Medizin, die sich der Heilung verschrieben hat, hat auch dieses Problem gelöst, indem sie den Tod des einzelnen überwindet. Denn eine aufwendige Medizintechnik und eine ebenso komplizierte Organisationsform machen es möglich, daß das Leben mit kaputten Nieren, ja sogar mit einem leistungsschwachen Herzen durchaus nicht vor der Zeit zu Ende gehen muß, wenn nur beizeiten Ersatz sich findet.

So ist die schöne Jahreszeit des Spätsommers, wenn bereits die ersten welken Blätter die Straßen rutschig machen, für viele Leidgeprüfte die »Zeit frischer Hoffnung«, denn dann verunglücken besonders viele Motorradfahrer, von denen besonders viele jung und gesund sind. Ist der Zustand der Verunglückten hoffnungslos, so ist noch nicht alles verloren, denn dann beginnt ein riesiges, europaweites Netzwerk zu vibrieren und klärt vom niederländischen Leiden, dem Sitz der Eurotransplant-Zentrale, aus ab, wer wann wo welches Organ unter welchen Bedingungen braucht. Auf der Europakarte der Leidener Organverwaltung werden dann gleich mehrere Orte aufleuchten, die in die nun folgende Verteilungsaktion miteinbezogen werden: Die dem Unfallort nächstgelegene Transplantationsklinik rückt mit einem Schlag in das Zentrum des Geschehens, dort werden in den nächsten Stunden aus verschiedenen Orten, vielleicht sogar aus mehreren Ländern die Hubschrauber mit den keimfreien leeren Boxen einfliegen, Organe in Empfang nehmen und wieder zu ihren Heimatkliniken zurückkehren.

Kreuzungspunkt dieses Geschehens bildet derweil ein Mensch, möglicherweise ein junger Motorradfahrer, der auf der Intensivstation liegt, ruhig atmet, eine warme durchblutete Haut hat und dessen Totenschein später ausweisen wird, daß er zu diesem Zeitpunkt bereits tot war.

Die seit 1968 gebräuchliche Definition des Todes als Hirntod macht es möglich, daß das, was anschließend im Operationssaal geschieht, weder Mord noch brutales Menschenexperiment, sondern medizinischer Alltag genannt wird. Die Transplantationsmedizin braucht die neue, in der Flower-power-Zeit geborene Todesdefinition wie Menschen die Luft zum Atmen. Deshalb hält sie daran fest, daß der Mensch, dessen Gehirn keine Funktionen mehr zeigt, tot ist. Bereits die sprachliche Neuschöpfung soll helfen, die nötige Klarheit zu liefern. Denn das Gehirn, das auf das EEG nicht reagiert und eine Nullinie aussendet, wird als »tot« bezeichnet, obwohl man bislang nach gängigem Sprachgebrauch nie einzelnen Organen die Möglichkeit, tot zu sein, zugesprochen hat. Bei dem Zentralorgan von Eurotransplant aber soll das anders sein und damit der Schluß erleichtert werden, der Mensch, dessen Gehirn in dieser Weise nicht reagiert, sei tot. Der Schluß, daß das Gehirn dieses Menschen unheilbar geschädigt ist und er in einen Prozeß des Sterbens bereits eingetreten ist, wird denn auch kurzgeschlossen: Gehirn und daher Mensch tot. Weil dem so sei, darf, ja muß dann folgen, was da folgt. Des »toten« Menschen Organe müssen entnommen und in andere Körper implantiert werden, auf daß sie dort ein Weiterleben finden.

Den Mut zu sagen, daß hier etwas nicht stimmt, und der eigenen Wahrnehmung eines lebend aussehenden und sich anfühlenden Menschen mehr zu trauen als einer willkürlichen Definition, die es anders heißen läßt, diesen Mut bringen verständlicherweise nur wenige auf, die aktiv in das Leidener Netz eingesponnen sind. Denn es hieße zu sagen, daß hier getötet wird. Wie tief die Irritation aller Beteiligten sitzt, zeigt sich indes an ihren Aussagen, wenn sie von der Aufrechterhaltung der »Vitalfunktionen des Patienten« reden und damit denjenigen meinen, der noch so lange durchhalten muß, bis ihm seine Organe glücklich genommen sind (Baureithel/Bergmann).

Das Leiden an den Begriffen wird, so muß man vermuten, ein Ende haben, wenn man bald ungeschminkt einräumt, daß manchmal getötet werden muß, damit Leben sein kann. Daß damit auch hehre Aufklärungsziele über Bord gehen, versteht sich fast von alleine und stellt, wie das Töten insgesamt, keine weitere Erschütterung dar. Der Rassismus ist zwar eine häßliche Geschwulst der liberalen Gesellschaft, aber die Transplantationsmedizin hat auch damit gut leben gelernt. Denn Organe, die unter einem »whites only«-Vermerk gespendet werden, sind zwar *politically incorrect*, sie dennoch in das große Verteilungsspiel mit einzubeziehen erscheint den Transplanteuren dennoch Pflicht, wollen sie nicht die Organbilanz belasten (Brenner).

So gilt das Tötungsverbot, nur leicht an die modernen Bedürfnisse angepaßt, bis heute fort: Du sollst nicht töten; es sei denn, du willst den Tod zur Mehrung des Lebens einsetzen. Diese kleine Variation auf der Klaviatur von Gottes Gebot muß dem Menschen, der sogar Gottes Tod überlebt hat, wohl zugestanden werden.

Literatur: *Baureithel*, Ulrike/*Bergmann*, Anna: Herzloser Tod. Das Dilemma der Organspende. Stuttgart 1999, S. 154. *Benzenhöfer*, Udo: Euthanasie und Sterbehilfe in Geschichte und Gegenwart. München 1999. *Brenner*, Andreas: Gut für wen? Die Transplantationsmedizin läßt die Ethik rotieren. In: Hofmann-Riedinger, Monika/Thurnherr, Urs (Hrsg.): Anerkennung. Eine philosophische Propädeutik. Freiburg/München 2001, S. 135–144. *Eser*, Albin (Hrsg.): Lexikon Medizin, Ethik, Recht. Freiburg/Basel 1989, S. 115. *Hippokrates:* Ausgewählte Schriften. Stuttgart 1994, S. 9. *Kant*, Immanuel: Grundlegung zur Metaphysik der Sitten. Riga 1785, A 53 f. (Werkausgabe Bd. VII. Frankfurt a. M. 1977, S. 52). *Lenzen*, Wolfgang: Liebe, Leben, Tod. Eine moralphilosophische Studie. Stuttgart 1999. *Singer*, Peter: Practical Ethics. Cambridge 1979 (dt. Praktische Ethik. Stuttgart 1984, S. 171). *Wolf*, Jean-Claude: Sterben, Tod und

Tötung. In: Bayertz, Kurt (Hrsg.): Praktische Philosophie. Grundorientierungen angewandter Ethik. Reinbek 1991, S. 243–277.

Zum Weiterlesen: *De Quincey*, Thomas: On Murder Considered as one of the Fine Arts. Edinburgh 1827–1854 (dt. Der Mord als eine schöne Kunst betrachtet. Frankfurt a. M. 1977). *Kuhse*, Helga/*Singer*, Peter: Should the Baby live? The Problem of Handicapped Infants. Oxford u. a. 1985 (dt. Muß dieses Kind am Leben bleiben? Das Problem schwerstgeschädigter Neugeborener. Erlangen 1993). *Wils*, Jean-Pierre: Sterben. Zur Ethik der Euthanasie. Paderborn 1999.

→Grausam werden →Heilen →Rechte haben

Verschwenden und Vermehren: Zeit und Geld

(engl.: *to waste and to increase: time and money*; frz.: *gaspiller et multiplier du temps et de l'argent*)

Am Anfang stand das Gebot oder vielmehr das Verbot: »Denkt ans fünfte Gebot, Schlagt Eure Zeit nicht tot« (Kästner). Dieser Satz fiel mitten hinein in eine Zeit der größten Zeitnot, ins Herz der sich wieder einmal heißlaufenden Berliner Metropole, und hat folglich nichts von seiner Bedeutung verloren. Aber statt auf das Totschlagen von Zeit zu verzichten, schaffen die Menschen lieber neue, denn dann hat man letztlich Zeit übrig, die man nach Lust und Laune totschlagen kann.

Die Möglichkeit, Zeit zu schaffen, treibt die Menschen schon geraume Zeit um, und das nicht nur deshalb, weil Zeit Geld ist, womit bereits der Zusammenhang von Zeit- und Geldverschwendung aufblinkt, sondern weil die Zeit Produkt einer göttlichen Kunst ist. Daher wird gottähnlich, wer dieses flüchtige Medium, diesen Hauch von Ewigkeit, nicht nur bewahren, sondern sogar erschaffen kann. Selbst in einer Zeit nach dem Tode Gottes, die sich der Gläubige gar nicht vorstellen konnte, selbst in einer solchen Zeit genießt Zeitschöpfung höchste Priorität, denn Zeit ist Freiheit. Wie aber für jede Freiheit gilt auch für diese die Last der Verantwortung des klugen Umgangs mit derselben: »Herr seiner Zeit zu sein bedeutet, daß sich über die Tage wie über die Jahre hin die Zeiträume dehnen, in denen nichts geschähe, wenn es nicht selbstbestimmt geschähe« (Lübbe). Und deshalb bringt uns die Zeit mit der Zeit zunehmend in Verlegenheit. Denn während wir auf der einen Seite kaum genug von ihr bekommen können, plagt uns auf der anderen Seite immer mehr die Furcht, unser kostbarstes Gut sinnlos brachliegen zu lassen. Und je mehr Zeit wir wider Willen auf diese Art verprassen, um so mehr glauben wir von ihr nachholen zu müssen.

Da man Zeit anders als Geld nur bedingt zur eigenen Mehrung zurücklegen kann, muß man erfinderisch sein bzw. ist man darauf angewiesen, daß die Ingenieure erfinderisch sind und neue Verfahren der indirekten Zeitersparnis erfinden. Zum Glück herrscht daran kein Mangel, und so können wir mittels Mikrowelle in Sekundenschnelle unser eigenes Fast food herstellen, auf dem E-Skate ins Internet-Café rollen, im Hochgeschwindigkeitszug nach Mailand rasen und dort den Zeitgewinn beispielsweise in einem Slow-food-Restaurant auskosten. Dieser Ausflug kann indes nur in einem Zeitfenster stattfinden, das wir uns erholungshalber eröffnet haben und das wir alsbald wieder schließen müssen, wollen wir mit der Planung unserer Wochen- und Jahresarbeitszeit nicht zu sehr durcheinandergeraten. Diese Aufgabe fordert ein kluges Zeitmanagement, und man tut gut daran, viel Zeit dafür zu reservieren. Technische Hilfsmittel wie Taschenkalender, Bleistifte, Ablagekörbe, Hängeregistraturen und elektronische Agenden wollen alle zeitintensiv gewartet werden, versprechen einem aber auch, Ordnung ins eigene Zeitchaos zu bringen, und damit den erhofften Zeitgewinn. Und obwohl sich Zeit nicht so zuverlässig und berechenbar vermehrt wie Geld, so kann man doch immer wieder kleine Mengen von ihr zu späterem Gebrauch zurücklegen. Die Lebensversicherung, deren Prämien einen im aktiven Berufsleben Arbeitszeit und damit Lebenszeit kosten, verspricht einem nicht nur Geld im Alter, sondern auch und vor allem Zeit, die man übrig hat. Diese kann man dann beispielsweise mit ausgedehnten Reisen oder zur Pflege der Urenkel verwenden, statt sie mit einem steuerfreien Nebenverdienst zur Aufbesserung der kargen Rente zu verschwenden.

Neben dieser und den bereits erwähnten technischen Methoden der Zeitschöpfung empfiehlt sich als immer noch zuverlässigste die der Zeitersparnis durch Schlafverkürzung. Wer so wenig und so wohl kalkuliert schläft wie Leonardo da Vinci, der kann, entsprechendes Genie vorausgesetzt, sehr viel schaffen an einem Tag und somit im ganzen Leben. Da aber nicht jeder eine so gut getaktete innere Uhr besitzt wie Leonardo, wird sich, wer dessen Zeiteffizienz anstrebt, sein Leben an den Chronometern ausrichten und sich dabei in Pünktlichkeit üben müssen. Pünktlichkeit als Tugend (Lübbe) verbindet und bringt, als erfreulichen Nebeneffekt, mehr mit anderen geteilte Zeit. Ähnlich wie für das Glück scheint auch für die Zeit zu gelten, daß sie sich in ihrer Teilung nicht verkleinert, sondern vermehrt, vorausgesetzt, man ist sich einig darin, was man zu teilen begehrt. Im Ziel sollten sich dabei eigentlich alle einig sein: Zeitsouveränität. Denn wer diese besitzt, »ist angesehen, gesund, erfolgreich und somit meistens auch bedeutend«, wie es in einer Zeitmanagementfibel für Manager heißt (Schmidt).

Diese Vorstellung ist natürlich recht jung, weder in der Antike noch im christlichen Mittelalter wäre es jemandem eingefallen, für sich Zeitsouveränität zu beanspruchen. Eine solche Vorstellung muß in diesen Zeiten geradezu als naiv, wenn nicht als gotteslästerlich erschienen sein. So leiten die Griechen aus der natürlichen Zeitenfolge der Jahreszeiten nicht nur eine Theorie von Kommen und Gehen der Gestalten, sondern sogar der Gerechtigkeit unter Menschen ab und wußten, daß »die Zeit begangenes Unrecht aufdeckt und rächt« (Whitrow). Im christlichen Denken realisiert sich die Gerechtigkeit spätestens am Ende der Zeiten und ist insofern keine Frage der Zeit mehr.

Überhaupt erlangt die Vorstellung einer nicht enden wollenden Zeit, also der Un-Zeit Ewigkeit, in der Gott seine Werke schuf, Bedeutung. Diese ist zwar kaum in Gedanken zu fassen (Augustinus, *Confessiones*), vermittelt aber als Ahnung einen Eindruck von der Größe Gottes. Unser Leben in der Zeit, begrenzt von Geburt und Tod, ist also verrinnende Zeit, denn »jedes Zeitteilchen, das man weiterlebt, wird von der Lebensdauer abgezogen, und tagtäglich wird weniger und weniger, was übrigbleibt, so daß die ganze Lebenszeit nichts anderes ist als ein Lauf zum Tode, bei dem niemand auch nur ein klein wenig stehenbleiben oder etwas langsamer gehen darf« (Augustinus, *De civitate*). Seither wissen Menschen also, was die Stunde geschlagen hat und daß man sich sputen muß, damit man auch etwas macht aus der einem geschenkten Lebenszeit - ob es indes gut war, dessen wird man erst am Ende der Zeit, am Jüngsten Tag gewahr werden.

Sollte die Furcht vor dem Weltengericht Pate gestanden haben, als die Menschen daran gingen, Gott aus der Welt zu schaffen, so muß man diesen Plan als gründlich mißlungen betrachten. Denn die »Entfristung«, also die nicht länger durch ein Gericht begrenzte Erdenzeit, schlägt auf ungeahnte Weise zurück. Gerade weil keine Un-Zeit namens Ewigkeit auf uns wartet, wird die Zeit, die uns von Gott, Biologie oder Gen-Ingenieuren gegeben ist, eine so furchtbar kurze, daß wir keine Mühen und Kosten scheuen, sie ein wenig zu verlängern. Gleichwohl gilt: »Unsere Zukunft ist - todesbedingt - kurz« (Marquard). Was aber fängt man mit dieser Erkenntnis an, die den modernen Menschen trifft und erschüttert wie keinen Menschen zuvor?

Man könnte beispielsweise Geld auf die hohe Kante legen, was, wenn die Zeit günstig ist, eine hohe Rendite verspricht und irgendwann den Erwerb eines Eigenheimes erlaubt. Daß eine solche Transaktion in der Zeit spielt und von derselben abhängig ist, daß beispielsweise ein Kredit, je länger die Rückzahlung dauert, um so teurer wird, all das macht noch nicht den Zusammenhang von Zeit und Geld aus. Auch geht es nicht um die kostenintensiven, aber zeitökonomischen Investitionen in rationellere Produktionsmethoden, derlei ist banal und sagt nur das eine: *Time is money*. Aber das wissen wir. Und deshalb dürfen wir weder Zeit noch Geld verschwenden. Aber wie, und erst diese Frage könnte den Zusammenhang von Zeit und Geld zu ihrer Beantwortung führen, wie verschwendet man Geld, und wie verschwendet man Zeit, und warum ist beides verpönt?

Als Verschwendung gilt seit bürgerlichen Kaufmannszeiten die sinnlose Vergeudung, also die Ausgabe, die einem nichts bringt, von der man nichts hat. Von einem radikalen Standpunkt aus kann dann sogar die unterlassene Mehrung bereits als Vergeudung gelten, so erging es dem, der die Taler vergrub, statt mit ihnen zu wuchern (Matthäus 25,14–30). Wer von Verschwendung redet, weiß also, was Wert hat und was zumindest zu bewahren, wenn nicht zu mehren ist. Beim Geld ist die Rede von seiner Verschwendung indes doppelt gewagt: Verschwendet der sein Geld, der seine Erbschaft in einen Sportwagen umsetzt, oder ist es eher der, der es in einen Waschmittelkarton legt, den er dann versehentlich der Müllabfuhr übereignet? Da letzteres die Geldmenge verknappt, das vorhandene Geld also verteuert, mithin mehr daraus macht, zeigt sich, wie schwer Geld eigentlich zu verschwenden ist. Das hat etwas mit der ihm »eignen Leerheit« zu tun (Simmel). Und wegen seiner »Leerheit« kann man Geld eben kaum verschwenden. Geld verschwendet sich nicht selbst, sondern indem seine hemmungslose Ausgabe unser Lebenstempo beschleunigt (Simmel), verschwendet man mit Geld immer Zeit, Lebenszeit. Daher trägt das Geld, jene »Sache, deren Gebrauch nur dadurch möglich ist, daß man sie veräußert« (Kant), nicht nur zur Geld-, sondern auch zur dramatischen Verknappung der Zeit bei.

Mehr noch, als es klug ist, seine Cents und Rappen beisammenzuhalten, ist es deshalb wichtig, seine Zeit nur freiwillig aus der Hand zu geben. Dazu muß man sie aber erst einmal wieder in dieselbe bekommen. Hier geht es nicht nur um das Eigenheim, sondern mehr noch um die Eigenzeit (Nowotny). Da genügt es längst nicht mehr, ein kluger Manager seiner eigenen Zeit zu sein, nein, man muß sogar Zeitpolitik betreiben (Nowotny). Obwohl sich die jeweiligen politischen Maßnahmen dabei individuell stark voneinander unterscheiden, werden sie in einem übereinkommen, in dem Versuch, den Zeitenlauf abzubremsen und die Zeit zu entschleunigen. Nur so kann man der in der Moderne in Fahrt gekommenen Zeit überhaupt noch Herr werden, nur so kann man einen Zipfel der schnell dahinschwindenden Zeit, die ja nicht weniger als die unseres Lebens ist, erwischen. Die Entschleunigung, das große politische Projekt der zukünftigen Zeit, fängt mit der individuellen Geschwindigkeitsverweigerung an Arbeitsplatz und Eßtisch an und hört mit der Umkrempelung einer Leistungsideologie noch lange nicht auf, denn wer Entschleunigung will, der vertritt ein neues Wohlstandsmodell (Reheis). Neben den wichtigen subversiven Techniken, den Zeitlauf durch Verzögerungen zu unterlaufen, sollte man die einfachste und angenehmste nicht vergessen, die »mitmenschliche Multitemporalität« (Marquard). Wir leben immer schon mit Menschen, von denen einige schon längere Zeit leben und andere noch längere Zeit als wir leben werden. Wenn wir unsere Zeit mit deren Zeiten teilen, verlängert sich unsere einzelne Lebenszeit erheblich. So lernt der Enkel von der Großmutter, die nicht nur an der noch ausstehenden Zeit ihrer Kinder, sondern auch an der weit ihre eigene Zukunft übersteigenden Zeit ihres Enkels teilnimmt. Solchen Zeitvertreib kann man als Verschwendung betrachten, man kann darin aber auch einen Gewinn sehen.

Literatur: *Augustinus:* Confessiones. 397/398, XI, 5f. (dt. Bekenntnisse. Zweisprachige Ausgabe. Frankfurt a. M. 1987, S. 611–615). *Augustinus:* De civitate dei. 410, XIII, 10 (dt. Vom Gottesstaat. 2. Bd. München 1997, S. 118). *Kästner*, Erich: Kurz und bündig. Zürich 1950 (München 1989, S. 26). *Kant*, Immanuel: Die Metaphysik der Sitten in zwey Theilen. Königsberg 1797, A 122 (Werkausgabe Bd. VIII. Frankfurt a. M. 1977, S. 400). *Lübbe*, Hermann: Im Zug der Zeit. Verkürzter Aufenthalt in der Gegenwart. Berlin/Heidelberg 1992, S. 350, 330. *Marquard*, Odo: Zeit und Endlichkeit. In: Baumgartner, Michael (Hrsg.): Das Rätsel der Zeit. Philosophische Analysen. Freiburg/München 1993, S. 363–377, 367, 376. *Nowotny*, Helga: Eigenzeit: Entstehung und Strukturierung eines Zeitgefühls. Frankfurt a. M. 1989, Kap. 4. *Reheis*, Fritz: Die Kreativität der Langsamkeit: neuer Wohlstand durch Entschleunigung. Darmstadt 1996. *Schmidt*, Josef/*Wollner*, Hilmar: Zeitsouveränität. Der Weg zur modernen Zeit- und Lebensplanung. Zürich 1988, S. 10. *Simmel*, Georg: Philosophie des Geldes. Berlin 1907 (Frankfurt a. M. 1989, S. 675, 696–708). *Whitrow*, Gerald J.: Time in History. Oxford 1988 (dt. Die Erfindung der Zeit. Hamburg 1991, S. 69).

Zum Weiterlesen: *Bataille*, Georges: Das theoretische Werk. Bd. 1: Die Aufhebung der Ökonomie. München 1975. *Ende*, Michael: Momo: oder die seltsame Geschichte von den Zeitdieben und von dem Kind, das den Menschen die gestohlene Zeit zurückbrachte. Stuttgart 1973. *Seiwert*, Lothar: Wenn Du es eilig hast, gehe langsam. Frankfurt a. M. 1999.

Audio: *Monroe*, Marilyn: Diamonds are a Girl's best Friends (1953).

→Alltag →Älter werden →Warten

Verzeihen

(engl.: *to forgive*; frz.: *pardonner*)

Wie schnell ist man bereit, wenn es um nur wenig geht, den anderen um Verzeihung zu bitten. Tritt man in der rush-hour-engen U-Bahn jemandem auf die Zehenspitzen, schlägt einem anderen in der Eile die Kantinentüre fast gegen die Nase oder hat in der Oper vergessen, sein Handy auszuschalten, und stört nun den Ariengenuß, ein: »Verzeihen Sie« geht uns so schnell über die Lippen, als wär's das Echo der bereuten Tat. Und so selbstverständlich, wie es sich sagt, so selbstredend erwarten wir schon gar keine Reaktion auf unsere Bitte mehr, sondern sind uns der Zustimmung sicher. Dies gilt, wie gesagt, für Fälle, bei denen die Beeinträchtigungen des anderen so geringfügig sind, daß sie fast nicht ins Gewicht fallen. Es geht hier eigentlich gar nicht um Verzeihung, wenngleich man sich ihrer Semantik bedient. Hier handelt es sich viel eher um das Bekenntnis, die Formen von Anstand und Sitte zu kennen und ihre Anerkennung auch dadurch zu dokumentieren, daß allfällige Verletzungen als solche gekennzeichnet werden.

Umgekehrt gilt, je gewichtiger das zu Verzeihende ist, um so schwerer kommt eine entsprechende Bitte über die Lippen. Das ist nun nicht Ausdruck von Feigheit, sondern Einsicht in den besonderen Charakter des Verzeihens, der sich nämlich von einem anderen Vergebensakt, dem Entschuldigen, unterscheidet. Letzteres hat derzeit Konjunktur, und zwar in Abhängigkeit von politischer Macht und gesellschaftlicher Stellung (Lübbe). So »entschuldigten sich« sowohl der US-amerikanische Präsident wie auch der Papst für Verfehlungen, die zwar nicht sie als Personen, wohl aber die durch sie vertretenen Institutionen begangen haben. Dabei begeht, wer sagt: »Ich entschuldige mich«, natürlich eine semantische Verkürzung, verschweigt also, daß er lediglich seinen Wunsch um Entschuldigung auszudrücken vermag, welche nicht er, sondern, wenn überhaupt, nur die Geschädigten gewähren können. Er gibt sich damit, als Geste in der Politik durchaus verständlich, den Anschein, das Heft des Handelns auch in diesem peinvollen Moment nicht aus der Hand zu geben und Herr der Lage zu bleiben, ganz so, als mache der Satz: »Ich entschuldige mich« schon alleine durch sein Aussprechen schuldenrein. Das ist natürlich noch nicht einmal im vergleichsweise leichten Fall pekuniärer Schuld so, auch dort behält sich der Banker das Recht vor festzustellen, ob der Schuldner nun entschuldet ist, um so mehr gilt dies für moralische Schulden. Im letzten bleibt die Entschuldigung daher auf den anderen angewiesen, wenngleich das »Ich entschuldige mich« unter bestimmten Voraussetzungen schon als eine Teilentschuldung wirkt. Unter der unabdingbaren Voraussetzung der Ehrlichkeit der Aussage und der Schuldeinsicht gewährt dann jedes Gericht einen Teilschulderlaß. Soll es beim Bekenntnis nicht bleiben, ist die Tat gefragt, aber auch nicht das wiedergutmachende Tun allein kann hier genügen, »auf dem Weg der Reinigung« voranzuschreiten (Jaspers). Mit der Entschuldigungsbitte geht ein Einstellungswandel einher, der in die Abgründe unserer Freiheit weist. Wer da hineinzublicken gewagt hat, ist ein anderer geworden. Aber ist dem, der entschuldigt wurde, auch verziehen? Nicht in jedem Fall und nicht zwangsläufig.

Zunächst gilt für das Verzeihen in verschärftem Maße, was sich bereits beim Entschuldigen zeigt: Wir sind nicht unseres Glückes Schmied und bleiben angewiesen auf den anderen, der uns gibt, worum wir ihn bitten, und ohne den wir nicht erhalten, was uns unverzichtbar erscheint: Verzeihung. Da aber unser Schicksal so mit dem des anderen verwoben ist, fällt es begreiflicherweise nicht leicht, um Verzeihung zu bitten und damit nicht nur eine Abhängigkeit anzuerkennen, sondern eine schuldhafte noch dazu. Kennt das Entschuldigungsprozedere Verfahrensschritte, die verläßlich zu Minimalergebnissen führen, so entbehrt das Verzeihen solcher Berechenbarkeit, denn Verzeihung ist nicht einklagbar. Wer also um Verzeihung bittet, legt die Karten vollständig auf den Tisch, ihm bleibt nichts mehr in der Hinterhand – außer der Hoffnung (Spaemann). Wer so auf Verzeihung hofft, geht ein beträchtliches Risiko ein, denn wie eine jede, so kann auch diese Hoffnung enttäuscht werden, weshalb man sich fragen kann, warum Menschen immer wieder hoffen, Verzeihung zu finden? Was gibt ihnen Grund zu dieser Hoffnung, und warum glauben sie, selbst wenn sie diesen Grund nicht sehen, um Verzeihung bitten zu müssen?

Warum die Menschen noch nicht die Hoffnung aufgegeben haben, Verzeihung zu finden, mag sich auf die Erfahrung gründen, daß Menschen immer wieder Verzeihung erfahren haben. Diese Erfahrung speist sich aus zwei Wurzeln. Die eine ist religiöser Natur und reicht zum Auftrag Jesu zurück, einander zu verzeihen, was Jesus mit dem Hinweis bekräftigt, daß uns andernfalls auch nicht vom Vater im Himmel verziehen werde (Matthäus 18,21–35). Die zweite ist ontologischer Art: Menschen sind, im Unterschied zu Gott, Geschöpfe, die der Verzeihung bedürfen. Denn sie sind kraft ihrer Freiheit in der Lage zu Taten, die sie hinterher gerne ungeschehen machen würden, was ihnen indes niemals möglich sein wird. Diese Tatsache, welche einen schier zur Verzweiflung treiben kann, drängt flehentlich zum Ruf nach Verzeihung. Was aber kann dann Verzeihung leisten?

Gerade weil die Welt ist, wie sie ist, und Worte wie Taten, einmal in die Welt gesetzt, für immer da sind, bedarf es nicht nur der Verzeihung, sondern erst deshalb ist sie auch möglich. Denn die Verzeihung will nicht die Welt umkrempeln, sondern hebt sie auf in eine neue Dimension. Verzeihung stiftet Versöhnung, und Versöhnung ist Frieden (2 Korinther 5, 18–20). Die Bitte um Verzeihung ist auch deshalb riskant, gibt sie doch zu erkennen, daß Krieg herrscht, wo Friede sein soll. Die ersehnte Wandlung hin zum Frieden kann jedoch entwaffnend sein, und die Wahrnehmung, daß »Härte von sich selbst ablässt« (Hegel), verleiht den Akten der Verzeihung zuweilen ihr tiefes Pathos.

Zugleich entwerten sich damit sowohl die laschen Verzeihensgesten um ein weiteres Maß, wie auch die beliebte Redewendung: »Das kann ich mir nicht verzeihen« fragwürdig wird. Denn um sich selbst verzeihen zu können, müßte man schon in die Haut des anderen schlüpfen, was man sich dann wohl ebensowenig verzeihen würde. Verzeihung ist ein sozialer Akt, der auf den anderen angewiesen bleibt. Sowohl der, der um Verzeihung nachsucht, wie auch der, der sie gewährt, brauchen einander. Der Friede, der mit der Verzeihung aufgeht, ist denn auch ein Akt der Anerkennung des anderen, so wie er ist. Die Anerkennung betrifft die Person des anderen und nicht seine Tat, gerade dies macht Verzeihung ja aus. Und deshalb ist Verzeihung im Grunde grenzenlos. Nicht jeder mag seinen Peiniger entschuldigen wollen oder können; der, der zum Verzeihen fähig ist, müßte jedoch selbst seinem eigenen Mörder noch verzeihen. Denn Verzeihung sieht davon ab, den anderen als mit seiner Tat identisch zu sehen, und sieht ihn (wieder) als den, der er immer schon ist (Spaemann). Wahre Verzeihung öffnet so den Weg zu einem Neuanfang für alle.

Damit muß weder das »Vergeben und Vergessen« um sich greifen noch die Verzeihensinflation sich Bahn brechen. Verzeihen ist ein schmerzlicher Vorgang, dessen Weh sich niemand entziehen kann. Wie schwer er fällt, zeigt sich auch im Unterschied zum Entschuldigen, das so ungleich häufiger gewährt wird als das anspruchsvollere Verzeihen. Anspruchsvoll bleibt das Verzeihen aber nicht nur seiner Schmerzbehaftetheit wegen, sondern auch wegen seiner geistigen Ausrichtung. Anders als das Entschuldigen, das saldierend denkt und einer Umbuchung gleicht, geht es dem Verzeihen nicht um solche Schuldscheinzählerei. Das »Es ist gut« bezieht sich nicht auf die Tat, deren Verzeihung ansteht, und noch nicht einmal auf den anderen alleine. Es heißt also nicht: »Es ist (trotzdem) gut, daß du bist«, sondern meint die Zustimmung zum Sein von Menschen, wie sie nun einmal sind. Und sie sind nun einmal Wesen, die sich ihrer Freiheit immer wieder auch mit Schrecken bewußt werden, ohne zugleich die Freiheit missen zu wollen. Die Besonderheit unseres Seins, Taten in die Welt zu setzen, deren Unvergänglichkeit uns ein Leben lang reuen mag, findet in der Verzeihung als einer Grundbejahung dieses so sonderbaren Seins von Menschen ihre Hoffnung. Daß Verzeihung mit Schmerz bezahlt werden muß, ist nur ein Ungemach, daß sie nicht ohne Transzendenz zu haben ist, macht sie zu einer Herausforderung der besonderen Art. Der Überstieg aus dem Flachland saldierender Beziehungen wird der damit verbundenen Anstrengung wegen denn auch gerne beiderseits vermieden: Man entschuldigt (sich) lieber. Auch das ist natürlich verzeihlich, wenngleich bedauerlich, denn der Mensch strebt nun einmal nach nichts so sehr wie nach der Anerkennung sowohl seiner selbst wie auch der des anderen. Und wo könnte er sie besser finden als in der Verzeihung?

Literatur: *Hegel*, Georg Wilhelm Friedrich: Phänomenologie des Geistes. Bamberg 1807 (Frankfurt a. M. 1984, S. 578). *Jaspers*, Karl: Die Schuldfrage. Ein Beitrag zur deutschen Frage. Zürich 1946, S. 92–96. *Lübbe*, Hermann: »Ich entschuldige mich.« Das neue politische Bußritual. Berlin 2001. *Spaemann*, Robert: Glück und Wohlwollen. Versuch über Ethik. Stuttgart 1989, S. 241, 248.

Zum Weiterlesen: *Fontane*, Theodor: Effi Briest. Berlin 1894 (Stuttgart 1996). *Goffman*, Erving: Interaction Ritual. Essays on Face-to-Face Behavior. New York 1967 (dt. Interaktionsrituale. Über Verhalten in direkter Kommunikation. Frankfurt a. M. 1986).

Video: *Kurosawa*, Akira: Rashomon. Japan 1950 (dt. Das Lustwäldchen).

→Ärgern →Danken →Geduld haben und hoffen

Vorteile verschaffen

(engl.: *to create advantages*; frz.: *créer des avantages*)

Kann man so ehrlich sein und behaupten, man sei nicht darauf aus, sich Vorteile zu verschaffen? Wohl kaum. Kann man nachweisen, daß es der Ethik um etwas anderes geht als um die Mehrung von Vorteilen? Schwerlich. Den Vorteil anzustreben scheint bei demjenigen, der bei klarem Menschenverstande ist, so sehr auf der Hand zu liegen, daß an etwas anderes in erster Linie nicht zu denken ist, und selbst die Ethik, welche nach guten Gründen sucht, damit menschliches Vorteilsstreben nicht überbordet und Menschen sich nur noch einander als die ärgsten Wölfe begegnen, zeugt wenig Spur von Selbstlosigkeit. Gleichwohl gilt die Vorteilsnahme als moralisch bedenklich und in besonderen Fällen sogar als strafrechtlich relevant (StGB, § 331), was den merkwürdigen Eindruck begünstigt, den eigenen Interessen zu folgen sei schon von sich aus ehrenrührig. Dabei drückt sich in der Anerkennung und Wahrung der eigenen Interessen, also der Herbeiführung von Situationen, die zum eigenen Vorteile sind, doch nur eine Aufmerksamkeit für Bedürfnisse aus, die ein Mensch hat. Die Tatsache, daß man selber dieser Mensch ist, sollte noch nicht ausreichen, solche Aufmerksamkeit geringzuachten, verlangt doch schon das biblische Liebesgebot (Markus 12,31) nicht mehr, als die Eigenliebe vermag. Warum sollte man also dem anderen größere Vorteile verschaffen, als man sich selber gönnt? Und die eigenen Vorteile anzustreben, liegen sie auch in den Verheißungen des Jenseits oder in den Berechenbarkeiten des Diesseits, genoß mit guten Gründen immer schon den Segen höchster Autorität (Weber).

Die Vorzüge eines fast globalen Wirtschaftssystems verdanken sich ebenso dieser Qualität wie auch die des politischen Systems, das zuallererst den Rahmen für diesen Handel und Wandel bietet. Denn ob auf Papier und mit Tinte oder per Handschlag oder Akklamation, immer sind es Verträge, die ein jeder in Erwartung eigenen Vorteils schließt und sie auch gerade deshalb einhält. Den eigenen Vorteil im Sinn zu behalten wird somit zu dem Kitt, der die kleinen und großen Sozialbeziehungen zusammenhält. Aus diesem Kitt ist sogar ein eigener Berufsstand gebildet, der des Kaufmanns. Die Welt der modernen Ökonomie, in der der Handel wichtiger geworden ist als die Produktion, lebt von der Macht, die der Kaufmann sich zu Beginn der Neuzeit über die, die noch mit ihrer Hände Arbeit etwas erschufen, erworben hat (Brodbeck). Der zusätzlich mit sozialem Ansehen aufgewertete wirtschaftliche Erfolg der Kaufmannsgilde hat Eindruck gemacht. Wer möchte nicht sich selbst den Vorteil kaufmännischen Denkens aneignen, der auf jeder Linie Gewinn verspricht und darüber hinaus mit dem Adelsprädikat des Rationalen versehen ist. So irrational und die eigenen Vorteile mißachtend kann wohl niemand sein, weswegen es Sinn macht, nicht nur als Kauffrau oder -mann, sondern auch als Ehemann und -frau, als Freundin und Freund auf seinen eigenen Vorteil bedacht zu sein und Gewinn- und Verlusterwartung zwischenmenschlicher Begegnungen mit mathematischer Präzision zu berechnen. Und so ist »bei jeder neuen Bekanntschaft [daher] meistens unser erster Gedanke, ob der Mann uns nicht zu irgend etwas nützlich werden könnte: wenn er dies nun nicht kann; so ist er den Meisten, sobald sie sich hievon überzeugt haben, auch selbst nichts« (Schopenhauer). Weshalb eine solche Haltung nicht als die feine Art angesehen wird, ist gar nicht so leicht zu sagen, denn die Welt, in der wir leben, haben wir so eingerichtet, daß die allseitige Vorteilsnahme uns sagenhaften Reichtum bescheren kann. Und was sollte an der Erfüllung dieses Menschheitstraumes schlecht sein? Und wenn daran nichts Schlechtes ist, wie sollte dann diese so erfolgreiche Weise der Mehrung etwas Schlechtes sein, sobald man sie auf die zwischenmenschliche Sphäre überträgt?

Wir befinden uns also mitten auf dem Feld des Wertens und Beurteilens, des Normierens und Verbietens, dem Feld der interesselosen Ethik also. Die Ethik will keine Vorteile schaffen, oder wennschon, so doch zumindest Vorteile für alle. Indes drängt sich der Eindruck auf, daß diese hehre Selbstsicht sich ihrerseits unerlaubter Vorteilsnahme verdankt. Denn wenn die Ethik sich in ihrem Urteil auf gegenseitig gewährte Rechte und wechselseitig einklagbare Pflichten beruft, nimmt sie bei dem Vorteil, der allen Seiten blüht, ihren Ausgang. Es wird dann zur Frage von Klugheit, dieses Spiel allseitig gewährter Vorteile mitzuspielen. Mit Ethik hat dies wenig gemein (Tugendhat), indes gibt es gute Gründe, so zu verfahren, fahren doch die meisten besser damit. Vorteilsnahme gilt daher nicht länger als problematisch und wird nur dort geahndet, wo sie geradezu krasse Ausmaße annimmt. Das Maß, welches zeigt, wann das Maß voll ist, leitet sich einzig und allein von den verallgemeinerbaren Interessen ab.

Da aber auch in der Ethik das Mehrheitsprinzip Einzug gehalten hat und die Frage, was denn gut sei, nur mühsam zu beantworten ist, spricht viel dafür, daß die Vorteilsnahme weiterhin die gängige Handlungsoption bleibt. Daß wir gleichwohl in einigen Fällen von unerlaubter Vorteilsnahme sprechen und die Staatsanwaltschaft oder die guten Sitten anrufen, ist daher entweder Ausdruck einer kleinen Unehrlichkeit oder aber einer ästhetischen Empfindsamkeit. Unehrlich wäre es, die Vorzüge des etablierten Markt- und Moralsystems nur so lange zu goutieren, wie wir nicht zufällig selbst einmal den Preis dafür zu zahlen haben. Ausdruck feiner Ästhetik hingegen drückte sich in besagter Klage aus, wenn wir darin spürten, daß Vorteile, die nur mit Nachteilen einhergehen, nicht der Probleme schönster Lösung sind. Und dies sind sie nicht allein aus dem Grund, daß wir es ja selbst sein könnten, die dabei in eine unschöne Lage geraten können, sondern weil allseitige Vorteile ein schöneres Bild abgeben als deren einseitige. Die Frage bleibt dann, wie solche Vorteile ins Bild gesetzt werden können. Bedarf es dazu der Augen von Engel? Ganz so hoffnungslos ist die Sache wahrscheinlich nicht, denn wenn man, wie Kant feststellte, bereits mit Teufeln einen Staat machen kann, so kann man mit Menschen allemal eine gute Gesellschaft aufbauen.

Damit aus berechtigten Vorteilen, die sich die einzelnen erhoffen, keine Nachteile für die anderen werden, ist das, was den anderen zum Vorteile wäre, in den Blick zu nehmen. Diese Erkenntnis bleibt indes folgenlos, wenn sich daran nicht ein Handeln orientiert. Daß dieser entscheidende Punkt weitgehend unberücksichtigt bleibt, hat Gründe der Bequemlichkeit und der persönlichen Vorteilsberücksichtigung, liegt also im Allzumenschlichen. Dieses wiederum sieht sich durch eine Großwetterlage begünstigt, in der Vorteile nur auf Gegenseitigkeit, also nach den alten Prinzipien des Tausches gewährt werden. In dessen Logik liegt es, daß der, der nichts tauschen kann, auch nichts erhält. Das Tauschprinzip, das der Ökonomie zur bekannten Blüte verholfen hat und das auch das nicht-ökonomische Verhalten bestimmt, kennt nur die bekannten harten

Vorteile. Als weich könnte man demgegenüber Vorteile bezeichnen, die auch dort aufscheinen, wo keine Tauschbeziehung herrscht. Denn dort treten sich Menschen nicht als Marktteilnehmer und Vertragspartner gegenüber, sondern als Wesen mit Bedürfnissen, deren erste Sorge dem gilt, worin sich beide am stärksten gleichen, ihrer Bedürftigkeit.

Bereits an dieser Stelle sieht man, daß der Blick, auf den es hier ankommt, recht anspruchsvoll ist. Denn man muß sich von der Idee lösen, daß die Maximierung der individuellen Egoismen durch die unsichtbare Hand des Marktes zugleich auch dem Allgemeinen zum Vorteil gereicht (Mandeville) und somit das mehr oder minder rücksichtslose Verfolgen eigener Laster moralisch höher einzustufen ist als das Mitleiden mit den Konkurrenten. Statt der einen Komponente Markt gilt es daher, eine ganze Reihe von Komponenten zu berücksichtigen. An die Stelle der einen Aussage über den Marktwert tritt das Humanum der Menschen. So vielfältig und so unbeschreiblich die Menschen sind, so offensichtlich haben wir Gemeinsamkeiten: Die wechselseitige Verletzlichkeit ist ebenso eine solche Gemeinsamkeit wie die wechselseitige Abhängigkeit der Menschen (MacIntyre). Wenn es uns gelingt, an dieser Erkenntnis unser Handeln zu orientieren, verschaffen wir uns Vorteile, die nicht zu gleichen Teilen Nachteile sind. »Take Care« lautet der Imperativ der Ethik der Achtsamkeit (Conradi), mit ihr gelingt die Quadratur des Kreises der Vorteilsnahme.

Literatur: *Brodbeck*, Karl-Heinz: Die fragwürdigen Grundlagen der Ökonomie. Eine philosophische Kritik der modernen Wirtschaftswissenschaften. Darmstadt 2000, S. 221. *Conradi*, Elisabeth: Take Care. Grundlagen einer Ethik der Achtsamkeit. Frankfurt a. M. 2001. *MacIntyre*, Alasdair: Dependent Rational Animals. Why Human Beings Need the Virtues. Chicago 1999 (dt. Die Anerkennung der Abhängigkeit. Über menschliche Tugenden. Hamburg 2001). *Mandeville*, Bernard de: The Fable of the Bees or Private Vices made Public Benefits. London 1714 (dt. Die Bienenfabel oder Private Laster, öffentliche Vorteile. Frankfurt a. M. 1980). *Schopenhauer*, Arthur: Preisschrift über die Grundlage der

Moral. Frankfurt a. M. 1840 (Werke in fünf Bänden. Bd. III. Zürich 1988, S. 520). *Tugendhat*, Ernst: Vorlesungen über Ethik. Frankfurt a. M. 1993, S. 74–77. *Weber*, Max: Gesammelte Aufsätze zur Religionssoziologie. Tübingen 1920 (Die protestantische Ethik. Gütersloh 1991, S. 370–372).

Zum Weiterlesen: *Mill*, John Stuart: Utilitarianism. London 1863 (dt. Der Utilitarismus. Stuttgart 1985). *Sen*, Amartya: The Standard of Living. Cambridge 1987 (dt. Der Lebensstandard. Hamburg 2000). *Vilar*, Esther: Die Mathematik der Nina Gluckstein. Bern 1985.

→Egoistisch sein →Den Klüngel pflegen →Rechte haben

Warten

(engl.: *to wait*; frz.: *attendre*)

Ist, wer wartet, ein Masochist, wer hofft, ein Utopist, und wer über diese philosophiert, ein Moralist?

Warten ist ein interessantes sozialmoralisches Phänomen. Denn Menschen warten fast immer: auf die Post, auf Frieden, die große Liebe oder den Arbeitsplatz. Und dabei ist nicht nur von höchstem ethischen Interesse, wer wen wo wie lange und wie oft warten läßt bzw. warten lassen kann. Gesellschaften leben geradezu davon, daß die Menschen in ihr einen unterschiedlichen Wartehorizont haben. Das wird schon daran deutlich, daß der sozial schlechter Gestellte nicht nur in dem für »eigentlich« klassenlose Gesellschaften merkwürdigen Anachronismus der 2. Klasse verkehrt, sondern zudem auch noch später ankommt, weil er sich nur den langsameren Zug leisten kann.

In einem bestimmten Sinn aber warten Menschen immer. Und das nicht nur in den Räumen, in denen das Warten vorgeschriebener Habitus ist, nein, lebenslang – das Leben selbst ist ein Warteraum. Dabei begann doch eigentlich alles ganz paradiesisch. Warum die Menschen aus dem Paradiese vertrieben wurden, ist zwar bekannt, aber warum wurden sie zugleich in die Welt hineingetrieben? Die Antwort des Evangelisten Johannes fällt erschreckend aus: »Der Teufel weiß, daß er wenig Zeit hat« (Johannes 12,12). Warum aber sind es gerade die Teufel, die nicht warten können? Warum sind sie diejenigen, »die zu jeder Zeit anders und immer am genauesten die Sprache der Zeit sprechen, versetzt um ein paar Tage Zukunft« (Blumenberg)? Warum macht es also keinen Sinn, böse zu sein, wenn man alle Zeit der Welt hat, wenn man also nicht warten muß? Und warum ist das Böse an die Begrenzung der Lebenszeit, an das Auseinanderfallen von Lebenszeit und Weltzeit geknüpft – wie Blumenberg glaubt? Sollte die Welt wirklich keine Zeit kosten, wäre dann der Mensch von Natur aus der gute Nicht-Wartende?

Die Rede vom Zeitgewinn macht nur dann Sinn, wenn für Handlungen irgendwelche Fristen eingehalten werden müssen, wenn wir auf bestimmte Zeiteinschnitte eben nicht warten wollen; nicht umsonst sprechen wir heute von *deadlines* oder vom *rien ne va plus*. Anthropologisch gewendet bedeutet dies, daß Zeitgewinn nur Sinn macht angesichts des Todes, denn mit ihm gerät der Mensch enorm unter Zeitdruck. Man gerät unter Zeitdruck, weil man weiß, daß man unter der Bedingung der Endlichkeit lebt, die es nur möglich macht, sein Leben zum Tode *hin* oder vom Tode *her* zu leben. Wer wartet, wird insofern wartend mit seiner Endlichkeit und schlußendlich mit seinem Tod konfrontiert. Tragisch und moralisch problematisch ist das erst in der Neuzeit, denn in dieser wird die Zeit knapp. Der Mensch in der Moderne hat schlicht nicht mehr – selbst zeit seines Lebens – die Zeit, eine moralische Begründung seines Handelns durch die vollständige Zurückführung auf rationale Normen oder Letztbegründungen zu gewährleisten. Die Zeit ist also deshalb die moralische Wurzel des Bösen, weil wir mit ihr behaupten können, die eigentliche Moral stände immer noch aus, weswegen wir zum Warten auf das Richtige verdammt sind. »Alles *wird* gut.« Und sie ist zudem die moralische Wurzel des Bösen, weil uns die Situation der Zeitenknappheit dazu verführt, teuflische Entwürfe des kommenden Guten in die Welt zu setzen. »*Alles* wird *gut*, und zwar *hier und jetzt*.« Ebenso ist die Zeit des Lebens als Lebenszeit auch die einzig theoriefähige und bedürftige, denn gäbe es nicht diese Frist, sein Leben zum Tode *hin* oder vom Tode *her* zu leben, hätten wir mithin die Zeit, irgendwann einmal alles allumfassend zu wissen, so erübrigte sich die Theorie, die ja den Versuch darstellt, das Unendliche aus der Sicht des Endlichen zu sehen.

Damit hat sich aus zeittheoretisch-moralischer Perspektive die Vertreibung aus dem Paradies nicht gelohnt, denn obwohl sich die Menschen den Verlust der Ewigkeit durch einen Zuwachs an Wissen »eingehandelt« haben, reicht die Lebenszeit nicht aus, um dieses Wissen bearbeiten zu können. Sie warten immer noch auf Endgültiges. Sie erkennen zwar jetzt wie Gott Gut und Böse und werden, wie die Bibel festhält, dadurch »klug«; doch fehlt ihnen die (unendliche) Zeit für die Reflexion, schließlich werden sie von Gott aus dem Paradies vertrieben, bevor sie noch vom »Baume des Lebens« essen konnten und somit unsterblich geworden wären (Genesis 3,22). Auch in der Idee des Fortschritts schlägt gelegentlich das Böse als schlechtes Gewissen gegenüber den Vorfahren durch, gegenüber denen, die nicht – wie man selbst – in den Genuß des Besseren gekommen sind. Dieser Schuld muß sich auch die kommende Generation stellen, der gegenüber wiederum sich das Böse als Neid, Mißgunst und Zu-kurz-gekommen-Sein äußert.

Die Zeitlichkeit ist aber auch deshalb die Wurzel des Bösen, weil sie die Schere von Erwartung und Erfahrung, d. h. die Geschichte öffnet. Der Mensch gerät unter Zeitdruck, weil mit dem Verlust des Paradieses seine unendlichen Wünsche nicht mehr mit seiner endlichen Lebenszeit kompatibel sind. Jetzt muß er warten lernen. Das Böse zeigt sich dann dort, wo es das Maximum an Befriedigung gegen die Mitkonkurrenten zu sichern versucht und wo es statt *sustainable development* heißt: »Nach mir die Sintflut.« Zeitgewinn bedeutet insofern Weltgewinn oder modern: *Time is money*. Nichts liegt daher näher, als im

Zusammenfallen der Erwartung und der Erfahrung der Befriedigung zu folgern, daß der Mensch nicht böse sein kann, weil er immer schon alles hat. Erinnerung, Antizipation und Warten erscheinen dort sinnlos, wo das Leben im Jetzt die Fülle all dessen präsentiert, was das Wünschen je zu hoffen wagte. Hier jedenfalls *kann* der Mitmensch nicht als Konkurrent um knappe Ressourcen auftauchen, und es erscheint auch völlig unplausibel, sich selbst unter Zeitdruck zu setzen, der *per definitionem* nicht gegeben ist. Da erleben wir heute doch ganz andere Zeiten: Denn im modernen Kapitalismus können die Grenzen des Begehrens im Konsum nicht greifbar werden, da dieser selbst die verzweifelte Suche nach der sich ständig aufschiebenden Begehrensgrenze darstellt. Der Konsum verheißt immer *mehr*, so daß er die Menschen in einem permanenten Wartezustand hält. Der gute Mensch des Paradieses kannte dagegen keine Zeit und kein Begehren, und er mußte mit seinen Handlungen weder den Wettlauf mit anderen noch den mit der Dynamik seiner eigenen Triebstruktur gewinnen.

Der moralische Mensch ist zeit- und wartelos – und dies scheint in moralischer Hinsicht die tiefste Einsicht des Paradiesmythos zu sein –, weil er die gottgegebenen zeitlichen und räumlichen Grenzen akzeptiert, die er zugleich mit anderen teilt. Diese Grenzen »bestimmen den Genuß alles Genießbaren durch Gelassenheit« (Blumenberg). Der paradiesische Mensch ist der Mensch, der nicht warten muß. Daß die Welt Zeit kostet, die mit der Eigenzeit des Menschen nicht in Einklang gebracht werden kann, mag nunmehr dem zynisch erscheinen, der das Warten nicht gelernt hat. Indem der Mensch diese Grenzen unangetastet läßt, indem er sie *sein* läßt und damit unbewußt anerkennt, gewährleistet er zugleich die Begrenzung seiner Bedürfnisstruktur wie das moralische Miteinander, insofern dieses an die Gemeinsamkeit eines Verbotes geknüpft ist: »Davon dürft ihr nicht essen, und daran dürft ihr nicht rühren, sonst werdet ihr sterben« (Genesis 3,3). Nicht-warten-Müssen, Zeitlosigkeit und göttliches Gebot bedingen einander wechselseitig. Und damit wird das Leben zu einer Folge des unendlichen Genießens, das nach der Vertreibung aus dem Paradies in die Unendlichkeit des – auch moralischen – Begehrens umschlägt. Von nun an warten wir immer, denn von einer Rückkehr in das Paradies ist nichts bekannt, der Mensch bleibt ein Zeitmangelwesen. Und das bedeutet für das Warten: »Warten macht unmoralisch« (Nietzsche).

Ob das auch für die Christen galt, die tapfer an der Idee der Apokalypse festhielten, mag dahingestellt sein. Denn diese haben mit der Idee des Jüngsten Gerichts das Bild der Herrschaft schlechthin installiert. Und die Juden haben gleichzeitig mit diesem Modell den Gedanken der aufgeschobenen Bestimmung eines ganzen Volkes erfunden, denn das auserwählte Volk ist vor allem ein Volk der Wartenden. Die Juden machen das Warten zu einem Programm, das von Anfang bis zum Ende durchorganisiert ist, ein Schauspiel des langen und kurzen Wartens (Offenbarung 6,10 ff.). Die Apokalypse ist eine detaillierte Geschichte der Erwartung. Sie definiert das Außerordentliche, das Unvorhersehbare und Neue, den Ort der gerechten Zerstörung, dessen Plan Gott alleine kennt.

Daß mit dem Niedergang des Christentums auch die Geschichte des Jüngsten Gerichts an Wert verloren hat, mag denjenigen gleichgültig sein, die ohne Metaphysik leben können, und diejenigen trösten, die um ihr metaphysisches Leben angesichts des dort bevorstehenden höchstrichterlichen Beschlusses fürchten müßten. Versteht man diesen jedoch nicht als Drohung, sondern als Akt einer absoluten Gerechtigkeit, auf den man zu warten bereit ist, weil man tagtäglich Leiden und Ungemach in Kauf nehmen muß, so läßt sich die Enttäuschung für die Gläubigen ermessen, die auf dieses Ende nicht mehr hoffen können. Daß es vielleicht nichts wird mit dem großen Weltenritual, das auf einen Schlag alles enthüllen soll, weil Gott sich vor sich und der Welt legitimiert, indem er einen Schlußstrich unter die Lebenskonten zieht, kann als eine abgrundtiefe Erfahrung der mit der Aufklärung verbundenen Säkularisierungsprozesse verstanden werden. Denn seitdem es nicht mehr den Alles-Richtenden gibt, auf den alle warten, gibt es nur noch die vielen kleinen Richter, die gelegentlich aufeinander hoffen.

Diese Situation führt uns zu dem bekannten Phänomen des Masochismus. Der Masochist ist derjenige, der die Kunst des Wartens beherrscht. Im masochistischen Warten gehen Ideal und Wirklichkeit eine Einheit ein. Der Masochist phantasiert in der endlosen Erwartung den vorübergehenden Schmerz als Vorbedingung der Lust ebenso wie diese selbst. Hier werden die beiden Reihen des Wartens deutlich. Das Ziel des Wartens, das Worauf, bildet die Lust, ein Ziel, das gleichsam aufgeschoben wird, um so intensiver genossen werden zu können. Das, was unmittelbar erwartet wird, ist die mit dem Schmerz verbundene Handlung. »Der Schmerz verwirklicht dann das Erwartete, während die Lust die Erfüllung des Wartens ist« (Deleuze, in: Sacher-Masoch). Wobei dem Masochisten wenigstens noch klar zu sein scheint, wie, worauf und warum er warten will.

Mittlerweile ist allerdings derjenige, der die Frage nach dem Warten mit der Frage nach dem Sinn des Lebens verknüpft, schon so verdächtig, das er nicht selten als krank eingestuft wird. Die Menschen unseres Kulturkreises warten nicht mehr auf Gott, sondern auf »Godot« - wer immer das sein mag. Und sie sind ob des Wartens zur Reglosigkeit verdammt, obwohl sie nicht wissen, warum sie warten, ob sie an der richtigen Stelle und zur richtigen Zeit warten, ob Godot wirklich derjenige ist, auf den sie warten, und ob sie in diesem Warten in irgendeinem Sinne tätig werden sollen (z. B. indem sie sich aufhängen). »Warten auf Godot« ist die Chiffre der Moderne für die Sinnlosigkeit jeden Tuns, für die absolute Kontingenz der Unbeweglichkeit, für die »ungeheure Verwirrung« der Menschheit: »Wir warten auf Godot. - Ach, ja. *Pause.* Also, was sollen wir machen? - Da ist nichts zu machen« (Beckett). Der Mensch verkommt zum Pausenclown einer Zeit, vor der man nicht mehr sicher sein kann, ob sie nicht nur die ewige Wiederkehr der sinnentleerten Unendlichkeit darstellt.

Eine letzte Frage: Warten wir lebenslang auf ein Unendliches, ein Unerreichbares, das vielleicht weniger in der Zukunft, sondern eher in der Vergangenheit liegt?

Literatur: *Beckett*, Samuel: En attendant Godot. Paris 1952 (dt. Warten auf Godot. Frankfurt a. M. 1981, S. 141, 169). *Blumenberg*, Hans: Lebenszeit und Weltzeit. Frankfurt a. M. 1988, S. 72, 179. *Deleuze*, Gilles: Critique et clinique. Paris 1993 (dt. Kritik und Klinik. Frankfurt a. M. 2000). *Horkheimer*, Max: Warten. In: Gesammelte Schriften Bd. 2: Philosophische Frühschriften 1922–1932. Frankfurt a. M. 1987, S. 450. *Nietzsche*, Friedrich: Nachlaß 1882–1884 (Kritische Studienausgabe Bd. 10. München 1980, S. 384). *Sacher-Masoch*, Leopold von: Venus im Pelz (1869). Mit einer Studie über den Masochismus von Gilles Deleuze. Frankfurt a. M. 1980, S. 223 f.

Zum Weiterlesen: *Kafka*, Franz: Vor dem Gesetz. Leipzig 1916. *Sloterdijk*, Peter (Hrsg.): Vor der Jahrtausendwende: Berichte zur Lage der Zukunft. 2 Bde. Frankfurt a. M. 1990. *Virilio*, Paul: La vitesse de libération. Paris 1995 (dt. Fluchtgeschwindigkeit. Essay. Frankfurt a. M. 1999).

→Geduld haben und hoffen →Siechen und Sterben →Verschwenden und Vermehren: Zeit und Geld

Wehleidig sein

(engl.: *to be oversensitive*; frz.: *être douillet*)

Wollte ein Außerirdischer sich ein Bild vom Mängelwesen Mensch machen, er müßte das Wartezimmer eines Arztes, oder besser noch, den Salon eines Friseurs aufsuchen und einfach hinlauschen, was die Menschen so plagt. Er würde aus dem Staunen und, falls auch diese Spezies dazu fähig ist, aus dem Mitleid mit den so Leidgeprüften gar nicht mehr herauskommen. Menschen können an so ziemlich allem, was ihre leiblich-seelische Konstitution hergibt, ein Weh haben. Um aber zu wissen, was einem alles weh tun kann, braucht man nicht Medizin zu studieren, muß sich also nicht auskennen in der diffizilen Arbeit der beiden Nieren, die bei Unterkühlung Schmerzen hervorrufen oder einen mit fein abgesonderten Steinchen höllisch plagen können. Man muß auch nicht um die Wahrscheinlichkeit wissen, daß eine einfache Erkältung unter gewissen unglücklichen Umständen in eine Lungenentzündung mündet, welche wiederum, fortdauernde unglückliche Umstände angenommen, einen mortalen Verlauf nehmen kann. All das muß man nicht wissen, und dennoch kann man jeden Tag ziemlich sicher ein Weh spüren, und mit ein bißchen Übung kann man es sogar an verschiedenen Orten gleichzeitig verspüren, beispielsweise im Kopf (»Kopfweh«) oder im Rücken (»Rückenschmerzen«), womit zugleich die beiden Lieblingsschmerzen benannt wären. Die meisten Menschen sind also nicht besonders erfinderisch, dafür aber um so ausdauernder in puncto Weh, und dennoch: Obwohl sie sich darin in der guten Gesellschaft der Mehrheit ihrer Mitmenschen wissen, genießt Wehleidigkeit einen schlechten Leumund. Woran das liegt, ist schwer zu ergründen, denn nur diese besondere Anteilnahme am Leid eines Menschen leidet solche Geringachtung. Bezieht sich das Mitleiden dagegen auf einen anderen Menschen, so sieht es um dessen gesellschaftliches Ansehen schon ganz anders aus, zumindest heutzutage, denn Mitleid stand nicht immer in so gutem Ansehen. In dieser Hinsicht erging es dem Mitleid sogar noch schlechter als heute der Wehleidigkeit, die, wenn sie in kleinen Dosen daherkommt, zwar belächelt, aber nicht mit schwerem philosophischem Geschütz zurückgedrängt wird. Und da ist die Attacke des Philosophen mit dem Hammer noch von der harmloseren Variante, denn Nietzsche hat auch hier wieder die praktische Klugheit auf seiner Seite, wenn er empfiehlt, Unglücklichen statt mit Mitleid mit der Behauptung zu begegnen, daß ihr Fall vollkommen hoffnungslos sei, denn: »Darin liegt eine solche Auszeichnung, dass sie wieder den Kopf heben« (Nietzsche *Morgenröthe*).

Demgegenüber sind die Einwände der frühen Philosophen von anderem Kaliber. Eine Gefahr für die Jugend und generell für die Vernunft stellt das Mitleid bei Platon dar, und so wie Platon darin eine Gefahr für seinen Idealismus sieht, so fürchtet die Stoa um ihr Ideal der emotionalen Gleichmut, der Ataraxie, wenn das Mitleid in Mode käme (Diogenes). Diesen Auffassungen steht die Definition des Mitleids gegenüber, die von Aristoteles stammt und die einmal klipp und klar sagt, was Mitleid ist: ein Leid angesichts eines Übels, das einem auch selbst widerfahren könnte und das sich außerdem in relativer Nähe abspielt. Diese Definition ist so umfassend, daß sie auch heute noch taugt, denn alle drei Kriterien - das Leid muß unverdient sein, auch ich könnte in eine ähnliche Lage geraten, und das Ganze muß sich in einer relativen Nähe von mir abspielen - treffen auch auf heutige Mitleidsszenarien zu. Um dem dritten Kriterium gerecht zu werden und damit Hilfsorganisationen nicht nur Geld bei heimischem Hochwasser zusammenbekommen, müssen Hungersnöte und Kriegselend via Fernsehen jeweils in die heimischen Wohnzimmer gesendet werden.

An die Aristotelische Mitleidsdefinition konnten die christlichen Denker anschließen. In der »Misericordia« sieht Thomas eine christliche Tugend, die jedem Menschen, sofern er in Not ist, geschuldet ist. Da viele Philosophen ohne den dazugehörigen Glauben mit dem Mitleid nicht viel anzufangen wußten, wurde es in der Neuzeit relativ still um diese Tugend, die gleichwohl nie ganz in Vergessenheit geriet. Eine regelrechte Auferstehung erlebte sie aber erst bei Schopenhauer, der eine ganze Ethik darauf gründete. Nach Schopenhauer gibt es nämlich nur drei Grundimpulse des menschlichen Handelns, von denen zwei unbezweifelbar schlecht sind, nämlich erstens Egoismus, und der ist, wie er erläutert, »gränzenlos«, und zum anderen Bosheit, von der er notiert, daß sie »bis zur äußersten Grausamkeit« (geht). Diesen steht das Mitleid gegenüber, »welche das fremde Wohl will (geht bis zum Edelmuth und zur Großmuth)« (Schopenhauer). Solches Mitleid, also die »von allen anderweitigen Rücksichten unabhängige Theilnahme zunächst am Leiden eines Andern und dadurch an der Verhinderung oder Aufhebung dieses Leidens«, sollte demnach jeder Handlung zugrunde liegen, denn erst dann habe sie moralischen Wert (Schopenhauer). Zwar sind Aufwallungen des Mitleids, wie Schopenhauer schreibt, ein alltägliches Phänomen, gleichwohl bilden sie »das große Mysterium der Ethik, ihr Urphänomen und de[n] Gränzstein«.

Damit räumt der Frankfurter Denker ein, ohne daß es ihm allzu große Bauchschmerzen zu bereiten scheint, daß er sein Ethik-Fundament anders als der große Architekt aus Königsberg nicht selber freilegen kann, es ist einfach und recht unspektakulär immer schon da. So spricht er von Pflicht nur noch negativ, nämlich der Pflicht, Unrecht nicht zu tun, was auf den einfachen Grundsatz hinausläuft: »Schade niemandem« (Schopenhauer). Und dort, wo Unrecht geschehen und ein Mensch bereits geschädigt wurde, hilft nur noch Mitleid als echte Quelle der Menschenliebe. Zugleich, und auch darin bürstet Schopenhauer seine Ethik gegen den herkömmlichen Strich, kommen auf diese Art die Tiere endlich in die Ethik hinein, für die die Philosophie bislang so wenig Mitleid wie auch Verständnis zeigte. So sympathisch dieses Konzept einer Mitleidsethik zunächst erscheint, so sehr ist es angegriffen oder schlicht als unwissenschaftlich und damit unhaltbar abgetan worden. So fällt auf, daß die Fixierung auf das Mitleid, so wertvoll sie auch ist, eine Verengung der Moral bedeutet. Denn bei moralischem Handeln kommt es nicht alleine darauf an, anderen keinen Schaden zuzufügen, ja, letztlich muß man sagen, daß ein weites Spektrum ethisch wertvoller Handlungen gänzlich unter den Tisch fiele, richtete man sein Augenmerk alleine auf das Mitleid (Tugendhat). Hat sich somit die späte Renaissance des Mitleids als Luftblase erwiesen?

Das wohl kaum. Schopenhauers Versuch, das Mitleid zur einzigen Grundlage der Moral zu machen, ist zwar gescheitert, woraus jedoch nicht folgt, das Mitleid gleich mit den Systemscher-

ben vom Tisch zu kehren. Mit anderen Menschen mitleiden zu können stellt nach wie vor eine Bereicherung unserer ethischen Welt dar, die der Kälte eines auf sich fixierten Monismus eine andere Perspektive entgegenhält und mit der anderen Temperatur auch einen anderen Blick einbringt. Wer mit anderen mitleidet, lernt nicht nur fremdes Leid und eigene Hilfsmöglichkeit kennen, sondern auch etwas Wichtiges über sich selbst: Der leidende andere, das könnte auch ich selbst sein, und die Hilfsbedürftigkeit des anderen könnte folglich auch die meinige sein. Kurz, wir müssen, wenn wir nicht völlig blind gegenüber der Welt und unserer leiblich-seelischen Verfassung sein wollen, unsere Abhängigkeit von der Hilfsbereitschaft anderer anerkennen (MacIntyre). Schaffen wir es, das Müssen in ein Dürfen zu verwandeln, dürfen wir dann nicht nur anerkennen, daß wir von anderen abhängig sind, wir dürfen dann die Gemeinschaft erkennen, deren Glied wir sind.
Diese Gemeinschaft ist auch eine Gemeinschaft der Wehleidigen, weswegen, wie man nun sieht, am Wehleidigsein zum einen nichts Schlechtes ist und es zum anderen geradezu notwendig ist für Wesen, die im Jammertal leben. Wehleidig zu sein und anderer Wesen Weh anzuerkennen kann zur Verringerung des Wehs beitragen, weswegen dann auch weniger Weh geklagt werden würde. Jedenfalls dann, wenn das Wehklagen halbwegs aufrichtig geschieht. Daß damit eine der »großen Seuchen«, als welche Nietzsche *(Zur Genealogie der Moral)* das Mitleid bezeichnete, ausgerottet werden würde, läßt sich indes nicht behaupten, aber ebensowenig muß man sich sorgen, daß in einer Gesellschaft, in der es Mitleid gibt, die Kranken die Gesunden krank machen.

Literatur: *Aristoteles:* Rhetorik. Buch II. 8. Kapitel. München 1980, S. 109. *Diogenes Laertius:* Vitae philosophorum (dt. Leben und Meinungen bekannter Philosophen. Hamburg 1998, VII, 111). *MacIntyre,* Alasdair: Dependent Rational Animals. Why Human Beings Need the Virtues. Chicago 1999 (dt. Die Anerkennung der Abhängigkeit. Über menschliche

Tugenden. Hamburg 2001). *Nietzsche*, Friedrich: Morgenröthe. Gedanken über die moralischen Vorurtheile. Chemnitz 1881, § 380 (Kritische Studienausgabe Bd. 3. München 1999, S. 247). *Nietzsche*, Friedrich: Zur Genealogie der Moral. Eine Streitschrift. Leipzig 1887, § 14 (Kritische Studienausgabe Bd. 5. Berlin 1980, S. 371 f.). *Platon:* Politeia 387d–e (dt. Sämtliche Werke 3. Reinbek 1982, S. 121). *Schopenhauer*, Arthur: Preisschrift über die Grundlage der Moral. Frankfurt a. M. 1841 (Werke in fünr Bänden. Bd. III. Zürich 1988, S. 562, 561, 576, 587, 595, 594). *Thomas:* Summa Theologica, 1265–1273, II–II,30,3 (dt.-lat. Deutsche Thomas-Ausgabe, Heidelberg, Graz 1959, Bd. 17a, S. 233). *Tugendhat*, Ernst: Vorlesungen über Ethik. Frankfurt a. M. 1993, S. 177–191.

Zum Weiterlesen: *Fischer-Homberger*, Esther: Hypochondrie. Bern 1970. *Molière*: Le malade imaginaire. Paris 1673 (dt. Der eingebildete Kranke. Stuttgart 1999). *Scheler*, Max: Wesen und Formen der Sympathie. Bern 1923. *Schulz*, Walter: Philosophie in der veränderten Welt. Pfullingen 1972, S. 399–407, 749 ff.

→Gefühle aufbringen →Heilen →Schmerzen haben

Zucht

(engl.: *breeding*; frz.: *culture*)

Das kleine »ig« markiert den großen Unterschied: »Züchtigung« ist out, »Züchtung« ist in. Mit diesem Wandel verändern sich auch die Bedeutungen. Bei »Zucht« denkt man viel eher an Radieschen und Brokkoli als an Wasser und Brot im Zuchthaus. Und bei Zuchtmethoden erinnert man sich gern der bahnbrechenden Erbsenversuche des Augustinerpaters Gregor Mendel und vergißt dabei gerne, daß nicht nur im Stift von Brünn Zuchtmittel angewandt wurden, die alles andere als erbsenfein waren. Da Züchtigung, Zucht und Züchtung dereinst als Arbeit am selben Projekt, nämlich der Besserung des schlechten Menschen angesehen wurden, war das Stift eine Zuchtanstalt der beson-

deren Art. Und ganz in diesem Sinne gehörten auch Waisen- und Zuchthaus unter ein Dach (Crespo), unter dem die Zuchtmittel unterschiedslos zur Anwendung kamen.
Mit der Vorstellung von der Vervollkommnung des Menschengeschlechts, das durchaus eher zum Guten denn zum Schlechten sich zu entwickeln in der Lage ist, mußte man dann jedoch auch von dieser Praxis Abschied nehmen und nicht nur neue Häuser, sondern auch neue Methoden erfinden. Zur gängigen Strafe gesellt sich somit auch die Belohnung (Lessing), und die Zucht wird zur Erziehung. Erfolgreiche Erziehung ohne Autorität ist aber ebensowenig denkbar wie die Aufzucht von Erbsen, denen sich übrigens bereits der Philosoph Rousseau mit Leidenschaft widmete (Rousseau, *Lehrbriefe*). Aber anders als die Botanik verträgt das Menschengewächs keinen Zwang zu seiner gedeihlichen Entfaltung. Vor allem gilt dies für den jungen Menschen, dessen einzig taugliches Erziehungsmittel Freiheit und Erfahrung sind (Rousseau, *Émile*). Ihnen müssen alle Erziehungsziele untergeordnet werden. Und was für das Herz gilt, gilt nicht weniger für den Verstand: »Will man es (oder ihn) fesseln, so macht es (oder er) sich frei; läßt man frei, so fesselt man« (Rousseau, *Émile*). Wer dermaßen von einer Idee gefesselt ist – und diese Idee hat keinen geringeren Namen als den der Freiheit –, der braucht nicht gezüchtigt zu werden, Erzieher und Zögling ziehen bereits an demselben Strang. Wenn die Freiheit indes so unverzichtbar ist, muß ihr vielleicht mit allem Nachdruck zum Durchbruch verholfen werden – ob dann auch Zucht erlaubt ist, damit auf sie zugunsten einer Erziehung in Freiheit verzichtet werden kann?
Daß es Freiheit überhaupt gibt, müssen wir dabei einfach einmal annehmen, denn andernfalls wären wir, und zwar sowohl als Erzieher wie auch als Erzogene, nichts als Marionetten oder Automaten (Kant, *Praktische Vernunft*). Gleichwohl können wir bekanntlich auf die Freiheit und die mit ihr verbundene Reife aus freien Stücken Verzicht leisten. Dieses Verzichten bedeutet Schuld, die nach Kant aus Feigheit und Faulheit resultiert (Kant,

Aufklärung). Nur Selbstzwang, vielleicht auch Selbstzucht befreit uns aus diesem unwürdigen Zustande, sowie ja die Schuld, wenn es um Erziehung geht, selten fern ist. Und die große und böse Versuchung ist allemal das Geschlecht, sowohl das andere wie das eigene (Kant, *Pädagogik*). Deswegen sollen wir uns um die »Kultur der Zucht« frühzeitig bemühen (Kant, *Urteilskraft*), wollen wir uns nicht an allerlei fremde Einflüsse, die uns unser eigenes Selbst nicht mehr erkennen lassen, verlieren. Sich statt dessen zu kultivieren ist von allgemeinem Gewinn; lernt man so schließlich nicht nur, »wie ein guter Mensch, sondern auch wie ein guter Bürger« zu sein (Kant, *Pädagogik*). Solche Bestrebungen wurden im Südwesten als weniger dringlich angesehen, galt hier doch die erste Sorge der Freude des Zöglings, weswegen man mittels Vorträgen und Handbüchern eine möglichst gute Bildung der Erziehenden anstrebte, damit diese über die Wünsche und Vorlieben ihrer Lieben ins Bild gesetzt werden konnten (Pestalozzi). Mit Zucht hatte das natürlich nichts mehr gemein, was sogar von einigen begrüßt wurde, aber doch nicht von allen. Auf halber Strecke zurück nach Königsberg wurde fast zur gleichen Zeit an eine vorgebliche Verwandtschaft von »Ziehen«, »Erziehung« und »Zucht« erinnert. Ziel der Zucht dieser Pädagogik ist die Charakterbildung des Zöglings, und zwar einmal »mittelbar« und das andere Mal »unmittelbar« (Herbart). Nicht ganz so schnell wie die pädagogische Zucht, dafür aber ungleich nachhaltiger, wirkt die biologische, weswegen sie erstere längst abgelöst hat. Da die Zucht zum Zwecke der Erziehung mittlerweile einen unschönen Beigeschmack angenommen hat und die Erziehung allgemein als Arbeit und diese wiederum allgemein als eher lästig angesehen wird, verspricht die Zucht im Namen der Biologie doppelte Rettung: Man verändert, ohne weh zu tun, und man tut wohl, ohne daß sich noch jemand ändern muß, denn der neue Mensch wird nicht, er ist einfach.

Dieser Weisheit wegen mußte man nicht erst das Genom entschlüsseln, wußte doch bereits Platon, daß die Gene für Tapferkeit und Besonnenheit recht selten in einem Genotyp gemeinsam vorhanden sind und es daher der Aufgabe kluger Züchtungspolitik obliegt, das entsprechende Manko der Natur auszuwetzen (Platon). Und im Sonnenstaat wird diese Aufgabe mit bürokratischer Gewissenhaftigkeit von den Beamten für die Fortpflanzung übernommen, die zugleich Priester sind, die nur solche Heiraten genehmigen und unter ihre Kontrolle stellen, die eine Verbesserung des Genpools erwarten lassen (Campanella).

Als Folge einer Vermählung von pädagogischer und biologischer Zucht ist ein solches Zwangssystem heute überflüssig geworden. Ihrer Verantwortung für die Zukunft und die Welt werden sich immer mehr Menschen bewußt, die nichts mehr, erst recht nicht ihre Nachkommenschaft, dem Zufall überlassen wollen. Die über Internet einsehbaren Samen- und Eidatenbanken sind die neuen Frühjahrskataloge, die ein jeder als Gentechniker und -forstwirt des eigenen Stammbaums studieren und ordern kann. Die zunehmende Ausdifferenzierung der Angebotspalette und das wachsende Wissen über die Aufgaben der einzelnen Gensequenzen machen die biologische Zucht zu einem Spiel, an dem gemessen die pädagogische nicht nur unfein, sondern allzu unbeholfen daherkommt. Zucht gibt es also weiterhin und mehr denn je, doch heißen die Mittel nicht mehr Backpfeife und Nachsitzen, sondern PID und Screening. Anders jedoch als genannte herbe Mittel der pädagogischen Zucht kennt die biologische keinen Widerpart, denn so wie »das genetische Programm [...] eine stumme und in gewissem Sinne unbeantwortbare Tatsache« ist (Habermas), so muß auch der dermaßen Ge-Züchtigte stumm bleiben, bleibt ihm doch kein Raum für einen Schmerzensschrei oder einen Wutausbruch. Die Gewißheit zu sein, wie man geplant worden ist, ist ein Schlag, der einem die Sprache verschlägt.

Literatur: *Campanella,* Tommaso: Civitas Solis. Frankfurt a. M. 1623 (dt. Sonnenstaat. Reinbek 1980, S. 131–132). *Crespo,* Maria: Verwalten und Erziehen. Die Entwicklung des Zürcher Waisenhauses 1637-1837. Zürich 2001, S. 72-74. *Habermas*, Jürgen: Die Zukunft der menschlichen Natur. Auf dem Weg zu einer liberalen Eugenik? Frankfurt a. M. 2001, S. 108. *Herbart*, Johann Friedrich: Allgemeine Pädagogik aus dem Zweck der Erziehung abgeleitet. Göttingen 1806 (Weinheim 1959, S. 145 f.). *Kant*, Immanuel: Beantwortung der Frage: Was ist Aufklärung? Berlin 1783, A 481 (Werkausgabe Bd. XI. Frankfurt a. M. 1974, S. 53). *Kant*, Immanuel: Critik der practischen Vernunft. Riga 1788, A 181 (Werkausgabe Bd. VII. Frankfurt a. M. 1974, S. 227). *Kant*, Immanuel, Pädagogik. Hrsg. v. F. Th. Rink. Königsberg 1803, A 138 ff. (Werkausgabe Bd. XII. Frankfurt a. M. 1977, S. 758 ff.). *Kant*, Immanuel: Critik der Urteilskraft. Berlin 1790, A 388 (Werkausgabe Bd X. Frankfurt a. M. 1974, S. 390). *Lessing*, Gotthold Ephraim: Die Erziehung des Menschengeschlechts. Braunschweig 1777, § 96 (Stuttgart 1994, S. 30). *Pestalozzi*, Johann Heinrich: Das Wesen der Naturgemässheit in der Erziehung. Unveröffentl. Manuskript 1812 (Auswahl aus seinen Schriften. Bd. 3. Bern 1979, S. 81). *Platon:* Politikos, 310c-311c (dt. Sämtliche Werke 5. Reinbek 1983, S. 71 f.) *Rousseau*, Jean-Jacques: Lettres élémentaires sur la botanique (1771-1774). (dt. Zehn Botanische Lehrbriefe für eine Freundin. Frankfurt a. M. 1979). *Rousseau*, Jean-Jacques: Émile ou de l'éducation. Paris 1762 (dt. Émile oder Über die Erziehung. Paderborn/München 1995, S. 71, 237).

Zum Weiterlesen: *Deutsches Hygiene Museum* Dresden (Hrsg.): Der neue Mensch. Ostfildern 1999. *Gaschke*, Susanne: Die Erziehungskatastrophe. Kinder brauchen starke Eltern. Stuttgart 2001. *Huxley*, Aldous: Brave New World. London 1932 (dt. Schöne neue Welt. Frankfurt a. M. 2000).

Video: *Truffaut*, François: Les quatre cents coups. Frankreich 1959 (dt. Sie küßten und sie schlugen ihn).

→Erlauben, Verbieten und Versprechen →Gene haben →Geboren werden

Zweifel und Dummheit

(engl.: *doubt and stupidity*; frz.: *le doute et la stupidité*)

Dem ersten Eindruck nach begeht den größten philosophischen Fehler, wer Zweifel und Dummheit durcheinanderbringt. Dieses Vergehen kann unter Umständen für die Philosophie wie für den Philosophen tödlich enden. Nehmen wir Sokrates, der in der Antike einen etwas zweifelhaften Ruf genoß. Sokrates muß jemand gewesen sein, der auf dem Marktplatz herumlungerte, Knaben ansprach, diese dann mit merkwürdigen Fragen belästigte, auf die er zum Schluß selbst keine Antworten geben konnte; zudem war er fähig, stundenlang im Schnee zu stehen oder bis zum Aufstehen zu trinken, wobei er unablässig ein naives und ironisches Gehabe zur Schau stellte. Er wurde schließlich wegen Götterleugnung und Jugendverführung angeklagt und endete, wie bekannt, durch den Schierlingsbecher. Die Argumente, die Sokrates vortrug, wurden von den meisten als lachhaft bewertet. Er selbst stellte sich naiv, unwissend, dumm: »Er hält vielmehr alle diese Dinge für nichts wert und uns für nichts und verstellt sich nur gegen die Menschen und treibt Scherz mit ihnen sein Leben lang« (Platon), so faßt es der betrunkene Alkibiades zusammen. War Sokrates ein lachhafter Philosoph, war er dumm, als er meinte, daß er nur von seinem Nichtwissen wisse? Kann die Philosophie als Vorbereitung von Dummheiten verstanden werden? Oder besteht sie nicht vielmehr im Zweifeln als dem Versuch, nicht dumm zu bleiben? Ist das Wissen um das Nichtwissen der Versuch der Einlösung der Maxime: »Erkenne die Dummheit in dir« (Glucksmann)? Und vergessen wir nicht, daß das einzige zur Dummheit fähige Tier der Mensch ist: Statt vom *animal rationalis* sollte man besser vom *animal stultibilis* sprechen. Denn ist nicht der »dumme Hund« immer jemand aus der Gattung Mensch?

Kann also die Dummheit als zweifelnde Überprüfung des eigenen Denkens oder als Selbsterkenntnis des eigenen Nichtwissens gelten? Die Sokratische »Dummheit« mag durchaus lehrreich sein, insofern sie dazu führen kann, daß der Gesprächspartner zunächst sein eigenes Wissen und zunehmend auch seine Unwissenheit zum Vergleich heranzieht und mithin alle am Dialog Beteiligten gleichberechtigt an der Lösung des Problems arbeiten. Doch geht der Sokratische Zweifel noch einen Schritt weiter, wenn er zudem moniert, daß man, um eine Tugend praktisch umzusetzen, schon in theoretischer Form auf sie hin ausgerichtet sein muß: Was tun, wenn man keine richtige Theorie hat? Was tun, wenn der Zweifel bodenlos, wenn er zum *Verzweifeln* wird, wenn er der unbedingten Bedingung der Platonischen Idee des Guten nicht mehr innewerden kann? Der Zweifel setzt immer voraus, daß man sich außerhalb der gewohnten moralischen Umgebung aufhält, man weiß nicht so recht, was richtig und falsch, gut oder böse ist. Zweifeln heißt, die Illusion der alltäglichen Sicherheit in Frage zu stellen. Das aber bedeutet: Wenn wir lediglich - mehr oder weniger plausibel - vermuten können, worin das gute Leben besteht, und dabei nicht verzweifeln wollen, bleibt uns nur das Vertrauen darauf, daß wir wieder zusammenkommen, um uns gemeinsam über unsere verzweifelten Unwissenheiten zu beraten. Aber auch dieses Zusammenkommen setzt eine bestimmte zweifelhaft-provisorische Moral voraus.

Dagegen ist nur dem Dummen jeglicher Zweifel abhold. Denn der läßt sich deshalb für dumm verkaufen, weil er die Wahrheit unbesehen einstreichen will. Insofern wirkt er leicht komisch, gerät doch der Dumme in Verstrickungen, die er sich zwar selbst macht, doch als letzter durchschaut. In der Welt der *stultitia* herrscht die Meinung, die *doxa*, die vermeint etwas zu wissen. Der Dumme ist also nicht naiv, sondern nur gutgläubig: »Denn Narrheit ist oft also blind« (Brant), während der Zweifler es besser weiß, weil er naiver ist. Er schaut nämlich hin. Wie das Kind, dem als einzigem aufgeht, daß der Kaiser überhaupt keine Kleider trägt, macht der Zweifler die Erfahrung gegen den Glauben an die unbestreitbaren Gegebenheiten geltend. Wobei der

Zweifler nicht beim Zweifeln stehenbleiben sollte, sondern im Zweifeln an diesem zu den »nackten« Tatsachen vordringen will. Der Dumme hat also eine Weltanschauung, und der Zweifler schaut die Welt an. Während dieser durch die Philosophie hindurch sich in die Sache versenkt, kann der Dumme abseits jeder philosophischen Bemühung die Dinge getrost auf sich beruhen lassen. Ist die Dummheit nicht allzu dumm, so ist sie sehr schwer aufzufinden, verbirgt sie sich doch hinter pompösen Aufmachungen ebenso wie in ihrer außerordentlichen Beharrlichkeit. Während der Zweifler teilweise verzweifelt versucht, die Allerweltsmeinungen des Dummen zu liquidieren, will die Dummheit betrogen sein, um der trügerischen Sicherheit, die der Betrug gewährt. »Selig sind die geistig Armen.« Der Dumme weiß, an was er sich halten kann und soll, der Zweifler hält sich zugute, daß dieses Wissen lediglich Konvention und Klischee ist. Der Zweifler glaubt somit nur an die Tiefe, die der Anstrengung seines eigenen Denkens verbunden ist, der Dumme vertraut der Verflachung einer Tiefe, die sich ihm »unmittelbar« zeigt. Tragik geht daher der Torheit vollständig ab: »Der Stumpfsinnige ist niemals doppeldeutig, er ist immer eines oder beides, er träumt vom Gegenteil dessen, was er tut, und tut das Nötige, damit ihm der Traum als solcher erhalten bleibt« (Glucksmann).

Der Dumme verkörpert so das weltlose Bewußtsein des Spießbürgertums, das im Lande bleibt, sich dort redlich ernährt und sich ansonsten in die Leere seiner Existenz versenkt. Ebendeshalb ist er ja auch so neugierig auf anderes. Denn wenn man den Dingen schon auf den Grund gegangen ist – »man hat ja festen Boden unter den Füßen und im übrigen seine Prinzipien, und schließlich liebt man das ursprüngliche, schlichte, natürliche Leben« –, so sind natürlich auch die letzten Dinge nicht fern. Man lebt unmittelbar im Dunstkreis seines »Absoluten«, der nach außen allerdings in den Mief des Beschränkten umschlägt. Dabei schlägt die Dummheit selbst bei ihrer Geringschätzung und Mißachtung leicht zurück, wird so militant. Dagegen versucht sich der Zweifler an der Paradoxie gegen die Maxime: *primum vivere deinde philosophari,* daß also zunächst das Leben, dann die Philosophie zu kommen habe, die Philosophie für das Leben fruchtbar zu machen. Eine Angelegenheit, die für die Dummen bestenfalls einer intellektuellen Schizophrenie gleichkommt. »Die fast unlösbare Aufgabe besteht darin, weder von der Macht der anderen noch von der eigenen Ohnmacht sich dumm machen zu lassen« (Adorno). Denn es besser machen zu wollen bedeutet immer auch, daß das Leben noch nicht gut ist, daß mithin das richtige noch aussteht.

Was man natürlich bezweifeln kann. Skeptiker waren nämlich zu allen Zeiten vor allem eins, zukunftsunsicher. Sie reklamieren gegen einen Zukunftsmaximalismus immer den Gegenwartsminimalismus; wer etwas verändern will, muß erst einmal plausibel machen, warum das gut sein sollte: *Fiat mundus pereat utopia.* Mit anderen Worten: Zweifler sind notorisch konservativ. Sie halten sich lieber an Üblichkeiten und das Althergebrachte und werden daher nicht selten des Konventionalismus verdächtigt. Ihnen reicht statt der Wahrheit die Wahrscheinlichkeit. Für sie ist es besser, sich »ohne genaue Nachprüfung in den Gang der Welt einzufügen: unter dem Schutz von Vorurteilen gelingt es der Seele wunderbar, zur inneren Ruhe zu gelangen ...« (Montaigne). So befindet sich der Zweifler gleichzeitig auf der Seite, die von zuwenig Erfahrung, und auf derjenigen, die von zuviel Erwartung ausgeht. Statt den Himmel auf Erden bevorzugt er das bodenständig Irdische. Jeglichem Utopismus abhold, verläßt er sich im Zweifelsfalle lieber auf das *ethos* des Alltags, auf eingeschliffene Gewohnheiten, unmittelbare Erfahrungen und Reflexionen oder auch den *common sense* des gesunden Menschenverstandes. Wenn man auch die Wahrheit der ganzen Welt bezweifeln kann, so sollte doch wenigstens die Einstellung zum Leben eine gewisse Sicherheit bieten. Diese Haltung bringt den Zweifler in die Nähe der Dummheit – von der er sich gleichwohl durch Philosophien zu entziehen sucht.

Descartes wurde auf diese Weise nur eines gewiß: Unbezweifelbar blieb ihm letztlich nur der Zweifel selbst als eine Form der Vernunft. Allerdings bedarf das Zweifeln auch eines Subjekts, das zweifelt. Und so versichert sich der konsequente Zweifler Descartes letztlich nur seines armseligen Ichs, und um selbst diese Versicherung glaubwürdig zu machen – es könnte mich ja ein Teufel darin getäuscht haben, daß ich mich wirklich als Ich zweifelnd denken kann –, muß hier noch die Religion, sprich Gott bemüht werden. Was aber, wenn selbst Gott nicht mehr als die große Komplexitätsreduktionsmachine funktioniert? Nichtsdestotrotz bleibt dem Zweifler, gerade weil alles so unsicher ist, das Ich als letzte Bastion gegen das Außen, dessen Trughaftigkeit man sich nur mit Mühe und der Hilfe komplizierter intellektueller Klimmzüge versichern kann. Grausamkeit wäre aus der Perspektive eines radikalen Skeptikers Dummheit, weil man ja nie sicher sein kann, ob Sinne und Verstand uns täuschen und sich der erwartete Nutzen nicht letztlich in Luft auflöst. Oder anders: Der Zweifel mündet in einen Kampf gegen die Dummheit: Denn die Erkenntnis menschlicher Pflichten kann nicht von der Beurteilung von Hinz oder Kunz abhängen: »Es darf ihm nicht überlassen werden, so zu entscheiden, wie er es sich denkt: sonst würde es, bei der Schwachheit und der unendlichen Vielgestaltigkeit unseres Denkens und Meinens, schließlich so weit kommen, daß wir als Pflicht empfänden, uns gegenseitig aufzufressen« (Montaigne). Der Zweifel muß mithin die Dummheit vor ihrer Selbstausrottung bewahren. Zumindest dies scheint gewiß.

Aber auch dies: Logisch betrachtet läßt sich – ohne in einen unendlichen Regreß der Verzweiflung zu verfallen – nicht alles bezweifeln, setzt doch der Zweifel selbst die Gewißheit, zumindest in bezug auf den Sinn des Zweifelns, schon voraus (Wittgenstein). Wer sagt, daß er zweifelt, bestätigt zum wenigsten den Zweifel selbst. Und alles zu bezweifeln wäre kein Zweifel, sondern wiederum Dummheit. »Das Kind lernt, indem es dem Erwachsenen glaubt. Der Zweifel kommt *nach* dem Glauben« (Wittgenstein). Gott sei Dank, so möchte man sagen, gibt es den Glauben, allerdings haben wir jetzt einen, der an sich grundlos ist. Und deshalb läßt der sich wiederum, und hier hätten die Dummen einen Punktsieg errungen, zunächst nicht bewerten. Der letzte Grund, der für die Menschen ausschlaggebend ist, sich für oder gegen eine Moral zu entscheiden, erscheint nämlich als grundloser Glaube, der selber weder gut noch böse ist. Denn dieser grundlose Glaube bringt diese Differenz erst hervor. Das Ende der Begründung besteht nach Wittgenstein nicht darin, daß uns bestimmte Normen oder moralische Konstruktionen unmittelbar als »wahr einleuchten«, sondern in unserem »*Handeln*, welches am Grunde des Sprachspiels liegt«. Das bedeutet, Menschen werden mit einer praktisch werdenden Entscheidung für, aber auch gegen eine spezifische Moral zu moralischen Wesen. Der letzte Grund für Gewißheit im Sinne einer Ausgeschlossenheit des Zweifelns ist die subjektive Gewißheit, die für sich den Irrtum ausschließt; denn irgend etwas muß ja als Grundlage übrigbleiben.

Die Schwierigkeit einer Moral des Zweifelns liegt nun darin, daß diese Grundlage letztlich eine schwankende ist. So weiß eine Moral des aufgeklärten Zweifels um ihre eigene Relativität und kontingente Universalisierbarkeit im Kampf um die letzten Fragen menschlichen Daseins. Sie anerkennt ihre fundamentale Unbegründbarkeit - und hält an ihr fest, weil der Weg der Dummheit in Barbarei und Grausamkeit führt. Denn zieht man generell den Zweifel in Zweifel, so gibt man jedes Argument gegen Gewalt aus der Hand. Demgegenüber stellt die Verletzlichkeit des Menschen den inhaltlichen Minimalkonsens der Moral dar. Das heißt, der Zweifel institutionalisiert eine moralische Haltung, die der humanen Fragilität angemessen scheint. Wer zweifelt, ist viel zu sehr mit sich selbst beschäftigt, als daß er dem anderen noch Schaden zufügen könnte, denn er ist hin- und hergerissen, seine Leidenschaften sind zerstritten, sein Fanatismus gebremst, und er übt sich in *Ataraxie*.

Dagegen ist die Dummheit unbeirrbar aus Prinzip. Sie hat immer alle Probleme schon gelöst und wirkt so als ihr eigener

Zweck, indem sie sich in einem Modell von Ewigkeit aufhält. Für die Dummheit ist nichts mehrdeutig, alles ist, wie es ist, und es wird nie anders sein oder werden. Dummheit ist der Widerspruch in Aktion und die Eliminierung jeglichen Fragens: Dummheit besteht in der Auffassung, die Moral und das richtige Leben seien etwas Feststehendes, das man als Wahrheit immer schon in der Hand halten kann, oder sie glaubt, daß es sich für dieses Leben nicht zu denken lohne, weil die Reflexion nun einmal die Praxis nicht einholen kann. Die Dummheit ist daher blind und ohnmächtig, eine sinnliche Deformation; sie gewinnt immer, weil ihre »Philosophie« immer schon am Ende angekommen ist. Neben dem Universum, so sagte Einstein, stellt Dummheit die zweite Form der Unendlichkeit dar. Im Zweifel gehen dagegen die Skepsis an unerschütterlichen ersten Gewißheiten mit dem Bedürfnis nach der einzigen und überzeugenden Wahrheit einher. Der Zweifel ist, wenn er nicht in sich selbst beharrt, die Chiffre für das Leiden am Leben und für die *Sehnsucht* nach dem Unendlichen und Unerreichbaren, dessen Suche mit dem Begriff der Philosophie als Liebe ausgedrückt wird.

Literatur: *Adorno*, Theodor W.: Minima Moralia. Reflexionen aus dem beschädigten Leben. Frankfurt a. M. 1951, Nr. 34. *Brant*, Sebastian: Das Narrenschiff. Basel 1494 (Stuttgart 1995, S. 244). *Descartes*, René: Meditationes de prima philosophia. Paris 1641 (dt. Meditationen über die Erste Philosophie. Stuttgart 1983). *Glucksmann*, André: La bêtise. Paris 1985 (dt. Die Macht der Dummheit. Stuttgart 1985). *Horkheimer*, Max/ *Adorno*, Theodor W.: Zur Genese der Dummheit. In: Dialektik der Aufklärung. Amsterdam 1947 (Horkheimer, Max: Gesammelte Schriften Bd. 5. Frankfurt a. M. 1987, S. 288–290). *Marquard*, Odo: Philosophie des Stattdessen. Studien. Stuttgart 2000. *Montaigne*, Michel de: Essais. Paris 1580 (dt. Die Essais. Zweites Buch. Zwölftes Kapitel: Apologie des Raimond Sebond. Stuttgart 1989, S. 209, 211). *Platon:* Symposion, 216e (dt. Sämtliche Werke 2. Reinbek 1983, S. 244). *Wittgenstein*, Ludwig: Über Gewißheit (1949–1951). Frankfurt a. M. 1984, S. 49, 59.

Zum Weiterlesen: *Dostojewski*, Fjodor M.: Der Idiot. 1868/69. Frankfurt a. M. 1983. *Erasmus von Rotterdam:* Moriae Enconium sive stultitiae laus (1509) (dt. Lob der Torheit. Stuttgart 1983). *Shakespeare*, William: The Tragedy of Hamlet, Prince of Denmark. London 1602 (dt. Stuttgart 1982).

→Alltag →Hinsehen oder Neugier →Sinnenreize

Philosophische Disziplinen

Ein Handbuch

Herausgegeben von Annemarie Pieper

479 Seiten. RBL 1643. € 12,60

ISBN 3-379-01643-8

Sicher, es gibt eine Vielzahl von philosophischen Einführungen; was jedoch seit langem fehlt, das ist ein Handbuch, ein kompaktes Nachschlagewerk, das die zentralen Disziplinen der Philosophie in bündiger Form erläutert. Durch die rigorose Beschränkung auf das Wesentliche wird ein informativer Überblick über die systematischen Fachgebiete ermöglicht. Die Basler Philosophin Annemarie Piper hat namhafte Spezialisten gebeten, die relevanten Themen und Fragestellungen der jeweiligen philosophischen Bereiche vorzustellen. Jeder Artikel ist zudem mit einer repräsentativen Auswahl von Primär- und einschlägiger Sekundärliteratur versehen.

Vorgestellt werden: Anthropologie, Ästhetik, Erkenntnistheorie, Ethik, (Spezial-)Ethiken, Feministische Philosophie, Geschichtsphilosophie, Kulturphilosophie, Logik, Metaphysik, Naturphilosophie, Philosophie des Geistes, Philosophiedidaktik, Politische Philosophie, Rechtsphilosophie, Religionsphilosophie, Sozialphilosophie, Sprachphilosophie, Technikphilosophie, Wissenschaftstheorie.

Philosophinnen-Lexikon

Herausgegeben von Ursula I. Meyer und Heidemarie Bennent-Vahle

637 Seiten. RBL 1584. € 15,10
ISBN 3-379-01584-9

Dieses Lexikon stellt über 200 Philosophinnen aus der gesamten Philosophiegeschichte vor, angefangen mit den antiken Pythagoreerinnen, über die mittelalterlichen Mystikerinnen und die aufgeklärten Denkerinnen der Neuzeit bis zu den feministischen Philosophinnen der Gegenwart.

Viele dieser Philosophinnen bewegen sich in Grauzonen und Nischen. Sie benötigen einen weiter gefaßten Philosophiebegriff, der auch ethische Überlegungen zu spezifischen Frauenthemen einschließt.

»Nicht nur ›interessant‹, sondern vielmehr so ›spannend‹, daß es zum Nicht-mehr-aus-der-Hand-legen animiert.«
Deutsches Bibliotheksinstitut

»Eine Bereicherung der Lexikon-Literatur!«
Buchhändler heute

RECLAM
LEIPZIG

Philosophie der Freundschaft

Herausgegeben von Klaus-Dieter Eichler

255 Seiten. RBL 1669. € 12,10

ISBN 3-379-01669-1

Die Philosophie der Griechen definiert Freundschaft als eine der höchsten Tugenden. Heute erscheint Freundschaft als Grundsubstanz einer neuen Kultur der Geselligkeit. Dieses Kompendium gibt einen Überblick über die Geschichte der »Philosophie der Freundschaft« von der griechisch-römischen Antike bis in die jüngste Gegenwart und eröffnet einen Einblick in die aktuelle Diskussion.

»Laien wie Kenner werden in der Sammlung fündig. Das Reclambändchen ist schmuck und kann nach sorgfältiger Lektüre noch ein Mitbringsel für gute Bekannte werden.«
Der blaue Reiter

»Von Cicero bis Gadamer, von Montaigne bis Nietzsche, von Hume bis Derrida – auf knapp 250 Seiten liefert das stets anregende Studienbuch die klassischen Anleitungen zum Affektmanagement in Sachen Freundschaft.«
WDR

RECLAM
LEIPZIG

Melancholie

Herausgegeben von Lutz Walther

229 Seiten. RBL 1664. € 12,10

ISBN 3-379-01664-0

Was bedeutet »Melancholie«? Eine pathologische Störung oder eine wesentliche Voraussetzung für Genialität und kreatives Schaffen? Verzweiflung an der Sinnlosigkeit der Welt? Im Mittelalter galt sie sogar als unheilbare Erb- und Todsünde.

Literaturwissenschaftler, Kunsthistoriker und Psychopathologen befassen sich seit langem mit dem Phänomen »Melancholie«. Gegenwärtig findet, vor allem im deutschsprachigen Raum, eine regelrechte Debatte zum Thema statt, die zunächst eines herausstellt: Melancholie ist weitaus mehr als nur unbestimmte Traurigkeit, nostalgische Schwermut oder faules Nichtstun.

Dieses Studienbuch bietet sowohl einen Einblick in die reichhaltige Diskussion als auch einen Überblick über die Geschichte der Melancholie.

Kulturphilosophie

Herausgegeben von Ralf Konersmann

376 Seiten. RBL 1554. € 14,10

ISBN 3-379-01554-7

Die Kulturphilosophie ist »vielleicht das fragwürdigste und am meisten umstrittene Gebiet« (Ernst Cassirer) der Philosophie überhaupt. Wer sich auf die »immanente Unendlichkeit« der kulturellen Tatsachen theoretisch einläßt, muß auf Zumutungen gefaßt sein. Wir können die Phänomene der Kultur erhellen, doch eindeutig fixieren lassen sie sich nicht.

Ein Studienbuch mit Texten von Alain, Pierre Bourdieu, Ernst Cassirer, Arnold Gehlen, Clifford Geertz, Antonio Gramsci, Ralf Konersmann, Claude Lévi-Strauss, Herbert Marcuse, Odo Marquard, Erich Rothacker, Herbert Schnädelbach, Georg Simmel und Paul Valéry.

Kritik des Sehens

Herausgegeben von Ralf Konersmann

364 Seiten. Mit 3 Abbildungen

RBL 1610. € 14,10

ISBN 3-379-01610-1

Grau ist alle Theorie, und sie ist blind, blind für das Funkeln der Oberfläche und »das bunte Gewühl der Begebenheiten«. Allgemeingültiges pflegen wir nicht durch Hinsehen zu erlangen, sondern durch Absehen, durch Abstraktion. Das Urteil der Vernunft erwächst aus der *Kritik des Sehens*. Dementsprechend soll das Sichtbare das Unwahre und Unrechte sein, das Wahre und Rechte hingegen das Unsichtbare. »Selig sind die, die nicht sehen und doch glauben.« (Joh. 20,90)
Doch es gibt eine Gegentendenz, die das Sehen erfolgreich gegen den Intellektualismus aufwertet. »Philosophieren können sie alle, sehen keiner« (Georg Christoph Lichtenberg). Es ist immer mehr und anderes zu *sehen*, als sich wissen und sagen läßt.

Der Herausgeber Ralf Konersmann, Professor für Philosophie in Kiel, verfolgt die alte philosophische Frage nach dem Verhältnis von visueller Erkenntnis und sprachförmigem Wissen.

RECLAM
LEIPZIG